浙江省“十一五”重点建设教材

Chuanbo Fuji

船舶辅机

胡启祥 主编

龚耀明[宁波海运股份有限公司] 主审

人民交通出版社

内 容 提 要

本书是按高等职业技术教育船舶工程技术、船机制造与维修、船舶动力装置等专业船舶辅机课程教材的要求编写的。全书共分八个模块，内容包括船用泵、船用空气压缩机、船舶液压甲板机械、船舶制冷与空调装置、海水淡化装置、船舶辅助锅炉、船舶防污染装置、离心式分油机等。此外，还附录有常用液压图形符号。

本书为有关院校船舶工程技术、船机制造与维修、船舶动力装置等专业高职、大专、函授和中职教材，也可供船舶修造厂、船检、船公司机务等有关部门技术人员参考。

图书在版编目（CIP）数据

船舶辅机/胡启祥主编 .—北京：人民交通出版社，2010.12

浙江省“十一五”重点建设教材

ISBN 978-7-114-08767-7

Ⅰ. ①船… Ⅱ. ①胡… Ⅲ. ①船舶辅机－高等学校：技术学校－教材 Ⅳ. ①U664.5

中国版本图书馆 CIP 数据核字（2010）第 218244 号

浙江省“十一五”重点建设教材

书　　名：船舶辅机
著 作 者：胡启祥
责任编辑：黎小东
出版发行：人民交通出版社
地　　址：(100011)北京市朝阳区安定门外外馆斜街 3 号
网　　址：http://www.ccpress.com.cn
销售电话：(010)59757973
总 经 销：人民交通出版社发行部
经　　销：各地新华书店
印　　刷：北京鑫正大印刷有限公司
开　　本：787×1092　1/16
印　　张：19.5
字　　数：472 千
版　　次：2010 年 12 月　第 1 版
印　　次：2017 年 7 月　第 3 次印刷
书　　号：ISBN 978-7-114-08767-7
印　　数：4001－5000 册
定　　价：49.00 元

（有印刷、装订质量问题的图书由本社负责调换）

前　言

为了适应高等职业技术教育船舶工程技术、船机制造与维修、船舶动力装置等专业教学改革的需要，我们编写了本教材。

本教材根据船舶工程类专业对应工作岗位及岗位群实施典型工作任务分析，根据职业院校学生认知规律及职业特征分解课程内容为八个相对独立的学习模块：即船用泵、船用空气压缩机、船舶液压甲板机械、船舶制冷与空调装置、海水淡化装置、船舶辅助锅炉、船舶防污染装置、离心式分油机等。

编写上努力体现“工学结合、校企合作”；力求突出任务驱动，体现“知识为技能服务”的理念；力求突出职业性，解决“做什么”、“怎么做”。在实施上，尽可能把教室搬到实训室，为实现“教、学、做一体化”提供设备条件和真实环境，融知识传授、能力培养和素质教育为一体。通过教学，不仅要求熟悉通用船舶辅机的工作原理、性能特点、典型结构等相关知识，更希望让学生掌握船舶辅机拆装、操作、检修和故障分析与排除等使用管理相应操作技能。

本书由下列人员编写：模块一由武汉船舶职业技术学院彭维编写；模块二、三、五、八由浙江交通职业技术学院胡启祥编写；模块四中任务 1～5 由浙江国际海运职业技术学院黄华编写；模块四中任务 6～7 由南通航运职业技术学院戴志祥编写；模块六中任务 1～4 由浙江交通职业技术学院姚建树编写；模块六中任务 5 由台州椒江港航管理处李启富编写；模块七由浙江交通职业技术学院白继平编写。全书由浙江交通职业技术学院胡启祥主编，宁波海运股份有限公司指导轮机长龚耀明主审。

本教材编写过程中，编者参考了相关院校《船舶辅机》的教学大纲、教材和教学实践经验；并得到了有关船舶修造公司、海运公司、港航、海事部门专家的帮助，在此一并致谢。

由于设备条件、编者水平有限，加之时间仓促，书中谬误和不足之处在所难免，恳请读者批评指正。

编　者

2010 年 10 月

目　录

模块一 船 用 泵

任务1 认识船用泵系统

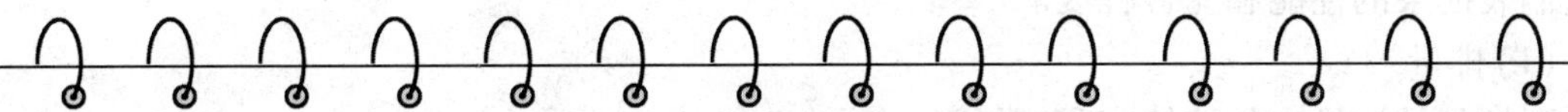

教学目标

◎ **能力目标**:(1)能根据船舶管路系统的需要正确确定船用泵的工作参数和类型;(2)能分析并排除各类泵工作过程中的一般故障;(3)能对船舶系统进行调试。

◎ **知识目标**:(1)了解各类船用泵的功用、类型、工作特点;(2)了解各船用泵的基本结构及其故障排除;(3)根据船用泵的工作原理对船用泵进行调试。

◎ **情感目标**:(1)严谨细实的工作态度;(2)良好的职业道德意识;(3)创新的意识和创新精神;(4)优良的学风和团队协作精神。

【任务引入】

船用泵是干什么用的?什么是船用泵?我们又见过什么类型泵?通过对船用泵的任务和工作特点进行分析,对船用泵建立一个基本概念。

【任务分析】

泵是一种将原动机的机械能转换为液体能的机械。它的功用是向液体输送足够的机械能,从而完成运输满足使用要求的液体的任务。船上常用来输送水或油的泵,我们统称为船用泵。

泵在现代船舶上得到了广泛的应用。例如,有为柴油机服务的燃油泵、润滑油泵和冷却水泵等;有为船舶安全航行服务的压载泵、舱底泵、消防泵等;有为船员和旅客生活服务的日用淡水泵、卫生水泵等。总之,围绕船舶各种特定的任务所设置的泵,种类繁多。

船用泵与陆用泵在原理、结构、性能等方面有很大的相同点,但由于它们在船舶上所完成的任务及使用场合不同,因而在设计、制造、材料与管理等方面也有所不同。

【相关知识】

一、泵 的 分 类

在船舶上所泵送的液体,主要为水和油两大类。船用泵按照其工作原理可分为:

(1)容积式泵

它是利用工作容积的周期性变化来输送液体。

(2)叶轮式泵

它是通过工作叶片带动液体高速转动，把机械能传递给液体，从而达到输送液体的目的。

(3)喷射泵

它是用高能流体通过喷射所产生的高速射流，吸引周围流体，并进行动量交换，以提高被抽吸液体的能量，从而完成输送液体的任务。

二、泵的性能参数对使用和选择泵的作用

泵的工作是在管路系统中。船舶管路系统由泵、管子、阀件、附件等组成。不同的管路系统对泵的要求是有差异的。而泵的工作又由其性能参数和结构特点决定。

泵的性能参数是指流量、压头、转速、功率、效率和允许吸上真空高度等一些工作参数，常用它们表征泵的性能和完善程度。

(1)排量

泵轴每转所排出的液体容积，常用 q 表示，单位是 m^3/r,L/r；

(2)转速

泵轴每分钟的回转数，用 n 表示，单位是 r/min。对往复泵，n 即为每分钟的双行程数。

(3)流量

泵在单位时间的排送量，常用 Q 表示。单位是 m^3/h,L/min。

$$Q = nq/60 \quad m^3/s \tag{1-1}$$

式中：n——转速，r/min。

(4)压头

压头是指单位质量液体通过泵时所获得的能量，即泵的排、吸口的压力差。常用 H 表示，单位是 Pa，亦叫扬程。

质量为 1kg 的液体通过泵时，若能获得 9.8J 的机械能，则泵的压头为 1m。

$$H = W/G \quad m \tag{1-2}$$

式中：W——机械功，J 或 N · m；

G——液体重力，N。

压力 p 与压头 H 之间的关系是：

$$p = \rho g H \quad Pa \tag{1-3}$$

式中：ρ——液体密度，淡水 $\rho = 1\,000 kg/m^3$；

g——重力加速度，$9.81 m/s^2$。

(5)功率

功率分为输入功率和输出功率。

泵的输入功率是指输至泵轴的功率，又称轴功率，用 P 表示，单位为 W 或 kW。

输入功率可由泵轴的实测扭矩和转速求得：

$$P = (\pi/30) Mn \quad W \tag{1-4}$$

式中：M——轴的扭矩，N · m；

n——轴的转速，r/min。

泵的输出功率:又称有效功率或水功率,用 P_e 表示,单位为 W 或 kW。

$$P_e = \rho g Q H \quad \text{W} \tag{1-5}$$

(6)泵的总效率

它是一项技术经济指标,反映泵技术性能的好坏和动力的利用程度,即

$$\eta = \frac{P_e}{P} \tag{1-6}$$

(7)允许吸上真空高度

允许吸上真空高度是保证泵在没有流注高度或有净正吸高的情况下,能正常吸入而不产生汽蚀的吸上高度,用 $[H_s]$ 表示。它小于最大吸上真空高度(即产生汽蚀时的吸入真空高度)H_{smax}。

各种泵的 H_{smax}。均由试验求得。通常允许吸上真空高度 $[H_s]$ 比 H_{smax} 少 0.3m,即

$$[H_s] = H_{smax} - 0.3 \quad \text{m} \tag{1-7}$$

泵运转时,吸入口处的允许吸上真空高度不得超过样本上规定的 $[H_s]$ 值,是因为考虑到 H_{smax} 值是在标准工况,即大气压 101.325kPa(760mmHg)、水温 20℃、饱和蒸汽压力 2.35kPa(0.24mH_2O)下以清水做试验得出的。

不同类型的泵所能满足的参数不同,因此,在选择泵时,须根据船舶系统对参数的要求,同时考虑系统所输送的介质类型,进行泵的选择。

【任务实施】

通过对船用泵的实际工作过程分析,了解船用泵的正常工作条件,分析泵的安装与使用的正确性,并对实际工作过程中泵的故障进行分析、排除。

一、泵正常吸入的条件

(1)泵必须造成足够低的吸入压力,其值由吸入条件决定。根据伯努利方程推导出稳定流动必需的吸入压力,主要取决于吸入液面压力、吸高、吸入管路中的速度头和管路阻力。

$$p_s = p_{ar} - \left(Z_s + \frac{V_s^2}{2g} + \sum h_s\right)\rho g \tag{1-8}$$

(2)泵吸口处的真空度不得大于泵的允许吸上真空度,从而确保泵内最低吸入 p_s 不低于所输送液体在其温度下所对应的气化压力 p_v,否则液体就会汽化,使泵不能正常工作。

$$p_s - p_v \leqslant \rho g H_s \tag{1-9}$$

如果不能满足式(1-8),泵不能造成足够低的吸入压力,液体吸不上来,其主要原因是由于泵内元件损坏或密封不良,吸入管漏气或吸口露出液面所造成。

如果不能满足式(1-9),泵本身状况正常,吸入管路也未漏气,但吸入条件太差,以致吸入压力过低,则也无法正常工作。

由公式(1-8)可知,影响泵吸入真空度的因素有:

(1)吸入液面压力 p_{ar}:由式(1-8)可知,当其他条件不变,吸入液面压力 p_{ar} 越小,吸入压力 p_s 就越低,即吸入条件越差。当吸入液面与大气相通时,p_{ar} 等于大气压力。对海船来说,大气

压力终年变化很小。但如泵(凝水泵)从真空容器中吸水,因 p_{ar} 接近凝水的饱和压力,故 p_s 就会很低,吸入液体极易汽化。

(2)吸高 Z_s:由式(1-8)可知,当其他条件不变,吸高 Z_s 越大,p_s 就越低。当吸入液面作用的是大气压力时,大多数水泵的许用吸高不超过5~6m。为此,对于那些吸入条件很差的泵(如热水泵、凝水泵等),应将其安装在吸入液面之下。泵吸口低于吸入液面的高度称为流注吸高。

(3)吸入管流速 V_s 及阻力 $\sum h_s$:由式(1-8)可知,当其他条件不变,吸入管流速和管路阻力越大,则吸入压力 p_s 越小。管路阻力包括沿程阻力和弯头、阀门、滤器等处的局部阻力。除在设计时应尽量减小管长,减少管路弯头、附件,选用适当的管径和管内流速外,使用时还应勤洗滤器,开足吸入阀门,以减小吸入管路阻力损失。对于油泵,油温越低,油的粘度越高,流动阻力就越大。而对于水泵,水温变化对管路阻力的影响很小。

(4)液体密度 ρ:所输送液体的密度越大,则泵的吸入压力就越低。当所输送液体的品种变化导致密度改变时,其管路阻力和饱和蒸汽压力也会改变。故在输送各种油类、液态化学品时,就需对泵的吸入条件作专门的考虑。

(5)液体温度:液体温度对吸入压力的影响,主要看其对液体密度和管路阻力的影响而定。输油时,油温降低,管路阻力增大,同时油的密度也增大,因而将使吸入压力降低。而输水时,水温对管路阻力和密度的影响甚微,因而对吸入压力影响很小;但另一方面温度越高,水越容易汽化,吸入条件越差。所以,对吸入温度可能变化的泵,如锅炉给水泵,使用中当水温升高导致吸入失常时,应通过降低泵的转速,或降低吸入液体温度等措施解决。

(6)惯性水头:惯性水头是指液体作不稳定流动(即各处流速随时间而变)时才有的附加水头。对往复泵来说,由于其活塞运动不均匀,惯性水头损失就较大。在吸入阀阻力和吸口段及泵缸内液体的惯性水头导致 $p_s < p_v$,活塞面上液体汽化,使活塞与液流脱离,形成“气垫”。泵在工作中因吸入压力过低而出现的这种液体汽化现象就称为“汽蚀现象”,使泵的流量减小和压力表指针剧烈抖动,产生液击声,严重时将导致泵的部件和密封损坏。

(7)原动机的转速:当其他条件不变的情况下,对瞬时流量均匀的泵,转速增加,液体流速加大,流阻加大,吸入压力会降低,故转速不能过分提高。对瞬时流量很不均匀的泵(如往复泵),转速增加,使惯性水头增加,吸入压力脉动增加,会造成泵不能正常吸入。

二、正常排出的条件

(1)泵本身能够产生的排出压力必须足够高,否则液体就排不出去。这就要求泵的密封件性能良好,承压件耐压性能良好,运动件技术状态良好,能够向液体提供足够的能量。泵的排出压力主要用于提升液体高度、克服排出液面背压和克服排出管路阻力。

$$p_d = p_{dr} + (Z_d + \sum h_d)\rho g \tag{1-10}$$

(2)泵实际工作时的排出压力不能过高。对容积式泵,排出压力会随管路负荷增大而增大,理论上可达无限大。实际上当排出压力过高时,可能造成原动机过载,甚至使泵的密封部件损坏或管路破裂。故规定容积式泵的排出压力不得超过额定排出压力 p_e。对于叶轮式泵和喷射式泵,排出压力的最大值是有限的。当排出压力超过额定值时,虽不会造成机损,但会使流量和效率急剧下降,直至为零。因此,为保证泵正常排出,在管理时要防止排出管路上的滤器或其他元件堵塞,注意排出阀的打开程度。如排出条件不变,泵的排出压力低于正常值,则通常意味着泵的流量减小使得管路阻力降低。适当降低转速可减少惯性损失。

$$p_d \leqslant p_e \quad 或 \quad H \approx H_e \tag{1-11}$$

【知识链接与技能拓展】

一、泵的汽蚀

水和汽可以互相转化,温度和压力是造成它们转化的条件。压力为0.1MPa的水,当温度升到100℃时就开始汽化;高山上由于气压低,水不到100℃时就开始汽化。如果使水的某一温度保持不变,逐渐降低液面上的绝对压力,当该压力降低到某数值时,水同样会发生汽化,这个压力称为水在该温度下的汽化压力。如当水温为20℃时,其相应的汽化压力为2.4kPa。如果在流动过程中,某一局部地区的压力等于或低于与水温相对应的汽化压力时,水就在该处发生汽化。汽化发生后,就有大量的蒸汽及溶解在水中的气体逸出,形成许多蒸汽与气体混合的小气泡。当气泡随同水流从低压区流向高压区时,气泡在高压的作用下,迅速凝结而破裂,在气泡破裂的瞬间,产生局部空穴,高压水以极高的速度流向这些原气泡占有的空间,形成一个冲击力。由于气泡中的气体和蒸汽来不及在瞬间全部溶解和凝结,因此,在冲击的作用下又分成小气泡,再被高压水压缩、凝结,如此形成多次反复,在流道表面形成极微小的冲蚀。冲击力形成的压力高达几百甚至上千兆帕(MPa),冲击频率达每秒几万次。流道材料表面在水击压力作用下,形成疲劳而遭到严重破坏,从开始的点蚀到严重的蜂窝状空洞,最后甚至把材料壁面蚀穿,通常把这种破坏现象称为剥蚀。另外,由液体中逸出的氧气等活性气体,借助气泡凝结时放出的热量,也会对金属起化学腐蚀作用。这种气泡的形成发展和破裂以致材料受到破坏的全部过程,称为汽蚀现象。

汽蚀会产生很大的危害,具体如下

(1)噪声振动。气泡破裂和高速冲击会引起严重的噪声。另外,汽蚀过程本身是一种反复凝结、冲击的过程,伴随很大的脉动力。如果这些脉动力的某一频率与设备的自然频率相等,就会引起强烈的振动。

(2)材料破坏。由于机械剥蚀与化学腐蚀的共同作用,致使材料受到破坏。

(3)性能下降。汽蚀发展严重时,大量气泡的存在会堵塞流道的截面,减少流体从叶轮获得的能量,导致扬程下降,效率也相应降低,这时泵的性能有明显的变化。

二、船用泵的铭牌标注

一般标注:额定流量;额定转速;轴功率;(总)效率;允许吸上真空度(油泵)/允许吸上真空高度(水泵)。

容积式泵另外标注:额定排出压力。

叶轮式泵另外标注:额定扬程;必需的汽蚀余量。

喷射式泵另外标注:额定扬程/额定排出压力;引射系数。

思考与练习

1. 结合船舶管路系统,认识船用泵的工作特点在系统中的指导意义。

2. 船用泵的性能参数在选用、安装、维修时有什么作用?

3. 如何根据实测的参数与额定参数的变化关系,判断泵的工作状态的正常与否?

任务2　往复泵的拆装与检修

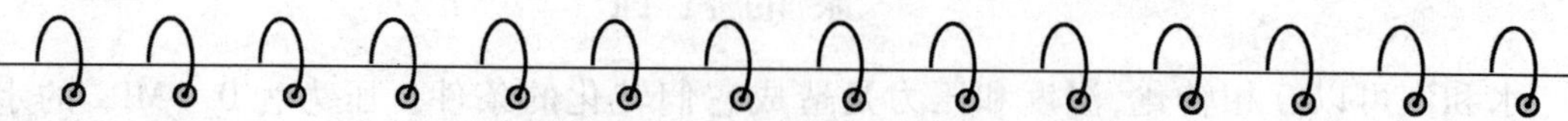

教学目标

◎**能力目标**:(1)能分析并排除各往复泵工作过程中的一般故障;(2)能对往复泵的易损件进行检查、测量、调整和更换。

◎**知识目标**:(1)了解往复泵的工作原理;(2)正确掌握往复泵的功用、类型和工作特点;(3)熟悉往复泵的基本结构及其故障排除;

◎**情感目标**:(1)严谨细实的工作态度;(2)良好的职业道德意识;(3)创新的意识和创新精神;(4)优良的学风和团队协作精神。

【任务引入】

在日常生活中,我们会遇到很多的往复泵。往复泵能干什么? 在船舶上又能用在哪些系统? 具有哪些特性?

在 LD-INSB 型往复泵的工作中,会出现吸排不了液体或流量的降低、压力的减小、自吸能力丧失等现象,产生这些现象的原因是什么呢? 如何排除这些现象呢?

【任务分析】

往复泵出现这些故障的原因可能是水舱吸空、吸入管漏气或吸入滤器的浸入深度不足、吸入滤器堵塞、安全阀失灵、缸内掉进外物或活塞的固定螺母松动等,通过拆装和修理可以排除这些故障。为更好地掌握往复泵的拆装与检修能力,我们需要熟悉往复泵的工作过程、结构和性能特点。

【相关知识】

往复泵是人类最早应用于生产实践中的一种液体输送机械。至今,往复泵虽然在很多场合已被结构简单和流量范围更广的离心泵所代替,但在小流量、高压头以及要求具有自吸能力的场合,它仍起着无法取代的独特作用。

往复泵是活塞泵和柱塞泵的统称。

一、往复泵的功用与类型选择

1. 往复泵的工作原理

图1-1 为往复泵的工作示意图。它主要由泵缸7、活塞8、吸入阀3 和排出阀5 等组成。活塞8 和活塞杆7 相连,可由原动机经传动机构带动其在泵缸中作直线往复运动。泵缸7 通过吸入阀3 和排出阀5 可分别与吸入管2 和排出管6 相连通。吸入管伸入到被运送的液面以下,下端装有吸入滤网1(或吸入泥箱),而排出管则一直通到需要用水的地方。

在泵处于初始状态时,活塞在图中最左端。吸入管内的压力和管处自由液面的压力相等,均为 p_a。此时吸入管内外的液面高度相等。

当活塞向右运动时，泵缸 7 中的容积增大。压力降低。同时，吸入阀 3 上的压力也将随之降低。这时，吸入阀下方的大气压力 p_a 就会大于作用在活塞上的吸入压力 p_s，并克服吸入管阻力和作用在吸入阀上的压力，将吸入阀顶开，使吸入管与泵缸联通。吸入管内的空气即会因增加了泵缸中活塞的位移容积而膨胀，使自己的压力降低，在外界大气压力作用下，吸入管中的液面就会上升，直到管内液面升高所对应的压力值 ρgh 和泵内剩余压力（即吸入压力 p_s）之和重新与自由液面上的大气压力达到平衡时为止，即：

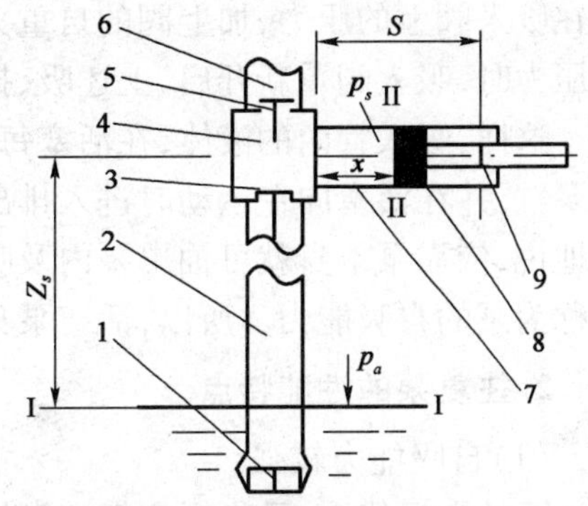

图 1-1 往复泵工作示意图

1-吸入滤网；2-吸入管；3-吸入阀；4-阀箱；5-排出阀；6-排出管；7-泵缸；8-活塞；9-活塞杆

$$p_s + \rho gh = p_a$$

$$h = \frac{p_a - p_s}{\rho g} \tag{1-12}$$

式中：p_a——吸入液面上的压力（大气压），Pa；

p_s——吸入压力，Pa；

ρ——液体密度，kg/m^3；

h——活塞经历一个行程后，进入吸入管的液面高度，m；

当活塞向当活塞向右移动了一个吸入行程 S 而处于极右位置后，吸入管内的剩余空气压力即可根据波义耳—马略特定律求得，即：

$$(FS + V_c)p_s = p_a V_c$$

$$p_s = \frac{p_a V_c}{(FS + V_c)} \tag{1-13}$$

式中：V_c——吸入管及阀箱中的空气体积，m^3。

F——活塞面积，m^2；

S——活塞行程，m。

将 p_s 代入式(1-12)可得：

$$h = \frac{p_a - p_s}{\rho g} = \frac{p_a - \dfrac{p_a V_c}{FS + V_c}}{\rho g} = \frac{p_a(FS + V_c) - p_a V_c}{\rho g(FS + V_c)} = \frac{FSp_a}{\rho g(FS + V_c)} = \frac{p_a}{\rho g\left(1 + \dfrac{V_c}{FS}\right)} \tag{1-14}$$

由式(1-14)可见，如果吸入管内的体积和液体的密度越小，受吸入管中的液柱在一个活塞行程之后也就升得越高。

当活塞排出行程开始时，吸入阀 3 在自重力、阀上弹簧张力以及泵缸内增长着的空气压力的用下开始关闭。然后，泵缸内的空气就将被向左运动的活塞所压缩而达到足以打开排出阀的压力。当排出阀打开后，空气即被从排出管挤出，直至活塞到达极左位置时为止。只有在活塞完成排出行程到达极左位置，并开始吸入时，排出阀才能因自重力、弹簧张力和排出管内空气压力的作用而开始关闭。当排出阀关闭后，遗留在泵缸中的空气即开始膨胀，直到泵缸内作用在吸入阀上的压力,加上阀的自重力和阀上弹簧的张力小于从吸入管方向作用于吸入阀下的压力时,吸入阀重新开启,上述吸、排循环也就重新开始进行。

这样,吸入管内的液体,在活塞每一个吸入行程后,都将升高。当空气排尽后,液体开始进入泵缸,并在活塞向左运动时进入排出管,直至液体全部充满泵系统。泵才开始正常工作。一般地说,依靠泵本身就可抽出泵内及吸入管路中空气而使液体从低于泵的位置进入泵内的能力称为泵的自吸能力。所以,活塞泵具有自吸能力。

2. 往复泵的性能特点

(1)自吸能力较强。

泵的自吸能力,是指泵依靠自身能力能抽出泵内及吸入管路中的空气而将液体吸上。泵的自吸能力的好坏与泵的密封性能有重要关系。当往复泵因长期停用而泵腔干燥、泵阀或泵缸密封不佳而自吸能力降低时,就应在启动前向缸内灌满液体,这样有利于提高泵的自吸能力,同时也减少摩擦。

(2)流量仅与泵的转速、泵缸尺寸和作用数有关,与工作压力无关。

往复泵的理论流量(平均流量)为活塞在单位时间内所扫过的容积:

$$Q = 60KASn \qquad m^3/h \tag{1-15}$$

式中:K——作用数;

A——泵缸截面积,m^2;

S——活塞行程,m;

n——转速,r/min。

往复泵的理论流量与工作压力无关。因此往复泵不能用改变排出阀开度的方法来调节流量,而应采用变速或回流(旁通)调节法。

(3)流量很不均匀。

因为往复泵活塞的运动速度不是均匀的,在上下止点位置时为零,在行程中间位置时速度最大,所以其瞬时流量 q 在不同时刻是不相同的。

对于单作用泵,由于活塞在上下止点时的瞬时流量 q 为零,上下止点中间时 q 为最大,故单作用泵的流量最不均匀。

对于多作用往复泵,由于其瞬时流量为各缸在同一时刻排出的瞬时流量的叠加。显然多作用往复泵瞬时流量的均匀程度要比单作用泵好。一般而言,增加作用数能够改善往复泵的流量均匀性,但也使结构趋于复杂,故在往复泵的作用数最多为四作用。其中三作用泵因曲柄间各相差120°的缘故,其瞬时流量的均匀程度比单、双、四作用泵都好。在实际使用中也常用空气室来减轻往复泵吸排管中的流量脉动和相应的压力脉动。

泵的最大流量与平均流量之比称为流量不均匀度或流量波动系数,即

$$\delta = \frac{Q_{tmax}}{Q_{tm}} \tag{1-16}$$

动力式单作用往复泵的 δ 值见表 1-1。

动力式单作用往复泵的 δ 值 表 1-1

缸数 / δ	1	2	3	4	5	6	7	8	9
Q_{tmax}/Q_{tm}	3.14	1.57	1.05	1.10	1.016	1.047	1.008	1.026	1.005

δ 值越接近于 1,泵的流量越均匀。可见三缸单作用泵的流量比其他泵均匀。

(4)排出压力仅取决于外界负荷,而与泵缸的几何尺寸、转速和作用次数无关。

活塞泵工作时,如果将排出阀关小,那么,泵排出压力(或压头)就会升高,反之,则会降低。如原动机的功率以及泵和管路的强度足够;密封性能得以保证;则理论上活塞泵的排出压力可达到足够的高。

容积式泵因其工作原理决定了其实际工作压力取决于管路负荷,不论管路负荷有多大,工作部件(如活塞)总是要力图将吸入工作腔中的液体挤出去,负荷越大,排出压力就越大,当排出管阀门关闭或堵塞时,管路负荷趋于无穷大,排出压力也将趋于无穷大。实际上当排出压力趋于无穷大的过程中,不是造成原动机过载、堵转直至烧毁,就是造成管路破裂。因此必须为容积泵规定额定排出压力,工作时的实际排出压力不得超过额定工作压力;在管理时,任何容积泵都必须"开阀启停",泵工作时严禁吸排管路堵塞或将吸排阀门关小或关闭。

(5)泵的转速不能太高。

如转速过高,不仅会使惯性阻力损失增加,同时还会使吸入压力在行程开始时降低过多,从而恶化泵的吸入性能,同时,由于泵的转速过高,泵阀迟滞造成的容积损失就会相对增加;泵阀撞击更为严重,引起的噪声增大,磨损也将加剧。所以活塞泵的转速一般多在 200 ~ 300r/min以下,一般最高不超过 500r/min,高压小流量泵最高不超过 600 ~ 700r/min。

(6)效率不是很高。

容积效率受泵的密封性能、转速、泵阀性能和液体粘度影响较大。往复泵的容积效率总是低于 100%,原因主要有以下三点:

①活塞换向时,由于吸入阀和排出阀的关闭迟滞,产生了液体的流失。

②泵的阀门、活塞与泵缸间、活塞杆与填料函间的间隙引起的漏泄损失。

③泵吸入的液体中含有气体。气体可能是因压力降低时从液体中逸出的,也可能是液体本身汽化产生,另外还可能从填料箱等处漏入。

实际上,由于泵的型式、大小和新旧程度的不同,容积效率会存在较大差异。高压小流量、高转速、制造精度低的泵,以及输送高温、高粘度或低粘度、高饱和蒸汽压或含固体颗粒的泵,容积效率较小。

(7)主要适用于流量不大,对流量均匀性要求不高和需要自吸能力强的场合,在船上主要用作舱底水泵。

(8)结构复杂,管理麻烦。

往复泵因转速不宜太快,故常在原动机和泵之间装有减速机构,这使得结构复杂,管理工作量也相应增加。

(9)易损件多(活塞环、泵阀、填料等),输送含固体杂质的液体时,活塞环、泵阀、填料更加容易损坏。

(10)性能曲线:随着压力的提高,其流量有所下降,功率提高,效率先提高后降低。

往复泵的性能特点(又称特性)是借助于通过试验获得的特性曲线,是流量 Q、功率 P、效率 η 等特性参数与压力 p 之间的关系曲线,如图 1-2 所示。

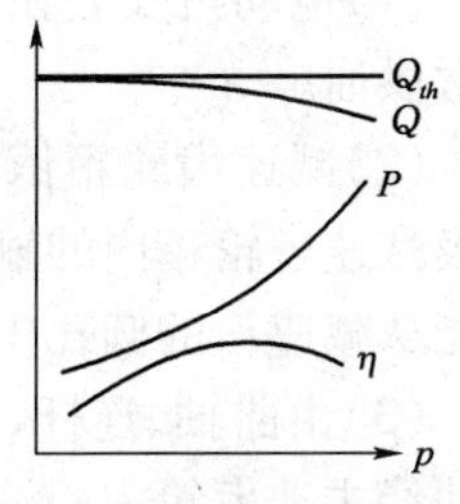

图 1-2 往复泵的性能曲线

二、泵的正常吸入和排出工作条件

1. 泵的正常吸入条件

1)泵正常吸入所需的条件

(1)泵必须能造成足够低的吸入压力,其值由吸入条件所决定。主要取决于吸入液面压力、吸高、吸入管路中的速度头和管路阻力等。

(2)泵吸口处的真空度不得大于泵的允许吸上真空度,从而确保泵内最低吸入压力不低于所输送液体在其温度下所对应的饱和压力,否则液体就会汽化,使泵不能正常工作。

2)影响泵吸入压力的主要因素

(1)吸入液面压力的影响。

吸入液面压力越小,吸入压力就越低,即吸入条件越差。当吸入液面是与大气相通的自由液面时,液面压力与大气压力相同。

(2)吸高的影响。

吸高越大,吸入压力就越低。当吸入液面作用的是大气压力时,大多数水泵的许用吸高不超过5~6m。

(3)吸入管流速和管路阻力的影响。

吸入管流速和管路阻力越大,则吸入压力越小。为了减小吸入管路阻力损失,设计时应尽量减小吸入管路的长度,选用适当的管径,并尽可能减少吸入管路中的弯头和各种附件,除此以外,使用时还应注意要开足吸入管路中的阀门,及时清洗吸入滤器,防止吸入管路阻塞。

此外,被输送液体的温度、密度以及惯性水头等对吸入压力也会产生影响。

2. 泵的正常排出条件

(1)泵必须能产生足够大的排出压力,其值由排出条件所决定。主要取决于排出液面上的压力、排出高度和排出管路的阻力等。

(2)容积式泵的排出压力不得超过额定排出压力,否则将可能造成原动机过载,甚至使泵的密封或部件损坏。为了防止容积式泵排出压力过高,应开足排出管路上的阀门,防止排出管路或滤器的堵塞。

【任务实施】

以下介绍WB1型电动往复泵的拆装与检修。

一、结 构 简 述

如图1-3所示,WB1型泵是由电动机、齿轮减速机构、曲柄连杆机构和泵缸等组成部分。

(1)电动机安装在曲轴箱上,必须按规定方向旋转,否则其所带润滑齿轮泵因反转而不能正常供油。

(2)减速齿轮箱依靠螺栓固定在机架上,由电动机经三角皮带带动齿轮箱输入轴转动。二级减速齿轮箱内的输出轴就是曲轴,因此当拆卸曲轴时,应先拆卸减速齿轮箱的壳体,使曲轴能从减速箱的圆孔中取出。

(3)由曲轴、连杆、十字头等组成泵的传动机构,曲轴、曲柄机构的润滑由润滑油泵供给,滑油经主动齿轮中心油孔直通曲轴中央油孔。

(4)活塞固定在活塞杆上,活塞上有两道活塞环,活塞杆与缸体间设有填料箱密封装置。

(5)泵缸体与阀箱做成一体,缸体内有四个独立的阀室,在每个阀室各装有吸入阀或排出阀,为防止内缸锈蚀,缸体内衬镶有铜合金材料。

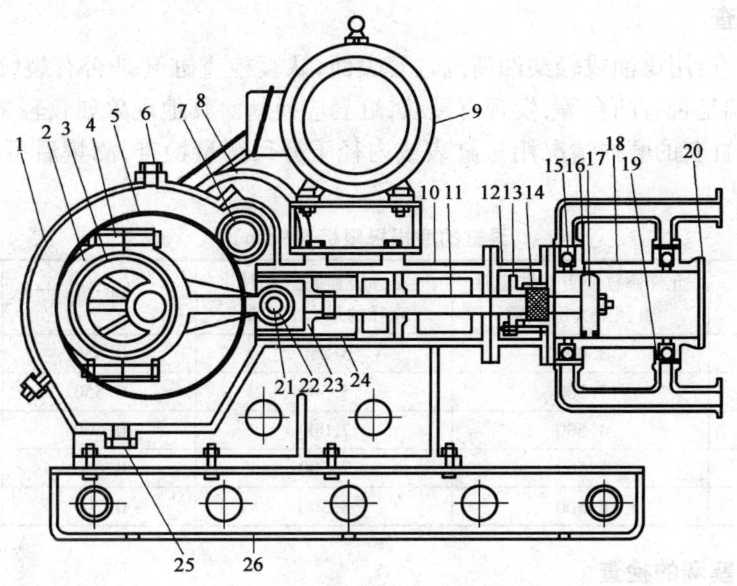

图 1-3　WB1 型电动往复泵的结构图

1-箱盖;2-连杆;3-连杆铜套(轴承);4-连杆螺钉;5-偏心轮;6-加油孔;7-齿轮箱;8-皮带轮;9-电机;10-箱体;11-泵轴;12-填料架;13-填料压盖;14-填料密封;15-单向球阀;16-活塞环;17-活塞;18-泵体;19-单向球阀座;20-泵盖;21-连杆销;22-连杆小铜套(轴承);23-十字头;24-往复缸;25-放油孔;26-底座

(6)往复泵另设有储油室、齿轮油泵、过滤器、油压表及油管等强力润滑系统。

为了防止泵超压,一般在输出管路上装有安全阀,当液体的排出压力超过工作压力的 1.25 倍时,安全阀起跳,泄压后安全阀自动关闭,安全阀调整时,应先将安全阀上的调压螺钉松掉,然后关小排出阀,再逐渐调整调压螺钉,使排出压力升高,直到压力表压力达到泵的工作压力的 1.25 倍为止,将调压螺钉锁紧。

二、往复泵的解体

(1)切断电源,关闭吸排管路上的截止阀。

(2)旋开滑油箱底部的放油旋塞,放光滑油,拆下滑油系统各管路。

(3)脱开电机接线,卸下皮带,拆下电机地脚螺栓,取下电机。

(4)拆下滑油泵和接油盘,松开活塞杆与十字头的连接的锁紧螺母,然后拆去泵侧的丝堵,再拆下十字头销上的定位卡圈,用吊环将十字头销拔出。

(5)取下曲轴箱上的有机玻璃观察孔盖,松开连杆大端螺栓,取出连杆大端下瓦盖,然后将曲轴转过一个适当的角度,将连杆和十字头一起取出。

(6)拆下固定减速齿轮箱的螺栓,将曲轴连同齿轮箱一起吊出,再解体齿轮箱并清洁。

(7)松开填料压盖和泵缸盖上的紧固螺母,取下阀箱盖,取出吸、排水阀。

(8)拆除安全阀,进行单独解体清洗和检查。

(9)拆下的零部件仔细放好,用柴油和煤油清洗干净,再进行检查和测量。

三、往复泵的检查

1. 泵缸的检查

缸套表面检查:用煤油或轻柴油清洗缸套表面,认真检查缸套是否有裂纹、擦伤和拉毛等现象,缸套的两端是否有凸台等,发现有裂纹,缸套应换新。其他现象如较轻微,用油石打磨再用细帆布抛光。缸套的磨损情况用量缸表或内径千分尺测量检查,测量后可根据表 1-2 的要求,确定修理方法。

泵缸的磨损极限标准(mm)　　表 1-2

缸　径	允许镗缸或更换缸套时直径最大磨损量	必须更换新缸套时直径的最大磨损量	圆　度	圆 柱 度
100 ~ 150	3.000	5.250	0.450	0.550
150 ~ 200	3.500	5.500	0.550	0.650
200 ~ 300	4.500	7.000	0.600	0.700
300 ~ 400	5.500	7.500	0.650	0.800
400 ~ 500	6.500	8.500	0.700	0.850

2. 活塞和活塞环的检查

检查活塞表面有无腐蚀,活塞与缸壁有无摩擦拉毛现象,如有摩擦痕迹,说明活塞杆对中性不良,应检查并重新找正。

活塞环的材料随输送液体、温度、压力的不同而定,常用铸铁、青铜和夹布胶木、胶木、电木等。

对于输水泵,活塞环常用夹布胶木,为了增加弹力,活塞环内侧开一圈凹槽,其中装一个弹性元件——磷青铜丝,夹布胶木活塞环在水中浸泡会发胀,以致使环的间隙变小而咬缸,因此使用这种材料制成的活塞环时,应将环放在 80℃左右的热水中浸泡一段时间,使之完全胀开后再加工切口,以保证工作时有合适的间隙。活塞环主要检查它的切口间隙、轴向间隙、活塞胀圈槽的深度、胀圈的厚度、活塞环切口角度。

切口间隙的检查:将活塞环放在泵缸中磨损最小的位置,用塞尺测量切口间隙的大小。

轴向间隙的检查:将活塞环装入活塞环槽中,用塞尺沿圆周上 X 和 Y 方向各测两个点或沿整个圆周测量环与环槽的平面间隙。

如切口间隙和轴向间隙超出极限,则应更换。表 1-3 列出非金属材料制成的活塞环的安装间隙及其磨损极限。

环槽的深度可用深度游标卡尺或普通带深度测量的游标卡尺测量。环的厚度可用千分尺测量。

塞环安装间隙及磨损极限(mm)　　表 1-3

活塞环直径	切 口 间 隙		天 地 间 隙		径 向 间 隙
	安装间隙	极限间隙	安装间隙	极限间隙	
<100	1.5	4.0	0.15	0.30	1.5
100 ~ 150	2.0	5.0	0.20	0.40	2.0
150 ~ 200	2.2	5.5	0.25	0.50	2.2
200 ~ 300	2.5	6.5	0.30	0.60	2.5
>300	3.0	7.5	0.40	0.80	3.0

活塞环的切口通常切成45°,拆装时检查其切口是否有缺损,如缺损严重,应换新,安装时上下切口位置要错开。

四、电动往复泵的装复

电动往复泵的装复基本上按拆装时的反向顺序进行。

(1)将组装好的吸、排阀组件分别装入阀箱内,盖好阀箱盖。

(2)将活塞组件装入液缸内,装妥填料箱组件。

(3)将组装好的齿轮减速箱和曲轴固定在机架上。

(4)将组装好的连杆十字头组件从曲轴箱导门装入,装好连杆大端轴瓦盖,按规定上紧连杆螺栓,装好开口销。

(5)转动曲轴使十字头处于下止点位置,将活塞杆与十字头接妥,并上紧螺母。

(6)装好齿轮滑油泵。

(7)装上十字头滑道下方的接油盘。

(8)安装好滑油系统油管、油压表等部件。

(9)装好电机,调整好电机与减速齿轮箱轴线,装上安全阀及各处盖板。

(10)试车:启动泵之前,应全面检查各处的装配质量,盘车检查转动是否自如,将滑油箱加入足量的润滑油,各摩擦运动部件加好润滑油,接好电机,然后开足吸、排截止阀,启动泵,并注意观察各仪表的读数,如:吸入真空度、排出压力、滑油压力等,监听各运动部件的声响,检查填料箱及各连接处是否有漏泄,试车完毕,切断电源,关闭吸、排截止阀。

【知识链接与技能拓展】

一、往复泵的空气室

1. 空气室的功用

空气室为一内部充有空气的密闭容器。无论是吸入空气室还是排出空气室,都是利用室内空气的压缩和膨胀来储存和放出一部分液体,以减少管路流量的不均匀程度。它常见于动力式往复泵的吸排管路。

2. 空气室的原理

(1)排出空气室

排出空气室的工作原理如图1-4所示。曲线 OAB 是单缸单作用泵的瞬时流量曲线,而平均流量线即为水平线 aba',两者相交于点 a、b。因此,在 a 点之后,泵的瞬时流量就大于平均流量,其多出部分即进入空气室内储存,空气室内液位 h 上升,直至点2。此时室内液体占有的体积达到最大值 V_{max},而当瞬时流量小于平均流量(曲线的 ba' 区间)时,空气室就向外放出部分液体,液位下降,直至1点。此时,液体占有的体积达到最小值 V_{min}。室内压力最低。如果空

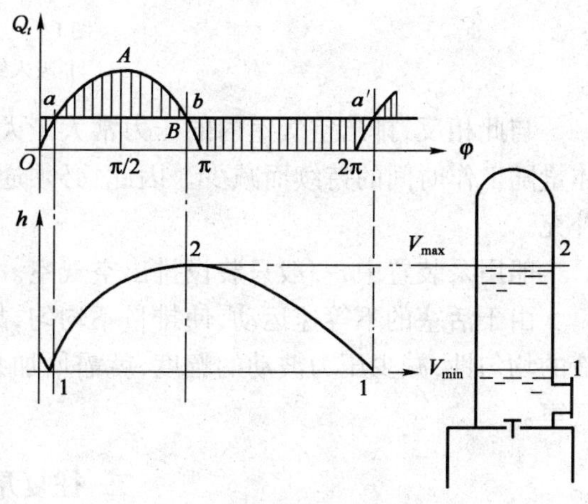

图1-4　排出空气室的工作原理

气室的容积足够,液面上下波动不大,则排出空气室后的流量脉动程度就可明显改善。

图1-5为排出空气室的结构。

(2)吸入空气室

吸入空气室如图1-6所示,它也是利用其存"存"、"放"液体的作用,来降低室前管道中的流量脉动程度。

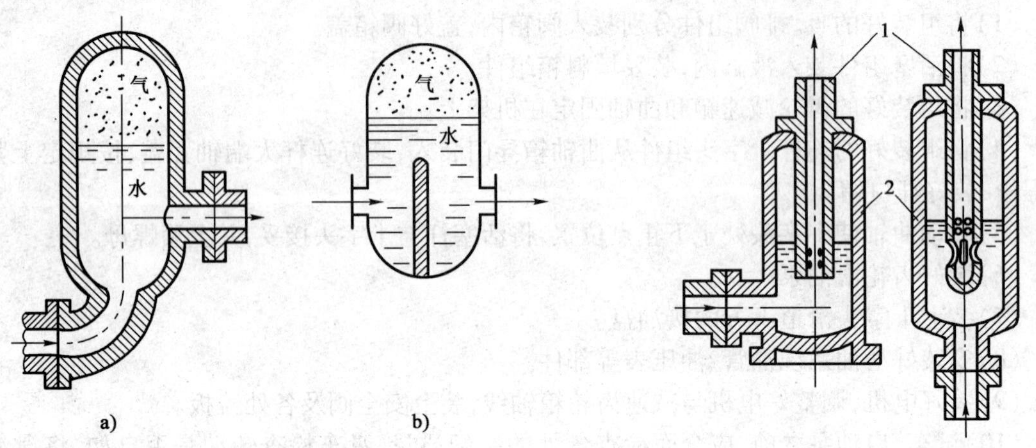

图1-5 排出空气室的结构

图1-6 吸入空气室
1-吸入管;2-空气管

吸入空气室在工作时,室内的压力常为负值,溶解于液体中的气体必将析出,导致室内的气体量随工作时间的持续而增加。为了保持必要的液面高度,发挥其正常的"存"、"放"作用,必须及时放出气体。为此,吸入管的下端常做成斜切、缺口或钻有一圈小孔,如图1-7所示。

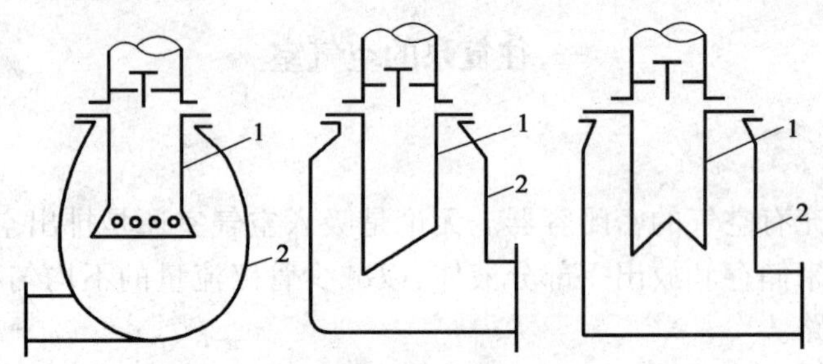

图1-7 吸入短管形状
1-吸入管;2-空气室

与此相反,排出空气室内的压力常大于大气压力,空气将溶入液体,而被带走,导致室内气体量随工作时间的持续而减少。因此,必须通过注气阀(可调止回阀)或其他方式及时地予以补充。

船用泵装置中,一般只装设排出空气室。

由于活塞的不等速运动,使排量不均匀,故活塞泵的排出压力也相应有波动。为了改善供液的均匀性,减少压力波动的幅度,就需增加泵的作用次数,并选用奇数作用次数,或则增设空气室。

二、往复泵的典型实例

图1-8所示为LD-INSB型往复泵。

1. 泵阀

1)结构类型

泵阀是往复泵的重要元件,按动作原理可分为自动阀和强制阀。前者利用阀盘两面的总压差而自动启闭,后者则依靠机械传动而定时启闭。泵阀按功用可分为吸入阀和排出阀。

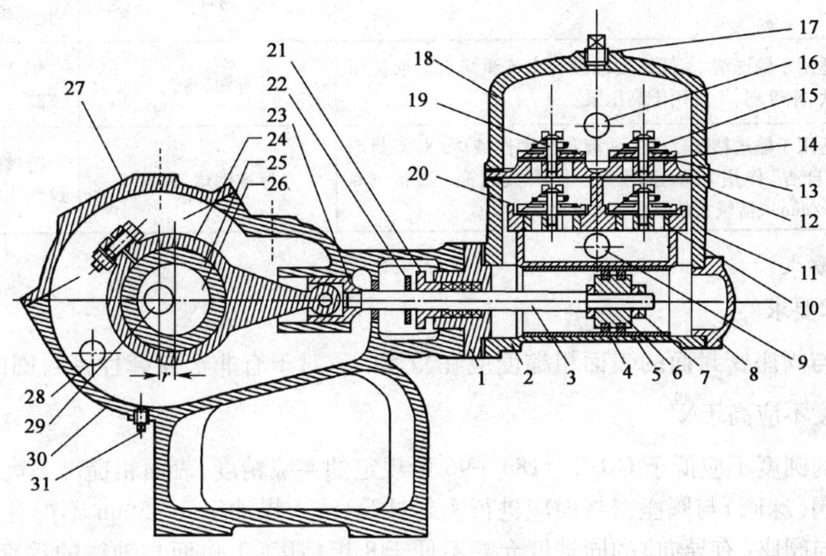

图 1-8 LD-INSB 型往复泵

1-填料函;2-泵缸体;3-活塞杆;4-活塞环;5-泵缸套;6-活塞;7-螺母;8-泵缸盖;9-吸口;10-吸入阀座;11-阀箱;12-排出阀座;13-排出阀;14-弹簧座;15-弹簧;16-排口;17-螺塞;18-阀箱盖;19-阀导杆;20-吸入阀;21-填料函压盖;22-挡水板;23-十字头;24-连杆;25-球轴承;26-偏心轮;27-曲轴箱盖;28-油位镜;29-泵轴;30-曲轴箱;31-螺塞

往复泵的吸入阀和排出阀一般多为自动阀,但当泵的转速很高或输送高粘度液体时,为使阀的启、闭及时和动作准确,则采用强制阀。

各种形状的自动阀如图 1-9 所示。

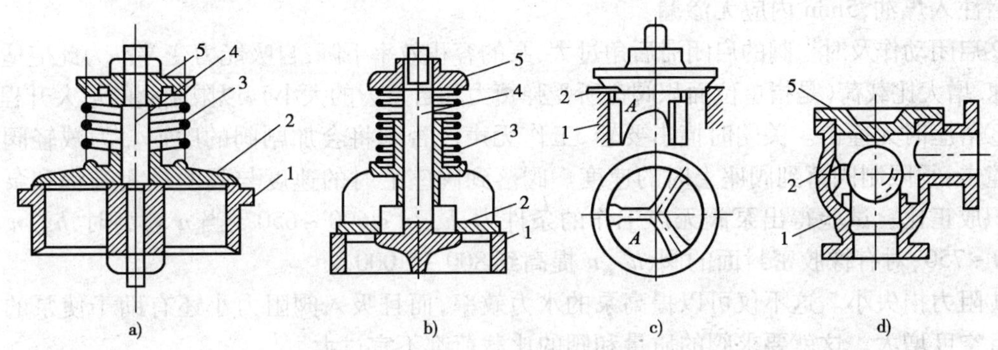

图 1-9 泵阀

a)平板阀;b)环形阀;c)锥形阀;d)球阀

1-阀座;2-阀芯;3-弹簧;4-导向装置;5-升程限制器

图 1-9a)、b)所示的两种阀是借弹簧力和自重力来关闭的,均有导向装置;图 1-9c)、d)所示为重力阀,靠自重力来关闭,它的惯性力较大,因此适用于转速不高和流量不大的泵中($n\leqslant$ 100 ~ 150r/min)。

以上各种阀的名称、用途和材质见表 1-4。

自动阀的名称、用途和材质　　表1-4

名　称	用　途	材　质	说　明
平板阀	适用于输送常温清水、低粘度油液等流量大而压头不高的场合	青铜、不锈钢、橡胶、铸铁	通流面积大，刚度有限
锥形阀	适用于输送粘性液体，刚度较大，常用于高压和超高压泵中	锡青铜	流量系数大，水力阻力小，密封性能好
环形阀	适用于输送清水、低粘度油液等大流量场合。通流面积大，刚度弱，不宜用于高压泵	青铜、铸铁	加工安装精度要求较高
球阀	适用于输送粘度较高的油液和污秽性液体（对密封面有“自洁”作用），不宜用于往复次数较高（通常 $n \leq$ 100r/min）、流量大的泵中	标准钢球、黄铜	密封接触面较小，密封性能好，η_v较高

2）主要要求

（1）技术要求

①阀板与阀座密封面的表面粗糙度应在$\overset{0.8}{\triangledown}$以下；对于有非金属弹性密封圈的阀，金属密封面的粗糙度不应高于$\overset{3.2}{\triangledown}$。

②球阀的圆度不应低于GB/T 1184—96所规定的4级精度，表面粗糙度不高于$\overset{0.3}{\triangledown}$。

③对板阀（球阀）与阀座密封面应进行密封试验，注入煤油经3～5min不得有任何泄漏。

④阀板与阀座（有导向）的同轴度允差不低于8级精度；工作面与轴线的垂直度不低于同一规定的7级精度。

（2）对阀工作的要求

泵阀工作的好坏，对泵的工作和工作性能有很大影响，因此对泵阀有以下要求：

①关闭严密。它主要靠阀与阀座的加工精度及接触面的研配质量来保证。关闭不严会使容积效率下降，泵的自吸能力变差。因此，当阀与阀座的接触面上出现伤痕或磨损不均时，就需重新研磨或更换新阀件。研磨或更新后，对阀与阀座的接触面必须进行密封试验，即将二者倒置后注入煤油，5min内应无渗漏。

②启闭动作及时。阀的启闭滞后角过大，泵的容积效率下降，自吸能力变差。为此应适当降低转速、增大比载荷（是指单位面积阀盘所受弹簧力和自重力的大小），以限制阀的最大升程。

③落座时无撞击。关闭时撞击要轻，工作无声。否则将会加剧阀的磨损。为减轻阀关闭时的撞击，须限制阀落到阀座上时的速度。阀落到阀座上时的速度与阀的最大升程和泵转速的乘积成正比。试验得出泵阀无声工作的条件为：$h_{max}n < 600 \sim 650$。当n较高时，$h_{max}n$提高到700～750；对有橡胶密封面的阀，$h_{max}n$提高到800～1 000。

④阻力损失小。这不仅可以提高泵的水力效率，而且吸入阀阻力小还有助于使泵的允许吸上真空度增大。这就要求阀的质量和阀的比载荷都不宜过大。

可见，提高泵的转速，虽可增加泵的流量，但由于液流惯性力的影响，会使阀的升程增加，使阀关闭滞后敲击加重，严重时会损坏阀的升程限制器，故应限制往复泵转速的提高。

2. 泵缸和缸套

高压和中、小流量的柱塞泵，以单缸和三缸的形式为多。低压、大流量活塞泵则以双缸双作用型式为多。

泵缸可以整体铸成，也可各缸分开铸造，然后通过螺栓加以组合。后者便于单个修理和更换，但连接件较多，加工面较大。为了避免腐蚀，有的泵缸镶有黄铜、不锈钢之类抗腐蚀能力强的衬套。

3. 活塞、活塞杆及其密封

(1)活塞的结构和材质

活塞的结构有整体式和组合式之分。前者结构简单，加工方便，强度高，刚性好，应用广，如图 1-10 所示。

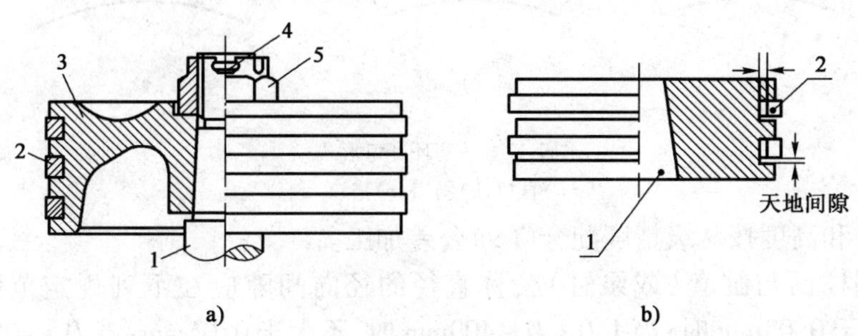

图 1-10　整体式活塞

a) 单端面活塞；b) 双端面活塞

1-活塞杆；2-活塞环；3-活塞体；4-开口销；5-螺母

单端面活塞只有一个端面承受活塞力，双端面活塞则两个端面都承受活塞力。

当排出压力较高而活塞直径较小时，为了提高活塞环的弹力和装入泵缸后的比压值，一般采用组合式活塞，如图 1-11 所示。

组合式活塞可改善密封性能，但零件多，尺寸要求严格。

柱塞结构有实心和空心两种。后者适用于直径较大(通常在 100mm 以上)的场合，如图 1-12 所示。

空心柱塞重量轻(与实心相比)，可防止密封面的偏磨。特别是卧式泵，可以延长密封面的使用寿命。

镶有青铜套的柱塞，可延长使用寿命。

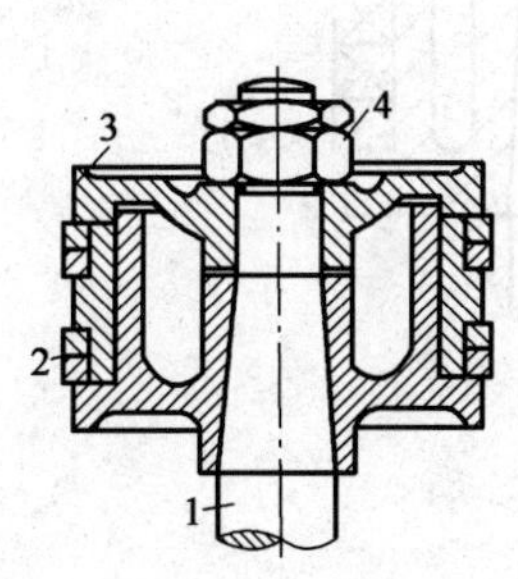

图 1-11　组合式活塞

1-活塞杆；2-活塞环；3-活塞体；4-螺母

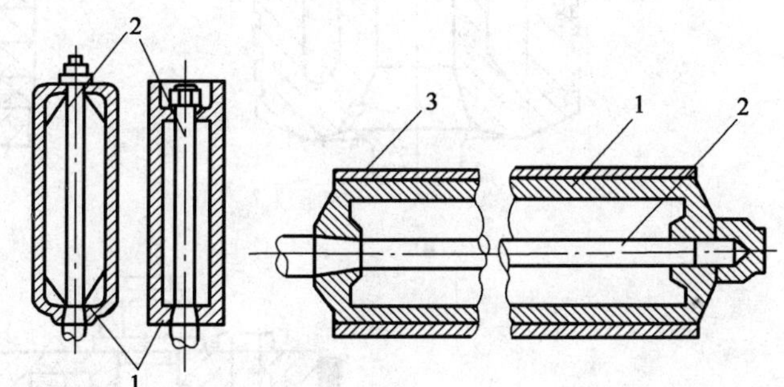

图 1-12　空心柱塞

1-柱塞；2-柱塞杆；3-青铜套

(2)活塞环

活塞环又名胀圈。其常用材料有金属和非金属两类。前者包括灰铸铁、青铜、钢；后者包括皮革、胶木、夹布胶木、塑料等，可根据所输送液体的性质、温度和压力选用。当采用青铜和非金属材料时，活塞环内侧常加衬弹簧，以增强弹力。

活塞环均需开口，有直口、斜口(45°或 60°角)和搭口三种形式，如图 1-13 所示。

活塞环在自由状态下，外径略大于泵缸内径，以使其装入泵缸后具有一定的弹力。活塞环外表面不许有裂痕、气孔、夹渣、疏松和毛刺等缺陷，粗糙度不高于 Ra3.2。

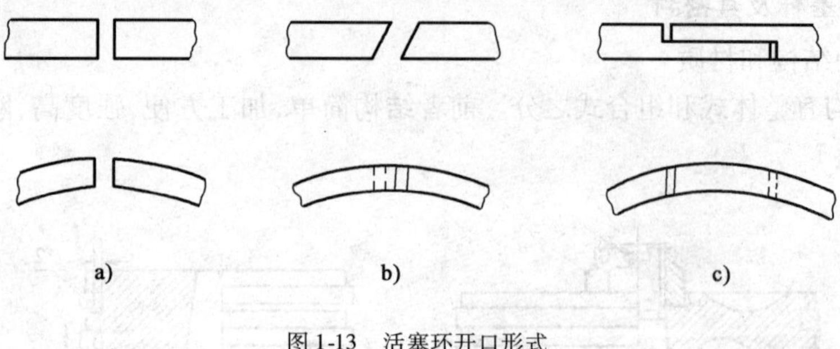

图 1-13　活塞环开口形式

a）直口；b）斜口；c）搭口

活塞环外径和高度按 9 级精度配合（f 9）公差加工。

活塞环外圆柱面与缸套（或泵缸）公称直径的径向间隙应在下列规定范围内：当 $D\leqslant$ 150mm 时，不大于 0.03mm 时；当 $150<D\leqslant400$mm 时，不大于 0.05mm；当 $D>400$mm 时，不大于 0.08mm。

用灯光检查时，在整个圆周上的漏光不应多于 2 处，且与开口距离不小于 30°，每处径向间隙弧长不大于 45°。活塞环弹力差应在 20% 以内。

安装胶木活塞环时，事先应将活塞环放在热水中浸泡，直至变软，然后取出并套在活塞上，待完全冷却后再装入环槽内。

活塞也可不装活塞环，而用其他密封结构来代替，如迷宫式活塞、软填料式活塞、自密封式活塞、胀紧式活塞（装有胀圈）等，如图 1-14 所示。

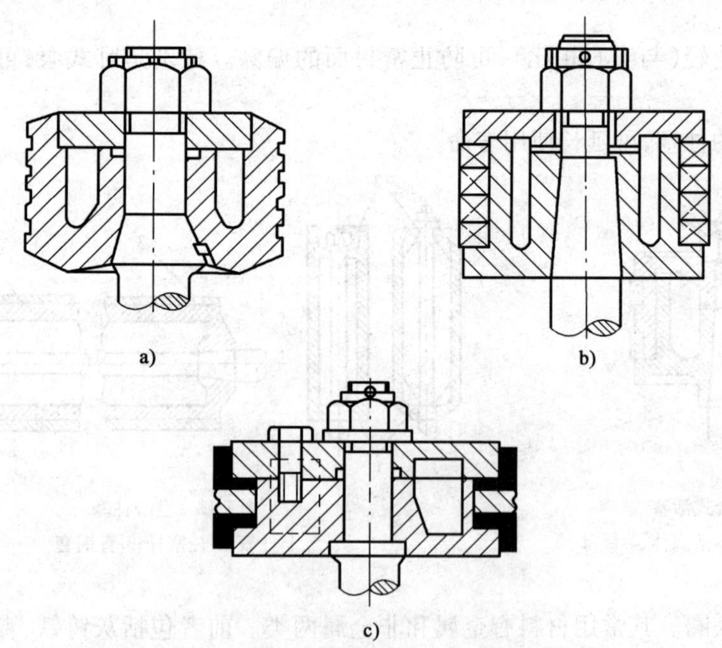

图 1-14　活塞的密封结构

a）迷宫式；b）软填料式；c）自密封式

迷宫式活塞依靠迷宫槽来增加水力阻力,减少漏损,适用于排出压力不高、输送洁净而有粘性液体的泵中。

软填料式活塞是靠压紧填料造成一定过盈来密封的,摩擦、磨损较大,只用于排出压力不高、液温较低的泵中。

自密封式活塞依靠液体自身的压力使密封碗(橡胶或皮革)唇部与缸套贴合,适用于较高的排出压力,摩擦、磨损均较小。

(3)活塞杆

活塞杆常用35号或45号钢锻制,也可用合金钢或铜制造。

活塞杆一端连接活塞,另一端连接十字头,动力通过十字头传给活塞。前者大多采用凸肩连接和锥面连接,特殊情况才用活塞销连接。

凸肩连接(图1-13c)是依靠凸肩和螺母把活塞固定在活塞杆上。为了防止活塞在交变载荷下松动,对螺母一定要有防松措施,如弹簧垫圈、双螺母、开口销等。

活塞、活塞杆二者的同轴度允差不大于0.02mm。凸肩支承面与活塞杆中心线应保持垂直。杆上螺纹应为细牙螺纹。

锥面连接(图1-13b):配合面锥度通常取1:10。锥度过小,使用一段时间后可能产生间隙松动;过大则不能起导向作用,需在锥面上部另加一段圆柱面定位(图1-13a)。

固定活塞的螺母应有防松措施。同轴度要求与凸肩连接相同。

活塞杆轴线直线度应小于0.03mm/500mm,活塞杆的圆度、锥度应不大于直径允差之半,表面粗糙度不高于Ra0.8~Ra0.4。

活塞杆如镀硬铬,一般镀层厚度为0.03~0.05mm,且应磨光。

4.填料函与填料

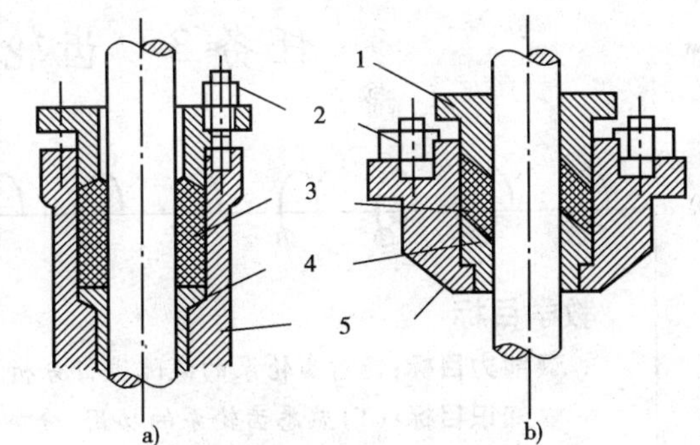

图1-15 填料函
a)单斜面式;b)双斜面式
1-压盖;2-螺母;3-填料;4-内套;5-填料箱

填料函的构造如图1-15所示。

填料函由内套、填料和压盖组成。内套和压盖接触填料的端面处都做成倾斜面的称双斜面式,仅压盖做成倾斜面的称单斜面式。做成斜面式是为了便于上紧压盖螺母时把填料挤向活塞杆,保持密封。

填料函与填料的作用是防止泵缸中液体沿活塞杆孔处漏出,或外部空气从杆孔处漏入,以保证泵的正常吸、排工作。当填料用久变质发硬而失去密封作用时,必须更换。更换填料时,新填料的宽度应按活塞杆与填料函的径向间隙选取,稍宽可适当锤扁;长度应根据活塞杆直径周长截取填料,切口最好成45°。填料要逐圈安装,相邻填料的切口要错开。填料圈数不要随意增减。填料装满后其松紧可借压盖螺母进行调整。上螺母时要注意用力平均,防止单边用力,使压盖倾斜,碰到活塞杆。填料安装应松紧适当,应允许有少量液体滴漏,以润滑和冷却活塞杆。填料函漏泄量不应超过泵额定流量的0.01%;当泵额定流量小于$10m^3/h$时,漏泄量≤1L/h。当软填料因磨损而漏泄增加时,可均匀地压紧填料压盖。如果填料磨损太多,压紧压盖也不能减轻漏泄,即应更换。装填料时各圈的切口应错开。

往复泵活塞杆运动速度不高,一般采用软填料轴封,在活塞杆伸出处设有填料函。工作压力较低、温度低于100℃时,软填料一般由浸油的棉麻纤维编制,俗称油纱盘根。当压力小于1MPa时,软填料一般是3~4圈,排出压力越高,圈数越多。

5. 安全阀

安全阀安装在阀箱上,用以限制泵的最大排出压力。调整安全阀弹簧张力即可改变其开启压力。其开启压力应为泵额定排出压力的1.10~1.15倍。当泵排出管路阀门全闭时,安全阀的排放压力(全流压力)一般应不大于额定排出压力与0.25MPa之和。安全阀阀体、泵缸、泵盖、阀箱等受压零件在工厂应进行水压试验,试验压力为安全阀排放压力的1.5倍,试验时间不少于5min,且无渗漏现象。安全阀在泵出厂时经试验合格后加以铅封。

思考与练习

1. 分析电动往复泵的工作原理,判断往复泵不能正常吸排液体的原因。
2. 简述电动往复泵的泵缸圆度、圆柱度的测量方法。
3. 分析电动往复泵的特性,确定往复泵在船舶系统中的应用。

任务3　齿轮泵的拆装与检修

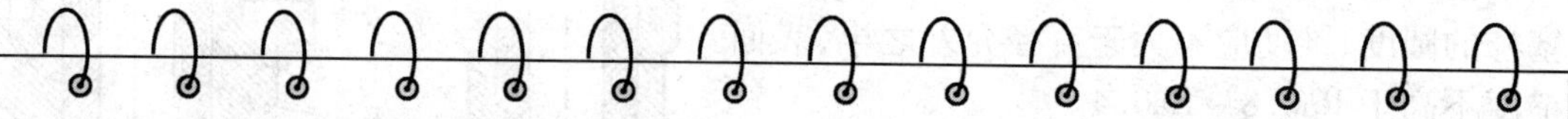

教学目标

◎ **能力目标**:能对齿轮泵的故障进行分析、诊断和排除。

◎ **知识目标**:(1)熟悉齿轮泵的功用、分类和选用;(2)掌握齿轮泵的工作原理和结构;(3)熟悉齿轮泵应用典型实例。

◎ **情感目标**:(1)严谨细实的工作态度;(2)良好的职业道德意识;(3)创新的意识和创新精神;(4)优良的学风和团队协作精神。

【任务引入】

齿轮泵属回转式容积泵。回转泵是利用回转工作部件形成的容积变化而实现吸排液体的泵。它是容积式泵中的一种,主要有齿轮泵、螺杆泵、叶片泵、转子泵等几种。与往复泵相比,回转泵的转速较高,体积较小,结构紧凑,无需吸、排阀,供液较为均匀。它常用作滑油泵、冷却油泵、燃油输送泵以及液压油泵。

齿轮泵在工作过程中,易产生噪声大、磨损快、启动后不能排油或流量不足等情况。如何对这些问题进行解决,是本任务所要解决的问题。

【任务分析】

齿轮泵出现这些故障的原因可能是吸空、堵塞、泄露、机械损坏、装配失误等,通过拆装和修理可以排除这些故障。为更好地掌握齿轮泵的拆装与检修能力,我们需要熟悉齿轮泵的工作过程、结构和性能特点。

【相关知识】

一、齿轮泵的结构和工作原理

如图1-16所示，齿轮泵主要由主动齿轮1、从动齿轮2和泵体3组成。其中，相啮合的轮齿A、C和B使与吸口相通的吸入腔和与排出口相通的排出腔彼此隔离。

齿轮泵由原动机带动主动齿轮工作，在进口侧，轮齿不断分离，齿间容积逐渐增大，形成低压而吸入油液。充满齿槽间的油液被壳体封闭，并随齿轮的转动而移到出口侧。在这里，轮齿不断进入啮合，齿间容积逐渐减小，油液被迫挤入排出管路。

齿轮泵的优点是结构简单紧凑、工作可靠、制造容易、价格低廉、可直接与高速原动机连接；缺点是流量有脉动、噪声较大、有径向液压力，限制了工作压力的提高。

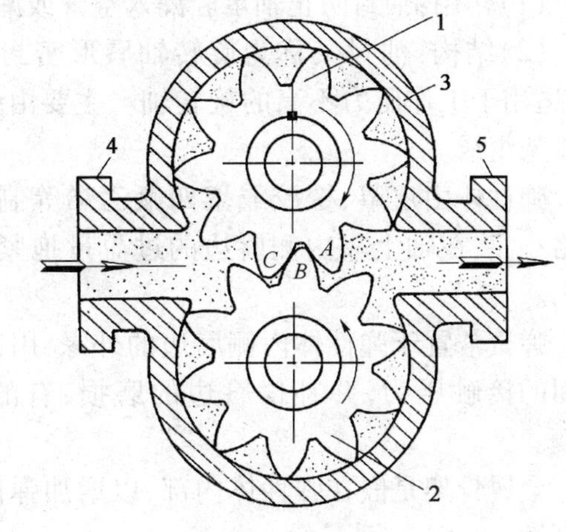

图1-16　齿轮泵

1-主动齿轮；2-从动齿轮；3-泵体；4-吸入口；5-排出口

二、齿轮泵的困油现象

为了保证齿轮泵平稳转动与吸、排口间的有效隔离，要求齿轮的重叠系数大于1，亦即要求齿轮泵工作时前一对啮合齿尚未完全脱离时，后一对齿就已开始进入啮合。这样，在某一小段时间内，就会有相邻两对齿同时处于啮合状态，它们与两侧端盖之间就会形成一个封闭空间，使一部分油液困在其中，而这一封闭空间的容积又会随齿轮的转动而先减小后增大地变化，从而产生困油现象。

图1-17为齿轮泵困油现象的示意图。从图I可以看到，当新的一对轮齿在A点开始啮合时，前面一对轮齿尚啮合在点B而未退出。这样，在A、B间就形成了封闭容积，将油液围困在它们中间。随着齿轮的旋转，封闭容积将从大变小。由于液体的可压缩性甚小，困油区内的压力就急剧升高，远远超过齿轮泵的排出压力，使轴承受到很大的径向负载，并伴有功率损失、油液发热、振动和噪声。

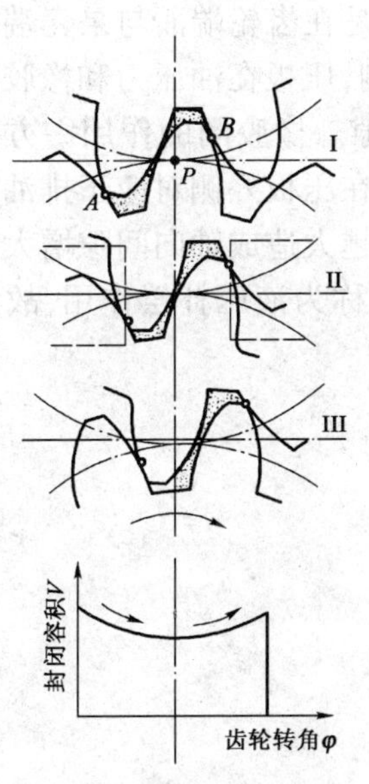

图1-17　齿轮泵的困油现象

当齿轮转到图II的位置时，封闭容积达到最小值，此后就逐渐增大(图中III位置)，困油区内就会出现真空，使溶于油中的气体析出，而后又将消失，并导致汽蚀。

为了消除困油现象的，最常用的方法是在与齿轮端面接触的端盖上(或轴承圈上)开出矩形卸荷槽，如图1-17II中的虚线所示。这样，在困油容积减小的区域内，有左边卸荷槽与压油腔相通，就可防止压力上升；而在困油容积增大的区域内，右边卸荷槽与吸油腔相通，便可防止汽蚀。当然，两卸荷槽间的距离应保证吸、排油腔不被连通，见图1-18。

三、齿轮泵的主要部件

1. 油封

(1)作用:油封防止轴承腔漏入空气或漏出油液。

(2)结构:油封又称为旋转轴唇形密封圈,俗称皮碗轴封,适用于工作压力不高的旋转轴。主要由弹性体、弹簧、金属骨架组成。

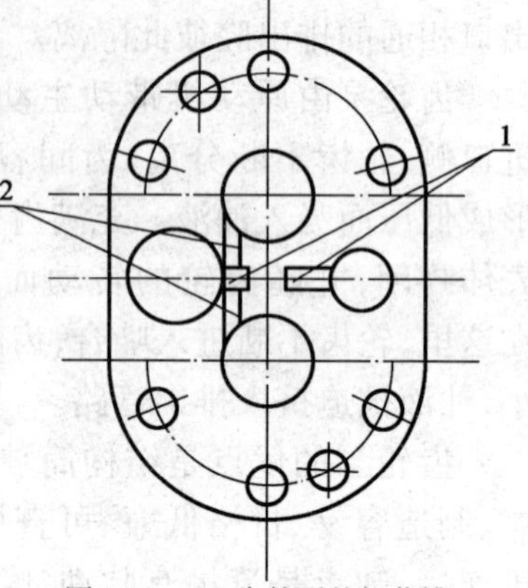

图 1-18　CB 齿轮泵的卸荷槽
1-卸荷槽;2-泄露槽

弹性体由皮革、橡胶或聚四氟乙烯等制成,其内径比轴径略小,装在轴上靠内侧唇边的过盈量抱紧轴表面,起密封作用。

弹簧常置于弹性体内侧唇边的外缘,用以增加唇边与转轴间的接触压力,并补偿唇边的磨损,有的型式也可省去弹簧。

金属骨架是嵌在弹性体内部,以增加弹性体的机械强度和刚性。

标准型油封耐压≤0.5MPa,使用线速度＜15m/s,油温≤120～200℃,依所用弹性体的材料而不同。

(3)安装:唇缘朝向油液侧,接触面涂敷油脂,有专用工具平推,防止偏斜。

(4)特点:简单,方便,价廉,振荡和偏心适应性好;最大滴油量为 1 滴/h,停机时不漏;摩擦损失比较大,转轴或轴套与油封弹性体接触面的粗糙度应较小。

2. 轴向间隙补偿装置

齿轮泵存在轴向、径向和齿间间隙,随着工作压力的提高,这些间隙处漏泄量会增多,其中轴向间隙(也称端面间隙)因泵的端面受力外移而变大,该处的漏泄量最大,达总漏泄量的70%～80%。为此,防止轴向间隙因工作压力增大而增大的方法,是在齿轮端面与泵壳端面之间设一可自由浮动的压板,工作时将泵出口的压力油引至压板外侧,压板在油压力和橡胶圈的弹力作用下轻轻地贴附在齿轮的端面上,从而保持很小的轴向间隙。橡胶圈的作用一方面是在油泵启动时给压板一个预紧力,使泵能建立起油压,另一方面是在压板外侧对应于排油腔的区域围成平衡油压区,使平衡力大小适当,分布合理。当工作压力越大造成轴向间隙增大的趋势越大时,该装置使作用于压板外侧的液压平衡力也越大,该作用称为液压补偿作用,故该装置称为齿轮泵轴向间隙液压补偿装置。

【任务实施】

一、CB-B 型齿轮泵的拆装

图 1-19 为 CB-B 型齿轮泵。

1. 拆装应注意事项

(1)预先准备好拆卸。

(2)螺钉要对称松卸。

(3)拆卸时应注意作好记。

(4)注意避免碰伤或损坏零件和轴承。

(5)紧固件应借助专用工具拆卸,不得任意使用工具。

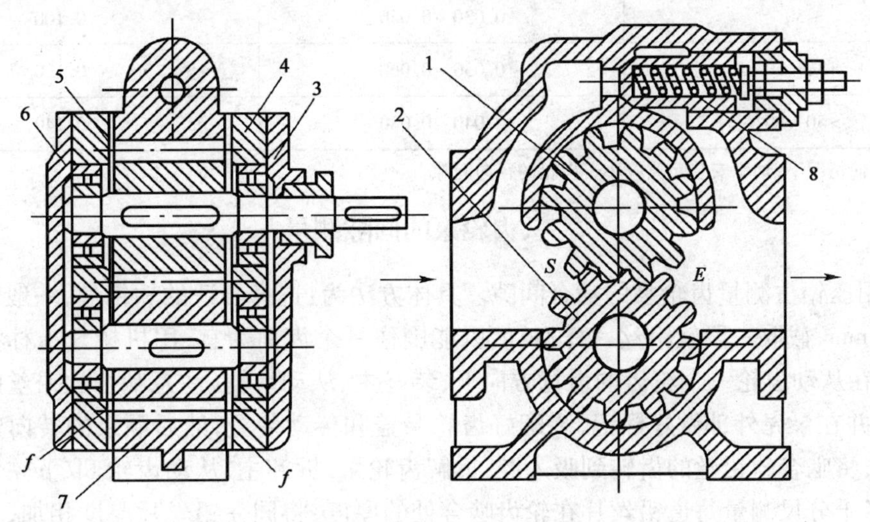

图 1-19　CB-B 型齿轮泵

1-主动齿轮;2-从动齿轮;3-泵壳前盖;4-前端板;5-后端板;6-泵壳后盖;7-泵壳;8-安全阀

2. 拆装步骤

(1)切断电动电源,并在电气控制箱上打好"设备检修,严禁合闸"的警告牌。

(2)关闭管路上吸、排截止阀。

(3)旋开排出口上的螺塞,将管系及泵内的油液放出,然后拆下吸、排管路。

(4)用内六角扳手将输出轴侧的端盖螺钉拧松(拧松之前在端盖与本体的结合处作上记号)并取出螺钉。

(5)沿端盖与本体的密封面用螺丝刀轻轻托开,因 CB-B 型齿轮泵是不用密封垫密封的,密封主要靠两密封面的加工精度及泵体密封面上的卸油槽来实现。

(6)将端盖板拆下,将主、从动齿轮拿出,用煤油或轻柴油将拆下的所有零部件进行清洗并放于容器内妥善保管,以备检查和测量。

二、齿轮泵的检查

(1)齿轮泵检修时应仔细检查齿轮、泵壳、泵端盖工作表面是否有擦痕、槽痕或裂纹等缺陷,如发现上述情况时,应予以修理消除,必要时换新。

(2)检查端面与泵的端盖之间的轴向间隙,检查齿顶与泵壳之间的径向间隙,检查齿与齿的啮合间隙。

(3)检查泵轴表面有无裂纹、麻点、碰伤等缺陷,如有应予消除,必要时换新。

(4)检查齿轮齿面腐蚀及点蚀,要求锈斑和点蚀不超过齿面积的 25%,牙齿不应有裂纹和拆断。

(5)检查轴承是否有不正常划痕和磨损,尤其是轴承间隙。轴承与轴的间隙值应符合表 1-5 规定。其检查方法可用塞尺或游标卡尺测量。对于滑动轴承,原则上安装间隙均应小于该泵的径向间隙。使用滑动轴承时,安装间隙应符合表 1-5 规定。

安 装 间 隙　　表 1-5

轴径(mm)	安装值(mm)	极限值(mm)
≤30	0.030 ~ 0.050	0.100
>30 ~ 50	0.030 ~ 0.060	0.120
>50 ~ 80	0.040 ~ 0.080	0.140

注:在任何情况下,轴承安装间隙应小于齿轮的径向间隙。

三、齿轮泵的间隙测量

(1)用压铅法测量齿轮泵的啮合间隙。具体方法为:选择合适的软铅丝,一般软铅丝直径在0.5 ~ 1mm,截取三段软铅丝,每段长度以能围住一个齿面为宜,用机械凡士林将三段软铅丝等距粘在从动齿轮一个轮齿的齿宽方向上,装好主、从动齿轮(注意啮合软铅丝的齿应处于排出腔),并在泵壳外部做好标记,装配好齿轮泵盖和传动装置,然后顺泵的转向转动齿轮泵的主动轴,将啮合软铅丝的齿转到吸入腔,拆解齿轮泵,拆卸主、从动齿轮,取下软铅丝片并清洁,用外径千分尺测量每道铅丝片在轮齿啮合处的厚度,将同一铅丝片厚度相加,即为齿轮泵齿与齿的啮合间隙。对于直齿型齿轮泵,也可用塞尺量齿与齿间啮合间隙,即装配好主、从动齿轮,用塞尺测量两啮合齿接触面的间隙,测量点要选在齿轮上相隔大约120°的三位置上,然后求平均值,齿轮啮合间隙应在0.04 ~ 0.08mm,最大不超过0.12mm,间隙过大时,应成对更换新齿轮。

(2)测量齿轮泵的轴向间隙(端面间隙)。齿轮泵的端面(轴向)间隙是其内部的主要泄漏处,通常用"压铅法"测量,具体方法是:选择合适的软铅丝,其直径一般为被测规定间隙的1.5倍,截取两段长度等于节圆周长的软铅丝,用机械凡士林将圆形软铅丝粘于齿轮端面,装上泵盖,对称均匀地上紧泵盖螺母,然后再拆卸泵盖,取下软铅片,并清洁,在每一圆形软铅片上选取4个测量点,用外千分尺测量软铅片厚度,做好记录,最后根据8个测量值得出的平均值即为齿轮泵的轴向间隙,齿轮轴向间隙应在0.04 ~ 0.08mm,此间隙可用改变纸垫厚度来加以调整如果齿轮端面擦伤而使端面间隙过大时,也可将泵壳与端盖的结合面磨去少许,以资补救。

(3)齿轮泵的齿轮与泵壳之间的径向间隙(齿顶间隙),由构件的几何尺寸来保证,一般用塞尺测量,具体方法是:将主、从动齿轮正确装好,用塞尺测量各齿顶与泵壳间隙,做好记录,最后依据间隙最小值得出齿轮泵的径向间隙,齿轮泵的径向间隙应保持在0.02 ~ 0.04mm,最大不超过0.08mm,间隙过大时,更换新齿轮。

四、齿轮泵的安装

(1)将啮合良好的主、从动齿轮两轴装入左侧(非输出轴侧)端盖的轴承中,装复时应按拆卸所作记号对应装入,切不可装反。

(2)上右侧端盖,上紧螺钉,拧紧时应边拧边转动主动轴,并对称拧紧,以保证端面间隙均匀一致。

(3)装复联轴节,将电动机装好,对好联轴节,调整同轴度,保证转动灵活。

(4)泵与吸排管系接妥,再次用手转动是否灵活。

【知识链接与技能拓展】

一、齿轮泵的性能特点

1. 自吸能力

齿轮泵有一定的自吸能力，所以齿轮滑油泵可装得比滑油液面高。但其自吸能力不如往复泵。另外，齿轮泵摩擦面多，为防启动时干磨损，泵内应有一定的存油。

2. 排量、流量和容积效率

1）排量

齿轮泵的工作容积在每转内的变化，称为排量。假设两齿轮的几何尺寸相等，而且齿间工作容积（齿间容积减去径向齿隙容积）等于轮齿的体积，则泵的排量 q_0 近似为（图 1-20）：

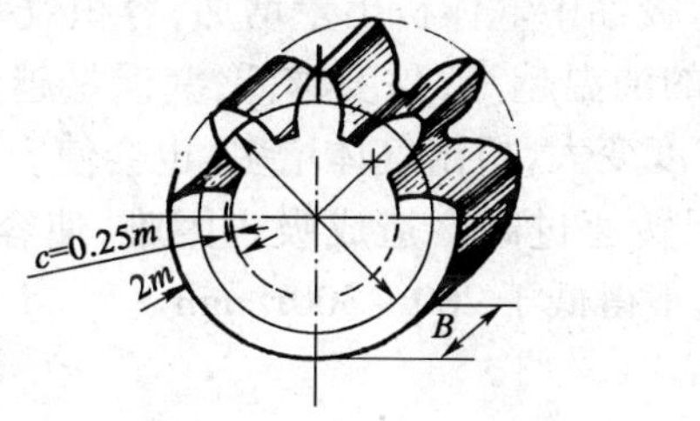

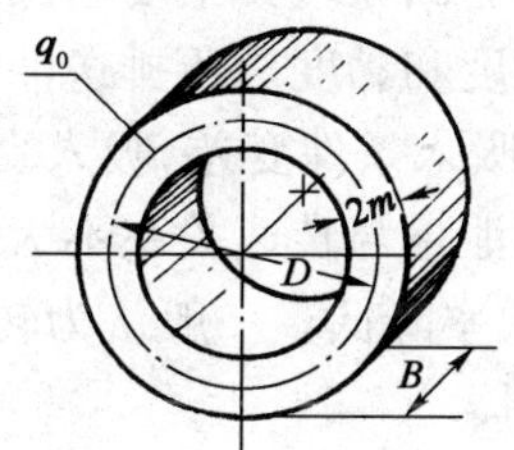

图 1-20　齿轮排量计算原理

$$q_0 = \pi DhB = 2\pi zm^2B \times 10^{-3} \qquad \mathrm{cm^3/r} \tag{1-17}$$

式中：D——齿轮分度圆直径，mm，$D=mz$；

h——有效齿高，mm，$h=2m$；

B——齿宽，mm；

z——齿数；

m——模数，mm。

实际上，齿间容积要比轮齿的体积稍大，特别是轮齿需要修正时，因此，齿轮泵的排量应为：

$$q = 2\pi Kzm^2B \qquad \mathrm{cm^3/r} \tag{1-18}$$

式中：K——系数，一般为 1.05 ~ 1.15。

2）流量

泵的平均理论流量 Q_0 为：

$$Q_0 = q_0 n \qquad \mathrm{L/min} \tag{1-19}$$

式中：n——每分钟转速，r/min。

3）容积效率

考虑到泵的容积损失，齿轮泵的实际流量 Q 为：

$$Q = Q_0 \eta_v \qquad \mathrm{L/min} \tag{1-20}$$

式中：η_v——容积效率，一般 $\eta_v = 0.8 \sim 0.9$。

上式也可理解为：

Q_0——出口压力为零的流量测值；

Q——额定压力下的流量测值。

影响齿轮泵容积效率的因素如下。

(1)密封间隙。齿轮泵的漏泄主要发生在：

①齿轮端面与两侧盖板之间的轴向间隙处；

②齿顶与泵壳之间的径向间隙处；

③啮合齿之间的间隙处。

其中，齿轮端面的漏泄途径短而宽，漏泄量占总漏泄量的70%～80%。由于漏泄量与间隙值的三次方成正比，因此对齿轮泵容积效率影响最大的是齿轮的端面间隙大小。

(2)排出压力。漏泄量与间隙两端压差成正比，排出压力高，漏泄量大，容积效率降低。

(3)吸入压力。当吸入真空度增加时，吸油中气体析出量增加，容积效率降低。

(4)油液的温度和黏度。所排送油液的油温越高，黏度越低，漏泄量越大。但油温过低则黏度太大，又会使吸入条件变差，吸入真空度变大，析出气体增多，也会使容积效率下降。

(5)转速。漏泄量与转速关系不大，但转速过高会造成吸入困难，使容积效率下降；转速过低也会使容积效率降低。一般认为转速不得低于200～300r/min。

4)流量均匀性

流量连续，但有脉动。外啮合齿轮泵流量脉动率大，噪声较大；内啮合齿轮泵流量脉动率较小，噪声也较小。

3. 压力

额定排出压力与工作部件尺寸、转速无关，主要取决于泵的密封性能和轴承承载能力。为了防止泵在超过额定工作压力的情况下工作，一般应设安全阀。

4. 转速

齿轮泵转速较高，一般为1 500r/min左右。高于3 000r/min或低于3 000/min都会使容积效率下降。

5. 效率

主要受密封间隙、吸排压力、温度转速影响较大。

6. 适用性

适用于排送不含同体颗粒并具有润滑性的油类，因为其摩擦面较多。

7. 维护性

结构简单，紧凑，价格低廉，管理方便。

8. 耐用性

虽然摩擦面较多，但用于中低压滑油泵时寿命较长。

二、齿轮泵的径向液压力

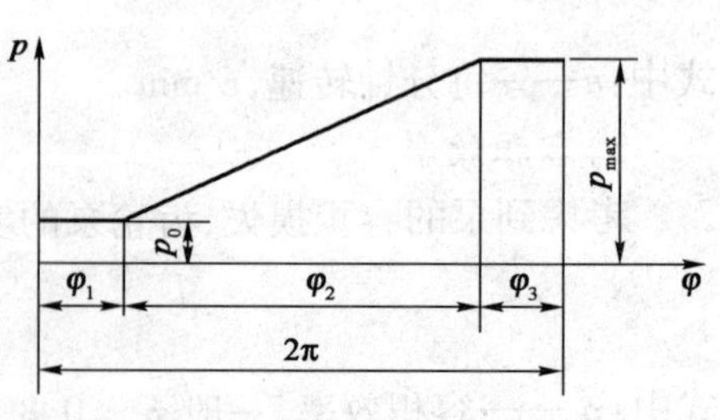

图1-21 齿轮泵内的压力分布

齿轮泵工作时，排油腔附近的液压远较吸油腔为高，并逐渐沿周向向吸油腔降落，如图1-21所示。

图中：$0\sim\varphi_1$为吸油区，压力为p_0；$\varphi_1\sim\varphi_1+\varphi_2$为过

渡区，压力从 p_0 升到 p_{max}；$\varphi_1+\varphi_2\sim\varphi_1+\varphi_2+\varphi_3$ 为压油区，压力为 p_{max}。各处的压力差，即不平衡的径向液压力，把齿轮推向吸油腔一侧，成为轴承单边磨损、轴发生弯曲疲劳断裂和齿顶摩擦泵壳内圆出现“扫膛”等现象的原因。

三、内 泄 漏

1. 间隙和泄漏量

齿轮泵的运动部件与固定部件之间存在着间隙，在间隙两端又有压差，因此泄漏是必然的。当间隙因磨损而增大时，漏泄可使泵的排量和压力大大降低，甚至使泵无法继续工作。

齿轮泵的泄露可分为外漏和内漏。前者通过轴封向外漏出，容易发现和修复。后者如图1-22所示，是通过齿轮端面与端盖间的轴向间隙和齿顶与泵壳内圆间的径向间隙等，从高压区漏向低压区，漏泄量较大且不易发现，由于漏程短，泄漏面宽，泄漏方向又与端面的运动方向一致，因而最为严重。

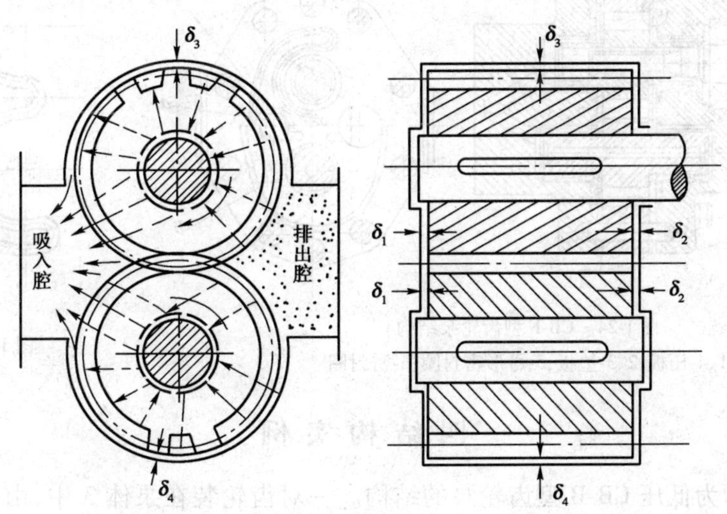

图 1-22 齿轮泵的内漏

图1-23所示为一台实际齿轮泵在不同轴向间隙下的泄漏曲线。由图可见，间隙愈大，泄漏愈多。因此，恢复正常的端面间隙，往往是恢复齿轮泵正常容积效率值的有效途径。

由于齿顶运动与泄漏的方向相反，通过 δ_3 和 δ_4 的泄漏量一般都比较小。

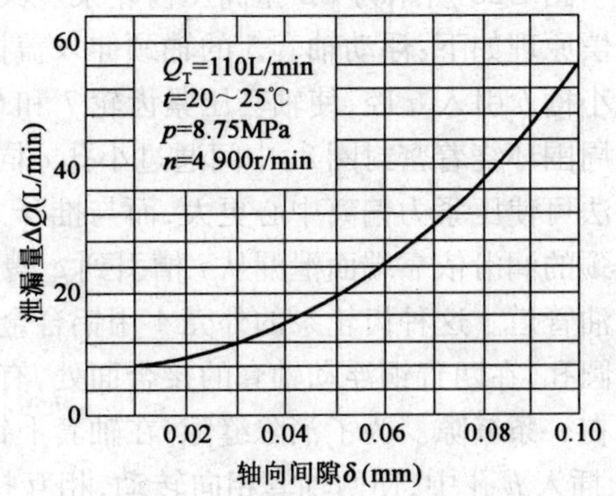

图 1-23 轴向间隙与泄露量曲线

2. 端面间隙的补偿

在齿轮泵中，轴向间隙的泄漏是主要的。为了减少轴向间隙的泄漏量，最常用的方法是使端面间隙自动得到补偿。

图1-24所示为CB-F型齿轮泵所用的端面补偿装置。泵的壳体采用三片式结构，进出油口开在后盖板上。在齿轮端面和前后盖板间夹有压板

1 和 4，在压板的内侧覆有厚度为 0.5 ~ 0.7mm 的磷青铜，以减轻压板与齿轮端面的摩擦。压板通过弓形密封圈 5（其形状见图 1-25）嵌在泵盖槽内，位置正好在齿轮泵压油区附近。压板 1 和 4 的厚度比外圈的垫板 2 和 3 的厚度约小 0.2mm，因此在弓形密封圈内的压板与泵盖之间就形成了一个密闭空间。在这个封闭空间内还设有一个密封圈 6，它将弓形封闭空间与油泵的排油通道 a 隔开。此外，在压板 1 和 4 上各有 2 个与油泵压力过渡区相通的小孔 b，因而在弓形密封圈内就充满了具有一定压力的油液，在此压力的作用下，压板贴紧在齿轮端面而仅隔一层油膜。一旦端面或压板磨损，压板就会在液压作用下，自动补偿间隙。压板压紧力的大小，由弓形密封圈内的油压高低来决定。因为齿轮泵从吸油区到压油区压力是逐渐分级增大的，所以，只要适当选取压板上小孔 b 的位置，就可以使压紧力的大小适合。这种端面间隙补偿装置，结构比较简单，但由于压板变形不均匀，齿轮与压板端面向的磨损也就不均匀。

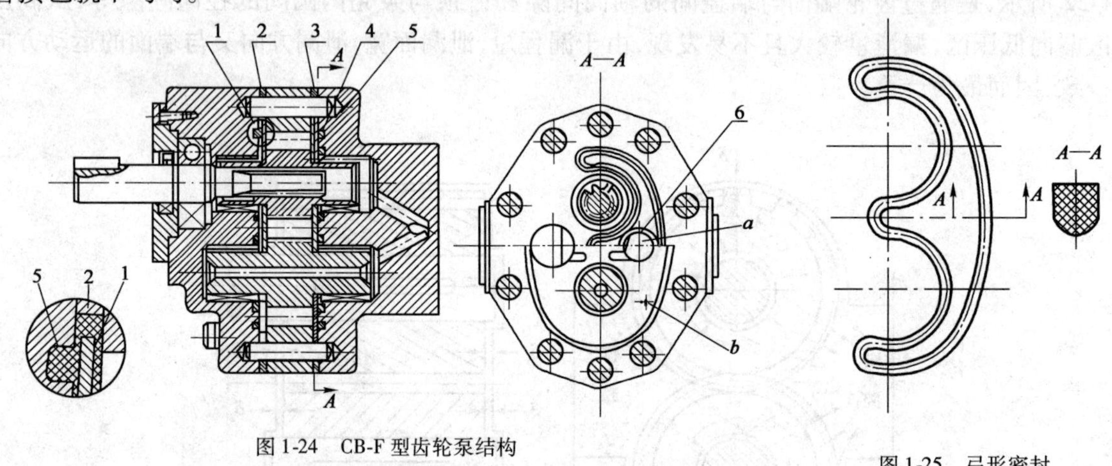

图 1-24　CB-F 型齿轮泵结构

1、4-压板；2、3-垫板；5-弓形密封圈；6-密封圈

图 1-25　弓形密封

四、结 构 实 例

图 1-26 所示为低压 CB-B 型齿轮泵的结构。一对齿轮装在泵体 3 中，由传动轴与带动回转。带有保持架的滚针轴承 2 分别装在端盖 1 和 4 中。在泵体 3 的两端面上，各铣有卸油槽 1（图 1-27），用来将端面漏油导回吸油腔，以降低泵体与端盖接合面间的液压推开力，减小轴向间隙和连接螺钉的拉力。泵的压油口比吸油口小，主要是为了减小径向液压作用力。

图 1-28 所示为 CB 型高压齿轮泵。其结构特点是采用了一种补偿面偏置的浮动轴套。其补偿原理如下：浮动轴套 5 的轴颈伸入盖板 1 中，形成椭圆形的封闭油腔 a。压力油从压油腔经小槽 b 引入 a 腔，使轴套压紧齿轮 7 和 6 的端面，其补偿面偏置是采用一块特殊形状的平板 9，周围环绕着密封圈 8，中间通过小孔 c 同吸油腔连通，以消除压力油对此区域的影响。这种方法可使压紧力偏离中心更大，而与推开力的作用线更加接近。a 腔的密封用密封圈 3 和 2，轴颈的润滑依靠端面泄漏从 i 槽引到 g 槽。内泄漏的油液经孔道 d、e、f 引回吸油腔，不必外装泄油管道。这种齿轮泵的外壳 4 用铝合金铸造，排油口做成较小的窄长孔，吸油口则做成较大的圆孔，在两青铜浮动轴套的接合面处，有一个不大的间隙。这样加工和安装虽较方便，但都存在一条缝隙。为了消除缝隙，在轴套上钻出盲孔，安装时将上下两个轴套配对用的弹簧钢丝 10 插入 h 孔中，使两轴套相向转动，相互挤紧。此外，泵的卸荷槽也开在轴套上，而且形状与轴套的扭转方向有关。

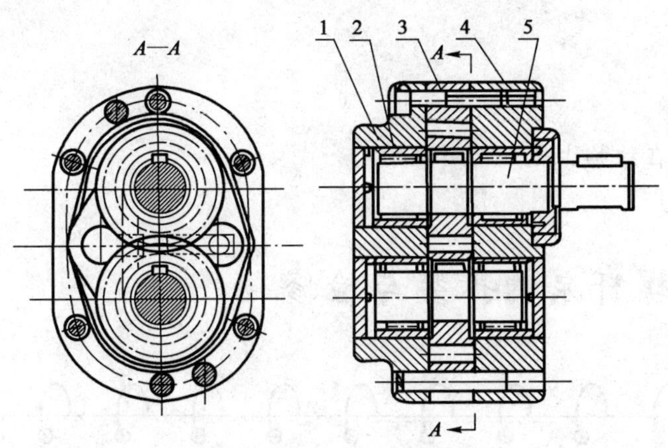

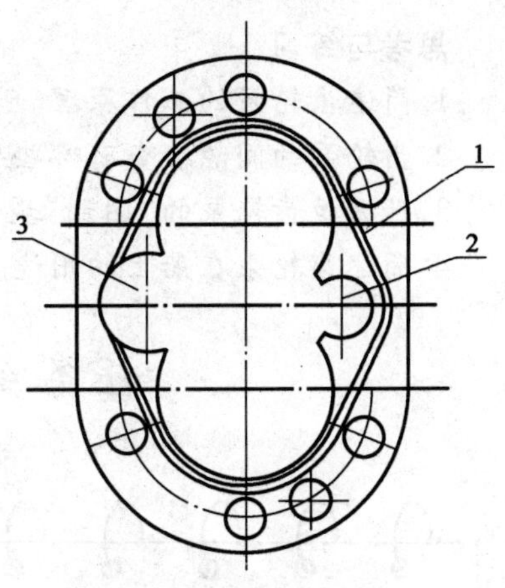

图 1-26　CB-B 型齿轮泵结构

1、4-端盖；2-滚针轴承；3-泵体；5-齿轮轴

图 1-27　CB-B 型齿轮泵泵体

1-卸油槽；2-排出腔；3-吸入腔

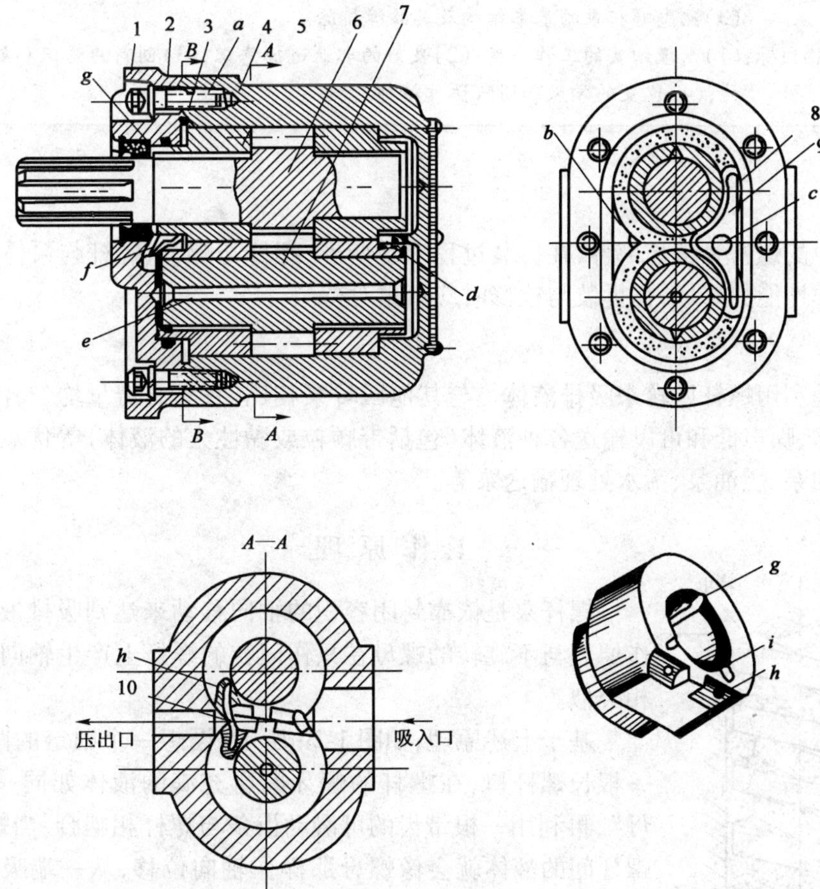

图 1-28　CB 型高压齿轮泵的结构

1-盖板；2、3、8-密封圈；4-外壳；5-浮动轴套；6、7-齿轮；9-平板；10-弹簧钢丝；*a*-油腔；*b*、*g*、*i*-槽；*c*、*h*-孔；*d*、*e*、*f*-孔道

思考与练习

1. 简述齿轮泵的工作原理。
2. 齿轮泵的间隙检查有哪些项目?
3. 什么是齿轮泵的“困油”现象? 在结构上是如何解决的?
4. 简述齿轮泵在船上的用途。

任务4 螺杆泵的拆装与检修

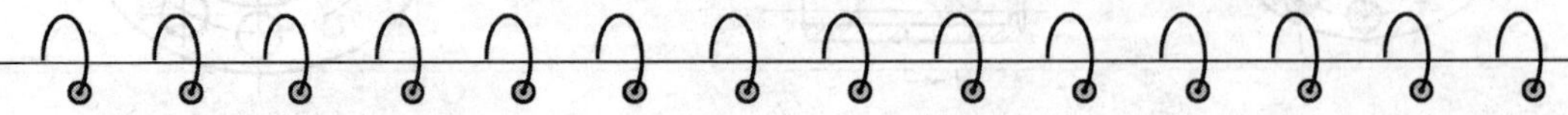

教学目标

◎ **能力目标**:能对三螺杆泵的故障进行分析、诊断和排除。

◎ **知识目标**:(1)了解螺杆泵的工作原理;(2)正确掌握螺杆泵的功用、类型和工作特点;(3)熟悉螺杆泵的基本结构及其故障排除。

◎ **情感目标**:(1)严谨细实的工作态度;(2)良好的职业道德意识;(3)创新的意识和创新精神;(4)优良的学风和团队协作精神。

【任务分析】

螺杆泵中的螺杆为细长部件,在拆装过程中易变形,螺杆与螺杆、螺杆与泵体间的间隙关系到泵的工作性能的好坏,在拆装与检修时应慎重对待。

【相关知识】

螺杆泵是利用螺杆回转来吸排液体。与其他回转泵相比,它具有流量均匀,液体扰动小、工作平稳可靠、噪声低和可以输送各种液体(包括带颗粒或黏性大的液体)等优点。在船舶上常用作润滑油泵、燃油泵、污水处理输送泵等。

一、工 作 原 理

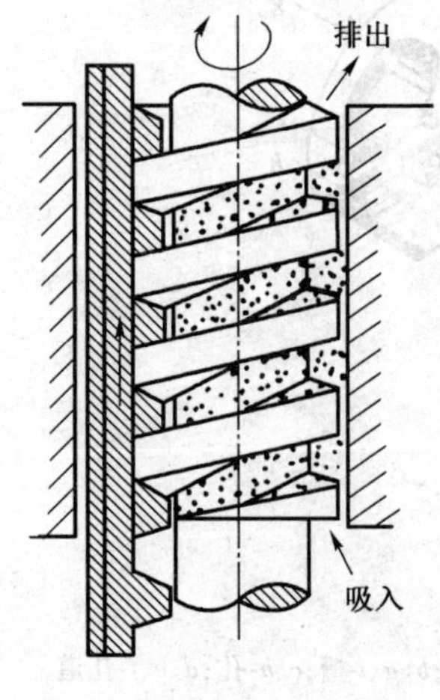

图1-29 螺杆泵工作原理简图

螺杆泵是依靠封闭容积的轴向移动来达到吸排液体的。其工作原理与不旋转的螺母在只作回转的螺杆上产生轴向位移的原理相类似。

基于上述原理,如图1-29所示,设想一个固定的圆筒内,插入一根长螺杆口,在螺杆的螺牙间所充满的液体如同一个“液体螺母”,再利用一根带齿的可滑动齿条与螺杆相啮合,当螺杆回转时,螺牙间的液体就会像螺母那样作轴向位移,从一端吸入而从另一端排出。但是,图1-29所示这种装置,螺杆左边的齿条要满足螺杆作连续回转工作的需要,就需无限的长,这是不可能的。人们就设计用从动螺杆来代替齿条与主动螺杆相啮合,就形成了现在的螺杆泵。当主动螺杆回转时,与之相啮合的从动螺杆随之转动,螺牙间的液体就会不断地沿着轴向移动,从而达到输送液体的目的。

螺杆泵按所装置的螺杆数分为:单螺杆、双螺杆、三螺杆和五螺杆泵。其中以摆线式三螺杆泵的结构与性能较好而使用最广。单螺杆泵则由于结构简单又最适宜于泵送带泥沙和污物的液体而用于船舶舱底泵等方面。

二、三 螺 杆 泵

1. 三螺杆泵的结构和工作原理

船用立式三螺杆泵如图 1-30 所示。

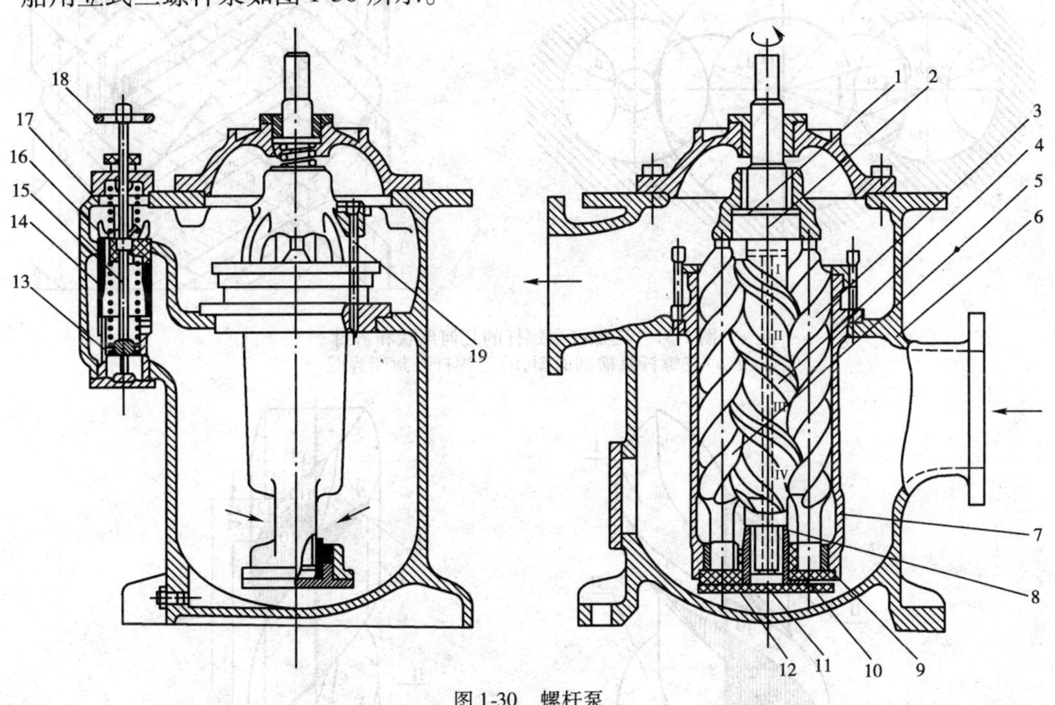

图 1-30 螺杆泵

1、8-推力垫圈;2-平衡活塞;3、5-从动螺杆;4-主动螺杆;6-泵体;7-缸套;9、10-平衡轴套;11-盖板;12-推力垫块;13-防转滑销;14、17-弹簧;15-调节螺杆;16-安全阀体;18-手轮;19-泄油管

泵主要由固定在泵体 6 中的缸套 7,以及安插在缸套中的主动螺杆 4 和与其啮合的从动螺杆组成。主动螺杆是凸螺杆,从动螺杆是凹螺杆,它们都是双头螺杆。主、从动螺杆转向相反。各啮合螺杆之间以及螺杆与缸套内壁之间的间隙都很小,并可借啮合线从上到下形成 I、II、III、IV 等多个彼此分隔的容腔。随着螺杆的啮合转动,与泵吸入腔相通的容腔首先在下面吸入端开始形成并逐渐增大(如图中 IV 位置),不断吸入液体,然后封闭。接着,一方面,这个封闭容腔沿轴向不断向上推移直至排出端(犹如一个液体螺母在螺杆回转时不断沿轴向上移),另一方面,新的吸入容腔又紧接着在吸入端形成。一个接一个的封闭容腔移到排出端与泵排出腔相通(如图 I 位置),其中的液体就不断被排出。

2. 三螺杆泵螺杆的几何形状和密封情况

从如图 1-31a)所示的横剖面来看,其形状相当于 3 个互相啮合的各有两个齿的齿轮,而每根螺杆都可设想为是由这些极薄的齿轮沿轴向一面移动又一面转动而形成的。凸螺杆的根圆与凹螺杆的顶圆就是啮合齿轮的节圆,它们的直径就是节圆直径 d_H。在回转过程中,节圆作纯粹的滚动。凸螺杆的齿廓线 mn 与凹螺杆顶圆上的点 g 的轨迹一致,是点 g 生成的一段外摆线；凹螺杆的齿廓线曲则是由凸螺杆顶圆上的点 m 生成的一段外摆线，而且整个齿形上下和左右各自对称。这样，凹、凸螺杆在回转过程中不仅彼此的顶圆和根圆相切，而且由点 m、m' 和点 g' 等所形成的棱边也能和对方的摆线螺旋面接触。如将凹凸螺杆各转过 90°，则彼此的啮合线就将如图 1-32 中的花线 1 ~ 13 和 1′ ~ 13′所示。

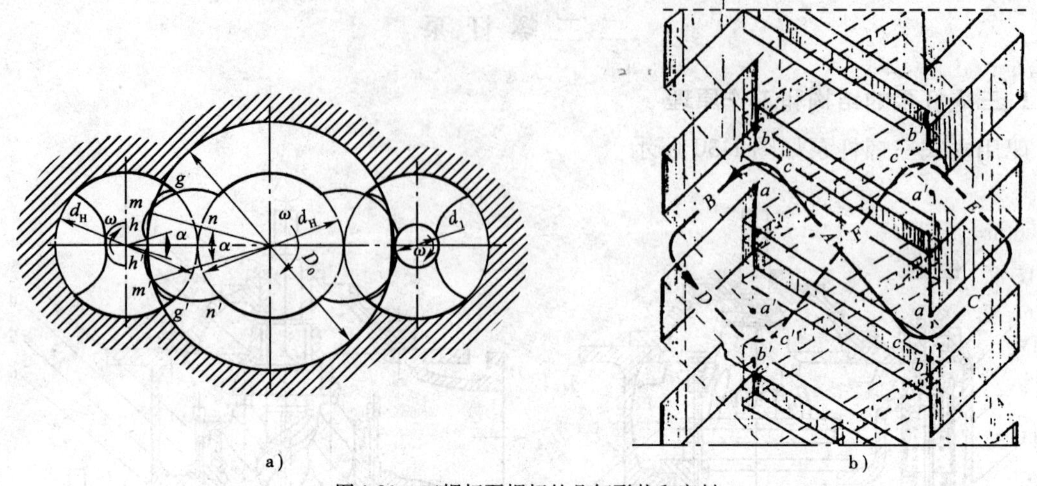

图 1-31　三螺杆泵螺杆的几何形状和密封

a）三螺杆泵横剖面图；b）三螺杆泵封闭容腔

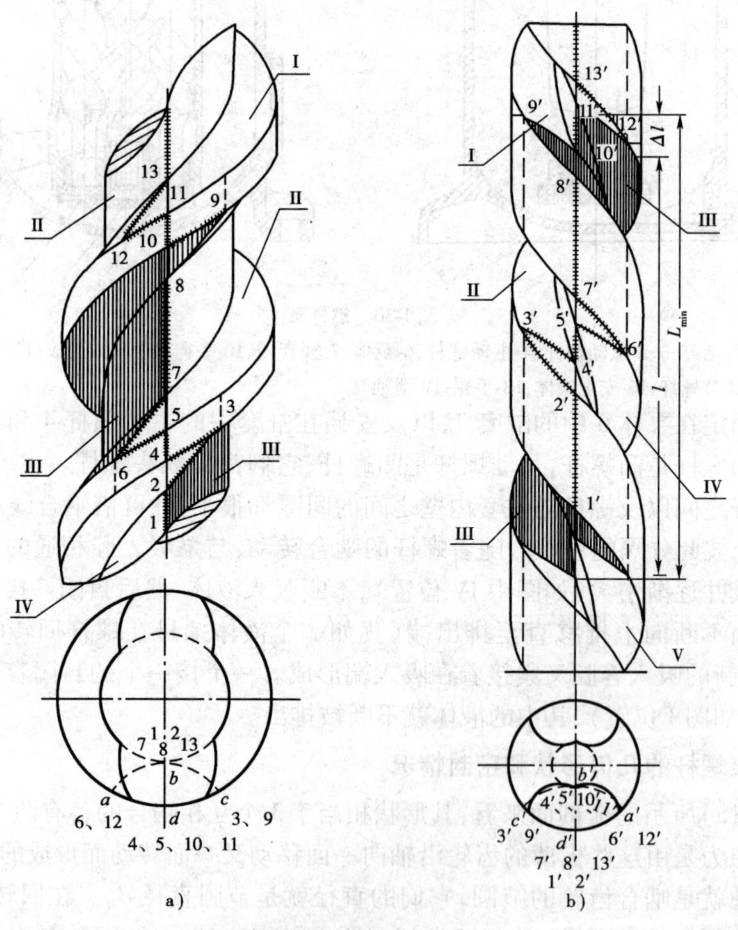

图 1-32　三螺杆泵的啮合线

由于凸螺杆和两根凹螺杆的啮合，彼此的凹槽也就被分隔成若干个封闭容腔。然而，如图1-32b）所示，在衬套内壁与啮合的螺杆之间存在着像 abc、$a'b'c'$ 等三角形缺口，因此，当采用三根双头螺杆时，凸螺杆上的凹槽 A 和凹螺杆上的凹槽 B、C，以及螺杆后面的槽 D、F、E 相互连通，构成"∞"形的封闭容腔。

各封闭容腔的轴向长度 $L_{min}=t+\Delta l$，式中 t 为螺杆的螺距；Δl 为啮合线（9′10′11′12′及3′4′5′6′等）的轴向长度。为避免吸、排两端直接沟通，理论上螺杆的最小工作长度为1.09t，通常泵套与螺杆的最小长度取（1.2～1.5）t。

3. 螺杆泵的受力分析

1）三螺杆泵的轴向力

三螺杆泵在尚未开始排液的空转期间，主动螺杆通过棱边的啮合线向从动螺杆传递转矩以克服其摩擦扭矩，这时传给从动螺杆的力会产生指向排出端的轴向力。而在开始排送液体后，会因螺杆两端液压力不同而产生指向吸入端的轴向推力，主动螺杆所受轴向液压力比从动螺杆大。

平衡轴向力的主要方法如下：

（1）安装止推轴承。止推轴承通常装在轴向推力较大的单螺杆上，而凹螺杆则靠螺杆端面来承受轴向力，这种方法适用于工作压力小于1.6MPa的泵。

（2）采用平衡活塞。在主动螺杆排出端设一直径适当的平衡活塞，在平衡活塞一侧的主动螺杆轴上有泄油孔和吸入腔相通，使平衡活塞的背压接近吸入压力。因此，作用在平衡活塞上的轴向力，是从吸入腔指向排出腔，从而抵消了大部分轴向力。

（3）将高压油引至螺杆底部止推轴套处。通过从动螺杆中心导孔引入压力油。当从动螺杆细长，不宜钻油孔时，可在泵体上设置专门的孔道。

（4）采用双吸结构。对于压力较高、流量较大的螺杆泵来说，螺杆上将受到相当大的轴向力，采用双吸式结构，使油液从两端吸入，中间排出。由于螺杆上两端螺线是反向的，理论上轴向力完全平衡。这不仅在结构上省掉了一套平衡装置，并且还可以在不增加螺杆直径的情况下，使排量得到增加，故在大排量的螺杆泵上采用较多。

2）三螺杆泵的径向力

图1-33中画点的容腔内液体压力高于无点的容腔。由图可见，作用于凸螺杆的径向液压力完全平衡；空转时两根凹螺杆对凸螺杆的作用力也对称。因此，立式螺杆泵凸螺杆无论在空转或是排油时，径向力都完全平衡，工作时不会弯曲，对轴承也不产生径向力。

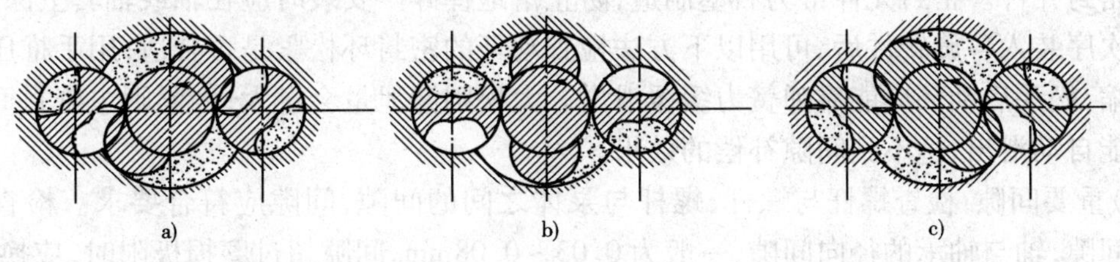

图1-33 三螺杆泵的径向力

凹螺杆只有一边啮合，由图可见，同一截面处两边凹槽中的液压力不同，因此凹螺杆排液时会产生径向力。两根凹螺杆所受径向力大小相同、方向相反，由衬套工作面承受，比压不大，对凹螺杆的磨损和变形影响甚微。

【任务实施】

一、螺杆泵的拆装

1. 螺杆泵的拆卸

(1)螺杆泵与电机脱离,排空介质(防止电机、有毒介质伤人);

(2)拆卸螺杆泵排出体;

(3)拆卸螺杆泵定子,必要时按泵轴方向盘动轴作辅助;

(4)拆卸转子及中间轴;

(5)拆卸传动轴和轴封;

(6)取出螺杆泵轴承、定位套,应从轴承座内取出;

(7)长期不用的螺杆泵,要作防锈处理,方法为用防锈脂涂抹非油漆金属表面,包括轴表面、填料壳体内腔等,并进行润滑。

2. 螺杆泵装配

(1)装配时应将螺杆泵零件仔细清洗、检查,损坏的零件应更换;

(2)正确安装轴承使轴转动灵活、无卡阻现象。

(3)轴封安装:填料函安装时,应使填料压盖压紧螺栓位置在壳体安装窗口内,便于扳手调整螺栓;

(4)机械密封应小心安装,摩擦副端面应清洁并涂上润滑脂;

(5)传动轴两万向接头装配时,应检查密封圈有否损坏,在空腔内填充润滑脂;

(6)安装定子时,用润滑油涂抹转子、定子内腔表面,有利于定子安装;

(7)排出体压紧固定时,螺母拧紧应均匀一致;

(8)安装装配时,联轴器安装偏差:$\Delta Y \leqslant 0.2\text{mm}$,$\Delta\alpha \leqslant 30°$。

二、螺杆泵拆装时的注意事项

(1)转向与连接:检修时应注意电动机接线不要接错。泵和电动机应保持良好对中,联轴器同轴度应在0.1mm以内。

(2)重要部件:螺杆为细长构件,刚度低,易变形,故在拆装起吊中要注意防止受力弯曲;备用螺杆保存时宜悬吊固定,以免放置不平而变形。机械轴封属于较精密的部件,拆装时要防止损伤密封元件。密封元件常为石墨制造,防止落地摔碎。安装时应在轴或轴套上涂上滑油。按正确次序装入各旋转件后,可用以下方法检查动环的密封环松紧是否合适;用手推压动环使弹簧压缩,松手后动环应能靠弹簧力缓缓滑出。太松则漏泄量会过大;太紧则主密封面磨损后动环不能自动滑出,达不到间隙补偿的效果。

(3)重要间隙:检查螺杆与螺杆、螺杆与泵体之间的间隙,间隙应符合要求。检查泵轴与轴承的间隙,轴与轴承的径向间隙,一般为0.03~0.08mm,间隙超过磨损极限时,应换新。

泵检修装复后,用手转动泵轴,应转动灵活。手感为既无卡阻也不松动时,大体说明间隙正常。

【知识链接与技能拓展】

除三螺杆泵外,常见的还有单螺杆泵和双螺杆泵。

一、单螺杆泵

单螺杆泵如图1-34所示。单螺杆泵属密封型螺杆泵（螺杆和泵缸的啮合也能将吸排口完全隔断）。

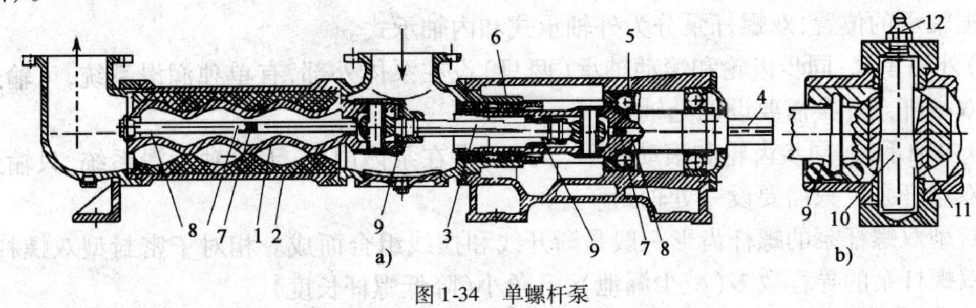

图1-34 单螺杆泵

a)结构图；b)万向联轴器

1-螺杆；2-泵缸；3-万向轴；4-传动轴；5-轴承；6-填料函；7-小活塞；8-弹簧；9-挠性保护套；10-销轴；11-销轴套；12-注油口

(1)螺杆：用金属制成，具有单头螺纹，任意截面是半径为 R 的圆，截面的中心位于螺旋线上且与螺杆的轴心线偏离一个偏心距 e，绕轴旋转以螺距 t 沿轴向移动而形成的。

(2)泵缸：由丁腈橡胶制成，内表面具有双头螺纹，任意截面为一跑道图形，两端是半径为 R 的半圆，中间是长为 $4e$ 的直线段，泵缸截面以 $2t$ 沿轴向旋转而形成的。

(3)万向联轴器：单螺杆泵运转时泵缸和传动轴4的轴线位置不变，而螺杆轴线相对于泵缸轴线则按与螺杆相反转向做圆周运动。由于螺杆轴线相对泵缸轴线存在一个偏心距，运行过程中有摆动现象。为保护万向轴连接部分不受工作液体侵蚀，通常设有起隔离作用的挠性保护套9。万向联轴器的销轴10与销轴套11间的润滑，靠从注油口12向联轴节内注入润滑脂来保证。注油时小活塞7克服弹簧8的张力移动，让出空间存油；以后靠弹簧推活塞挤出润滑脂补充其损耗。

二、双螺杆泵

双螺杆泵如图1-35所示。双螺杆泵有密封型和非密封型。船用双螺杆泵一般是非密封型。

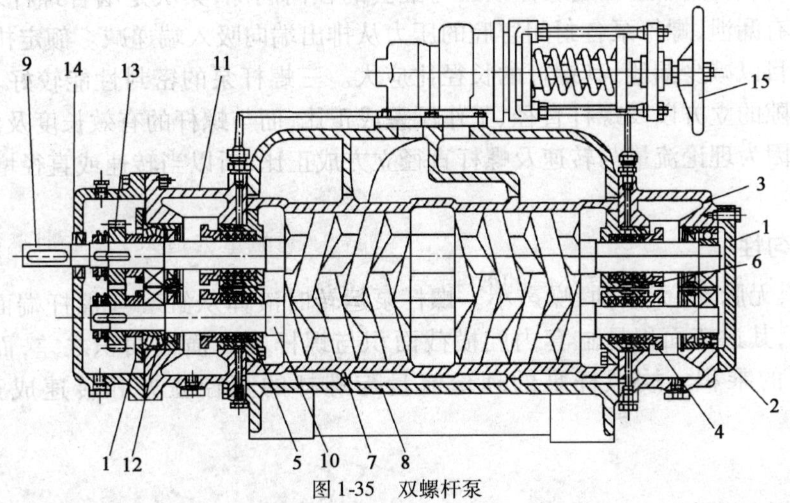

图1-35 双螺杆泵

1-压盖；2-滚动轴承；3-填料函；4-填料压盖；5-填料；6-填料函本体；7-衬套；8-泵体；9-主动螺杆；10-从动螺杆；11-填料函；12-滚动轴承；13-同步齿轮；14-齿轮箱；15-安全阀

(1)主动螺杆:具有单头螺纹、矩形或梯形齿形的螺杆。

(2)从动螺杆:与主动螺杆相同,互不接触。

(3)同步齿轮:由于是双螺杆,故不能满足传动条件。

(4)泵缸:相同两圆交叠而成。

根据轴承的位置,双螺杆泵分为外轴承式和内轴承式。

(1)外轴承式:同步齿轮和滚动轴承(两只)设在泵体外部,有单独润滑系统,可输送任何液体的双螺杆泵。共需要设四处轴封。

(2)内轴承式:同步齿轮和滚动轴承(两只)设在泵体内部,无单独润滑系统,只输送润滑液体的双螺杆泵。只需要设一处轴封。

密封型双螺杆泵的螺杆齿形一般是渐开线和摆线组合而成。相对于密封型双螺杆泵,非密封型双螺杆泵的导程数多(减少漏泄),升角小(降低螺杆长度)。

双螺杆泵的过流面积与螺杆根圆与顶圆半径比 r/R、导程和齿形有关。在保持泵缸直径不变的情况下换用导程或半径比 r/R 不同的螺杆,可获得不同的流量。半径比(螺纹深度)减小虽可增加流量,但会使螺旋面之间的间隙增大,使容积效率 η_v 降低,仅适合排送排出压力较低或粘度较高的液体。

三、性 能 特 点

1. 自吸能力

密封式螺杆泵(三螺杆泵和单螺杆泵)有一定的自吸能力,非密封式螺杆泵(双螺杆泵)无自吸能力。但尽管密封式螺杆泵具有自吸能力,为防止启动时的干磨,泵内也必须有一定的存油。轴向吸入,吸入流体基本不受离心力影响,故吸入性能好,三螺杆泵在一定条件下允许吸上真空高度可达 8m 水柱,单螺杆泵可达 8.5m 水柱。

2. 流量

理论流量仅取决于工作部件的尺寸和转速,与排出压力无关。流量范围广,一般在 0.6 ~ $600m^3/h$ 之间。主要内漏途径是螺杆顶圆与缸套的径向间隙,其次是啮合螺杆之间的啮合间隙。由于内部有漏泄,螺杆泵各封闭容腔的压力从排出端向吸入端递减。额定排压高,为增加封闭容腔的数目以减少漏泄,其螺杆的长径比应大。三螺杆泵的密封性能较好。螺杆泵内漏泄量与径向间隙的立方以及螺杆直径、工作压差成正比,而与螺杆的有效长度及液体粘度的平方根成反比。因为理论流量与转速及螺杆直径立方成正比,所以当转速或直径增大时,η_v 相应提高。

3. 流量均匀性

流量连续,无脉动,无困油,噪声小。螺杆泵运转时液体从缸套与螺杆端面之间的空隙部分连续流出,其过流面积是缸套内腔横截面积与螺杆端面横截面积之差,而轴向流速则为导程与转速的乘积。故螺杆泵的理论流量与螺杆的直径立方和转速成正比,流量很均匀。

4. 压力

额定排出压力与工作部件尺寸、转速无关,主要取决于泵的密封性能、结构强度和原动机功率。为了防止泵在超过额定工作压力的情况下工作,一般在泵体上设有安全旁通阀。三螺杆泵因封密性能好，故允许的工作压力高，可达20MPa。单、双螺杆泵额定排出压力不宜太高，前者最大不超过2.4MPa，后者不超过1.6MPa。

5. 转速

转速较高，三螺杆泵为1 450～3 000r/min；单螺杆泵一般不超过1 500r/min。

6. 效率

主要受密封间隙、吸排压力、温度转速影响较大。三螺杆泵密封性好，容积效率高。单螺杆泵次之，双螺杆泵最低。

7. 适用性

由于油液在吸、排过程中无搅拌现象，所以三螺杆泵适合输送润滑性好的清洁油类，单螺杆泵、双螺杆泵则可输送非润滑性液体和含同体杂质的液体。

8. 维护性

结构简单，零部件少，相对重量和体积小，维修工作少，管理方便。

9. 耐用性

磨损轻，使用寿命长。但螺杆的轴向尺寸较长，刚性较差，在安装和存放时要谨防螺杆变形。

思考与练习

1. 简述螺杆泵的工作原理。
2. 三螺杆泵的拆装应注意的事项是什么？
3. 简述螺杆泵的性能特点与在船上的应用的关系。

任务5　容积泵的操作与故障排除

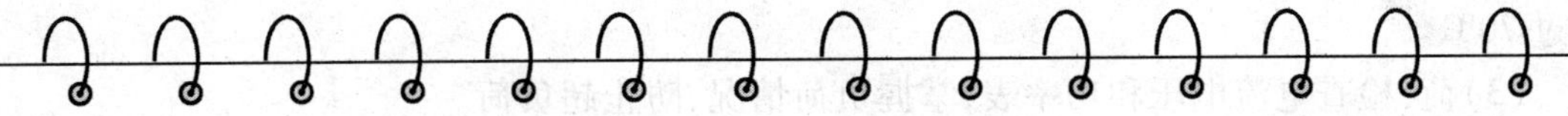

教学目标

◎ **能力目标**：能对容积式泵进行正确操作并分析排除故障。

◎ **知识目标**：(1)熟悉容积式泵的特点；(2)根据容积式泵的工作原理，分析泵故障产生的原因。

◎ **情感目标**：(1)严谨细实的工作态度；(2)良好的职业道德意识；(3)创新的意识和创新精神；(4)优良的学风和团队协作精神。

【任务引入】

各类容积式泵在实际调试过程中，须根据其特点进行调试，泵的操作是在船舶安装与维修后的一项重要工作。如何正常对泵操作，保证船舶系统的正常工作，并根据其现象判断其故障呢？

【任务分析】

在船舶建造和维修过程中,我们必须对船舶系统进行调试和检查。通过对往复泵、齿轮泵和螺杆泵的相关知识的学习,我们对容积式泵的工作过程和基本结构有了一定的了解,那么,在船舶系统中如何操作和对设备的故障进行排除呢?

【相关知识】

有关容积式泵的相关知识在前述的内容中已作了详细讲述。

【任务实施】

一、往复泵的操作与故障排除

1. 操作技能

1)启动

(1)油:检查油箱中的油位是否在规定范围内。人工加油的部位应加适量的润滑油。

(2)水:应设法使泵缸中有水,以防涨圈干缩和干摩擦,并检查水密情况。

(3)汽:略。

(4)气:检查气密情况。

(5)电:检查电气系统是否正常。

(6)阀:开足吸、排截止阀。

(7)机:外观检查机器是否处在适宜启动状态。消除一切可能妨碍机器运转的物件。

(8)盘:应盘车使曲轴转动1~2转,以检查运动部件有无卡阻。

(9)冲:点动检查电动机转向是否与机体上标志一致,以防自带油泵反转不能供油。

(10)启:接通电源,启动泵。

2)运转

(1)压:检查泵的吸排压力、滑油压力等压力参数是否正常;当吸排压力发生剧烈波动,说明可能是低压部分漏气或液位过低吸空。

(2)温:检查滑油温度是否正常;检查电机、轴承和填料函等部位有无过热,轴承温度不应超过70℃。

(3)荷:检查电流电压和功率表,掌握负荷情况,防止超负荷。

(4)转:检查转速及运动件的速度是否正常。

(5)声:仔细倾听泵的各运动部件及泵内部有无异常响声,若缸内有严重敲击声应立即停车检查。

(6)运行管理中应加强巡查,通过“听、看、摸、嗅、比”掌握往复泵的运行状况。

3)停车

(1)切断电源停泵。

(2)先关吸入阀,再关排出阀。

(3)当外界温度低于0℃时,应放尽泵缸和阀箱内存水,以防冻裂。

(4)长期停用时,应拆泵将水擦干,各运动件涂敷油脂。

2. 电动往复泵常见故障及其排除方法

电动往复泵常见故障及其排除方法见表1-6。

电动往复泵常见故障及其排除方法　　表 1-6

故障现象	判断思路	原因	排出方法
泵起动后不能供水或排量不足	根据泵装置的构成和泵正常吸排条件,从泵装置的吸入管口逐步向排出管口分析	(1)水舱吸空; (2)吸入管漏气或吸入滤器的浸入深度不足; (3)吸入阀或排出阀未开,或开度不足; (4)吸入滤器堵塞; (5)吸、排阀损坏漏泄或搁起; (6)活塞环、缸套或填料磨损过多,失去密封作用; (7)安全阀漏泄或压力调节不当等	(1)转换水舱; (2)消除漏气或加大浸没深度; (3)开足吸、排阀; (4)清洗滤器; (5)检查原因,换新或修复; (6)换新; (7)研磨、调整或换新
出水压力过高或电机过载	造成此故障现象的原因有3个方面: (1)排出压力过高; (2)安全阀本身有问题; (3)机械运动阻力过大	(1)排出停止阀未开或排出管堵塞; (2)安全阀失灵; (3)轴承填料太紧,活塞因锈蚀咬死	(1)开足停止阀,检查排出管; (2)检验安全阀; (3)根据情况决定调整或修理
泵发出异响	从各运动件处找原因	(1)缸内掉进外物或活塞的固定螺母松动; (2)缸中有摩擦声,可能是活塞环断裂或填料过紧,活塞杆不直; (3)阀与阀座撞击,可能是弹簧断裂; (4)传动部件间的间隙过大	(1)停车检查; (2)查明原因排除之; (3)检查换新; (4)调整或换新
填料函漏泄	从形成动密封的双方面判断原因	(1)填料失效,放置不当或压盖太松; (2)活塞杆中段磨损过大或有直线伤痕	(1)换新填料,重新放置,上紧压盖; (2)磨去伤痕或光车、换新
摩擦部件发热	从摩擦面上不能形成良好且完整的油膜进行分析	(1)间隙太小; (2)滑油不足; (3)摩擦表面不干净	(1)调整间隙; (2)补充滑油或增加油压; (3)清洗油滤器和摩擦面

二、齿轮泵的操作与故障排除

1. 操作技能

1)启动

(1)油:启动前必须确保泵内有油,以免启动过程中,发生干摩擦造成严重磨损。

(2)水:略。

(3)汽:略。

(4)气:防止吸入空气。吸入空气不但会使流量减少,而且是产生噪声的主要原因。除了保持吸入油面有足够的高度外,还要防止吸入管漏泄。

(5)电:检查电气系统是否正常。

(6)阀:开足吸、排截止阀。

(7)机:外观检查机器是否处在适宜启动状态。消除一切可能妨碍机器运转的物件。

(8)盘:盘车使转动1~2转,以检查运动部件有无卡阻,并有利于使滑油均匀分布于摩擦面上。

(9)冲:点动以检查电动机的转向是否与机体上的标志一致,一般齿轮泵反转会改变吸排方向。

(10)启:接通电源,启动泵。

2)运转

(1)压:检查泵的吸排压力是否正常;吸入压力不可过低,否则将使溶入油液中的气体,因吸入压力低于空气分离压力而大量析出,使泵产生"汽蚀",损坏泵内零件表面。

(2)温:保持吸入液体的温度正常;检查电机、轴承和填料函等部位有无过热,轴承温度不应超过70℃。

(3)位:检查被吸液体和排出液体的液位是否正常,严防吸空。

(4)漏:检查轴封处是否有过多的漏泄,其他结合面有无渗漏。轴封处微量的渗漏是正常的,也是必需的,否则轴封会摩擦发热而损坏。

(5)声:仔细倾听泵各运动部件及泵内部有无异常响声,若敲击严重应立即停车检查;若噪声和振动很大而非敲击声,说明可能有空气吸入或吸入液体中有气体析出。

(6)运行管理中应加强巡查,通过"听、看、摸、嗅、比"掌握泵的运行状况。

3)停车

(1)切断电源停泵。

(2)先关吸入阀,再关排出阀。

2. 齿轮泵常见故障及其排除方法

齿轮泵故障排除如表1-7所列。

齿轮泵故障排除 表1-7

故障现象	判断思路	原因分析
启动后不能排油或流量不足	吸空原因	吸入管漏气或吸口露出液面等
	堵塞原因	吸入管路阻塞(滤器脏堵、吸入阀未开等);吸入高度太大;油温太低,粘度太大等
	漏泄原因	泵内间隙过大;油温过高;排出管漏泄或旁通,安全阀的弹簧太松等
	转速原因	泵转速过低、反转或卡阻等
	其他原因	排出阀未开安全阀顶开
工作噪声太大	机械原因	泵产生机械摩擦;结构损坏等
	液击原因	漏入空气;油箱内有气泡;吸入管路及吸入滤器堵塞;油位太低等
磨损太快		油液含磨料性杂质;长期空转;排出压力过高;装配失误引起中心线不正

三、螺杆泵的操作与管理

1. 启动

(1)油:启动前必须确保泵充满油液,以及单螺杆泵的万向联轴器中注有润滑脂(从专设注油嘴中注入),以免启动过程中,发生干摩擦造成严重磨损。

(2)水:对用于输水的单螺杆泵应充水。

(3)汽:确保滤器清洁不堵塞,以防止启动后吸入压力过低造成液体汽化并形成汽塞。

(4)气:防止吸入空气。吸入空气不但会使流量减少,而且是产生噪声的主要原因。除保持吸入油面有足够的高度外,还要防止吸入管漏泄。

(5)电:检查电气系统是否正常。

(6)阀:开足吸、排截止阀,以防吸空或过载;在低温环境中启动螺杆泵应先将调压阀松开旁通,待泵壳随油温一起升高至工作温度后,再将调压阀调至要求值;低温环境下高压排油因螺杆随油温升高膨胀速度比泵壳快,容易发生擦伤。但不许长时间全关排出阀,通过调压阀回流运转,也不应靠调压阀大流量回流使泵适应小流量的需要,否则节流损失严重,会使所排液体温度升高太多,甚至使泵高温变形而损坏。双泵并联备用时,如果在供油不能中断的情况下(例如主机滑油泵)需换备用泵,出口又未设单向阀,可只开备用泵吸入阀,将其调压阀调松后轻载启动,然后将调压阀调紧至泵排压达到工作压力后,再开排出阀参与排油;停另一台泵时可边关排出阀边调松调压阀。

(7)机:外观检查机器是否处在适宜启动状态。消除一切可能妨碍机器运转的物件。

(8)盘:盘车转动 1 ~2 转,以检查运动部件有无卡阻,并有利于使滑油均匀地分布在摩擦面上。

(9)冲:点动以检查电动机的转向是否与机体上的标志一致,反转会改变吸排方向,同时使轴向力平衡装置失效。

(10)启:接通电源,启动泵。

2. 运转

(1)压:检查泵的吸排压力是否正常;吸入压力不可过低,否则将使溶入油液中的气体,因吸入压力低于空气分离压力而大量析出,使泵产生“汽蚀”,损坏泵内零件表面。为此,在管理中应经常清洗滤器。检查吸排是否因振动而不正常减小。

(2)温:保持吸入液体的温度正常;检查电机、轴承和填料函等部位有无过热,轴承温度不应超过 70℃;

(3)位:检查被吸液体和排出液体的液位是否正常,严防吸空。吸入液面必须高出吸入管口 100mm 以上。

(4)漏:检查轴封处是否有过多的漏泄,其他结合面有无渗漏。轴封处微量的渗漏是正常的,也是必需的,否则轴封会摩擦发热而损坏。

(5)声:仔细倾听泵各运动部件及泵内部有无异常响声,若泵内有严重敲击声应立即停车检查;若噪声和振动很大而非敲击声,说明可有空气漏入或吸入液体中的气体析出。

(6)运行管理中应加强巡查,通过“听、看、摸、嗅、比”掌握泵的运行状况。

3. 停车

(1)切断电源停泵。

(2)先关排出阀,待泵完全停止后再关吸入阀,以免泵内液体被吸走。

【知识链接与技能扩展】

除上述的往复泵、齿轮泵、螺杆泵外,还有一些容积式泵。如叶片泵、水环泵等。下面就叶片泵作一些介绍,以供参考。

一、叶　片　泵

叶片泵属于回转式的容积型泵,它是依靠工作容积的改变来达到吸排液体的,它一般都用作油泵。叶片泵按其工作容积每转的循环次数又分为:单作用叶片泵和双作用叶片泵。

1. 单作用叶片泵

图1-36所示为单作用叶片泵的工作原理。在定子4上有圆柱形的内表面，而转子2上有均布的叶片槽，矩形叶片就放在槽内，并可在槽内滑动。转子与定子有一个偏心距e。当转子回转时，叶片靠自身的离心力贴紧定子内表面，并在转子槽里作往复运动。当油泵建立压力后，处于高压区的叶片根部还通有压力油，以平衡叶片顶部的油压力。

由定子、转子、叶片和配流盘所形成的各密封工作腔，当转子按图示方向旋转时，其右边的容积逐渐增大，从吸入口吸油，而在左边则因叶片被定子内表面逐渐压入，容积逐渐减小，因而将工作油液从压油口排出。在吸油区与排油区之间有一段封油区，它把吸油区和排油区分开，这就是过渡区。这种叶片泵的转子转动一周，各叶间容积吸、排油一次，因此称为单作用式叶片泵。

这种泵由于转子受到进排出腔油压差的作用，存在径向不平衡力，导致轴受交变负荷，所以这种泵亦称为非平衡式叶片泵。它不宜在高压下工作，同时流量也不均匀；但结构简单、轻巧、易于制造，尤其是因定子内表面为圆形，便于制成变向变量泵，因而在低压液压系统中得到广泛的应用。

单作用叶片泵可实现油液的变向变量。如图1-37所示，其结构特点是转子3的回转中心和旋转方向均固定不变，定子5可绕固定于泵盖上摆动轴8摆动，通过手动调节螺栓6及弹簧2可使定子向左或向右偏摆，从而改变泵的吸排油方向和流量的大小。若将手动调节螺栓6改变液压操纵或机械操纵，则可实现自动控制。

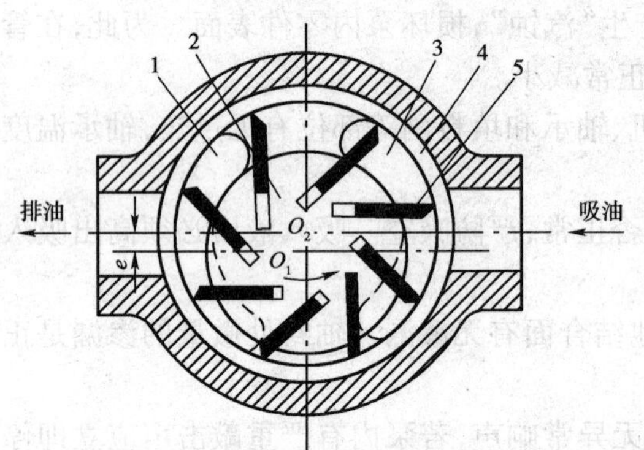

图1-36 单作用叶片泵的工作原理

1-配油盘上排油窗口；2-转子；3-配油盘上吸油窗口；4-定子；5-叶片

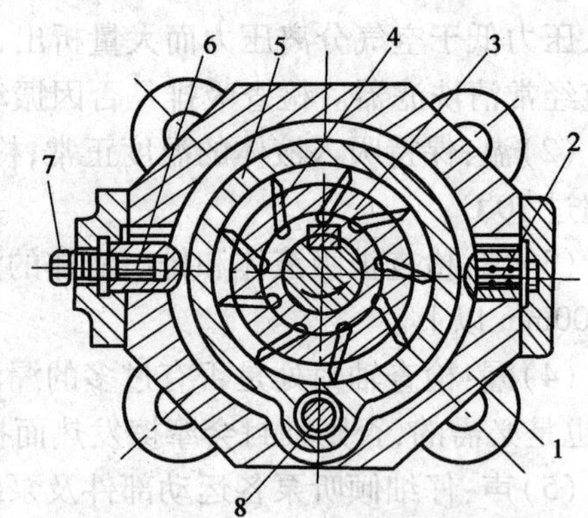

图1-37 手动变向变量叶片泵

1-泵壳；2-弹簧；3-转子；4-叶片；5-定子；6-调节螺钉；7-手动柄帽；8-摆动轴

实现变向变量的过程是这样的：当转子中心与定子中心重合（即偏心距 $e=0$）时，叶片3既不伸出也不缩进，故叶片间容积不发生变化，这时泵处于零流量的工作状态。如图1-38a)所示。当定子中心相对于转子中心向左产生一个偏心距 $+e$ 时，上半周为吸油过程，下半周为排油过程，如图1-38b)所示。当定子中心相对于转子中心向右产生一个偏心距 $-e$ 时，下半周为吸油过程，上半周为排油过程，如图1-38c)所示。由此可见，要改变定子中心相对于转子中心的偏心方向，即可改变泵的吸排油方向，且偏心距的大小决定泵排量的大小。

单作用叶片泵的流量公式为：

$$Q = 2ebn(2\pi R - \delta \cdot z) \cdot \eta_v \times 10^{-6} \quad \text{L/min} \tag{1-21}$$

式中：e——偏心距，mm；

b——叶片宽度,mm;

R——定子内圆半径,mm;

δ——叶片厚度,mm;

z——叶片数;

n——泵的转速,r/min;

η_v——容积效率,一般为0.75~0.88。

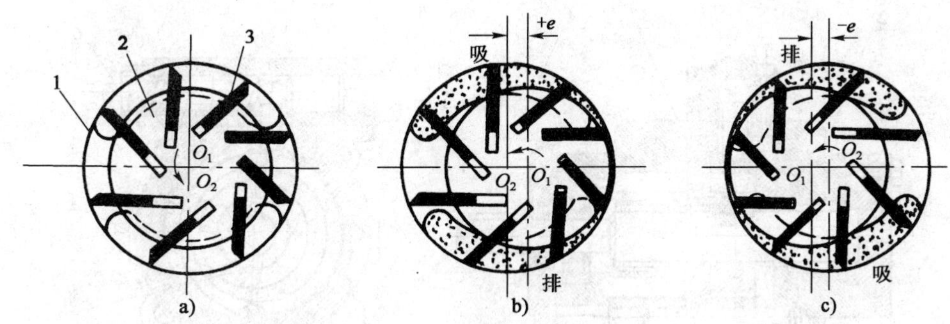

图1-38 手动变向变量叶片泵

1-定子;2-转子;3-叶片;O_1-转子中心;O_2-定子中心

2. 双作用叶片泵

图1-39所示为双作用叶片泵的工作原理。定子的内表面近似于椭圆,它由长径 R 和短径 r 的工作曲线各2条以及4段过渡曲线组成。过渡曲线过去多采用等加速曲线,近年来多采用考虑到弹性变形等现代理论的特殊曲线。双作用叶片泵的转子和定子中心重合。当转子旋转时,叶片在自身离心力和底部压力油(当叶片泵建立压力后)的作用下,贴紧定子内表面,并在转子槽内作往复运动。当叶片由小半径 r 向大半径 R 处移动时,叶片间的工作容积逐渐增大,形成低压而吸油。而当由大半径 R 向小半径 r 处运动时,则因工作容积逐渐减小而排油。转子每转1周产生2次吸、排油,因此称双作用式叶片泵。由于径向力已互相平衡,这种泵又称为卸荷式叶片泵。

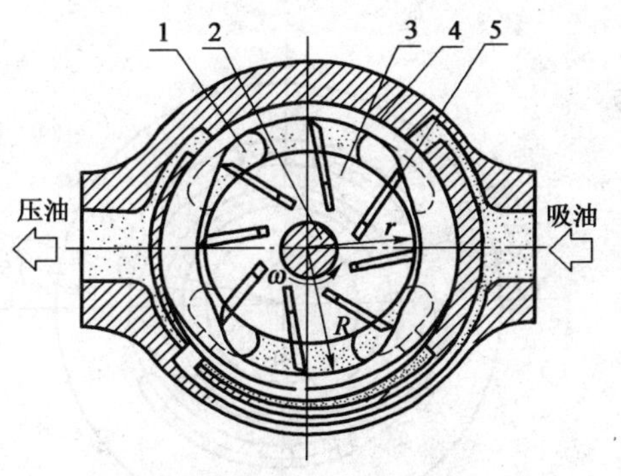

图1-39 双作用叶片泵的工作原理

1-配油盘;2-轴;3-转子;4-定子;5-叶片

二、典型结构

1. 变量叶片泵

在单作用变量叶片泵中,使用得最多的要算是限压式变量叶片泵了。图1-40所示为内反馈限压式变量叶片泵结构。转子9和轴由2个滚针轴承支承。定子7的一端由销子1支承,另一端则受弹簧推压,向一侧偏转而产生一定的偏心。

当转子沿顺时针方向回转时,上半部为高压腔,下半部为低压腔,弹簧座6用来调节弹簧的预紧力,以决定偏心量刚开始变化时油泵的输出压力(限定压力)。螺钉5用来调整油泵工作时的初始偏心距,单作用变量叶片泵的最大偏心距一般不超过3mm。

图1-41所示为这种泵的配流盘结构。从图上可以看出,泵的变量是通过泵本身的压力反

馈来实现的,其配流窗口 a、b 对于油泵中心线是不对称的(偏过 α 角)。因此当油泵工作时排出压力在定子上的合力 R(图 1-42)就将与垂向轴夹成 α 角,R 的水平分力 $R_x = R\sin\alpha$ 作用在定子 7 上并使它向减少偏心距方向偏移。显然,油压越高,R 和 R_x 就越大。当 R_x 大于弹簧的预紧力时,它就会推动定子绕销子 1 偏摆,减少其偏心距,直至与压缩后的弹簧力平衡。弹簧的刚度愈大,初始偏心距愈长,泵的最高压力(即排量为零时的油压)与初始变量压力的差值也就愈大。由于这种变量方式是通过泵内压力反馈来实现的,因此称内反馈限压变量。

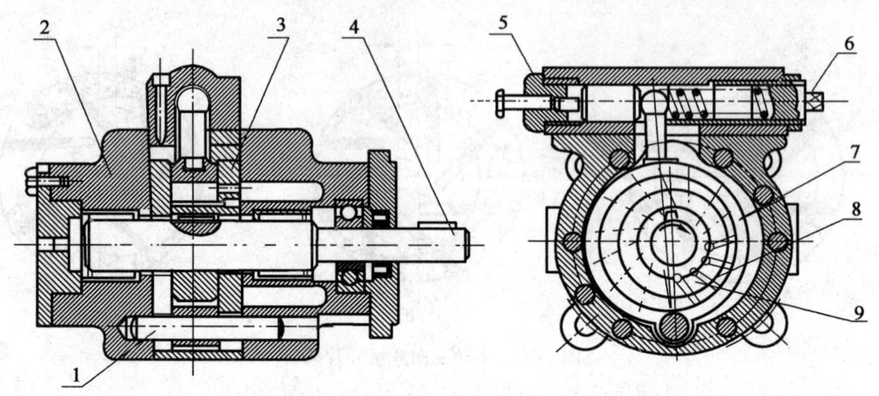

图 1-40 内反馈限压式变量叶片泵

1-销子;2-泵体;3-配流盘;4-轴;5-压力调节螺钉;6-弹簧座;7-定子;8-叶片;9-转子

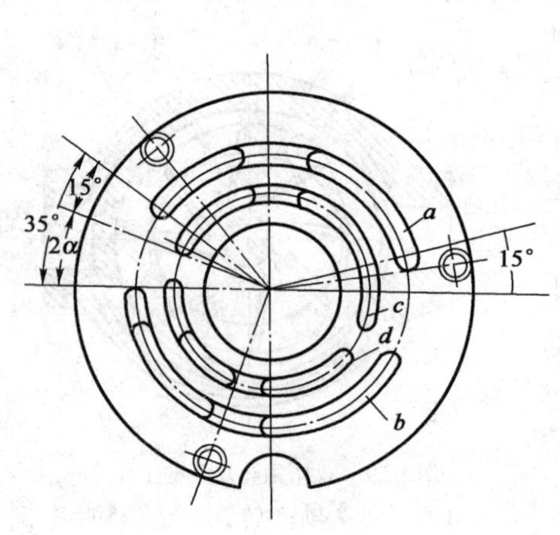

图 1-41 变量叶片泵的配流盘

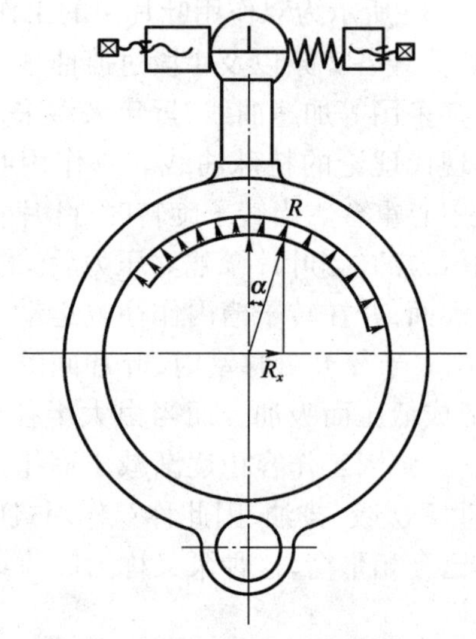

图 1-42 内反馈变量叶片泵变量原理

2. 双作用叶片泵

图 1-43 所示为 YB 型中低压双作用定量叶片泵。泵体为分离式,由前后两部分 1 和 8 组成体内有定子 5、转子 4 及左右配流盘 2 和 7。定子与两配流盘用柱销 6 定位于泵体上。

转子上开有 12 条(小流量的是 10 条)与径向幅线成前倾 13°角的槽,槽内放置叶片 13,它能在槽中滑动。左右配流盘上都开有吸、压油窗口,分别与泵体上的进、出口相通。

花键轴的一端通过球轴承 10 支承于前泵体上,另一端则通过轴承 3 支承于左配流盘上。密封圈 12 安装在盖板 11 上,用来防止油液泄漏和空气进入。当转子作反时针方向旋转时,油将从左边进油口进入油腔,然后分别经上下吸油窗口从转子两边进入上下吸油区。左右压油区的油液则经右配流盘上的两个压油窗口 b、铸孔、环形油槽 d 和泵体上的环形油槽 e 由右边压油口排出。

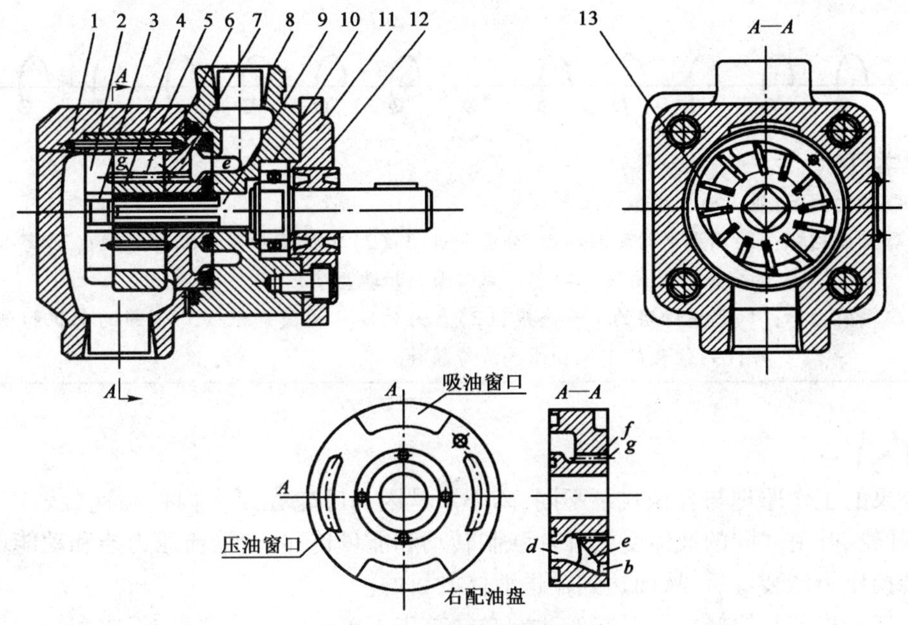

图 1-43　YB 型双作用叶片泵

1、8-泵体；2、7-配流盘；3-轴承；4-转子；5-定子；6-圆柱销；9-花键轴；10-球轴承；11-盖板；12-密封圈；13-叶片；b-油压窗口；d、e-油槽；f-小孔；g-环槽

三、叶片泵的特点

叶片泵除具有容积式泵的一般特点外，还有如下一些特点：

(1)流量比较均匀，运转平稳，噪声较小。

(2)双作用叶片泵因转子所受的径向力平衡，轴承寿命较长，内部密封性好，容积效率较高，故可用于较高的压力。一般叶片泵额定工作压力不超过 7MPa，高压叶片泵可达到 14.21MPa。

(3)结构紧凑，尺寸较小而流量大。

(4)单作用叶片泵可以实现变向变量调节。

(5)对工作条件要求较严。因叶片抗冲击性较差，又易卡阻，故对油液的清洁程度和粘度较敏感，端面间隙或滑槽间隙也须配置适当，此外，转速过低时，叶片即可能因离心力不够而不能压紧定子表面，而太高则又会产生气穴现象。一般叶片泵的转速约在 500 ~ 1 500r/min。

(6)结构较复杂，对零件的制造精度要求较高。

在船舶上，叶片泵多用作液压系统中的工作油泵或低粘度清洁油类的输送泵等。

思考与练习

1. 往复泵的操作管理要点有哪些？
2. 齿轮泵的操作管理要点有哪些？
3. 螺杆泵的操作管理要点有哪些？
4. 通过学习叶片泵，比较其与齿轮泵、螺杆泵的共性与个性。

任务6　离心泵的拆装与检修

教学目标

◎ **能力目标**：能正确拆装和检修离心泵。

◎ **知识目标**：(1)熟悉离心泵的功用、分类和选用；(2)掌握离心泵的工作原理；(3)离心泵的定速特性曲线；(4)熟悉离心泵应用典型实例。

◎ **情感目标**：(1)严谨细实的工作态度；(2)良好的职业道德意识；(3)创新的意识和创精神；(4)优良的学风和团队协作精神。

【任务引入】

离心泵的工作原理与容积式泵不同，离心泵是因为叶轮在泵壳内作高速旋转产生离心力作用，在叶轮、叶道之间的液体受到叶片强制转动和能量传递，使液流压力能和动能增高，再经过动能转换压力能装置后，从而达到输送液体的目的。

如何正确拆装与检修离心泵呢？我们必须首先了解它的工作原理、组成和结构特点。

【任务分析】

在船舶系统中，离心泵的使用是极其广泛的。离心泵在工作过程中，会出现吸不上水、排量不足、压力不足、泄漏、轴承磨损等现象，为什么会出现这些现象？离心泵的工作性能、特点和工作原理如何，它与容积式泵有哪些差异呢？离心泵为什么必须灌引水？离心泵的压力、流量之间的关系与容积式泵有什么不同呢？通过本部分的学习，能对离心泵的工作、结构及相关性能特点有所了解。

【相关知识】

一、离心泵工作原理

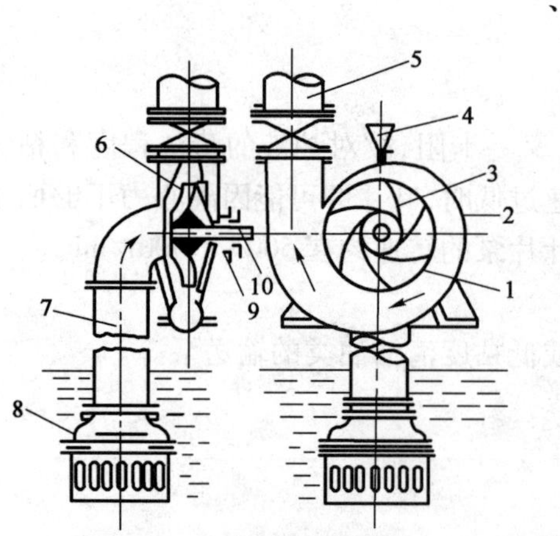

图1-44　单级离心泵装置简图

1-叶轮；2-泵壳；3-叶片；4-引水口；5-排出管；6-流道；7-吸入管；8-带滤网的单向阀；9-轴封；10-泵轴

图1-44为一单级离心泵的装置简图。

离心泵主要工作部件是叶轮1和泵壳2。叶轮通常由若干弧叶片3和两侧圆盘盖板组成，并用键和螺母固定在泵轴10的一端上。轴的另一端通过轴封装置9伸出泵壳之外，由电动机驱动而旋转，泵壳2呈蜗旋形，称之为蜗壳，其内通道截面为渐扩的，而且终端为渐扩锥形管（扩压管）。

一般的离心泵无自吸能力，在启动之前必须向泵内及吸入管系中灌以引水才可启动，并投入正常工作。因此，一般在吸入管的最低端入口处装设一个带有滤网的单向阀8。这样，泵停止工作后能保持吸入管系及泵内有存水，以便于下次启动无需再灌引水。

离心泵工作时,由于叶轮的高速旋转,泵内的液体亦随叶轮旋转,并且产生一定的离心力,将液体从叶轮中心向四周甩出,然后汇集到具有渐扩截面的泵壳流道中去,经扩压管流向排出管。同时,叶轮中心由于液体被甩向叶轮外缘,则形成一定的真空,在吸液池面大气压力的作用下,液体经吸入管进入叶轮,使泵能连续工作。

蜗壳的作用是汇集液流,使其平稳地导向排出管,另一个作用是能量转换,使液体的速度能转变为压力能。

在离心泵中,只要原动机驱动泵不停地旋转,液体的吸入和排出将是连续进行的。液体流经叶轮后增加了比能,但是,这种能量的增加是由于叶轮的高速旋转使液体获得很高的速度能,经蜗壳转换而获得的。可见,离心泵的工作原理与前述的容积式泵工作原理完全不同。

离心泵与容积式泵相比,具有结构简单,紧凑,重量轻,造价低,能与高速原动机直接连接、排量比容积式泵大,以及供液均匀等优点,因而在船舶上得到广泛的应用,特别是在排量要求较大的情况下,完全取代了往复泵。

二、离心泵的结构

如图 1-45 所示,离心泵主要由叶轮、泵壳、叶片、泵盖、泵轴、轴承等组成。

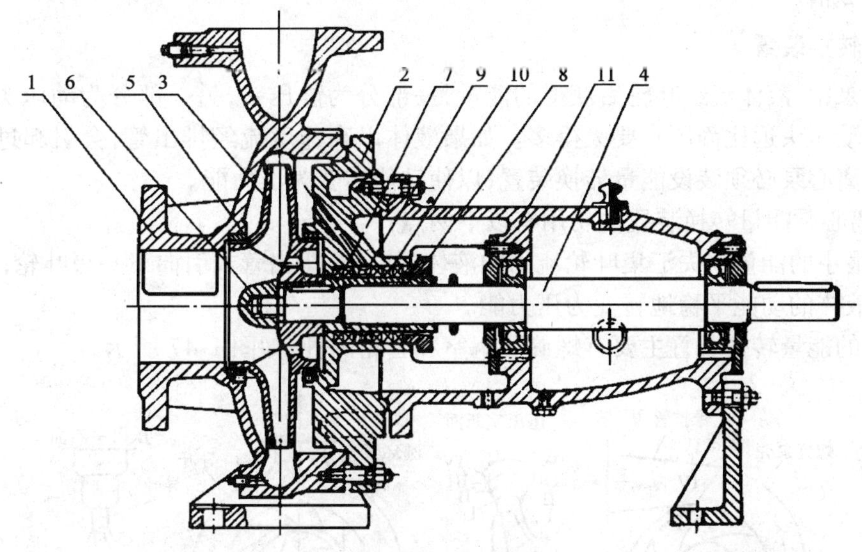

图 1-45　离心泵的结构

1-泵体;2-泵盖;3-叶轮;4-轴;5-密封环;6-叶轮螺母;7-轴套;8-填料压盖;9-填料环;10-填料;11-悬架轴承部件

三、离心泵主要件的结构

离心泵的种类很多,各有其特点,但它们的工作原理都是相同的。下面介绍离心泵主要件的一般结构及其功用。

1. 叶轮

叶轮是将原动机的机械能传递给液体的主要工作件,液体主要是从旋转的叶轮处获得能量的,所以,叶轮对泵的工作性能起着决定性的影响。

离心泵叶轮的各种结构型式如图 1-46 所示。其中:

图 1-46a) 为闭式叶轮。它由前后盖板,若干弧形叶片及轮毂所构成。由于叶片间的流道相互隔开,互不影响,工作时效率较高,且泄漏损失较小,故一般离心泵多采用这种叶轮。

图 1-46b)为半开式叶轮。它无前盖板。这种叶轮适用于流量不大及输送粘性或含颗粒的液体。

图 1-46c)为开式叶轮,无前、后盖板。这种叶轮效率低。一般用来泵送污水、泥浆等杂质多、粘度大的液体。

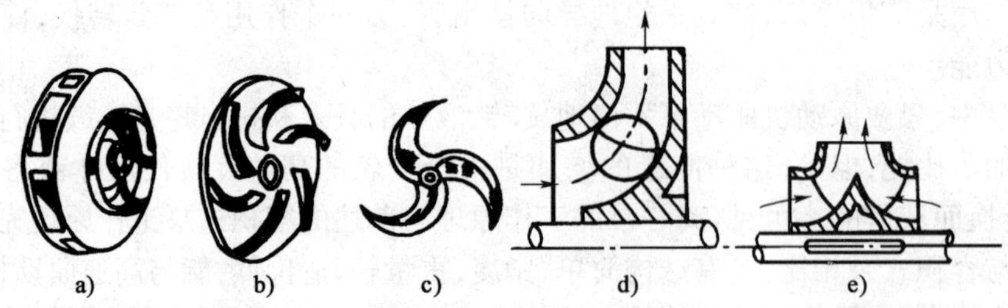

图 1-46　离心泵叶轮结构

根据吸入方式的不同,叶轮还有单侧吸入式和双侧吸入式之分,如图 1-46d)、e)所示。一般来说,流量小于 300m^3/h 或吸入管径小于 200mm 时,多采用单侧吸入式叶轮。单吸式存在轴向推力。理论上双吸式的轴向推力是平衡的,在叶轮尺寸及转速相同情况下,其吸入液体量为单吸式的 2 倍。

2. 能量转换装置

在离心泵中,液体流经叶轮后获得的能量,一部分为静压头,另一部分为动压头。液体离开叶轮时的动压头远比静压头要大得多。如果液体以高速度流经排出管,会引起过大的流阻损失,所以,离心泵必须装设能量转换装置,以使动能转变为压力能。

可见,离心泵能量转换装置的功用有以下两点:

(1)以最小的能量损失汇集叶轮流出的液体,并送至排出管或引向下一级叶轮;

(2)使液体的动能平稳地转变为压力能。

离心泵的能量转换装置主要有螺旋形蜗室和导轮两种,如图 1-47 所示。

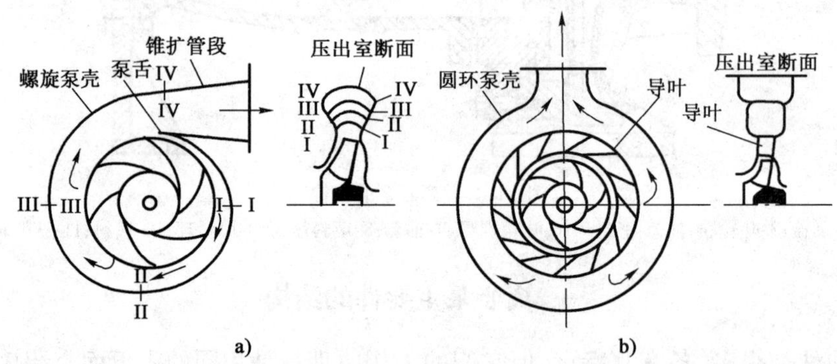

图 1-47　离心泵能量转换装置

具有螺旋形蜗室的泵称为螺壳泵或蜗壳泵。蜗壳包括螺线形蜗室和扩压管两个部分,这两部分的分隔处即流道最窄处称为螺壳的泵舌。为了使液体能无撞击地从叶轮进入蜗室,蜗室螺旋线起点的切线与泵舌部基圆切线间的夹角一般与叶轮出口绝对速度 c_2 间的夹角相等。由于离开叶轮进入蜗室的流量将随离开喉部的位置而逐渐增多,因此蜗室横断面积就需按叶轮的回转方向均匀增大。扩压管的作用是使蜗室排出管的液体继续降速增压,扩压管的扩散角一般为 6°~80°。

导轮式能量转换装置的导轮安装在叶轮外周,导轮的导叶有各种不同型式。图1-47b)所示为常用的径向导叶导轮,导叶可看成是在叶轮外周安装若干蜗室相同。

我国绝大多数单级泵采用螺旋线蜗室,大部分多级泵采用具有径向导叶式导轮。虽然导轮式多级泵具有结构轻巧,节约金属材料等优点,但仍有少数多级泵采用螺旋形蜗室,其原因是这种泵的维修方便。

【任务实施】

一、离心泵的拆装

1. 拆装应注意事项

(1)对一些重要部件拆卸前应做好记号,以备装复时定位。

(2)拆卸的零部件应妥善安放,以防失落。

(3)对各接合面和易于碰伤的地方,应采取必要的保护措施。

2. 拆装步骤

(1)关闭泵体的吸、排截止阀。

(2)将电动机的接线脱开,在联轴节处做好记号,拆除固定电动机的螺栓,然后将电动机卸下。

(3)拆下泵体和吸、排管。

(4)把水泵入口短节卸下,拆掉吸入端端盖。

(5)使用专用工具拆卸离心泵叶轮,用专用扳手拆下叶轮前的反扣螺母及止动垫圈(一般反扣螺母是左旋螺纹)取下止动垫圈,叶轮即可从轴上取下,如取不下来,可利用叶轮平衡孔上的丝牙用专用工具将叶轮从轴上取下,具体方法是:将专用工具的两根螺钉拧入叶轮上有丝牙的平衡孔中,丝杆顶正轴端中心,慢慢转动手柄,将叶轮从泵轴上拉出。如果叶轮锈于轴上而拉不动,可在键连接外刷上少量煤油,稍等片刻,即可拉出叶轮,取下叶轮平键。

(6)使用三爪拉马拆卸滚动轴承,先拆下轴承箱上前后两只轴承盖,然后用一木块垫在联轴器端轴头上,用紫铜棒轻轻敲打木块,就可把泵轴连同轴承一起拆下。从轴上取下轴承时要注意不能损伤轴承,一般用专用工具拉马的拉钩钩住滚动轴承内圈,丝杆顶正轴端,慢慢转动手柄,滚动轴承即可被拉下。

(7)使用拉马拆卸联轴节,具体方法是:将轴固定好,先拆下固定联轴节的锁紧帽,再用专用工具拉马的拉钩钩住联轴节,而其丝杆顶正泵轴中心,慢慢转动手柄,即可将联轴节拉下。在钩拉过程中,可用铜锤或铜棒轻击联轴节,如果拆不下来,可用棉纱蘸上煤油,沿着联轴器四周燃烧,使其均匀热膨胀,这样便会容易拆下,但为了防止轴与联轴器一起受热膨胀,应用温布把泵轴包好。

离心泵拆卸完毕后,应用轻柴油或煤油将拆卸的零部件清洗干净,按顺序放好,以备检查和测量。

二、离心泵主要部件的检修

船用离心泵易损部件的常用材料列于表1-8。

船用离心泵易损部件的常用材料 表 1-8

零件名称		材料	
		淡水	海水
叶轮		灰铸铁 HT 20-40 铸造硅黄铜 ZHSi 80-3	铸造锡青铜 ZQSn 3-7-5-1 铸造硅黄铜 ZHSi 80-3
泵轴		35　45 耐热钢 1Cr18NigTi 不锈钢 2Cr13	耐热钢 1Cr18NigTi 不锈耐酸钢 1Cr17Ni 2
轴套		灰铸铁 HT 20-40 加工铝青铜 QAL 9-4	加工铝青铜 QAL 9-4 铸造锡青铜 ZQSn 5-5-5
泵体		灰铸铁 HT 20-40 球墨铸铁 QT 40-17	铸造锡青铜 ZQSn 5-5-5 铸造硅黄铜 ZHSi 80-3
密封环		铸铝青铜、铸锡青铜或磷青铜	
机械密封	动环	氧化铝陶瓷、金属陶瓷、1Cr13 堆焊硬质合金，碳化钨	
	静环	浸渍石墨、磷青铜、碳化钨	
平衡盘		HT 25-47、45 钢调质或 3Cr13 调质	

1. 叶轮

叶轮进口处的划伤或偏离如不太严重，可用砂布打磨或光车（在厚度允许时）。铜质叶轮的裂纹、缺陷可用黄铜补焊，对补焊后的叶轮应进行平衡试验。

遇有下列情况之一时，叶轮应换新：

（1）表面出现较深裂纹而无法补焊；

（2）表面因腐蚀而形成较多的砂眼和穿孔；

（3）叶轮盖板因刷蚀而显著变薄，影响机械强度；

（4）叶轮进口处偏磨严重不能修复。

对新换的叶轮应进行静平衡试验。转子不平衡质量所造成的不平衡力矩（kg · m）的允许值，按下式计算：

$$M = e \cdot G \tag{1-22}$$

式中：e——允许偏心距，m；

G——叶轮质量，kg。

汽轮机驱动的船用离心泵，遇有下列情况之一时，须对叶轮进行动平衡试验：

（1）叶轮换新或经过修理；

（2）运行中有异常振动。

2. 泵轴

泵轴遇有下列情况之一时应换新：

（1）泵轴产生裂纹；

（2）表面严重磨损或因刷蚀出现较大沟痕，影响轴的机械强度。

泵轴经拆洗检查后，如无上述缺陷，即可放在车床上用千分表检查其弯曲量，并记下弯曲部位。如弯曲量超过 0.06mm，则应校直，方法如下：

（1）用手动螺杆校正机校直，见图 1-48。校直时，弯部凸点应当朝上。

（2）用捻打法校直，见图 1-49。校直时，将轴的凹面朝上，用铜质捻棒冷打校直。

轴径较大及弯曲较小时,可以采用此法。这个方法是利用捻棒来冷打轴的弯曲凹面,使轴在此处表面延伸而较直。捻棒应由硬度低于泵轴硬度的材料制成,或在硬度高的材料上镶铜套,捻棒的边缘必须有圆角。

在直轴时,将轴的凹面朝上,并支持住最大弯曲的凸面顶点。在两端用拉紧装置向下加压,然后利用1~2kg重的锤子敲打捻棒,使轴的凹面材料受敲打而延伸。捻打时,先自最低凹面中央进行敲打,逐渐移向两侧,并沿圆周三分之一的弧面上进行,但越往中央敲打密度应当越大。

轴的校直量与敲打次数通常成正比。注意最初敲打时,轴校直较快,以后较慢。敲打时应注意掌握捻棒,勿损伤轴的表面。

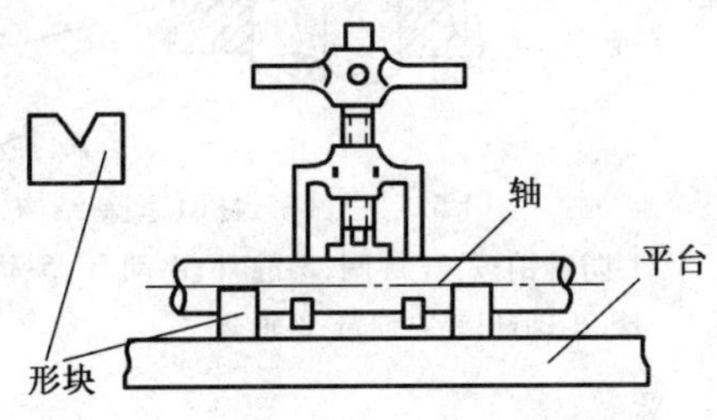

图1-48　手动螺杆校正机校直泵轴

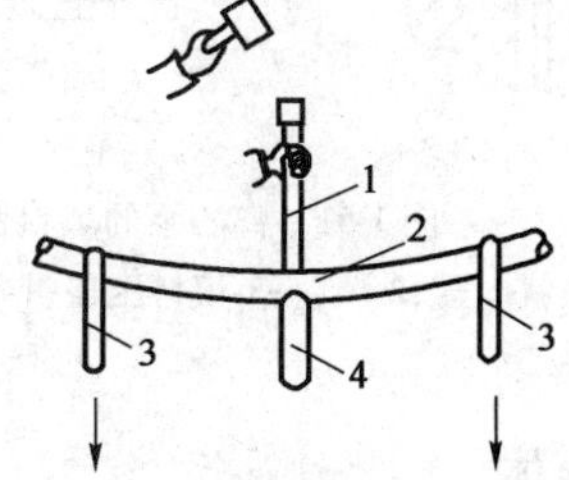

图1-49　用捻棒敲打校直泵轴

1-铜质捻棒;2-轴;3-拉紧装置;4-支撑架

3. 轴承

滚动轴承如有变色、严重锈蚀、磨损过度、保持架损坏或转动不灵活等缺陷时,一般应按原型号和精度等级换新。

滑动轴承的损坏主要是轴承合金磨损、脱落或烧熔以及轴瓦壳产生裂纹等,应定期检查,并注意检查和调整轴承间隙。

用非金属材料(塑料、橡胶)制成的水润滑轴承,在不发生干摩擦时,可运行5~10年。

4. 密封环

密封环的型式很多,但基本上不外乎平环和曲径环两种,如图1-50所示。

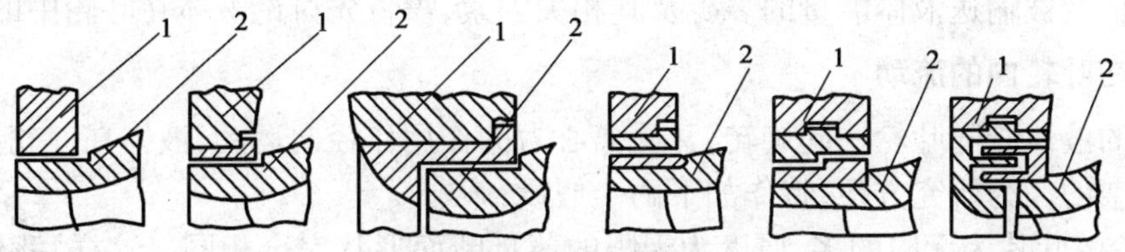

图1-50　密封环的型式

1-泵体;2-叶轮

密封环是离心泵中最易损坏的部件之一。每工作2 000h,即应对其间隙进行检查。交通部颁发的《船用辅机修理技术标准》规定了泵体密封环与叶轮密封环之间的装配间隙。

对于吸水管径为100mm或更小的泵,密封环磨损后的最大间隙为1mm(沿半径方向);而当吸水管径为150mm时,最大间隙值为1.5mm。如有超过,密封环即应换新。

新环安装后,除应检查动、静环之间的径向间隙外,尚需以涂色法检查叶轮在转动时是否与密封环相擦。对于磨损后的密封环,可在内表面堆焊然后光车;也可将环锯为两半,适当锉削端面再拼接使用。此外,也可采用涂敷塑料后再进行机械加工的修理方法。

5. 轴封

船用离心泵中常见的轴封有填料密封和机械密封，如图1-51和图1-52所示。

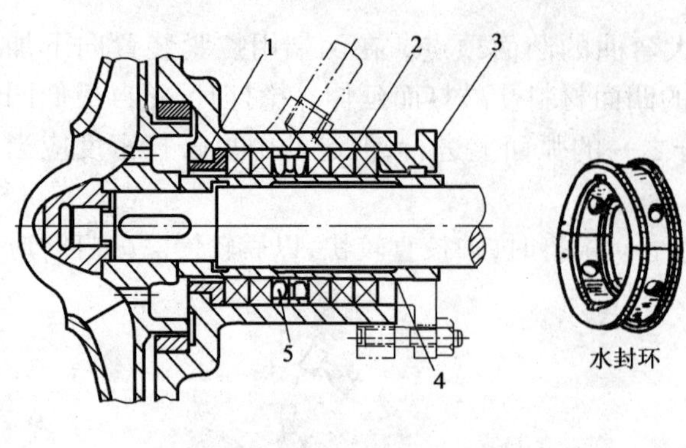

图1-51　离心泵的填料密封

1-填料内盖；2-填料；3-填料压盖；4-轴套；5-水封环

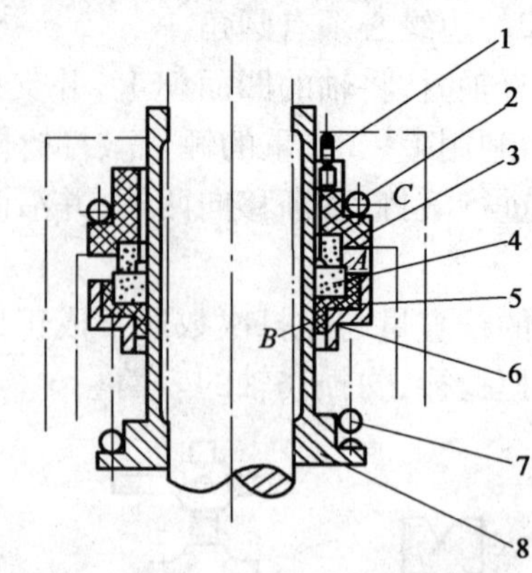

图1-52　机械密封(CL型新结构)

1-防转销；2-密封圈；3-静环；4-动环；5-动环密封圈；6-动环座；7-弹簧；8-轴套

6. 泵体

泵体裂纹可用手锤轻敲，以有无破哑声来判断，也可用放大镜寻找。裂纹找到后，可在裂纹处浇上煤油，并涂白粉，使其清晰显露。

为防止裂纹扩大，可在裂纹两端各钻一个小孔，作暂时性处理；如裂纹出现在承压处，则应焊补或用塑料、环氧树脂或波浪键修补。

泵体修理后应进行水压试验，试验压力为工作压力的1.5倍，历时5min不得渗漏。

【知识链接与技能拓展】

一、离心泵的工作及应用

在离心泵中，叶轮传递给液体的能量是以液体运动速度的形式来体现的。因此，为确定和了解离心泵传给被输送液体能量的多少及其相关因素，需首先讨论液体在叶轮中的流动情况。

1. 液体在叶轮内的流动

叶轮中的液体既随叶轮一起旋转，又受离心力的作用作径向运动，液体在叶轮内的流动情况是比较复杂的。为研究方便，特作如下两个假设：

(1)叶轮的叶片为无限的多、厚度为无限的薄且断面形状完全相同。这样，我们便可把通过叶轮的液体看成是由无限多个完全相同的单元流束所组成。亦即所有液体质点在叶轮内的流动轨迹都是相同的，并且在相同半径的圆柱面上各液体质点的流动状态(压力、流速)均相同。

(2)流过这种理想叶轮的全部液体均为理想液体。亦即液体在叶轮中流动时没有摩擦、撞击和涡流等水力损失。

根据上面假设，可以认为叶轮以角速度 ω 回转时，处在叶轮流道中的任一液体质点都将同时具有两种运动：一方面受转动叶片的作用绕回转中心 O 做圆周运动(这种运动也叫牵连运动)，以圆周速度 u 表示，方向与该点圆周相切；另一方面液体在离心力的作用下，又会沿叶片向外运动，这是一种相对于回转叶轮的运动，用相对速度 w 表示，其方向与叶片的型线相切。那么,对于叶轮外面的观察者来说,质点 A 就将以上述两种速度合成的绝对速度 c 在运动,如图 1-53 所示。从运动学可以知道,质点运动的绝对速度等于其相对运动速度与牵连运动速度的矢量和,即

$$\vec{c} = \vec{w} + \vec{u} \tag{1-23}$$

它们可构成速度平行四边形或速度三角形。

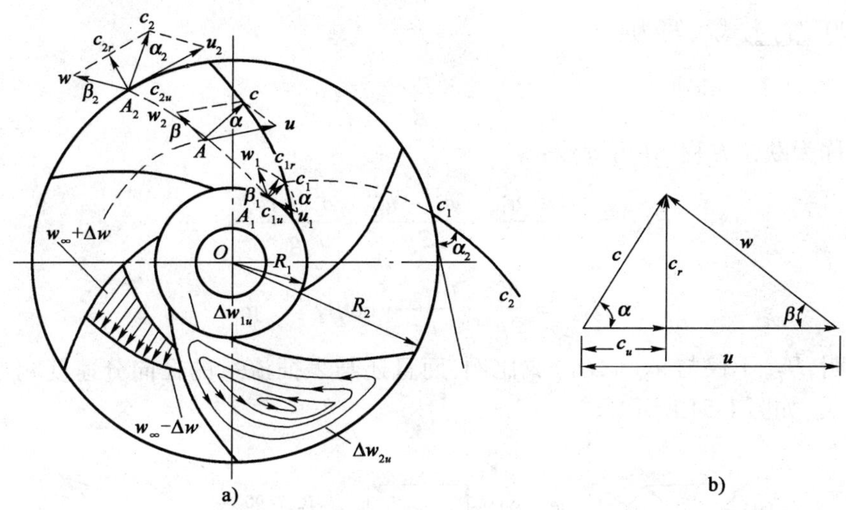

图 1-53 液体在叶轮内的流动

a)流动情况;b)速度三角形

在速度三角形中,绝对速度 c 可分解为两个分速度:一个是与圆周速度 u 垂直的径向分速度,用 c_r 表示;另一个是与圆周速度 u 相平行的水平分速度,用 c_u 表示。径向分速度使液体向外流动,而水平分速度使液体随叶轮旋转。这样液体质点经历一段时间后,将沿绝对运动路径 A_1c_1 而流出,在速度三角形中,c 与 u 之间的夹角常用 α 表示,它决定了液体质点的绝对运动方向;w 与 u 之间的夹角用 β 表示。一般说来,β 的大小由叶片的弯曲情况而定。

在研究离心泵叶轮内液体流动时,我们感兴趣的是液体质点在叶轮进口和出口处的速度及角度 α,β 之值。为区别起见,凡注有下标"1"的是指进口处标识,如 u_1、w_1、α_1、β_1 等,注有下标"2"的是出口处标识,如 u_2、w_2、α_2、β_2 等。

2. 离心泵的流量

从速度三角形可以看出,绝对速度 c 的径向分量 c_r 的大小,决定于叶轮的尺寸和泵的流量。泵内液体的流动是连续的,在不考虑叶片厚度影响的情况下,泵的流量叶轮外径 D_2、叶宽 b_2 和出口绝对速度的径向分量 c_{2r} 有关,即

$$Q_T = \pi D_2 b_2 c_{2r} \tag{1-24}$$

式中:Q_T——泵的理论流量。

泵的实际流量为:

$$Q = \pi D_2 b_2 c_{2r} \eta_v$$

式中:η_v——泵的容积效率,$\eta_v = 0.8 \sim 0.97$。

离心泵的流量近似估算,可由下式得到:

$$Q = 5D_1^2 \quad \mathrm{m^3/h} \tag{1-25}$$

式中:D_1——离心泵吸入口的直径,in(英寸),1in = 25.5mm。

3. 离心泵的压头方程

离心泵压头的理论表达式可按动量矩定律导出。对叶片为无限多且不存在水力损失的理想叶轮，其理论压头方程就可表达成：

$$H_{T\infty} = \frac{u_2 c_{2u} - u_1 c_{1u}}{g} \quad \text{m} \tag{1-26}$$

当 $\alpha = 90°$ 时，上式可写为：

$$H_{T\infty} = \frac{u_2 c_{2u}}{g} \quad \text{m} \tag{1-27}$$

上式亦称为欧拉方程，并可写成：

$$H_{T\infty} = \frac{u_2^2 - u_1^2}{g} + \frac{w_1^2 - w_2^2}{2g} + \frac{c_2^2 - c_1^2}{g} \quad \text{m}$$

或

$$H_{T\infty} = \frac{u_2^2}{2g} - \frac{u_2 c_{2r}}{g} \cdot \cot\beta_2 \quad \text{m} \tag{1-28}$$

上式表明，$H_{T\infty}$ 不仅与 $u_2(n, D_2)$ 成比例，而且还与表征流量的径向分速度 c_{2r} 和叶片出口安装角 β_2 有关，如图 1-54 所示。

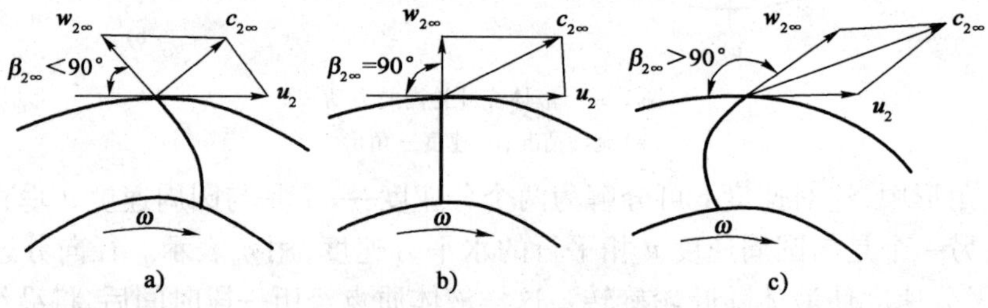

图 1-54　离心泵不同叶形

a)后弯式叶片；b)径向式叶片；c)前弯式叶片

(1)当采用后弯叶片，$\beta_2 < 90°$ 时，$\cot\beta_2 > 0$，$H_{T\infty}$ 随流量的增加而下降，并恒小于 $\frac{u_2^2}{g}$，见图1-54a)；

(2)当采用径向叶片，$\beta_2 = 90°$ 时：$\cot\beta_2 = 0$，$H_{T\infty} = \frac{u_2^2}{g}$，其值不随流量而变，见图 1-54b)；

(3)当采用前弯叶片，$\beta_2 > 90°$ 时，$\cot\beta_2 < 0$，$H_{T\infty}$ 将随流量的增加而提高，并恒大于 $\frac{u_2^2}{g}$，见图 1-54c)。

前弯叶片能产生较大的压头，但却使液体有很大的绝对速度，这会在转化为压力能时产生较大的损失，因此离心泵中几乎都不采用，而仅被应用在离心式通风机中。

因为叶轮的尺寸和转速确定后，出口处的圆周速度 u_2 即可确定，由式(1-28)即可作出理论扬程 $H_{T\infty}$ 与理论流量 Q_T 的函数曲线，如图 1-55 所示。根据扬程方程式，我们可以得出以下结论：

(1)离心泵所能产生的扬程主要取决于叶轮的直径和转速。

(2)离心泵的扬程随流量而变，并与叶片出口角 β_2 有关。

(3)离心泵的理论扬程与所输送液体的性质无关。

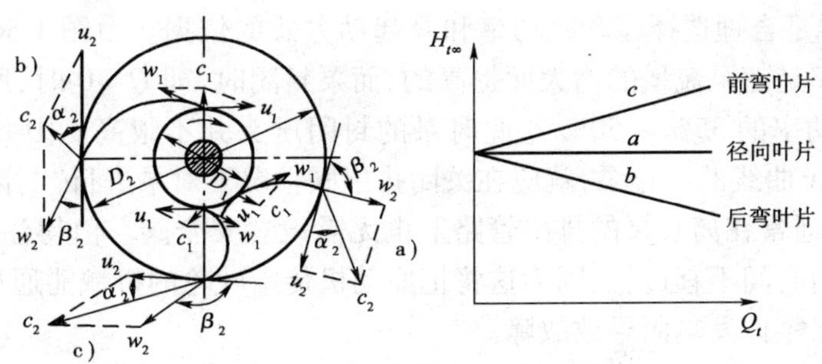

图 1-55　叶片出口角对理论扬程的影响

二、离心泵的特性曲线

1. 特性曲线

离心泵的特性曲线是指泵的压头 H、轴功率 N、效率 η 相对于流量 Q 的一组关系曲线。它们通常是在泵定速情况下测定的，所以也叫定速特性曲线。

到目前为止，我们还不能用理论计算的方法准确地获得离心泵的特性曲线，所以泵的实际定速特性曲线都是由制造厂通过实验来测定的。这是通过改变排出阀的开度，分别测得泵在不同工况下的 Q 与 H、N 和 η 之间的关系，然后将所得的对应点用光滑曲线加以相连而成。图 1-56 为某一泵的特性曲线。

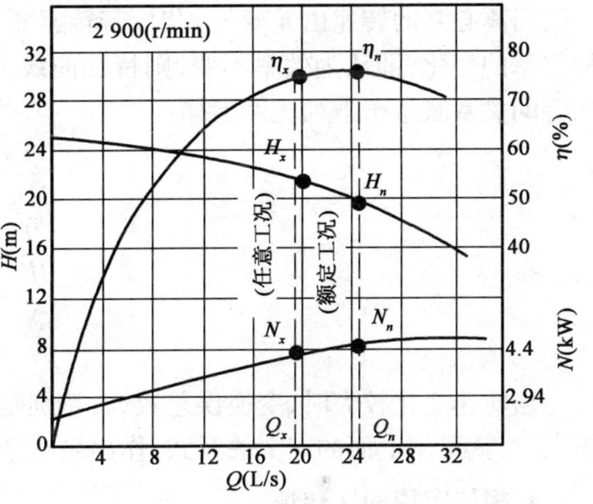

图 1-56　离心泵特性曲线

在曲线上，对于任一流量点，都有与其相对应的压头、功率和效率的一组值，这一组反映泵工作状态的参数称为工况，而效率最高点的工况称为泵的额定工况或泵的设计工况。泵运行时，它的工况应在一定的范围内（工作适宜范围）变化，否则是不经济的。

离心泵的特性曲线对泵的设计，选用和管理都具有十分重要的意义。各曲线的作用有如下几个方面。

（1）$Q \sim H$ 曲线是选择和使用离心泵的主要依据。根据离心泵结构参数的不同，$Q \sim H$ 特性曲线有三种不同的形式（图 1-57）：

①陡降形（即 A 线）。具有这种特性的离心泵，在压头变化较大的情况下其流量的变化相对较小，故适用于静压头常有波动而又需保持一定流量的场合，如作舱底水泵和淡水压力柜供水泵。

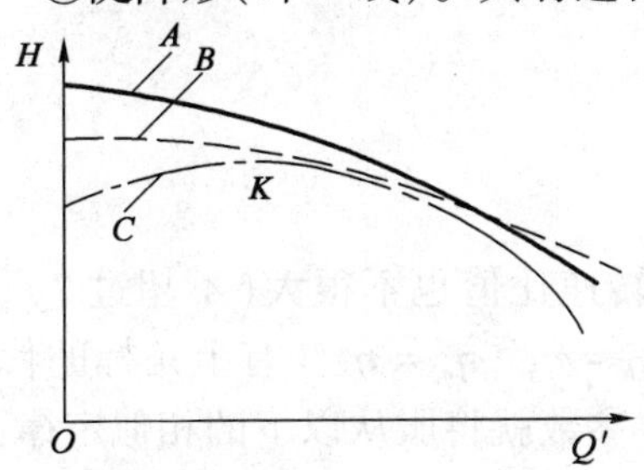

图 1-57　离心泵的 $Q \sim H$ 曲线的不同形式

②平坦形（即 B 线）。可在流量变化较大的情况下，使静压头变化不大，故适用于经常调节流量而又需使压头波动不大的场合，如凝水泵和锅炉给水泵。

③驼峰形（即 C 线）。随着流量的增加，压头先是上升，继而下降，形成驼峰的形状，在驼峰点的前面，通常为不稳定工作区，不宜使用。

(2) $Q \sim N$ 曲线是合理选择原动机功率和泵起动方式的依据。由图 1-56 中的 $Q \sim N$ 曲线可知,该泵的轴功率是随泵流量的增大而提高的,而泵封闭时,即 $Q = 0$ 时,所需的轴功率将为最小(一般为额定功率的 35% ~50%),此时泵的封闭压头并不很高。因此。对比转数 $n_s <$ 300、具有上升 $Q \sim N$ 曲线的离心泵,就应在关闭排出阀情况下对泵进行"封闭起动",以减轻原动机的起动功耗。通常在离心泵的排出管路上也无需设置安全阀。值得注意的是,尽管离心泵可以封闭起动,但时间不宜过长,因为这将把原动机传给叶轮的机械能通过对液体的搅动转化为热能,从而使泵零件发热而导致故障。

(3) $Q \sim H$ 曲线是判断泵工作经济性的依据。泵在额定转速下只有一个最高效率点,它所对应的工况即为最佳工况。泵运行时应力求在最佳工况下工作,以保证较高的效率。一台良好的离心泵应具有较宽的高效率区。

2. 离心泵的特性变换

上面已经叙述了离心泵在额定转速下用实验的方法测定定速特性曲线以及它的作用,离心泵的特性变换,是研究某种不同原因使离心泵特性曲线变化的规律。这里仅介绍变速特性变换。

当离心泵的转速由 n 变为 n'时,若转速变化不大,其变化范围在 20% 之内时,可不考虑各种效率的变化,即认为效率不变,则特性曲线上各点参数 Q、H、N 就将相应变化为 Q'、H'、H',三者的关系服从于下列比例定律:

$$\frac{Q}{Q'} = \frac{n}{n'} \tag{1-29}$$

$$\frac{H}{H'} = \left(\frac{n}{n'}\right)^2 \tag{1-30}$$

$$\frac{N}{N'} = \left(\frac{n}{n'}\right)^3 \tag{1-31}$$

当转速变化较大时,变换误差较大,特别是效率相差较大,所以需要通过试验确定。变化不大时,就可用上面的三个关系式,作出泵在新转速下的定速特性曲线。

3. 相似定律和比转速

1) 相似定律

离心泵的相似条件如下:

(1) 几何相似

即叶轮各对应的线性尺寸成一定的比例。

(2) 运动相似

即两叶轮的进、出口速度三角形相似。

(3) 动力相似

一般来说,离心泵中 $Re > 10^5$,动力相似条件自然满足。

2) 相似定律

如果如果两相似泵的尺寸比值不很大(不超过 2 ~3),转速比值也不很大(不超过 2),并抽送同一种液体,则可认为它们的各效率相等,即 $\eta_v = \eta_v'$,$\eta_h = \eta_h'$,$\eta_m = \eta_m'$(有上角标的代表模型泵,无上角标的代表实型泵)。这样,两台相似泵的主要参数就将服从以下的相似定律:

$$\frac{Q}{Q'} = \left(\frac{D}{D'}\right)^3 \frac{n}{n'} \tag{1-32}$$

$$\frac{H}{H'}=\left(\frac{D}{D'}\right)^2\left(\frac{n}{n'}\right)^2 \tag{1-33}$$

$$\frac{N}{N'}=\left(\frac{D}{D'}\right)^5\left(\frac{n}{n'}\right)^3 \tag{1-34}$$

对于同一台泵，因比值$\frac{D}{D'}=1$，因此可改写为：

$$\frac{Q}{Q'}=\frac{n}{n'} \tag{1-35}$$

$$\frac{H}{H'}=\left(\frac{n}{n'}\right)^2 \tag{1-36}$$

$$\frac{N}{N'}=\left(\frac{n}{n'}\right)^3 \tag{1-37}$$

上述三式称为比例定律，它们表明：改变转速，可以调节流量和压头，但过分提高转速，原动机将严重超载。

4. 比转速

由相似定律可导出离心泵的相似准则数 n_s：

$$n_s=\frac{3.65n\sqrt{Q}}{H^{3/4}} \tag{1-38}$$

式中：n——泵的额定转速，r/min；

H——泵的额定压头，m；

Q——泵的额定流量，m^3/s。

上式即为离心泵的比转数公式。由此可见，每一台泵只有一个比转数。性能相似的泵比转数相同。比转数与被输送的液体性质无关，仅与泵的主要性能参数 Q、H 及 n 有关。同时比转数较低的泵，压头相应较高、流量相对较小，而比转数较高的泵，则正好相反。换句话说，比转数 n_s 不仅决定了离心泵叶轮的结构特征，而且反映了离心泵特性曲线的特点。

表 1-9 给出了各类泵结构、比转数 n_s 与叶轮形状和特性曲线关系。

各类泵结构与特性曲线比较　　表 1-9

泵的类型	离心泵			混流泵	轴流泵
	低比转数	中比转数	高比转数		
比转数 n_s	$40<n_s<80$	$80<n_s<150$	$150<n_s<300$	$300<n_s<500$	$500<n_s<1\,000$
叶轮形状	b_2, D_2, $D_1=D_0$, $D_1=D_2$	b_2, D_2, D_0, D_1	D_2, D_0, D_1	D_2, D_1, D_0	D_2, D_0, D_1
尺寸比	$\frac{D_2}{D_0}\approx3$	$\frac{D_2}{D_0}\approx2.3$	$\frac{D_2}{D_0}\approx1.8\sim1.4$	$\frac{D_2}{D_0}\approx1.2\sim1.1$	$\frac{D_2}{D_0}\approx1$
叶片形状	径曲型	入口处扭曲 出口处扭曲	扭曲型	扭曲型	轴向翼型

续上表

泵的类型	离心泵			混流泵	轴流泵
	低比转数	中比转数	高比转数		
性能曲线形状	Q~H Q~N Q~η	Q~H Q~N Q~η	Q~H Q~N Q~η	Q~H Q~N Q~η	Q~H Q~N Q~η

从表中可以看出 n_s 增加时，叶轮外径 D_2 与叶轮进口直径 D_1 的比值减少，即叶轮外径相对较小，同时叶道变宽（b_2/D_2 值较大），反之亦然。随着 n_s 的增加，特性曲线 $Q \sim H$ 趋于陡直，而 $Q \sim H$ 曲线从上倾逐渐变为平缓及至下斜。至于 $Q \sim \eta$ 曲线，则随 n_s 的增加而逐渐变成尖峰形，即泵的高效率工作区范围缩小。

应该注意的是，相似定律公式是建立在各种效率相等基础上的。但实际上当泵的转速，流量和压头不同时，泵的各种效率将发生变化。因此，比转数相同的泵可能有不同的效率。据此，当模型泵和所求泵的结构尺寸及转速相差较大时，应考虑各自的效率值，并根据已有的资料和一定原则予以修正。

三、离心泵受力分析及其平衡

离心泵工作时，处于叶轮前后侧板与泵壳之间的液体，也将随叶轮一起回转，实验表明，该部分液体是以 $\omega/2$ 的角速度进行旋转，并产生离心力，从而使叶轮与泵壳间的液体压力沿径向按抛物线规律分布，如图 1-58 所示。同时，在前防漏环内径之内的叶轮两侧压力不相等。因此，众多单吸式叶轮的离心泵工作时，叶轮必将受到一个指向叶轮进口的轴向推力。为了避免叶轮受轴向推力作用产生位移，影响泵的正常工作，就必须解决轴向推力的平衡问题。

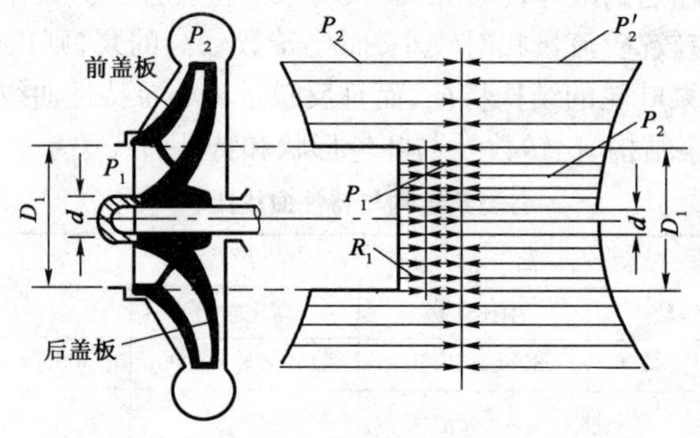

图 1-58　叶轮两侧压力分布

轴向力平衡的方法一般有以下几种。

1. 止推轴承法

利用推力轴承来承受不平衡的轴向推力，此法常用于轴向推力不大的小型离心泵中。有时也作为大型离心泵平衡措施的补充手段，以承受少量剩余的轴向推力，并起轴向定位作用。

2. 平衡孔或平衡管法

此法是在后盖板上加装与前密封环大小相同的后密封环，在叶轮上开若干平衡孔，造成两侧对称的压力分布，以消除轴向力，如图 1-59 所示。为了避免由平衡孔漏入的液体干涉主流，也可在叶轮上不开平衡孔，而用与吸入管相通的平衡管代替。

3. 双吸叶轮法

离心泵叶轮采用双吸式结构，如图 1-60 所示，用叶轮的对称结构来消除轴向推力。因形状对称，故两侧压力就可基本平衡。双吸式叶轮一般只是在低压、大流量的泵中才采用。从理论上讲，这种方法应能达到轴向力的完全平衡，而实际上叶轮两端的阻漏环的制造和磨损情况难以绝对一致，液体在叶轮两边的漏泄就将不同，因而仍会产生一定的轴向力。所以，当采用此法平衡轴向推力时就必须注意叶轮两边的密封情况。实际中，一般在泵轴端部，仍加装止推轴泵。

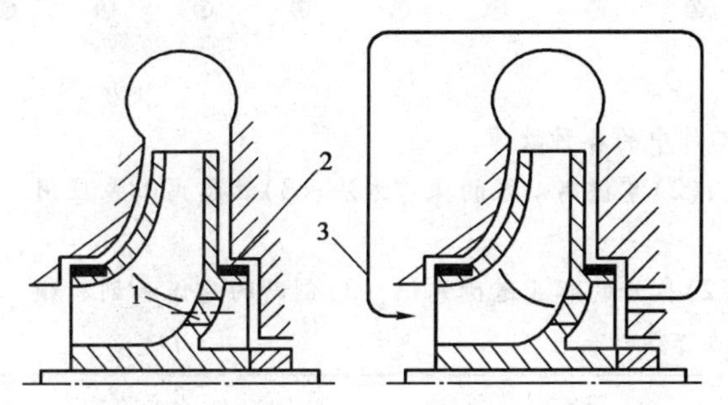

图 1-59　平衡孔（管）的结构

1-平衡孔；2-平衡环；3-平衡管

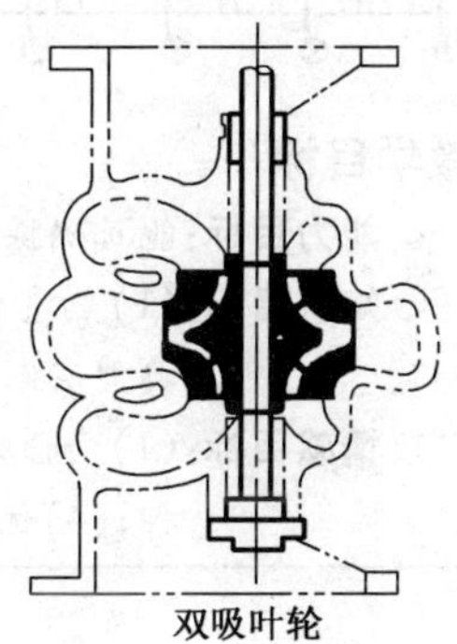

图 1-60　双侧吸入式叶轮

4. 叶轮对称布置法

在多级泵中轴轮为偶数时，则采用叶轮吸入口相反对称布置的方法，如图 1-61 所示。应该指出，多极泵采用此法平衡轴向推力虽有较好的效果，但泵的结构将趋复杂，并使泵的尺寸和重量增加，导轮式多级离心泵尤甚。因此，导轮式多级离心泵采用液力自动平衡装置更为有利。

5. 液力自动平衡法

由于多级泵轴向推力较大，通常采用液力自动平衡装置来平衡轴向推力。图 1-62 为液力自动平衡装置。它一般被装在末级叶轮的后方，主要是借以轴向间隙 b_0 的变化来改变盘侧压差 $p'-p_0$，从而产生一个与不平衡轴向推力相反的作用力，以此平衡轴向推力。

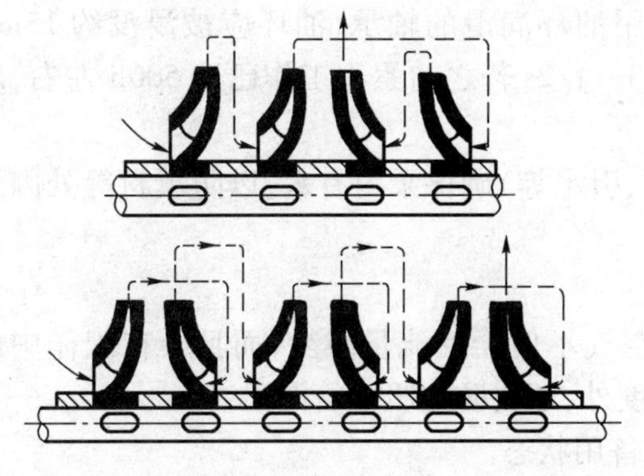

图 1-61　叶轮对称布置

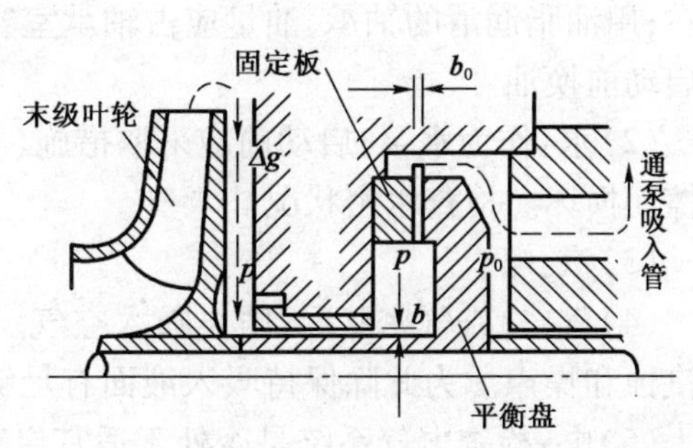

图 1-62　液力自动平衡装置

思考与练习

1. 船用离心泵的主要结构及其特点是什么？

2. 船用离心泵的故障有哪些？如何进行修复？

3. 船用离心泵压头与流量的关系如何？分别与哪些因素有关？

4. 离心泵的比转速反映了什么样的结构特点？

任务 7 离心泵的操作与故障排除

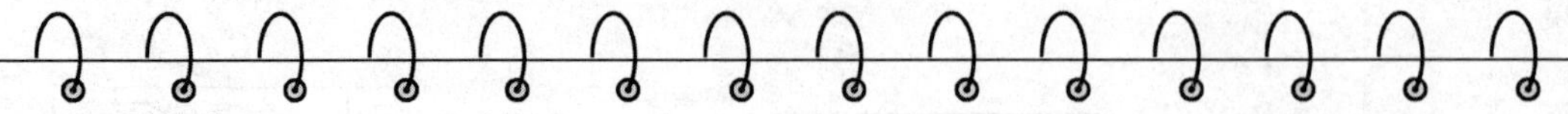

教学目标

◎ **能力目标**：能正确操作离心泵并解决工作中的各种故障。

◎ **知识目标**：(1)熟悉离心泵的调节方式；(2)掌握离心泵的操作方法；(3)熟悉离心泵应用典型实例。

◎ **情感目标**：(1)严谨细实的工作态度；(2)良好的职业道德意识；(3)创新的意识和创新精神；(4)优良的学风和团队协作精神。

【任务引入】

离心泵在实际工作中，由于其工作特性，其工况的变化是比较复杂的，在实际操作中，由于其没有自吸能力，而且随着管路系统的工况发生变化，其流量、压头、效率、功率转速等是按一定规律变化的，所以对离心泵的操作和工况进行调节是船舶系统中的一项重要工作。

【任务分析】

通过对管路特性及离心泵的调节方式的了解，确定各种管路的调节方法。掌握离心泵的操作技能和对主要故障的排除技能。

【相关知识】

一、操作技能

1. 启动

(1)油：启动前必须检查润滑油或油脂情况，用油环润滑的轴承，油环应被浸没约 15mm 左右；用油脂润滑的轴承，油量应占轴承室容积 1/3 ~ 1/2，若之前累积工作已达 500h 左右，应在启动前换油。

(2)水：作为水泵，启动前应采取措施(如注水、引水等)确保泵内有水，以防填料等处因干摩擦而损坏。检查水密状况。

(3)汽：略。

(4)气：检查气密状况，防止吸入空气。吸入空气不但会使流量减少，而且会在工作中产生汽蚀和噪声。为此除保持吸入液面有足够的高度外，还要防止吸入管漏泄。

(5)电：检查电气系统是否处于适宜启动泵的备用状态。

(6)阀：开足吸入阀，排出管路上除排出截止阀暂时保持关闭外，其他阀全部开足，对带自吸装置的离心泵还需将排气阀打开。

(7)机:外观检查机器是否处在适宜启动状态。消除一切可能妨碍机器运转的对象和不宜启动的状态。

(8)盘:用手盘动联轴器1~2转,以检查运动部件有无卡阻和异常,并有利于使滑油或油脂均匀分布于摩擦面上。

(9)冲:点动以检查电动机的转向是否与机体上的标志一致。离心泵反转虽不会造成吸排方向改变,但会造成电机过载和工作效率极低。

(10)启:接通电源,启动泵,待泵起压后打开排出阀。此过程不应超过2~3min。若泵的起压时间过长,泵会因干摩擦而损坏;若封闭运行时间过长,泵会因叶轮搅拌液体而发热。排出阀的开度应根据供液对象的压力调节并保持适当。

2.运转

(1)压:检查泵的吸、排压力和服务对象压力是否正常。吸入压力不可过低,否则将使溶入水(或被吸液体)中的气体,因吸入压力低于空气分离压力而大量析出,使泵产生"汽蚀",损坏泵内零件表面,为此,在管理中应经常清洗滤器;排出压力异常降低或升高都必须立即找出原因,加以正确处理。不能不分原因地将排出阀开度进行盲目调节。泵的服务对象的压力对泵的流量影响很大。工作压力直接影响流量是离心泵(及其他叶轮式泵)在性能方面与容积式泵的最大不同之处,故在运行管理中应特别注意压力参数的异常变化。

(2)温:保持吸入液体的温度正常;检查电机、轴承和填料函等部位有无过热,轴承温升≤35℃,轴承外表温度不应超过75℃;因此,对设有填料箱水封管、水冷轴承、水冷机械轴封的离心泵,应检查并保持其水管的通畅。

(3)荷:检查电压、电流和功率,防止超负荷。

(4)转:检查转速转向是否正常。

(5)声:仔细倾听泵各运动部件及泵内部有无异常响声,若泵内有严重敲击声应立即停车检查;若噪声和振动很大而非敲击声,说明可能有空气漏入或吸入液体中的气体析出。倾听有无泄漏声。轴封处微量的渗漏(填料轴封为不大于60滴/min)是正常的,也是必需的,否则轴封会摩擦发热而损坏。

(6)运行管理中应加强巡查,通过"听、看、摸、嗅、比"掌握泵的运行状况。

3.停车

(1)关闭排出阀。

(2)切断电源停泵。

(3)关闭吸入阀。

二、离心泵的工况调节

1.管路特性曲线

液体流过某一管路的流量与所需压头之间的关系,用曲线表示,即称为管路特性曲线。液体流过管路时所需的压头用于克服排、吸液面之间的高度差Z(图1-63a)和压力差(p_c-p_a)以及管路的阻力损失h。对既定的管路,$h=KQ^2$(其中K为管路的阻力损失系数),因此

$$H=H_{st}+KQ^2 \quad \text{m} \tag{1-39}$$

式中:

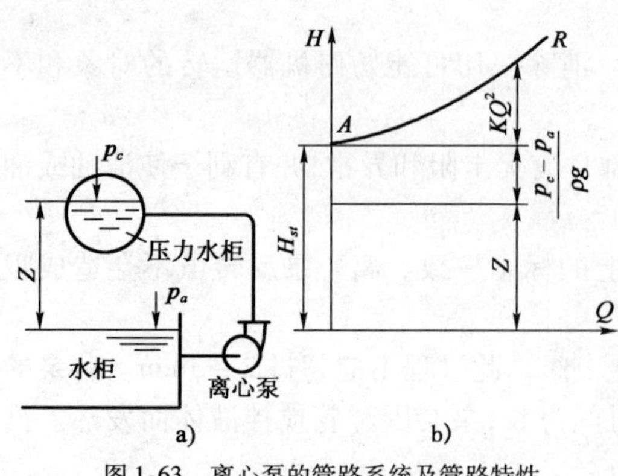

图 1-63 离心泵的管路系统及管路特性

a)离心泵管路系统图;b)管路特性曲线

$$H_{st} = Z + (p_c - p_a)/\rho g \qquad \text{m}$$

图 1-63b)上的曲线 AR 即表示管路的此种特性曲线。

2. 离心泵的工况点

把离心泵的 $Q \sim H$ 特性曲线和工作管路特性的曲线按同样比尺画在一张图上,它们的交点 A(图 1-64)即为该泵对该管路工作时的工况点。此时,泵和管路的流量为 Q_A,压头为 H_A,工况点应尽可能处于泵的高效率区内。

3. 离心泵的工况调节

工况调节的方法主要有以下三种。

(1)节流调节

节流调节是在泵转速一定时,用改变排出阀开度的方法来调节泵的工况。

当排出阀开度减小时,阻力头增大,管路特性曲线变陡,由 R 变为 R_1(图 1-65),于是工况点也就由 A 变为 A_1,流量由 Q_A 减少到 Q_{A1},这时消耗在管路中的有效压头仅为 H_1',而 $H_1 - H_1'$ 消耗在排出阀开度减小后的节流损失上。

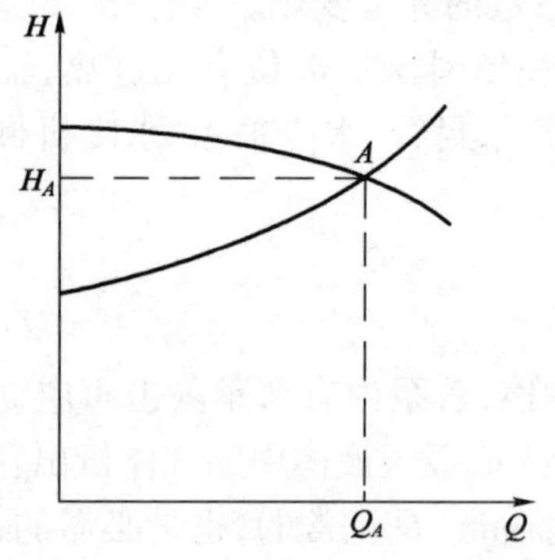

图 1-64 离心泵工况点的确定

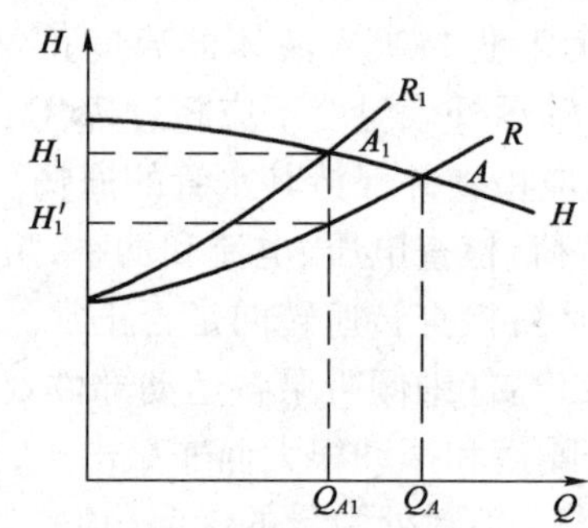

图 1-65 节流调节特性

此法操作简便,船上普遍应用,特别是在泵和管路特性曲线都较平坦的场合,应用更为有利,但不经济。

(2)回流(旁通)调节

此法是用改变旁通阀的开度,使部分液体经旁通管 2 回流,以改变供入主管路 1 的流量。

图 1-66 回流调节时泵工作点的变化情况。当回流阀完全关闭时,泵只向主管路供液,其工况点是泵特性曲线($Q \sim H$)与管路特性曲线 R_1 的交点 A_1,其相应的流量和压头分别为 Q_1 和 H_1。当回流阀打开某一开度时,泵同时向主管路 1 和具有 R_2 特性的回流管 2 同时供水,在两管路中压头相等,而两管路流量之和就等于泵的流量。因此,根据并联管路“压头相等,流量相加”的原则,即可作出总管路(两条管路并联)工作的特性曲线尺。它与泵工作特性曲线相交于 A 点,从图中可以看出,泵的流量有所增加,即 $Q_A > Q_1$,但主管路 1 的流量却由 Q_1 减少为 Q_3,而其中 $Q_A - Q_3 = Q_4$,则为流经旁通管路至吸入管的流量。因此,只要调节回流阀的开度,改变回流量的多少,则主管路中的流量就可得到调节。

旁通调节有较宽的调节范围(从最大到零),但经济性很差,因为当供入主管路1的流量减少时,泵的流量却是增加的,所以宜用于 $n_s>300$,具有下降功率特性的混流泵和轴流泵。

(3)变速调节法

工况调节也可通过改变泵的转速,使泵的特性曲线发生变化来实现,称之为变速调节。图1-67为变速调节时的特性曲线变化。

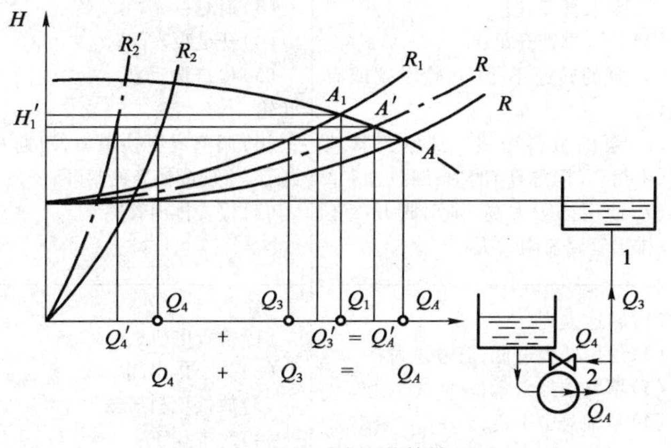

图1-66 回流调节特性

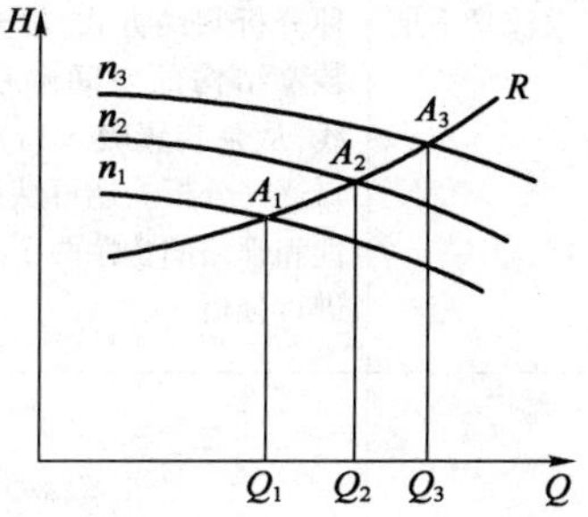

图1-67 变速调节法

变速调节法能在较大范围内改变泵的流量和压头,同时保持较高的效率。但需用变速电动机来带动水泵,初置费用较高。

三、主要故障排除

离心泵故障排除如表1-10所示。

离心泵故障排除表 表1-10

故障判断	判断思路	原因分析	排除方法
1.泵启动后不供液,且吸排压力表指针基本不动或吸入真空度不足	吸入表指针不动说明泵无法产生真空,故应在无法产生真空方面找原因	(1)泵轴不转或叶轮不转; (2)未引水、引水不足、吸入低阀卡在常开位置或引水装置失灵; (3)轴封或吸入管漏气严重; (4)吸入口露出液面	(1)检查原动机、联轴器、叶轮销键等; (2)加强引水,检修引水部件或装置; (3)消漏; (4)停泵或降低吸口位置
2.泵启动后不供液,且吸入真空表指示较大真空度	吸入真空度大说明吸入管路不通或阻力大	(1)底阀卡在关闭位置或吸入阀未开; (2)吸入滤器淤塞,吸入阻力过大; (3)吸高太大,出现汽蚀	(1)打开吸入管路各阀; (2)清洗滤器; (3)减小吸高
3.泵启动后不供液,且排出压力小于正常值	有排出压力,但排不出去说明泵本身工作效能降低	(1)叶轮与轴打滑; (2)叶轮淤塞或损毁严重; (3)转速太低或反转	(1)拆检修理; (2)疏通、修理; (3)检修原动机与联轴结
4.泵启动后不供液,且排出压力为封闭压力值	排出压力等于封闭压力值,说明泵和吸入是正常的,但排出管路不能或阻力太大	(1)排出阀未或虚开(如闸板阀与阀杆滑丝); (2)排出管路阻力太大或背压太高	(1)开阀或检修; (2)减小管路阻力

续上表

故障判断	判断思路	原因分析	排除方法
5.泵流量不足	上述泵不能排液是泵排量不足的极限情况,二者的原因基本相同,仅程度不同而已。分析泵不能排液是以原因为主线的,本故障将换一种分析归纳方式,尝试以泵装置结构的空间顺序为主线,从泵装置吸入口至排出口逐一分析。还可从泵的特性和管路的特性两个方面来进行分析	(1)吸入液面降低或液面压力降低或液体温度太高; (2)吸入滤器脏堵; (3)吸入管漏气; (4)吸入阀未开足; (5)泵的转速不足、叶轮淤塞或有损伤; (6)泵的填料箱漏气或水封管堵塞,密封环(阻漏环)磨损,漏泄过多; (7)使用扬程太高、排出阀开度不足、排出管路流阻太大	(1)检查并作相应处理; (2)清洗滤器; (3)消漏; (4)开足吸入阀; (5)检查原动机,清洗或换新叶轮; (6)调整或更换填料,疏通水封管,修理或换新密封环; (7)检查排出管路
6.原动机过载,功率消耗过大	从流量大、运转阻力大和电气绝缘方面考虑	(1)转速太高; (2)使用扬程过低,流量过大; (3)填料轴封太紧; (4)泵轴对中不良; (5)泵轴转向不对或双吸叶轮装反; (6)泵轴弯曲或磨损过度; (7)轴承过紧; (8)电气绝缘不良	(1)检查电机; (2)关小排出阀; (3)放松填料压盖; (4)对中找正; (5)检查和纠正转向; (6)校直修复或更换油; (7)检查或更换轴承; (8)检查并提高电气绝缘
7.填料密封或机械密封装置泄漏过多	从组成密封面的两个方面加以分析	(1)填料松散,或机械密封装置的两个静密封面失效或一个动密封面不均匀磨损; (2)填料或密封部位泵轴(或轴套)产生裂痕; (3)泵轴弯曲或轴线不正	(1)视情况调整、修理或换新; (2)检查后决定修理或换新; (3)校直或更换泵轴,校正轴线
8.运转时有异常振动和噪声	可从部件运动和液体流动两个方面并从运动源开始分析	(1)原动机振动; (2)联轴器对中不良、管路牵连等原因造成泵轴失中; (3)泵基座不良; (4)运动部件因腐蚀、偏磨、淤塞等原因造成动、静不平衡; (5)动、静部件碰擦; (6)汽蚀现象; (7)因工况点不稳定造成的喘振现象(只有具有驼峰形 $H \sim Q$ 曲线的泵,工作点才有可能不稳定。当工作扬程升高至驼峰点时,排出液体就会突然倒灌,周而复始,造成喘振)	(1)检修原动机; (2)对中找正,管路固定,避免牵连; (3)改善基座,紧固地脚螺栓; (4)检修运动件; (5)保持间隙适当; (6)采取适当关小排出阀等防止汽蚀的措施; (7)避免排出管路或容器出现气囊,以防排出扬程升高并波动。避免使用有驼峰形特性曲线的泵
9.轴承发热	从摩擦面上不能形成良好而完整的油膜分析	(1)泵轴弯曲或磨损过度; (2)泵轴对中不良; (3)润滑脂过多、过少或变质; (4)轴承损坏或水进入使轴承与轴颈生锈	(1)检查、修复泵轴; (2)对中找正; (3)检查滑油量或更换; (4)更换轴承或清洗泵轴

【知识链接与技能拓展】

一、离心泵的汽蚀现象

离心泵吸入的液体,在从吸入液面到叶片进口开始提高能量前,压力逐步下降。离心泵中压力最低处在叶轮进口先靠近前盖板的叶片处。当泵流量超过设计流量时,压力最低的部位就会发生在叶片进口靠近前盖板的叶片正面上;当泵的流量小于设计流量时,压力最低的部位出现在叶片进口处靠近前盖板的叶片背面上。如果最低压力小于被输送液体温度下的饱和蒸汽压力时就会发生汽蚀现象。其类型及特点如表 1-11 所示。

汽蚀的类型及特点 表 1-11

类　型	条　件	特　点
潜伏汽蚀	$\Delta h_a > \Delta h_r$,且接近时	性能无明显变化,噪声振动很小
不稳定汽蚀	$\Delta h_a < \Delta h_r$	性能明显恶化,噪声振动大
稳定汽蚀	Δh_a 进一步下降	流量不变,扬程急剧下降,脉动消失,噪声振动中等

在船上最容易出现汽蚀现象的离心泵有以下三类:

(1)输送液体温度较高的泵,如锅炉给水泵,热水循环泵;

(2)吸入液面真空度较大的泵,如冷凝器和海水淡化装置中的凝水泵;

(3)工作过程中。吸高会显著变化的泵,如液货泵等。

防止汽蚀的措施:

(1)在使用条件上进行限制(增大 Δh_a):降低流量、吸入阻力、安装高度、液温、流速;

(2)在设计制造上进行改进(减小 Δh_r):增大叶轮入口直径/进口边宽度/前盖板转弯处的曲率半径;采用双吸式叶轮/叶轮前加装诱导轮;采用抗汽蚀材料;提高管内光洁度。

二、性 能 特 点

1. 自吸能力

本身无自吸能力。为了扩大离心泵的使用范围,在结构上采取特殊措施可以制造出各种自吸式离心泵,或在离心泵上附设抽气引水装置。

2. 流量

流量随工作扬程而变。一般工作扬程升高,流量减小;当工作扬程达到封闭扬程时,泵即空转而不排液。因此,它不宜作为滑油泵、燃油泵和液压泵等要求流量不随扬程而变的泵使用。但其流量范围很大。

3. 流量均匀性

流量连续均匀,工作平稳。

4. 压力

泵所能产生的扬程有限,主要由叶轮外径和转速决定,不适合小流量高扬程。无需设置安全阀。

5. 转速

转速高,可与电动机或汽轮机直接相连。

6. 效率

主要受水力损失、机械损失和内、外漏影响，比一般容积式泵低。

7. 适用性

对杂质不敏感，船上主要用来作各种冷却水泵、压载泵、通用泵等。

8. 维护性

结构简单，管理方便，尺寸和重量比同样流量的往复泵小得多，价格低廉。可以采用节流法调节流量，非常方便。

9. 耐用性

易损件少（仅密封环、轴封和轴承），寿命较长。

三、船用离心泵实例

1. 型号

船舶上使用的离心泵，大部分是按船用技术要求专门设计和生产的。目前国内外均有很多种船用离心泵的系列产品可供选用。在不敷应用的情况下，往往借用陆上通用产品经必要修改后代用。常见的几种离心泵的型号及含义见表1-12。

离心泵型号及其含义 表1-12

类　型	型号规格举例	进水管内径近似值[mm(in)]	型号的意义	$\frac{n_s}{10}$	泵的级数	泵的压头或多级泵的单级压头(m)	叶轮车削后的登记标志
CL型	8CL-12	(8)	船用立式泵	12	1		
	100CCL-12A	100	新型号船用立式离心泵	12	1		A-第一次车削
CBLG型	6CBLG-7	(6)	船用并串联立式高压泵	7	2		
CZL型	3CZL-9	(3)	船用自吸立式泵	9			
BA型	3BA-9A	(3)	单吸单级悬臂卧式泵	9	1		A
Sh型	10Sh-13A	(10)	单级双吸水平中开卧式泵				
	150S50B	150	革新型号单级双吸分段式泵			50	
DA型	4DA-8 ×	(4)	单吸多级分段式泵				
	80D12 ×4	80	革新型号单吸多级分段式泵			12	
CWX型	1.5CWX-4	(1.5)	船用旋涡自吸泵				
CWL型	65CWL-8	65	船用离心泵				

船用离心泵的类型有很多种，天津泵业集团生产的ESD、ESC、EMC、TMC、EHC、EHS、TMS、VSN、VSN-S等均为船用离心泵。江苏振华船用泵厂生产的CWL、CWZ船用卧式泵、CL、CLZ立式泵、CIS船用单级离心泵等。

2. 典型结构

(1)船用单级单吸立式(CL型)泵

这种泵的结构见图1-68。它在船上可用作主、辅机冷却水泵，日用海、淡水泵；配置相应的引水装置后可用作压载泵、舱底泵；符合消防系统要求时也可作为消防泵或消防设备的工作水泵。

(2)单级单吸悬臂卧式(BA 型)泵

这种泵是陆用定型产品,结构见图 1-69。BA 型泵有甲式和乙式两种(甲式泵叶轮无平衡孔),在船上常用作消防泵、冷却水泵、生活用水泵等。

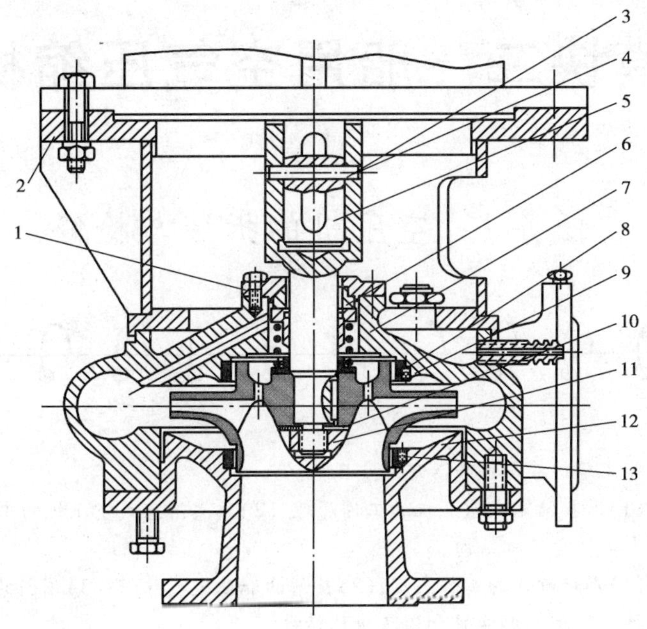

图 1-68　3CL-8 型离心泵

1-轴封压盖;2-泵架;3-挡圈;4-圆锥销;5-泵轴;6-机械轴封;7-泵壳;8-螺钉;9-叶轮;10-止动垫圈;11-反向螺母;12-前盖;13-阻漏环固定销

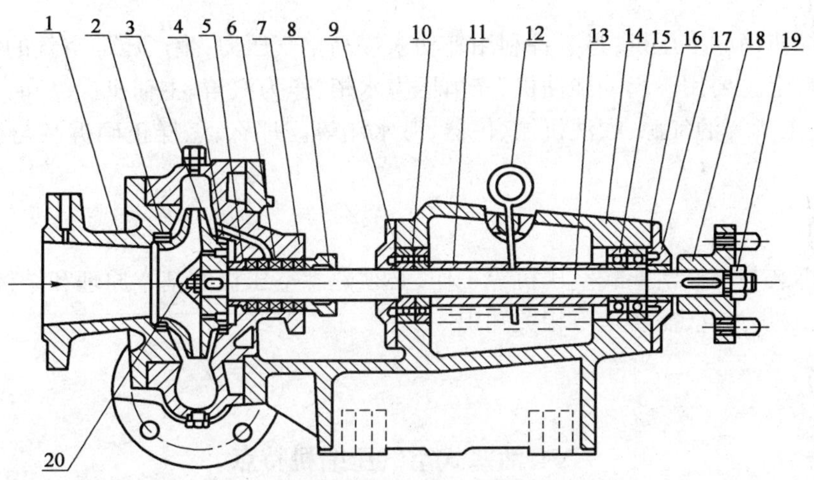

图 1-69　BA 型离心泵

1-进口接管;2-前密封环;3-叶轮;4-后密封环;5-铜套;6-水封环;7-泵壳;8-填料压盖;9-压盖;10、15-轴承;11-定距套;12-油尺;13-泵轴;14-轴承架;16-纸垫;17-压盖;18-联轴器;19、20-反牙螺母

思考与练习

1. 离心泵的操作要点是什么?

2. 离心泵的工况调节的主要方式有哪些?各有什么特性?

3. 离心泵的性能特点有哪些?

模块二　船用空气压缩机

任务1　空压机的拆装与检修

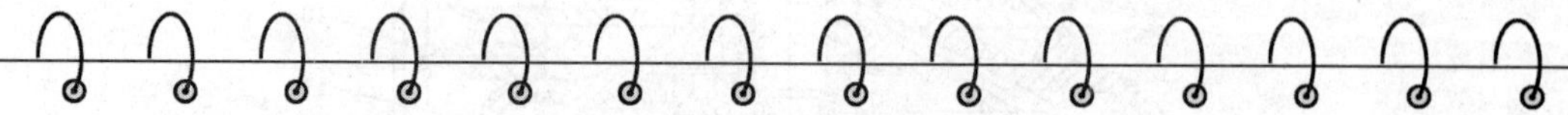

教学目标

◎ **能力目标**：能正确拆装与检修活塞式空压机。

◎ **知识目标**：(1)掌握活塞式空压机的工作原理；(2)熟悉活塞式空压机的工作特点；(3)熟悉典型空压机结构。

◎ **情感目标**：(1)严谨细实的工作态度；(2)良好的职业道德意识；(3)创新的意识和创新精神；(4)优良的学风和团队协作精神。

【任务引入】

空气压缩机简称空压机，是一种利用外功来提高空气压力，生产压缩空气的机械。活塞式压缩空气在船上主要用于起动柴油机，充填压力水柜，作为汽笛、主辅机操纵和自动调节、气胎离合器、风动工具等的气源，吹洗机械、仪器、海水箱等。那么，怎样正确拆装与检修活塞式空压机呢？

【任务分析】

要做好拆装与检修活塞式空压机等工作，必须熟悉空压机的基本原理和结构特点，了解船用的典型空压机，为此，需要学习相关知识。

【相关知识】

一、活塞式空气压缩机特点

活塞式空气压缩机具有如下优点：

(1)压力范围广。活塞式空气压缩机从低压、高压到超高压都使用。

(2)效率高。由于工作原理的不同，活塞式比离心式、回转式的效率高得多。

(3)适应性强。活塞式空气压缩机的排气量范围广，尤其是在小排量的场合就显得更为突出。在小排量范围内要选用速度型往往是很困难的，甚至是不可能的。

(4)价格便宜。由于活塞式空气压缩机具有上述优点，因此在船上应用较广。

主要缺点是：外形尺寸和重量较大，气源有脉动，易损零件较多，气体中常混有润滑油。

二、活塞式空气压缩机分类

活塞式压缩机的种类较多,一般按下面的方法对其分类。

(1)按气缸中心线的位置分:有卧式、立式、对称平衡式、对置式、角式(V 型、W 型、扇型等),如图 2-1 所示。

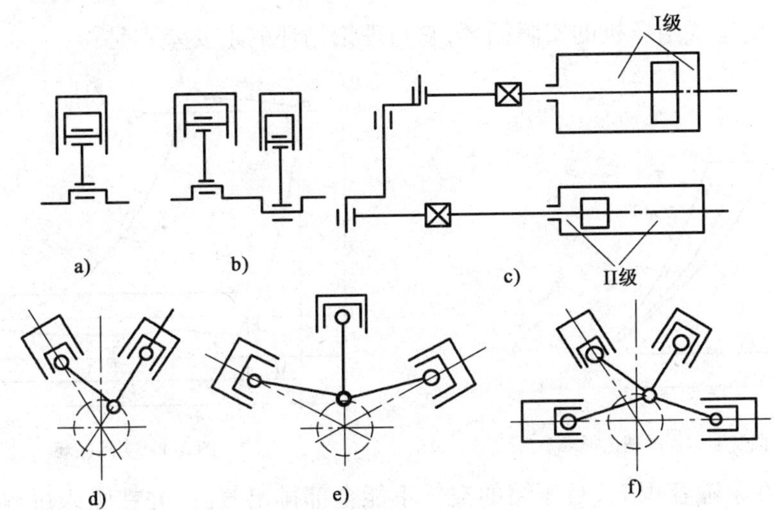

图 2-1 活塞式压缩机气缸排列型式

a)立式单级;b)立式两级;c)卧式两级;d)V 型;e)W 型;f)扇型

(2)按级数分:有单级、双级和多级压缩机。

(3)按排气压力分:有低压、中压、高压和超高压压缩机。

三、工 作 过 程

压缩机的工作是靠活塞往复运动使活塞与气缸、气缸盖之间形成的工作气缸容积发生变化,而使空气不断进入气缸,再被活塞压缩到具有一定压力后排出气缸。在这些过程中,空气的温度、压力是随活塞的运动而随之变化的。

1. 单级压缩理论循环

活塞式空压机的理论循环建立在下列假设之上:

(1)气缸没有余隙容积,被压缩的空气可全部排出气缸;

(2)吸气和排气系统中都没有阻力,也没有热交换,工作中没有压力损失;

(3)工作中没有漏泄;

(4)压缩按绝热压缩过程进行。

活塞式空压机的理论循环见图 2-2。其中,1-2 是绝热压缩过程,2-3是等压排气过程,4-1 是等压吸气过程。从图中可以看出:

(1)活塞在一个往复行程中吸入的空气容积等于活塞的行程容积 V_h,亦即理论吸气容积,$V_{st}=V_h=V_1=\pi D^2S/4$;

(2)空压机把空气压力从 p_s(在吸气管口测得)提高到压力 p_d(在排气接管处测得),其比值 $\varepsilon=p_d/p_s$称为空压机的压力比。在单级理论循环中,$\varepsilon=p_d/p_s=p_2/p_1$。

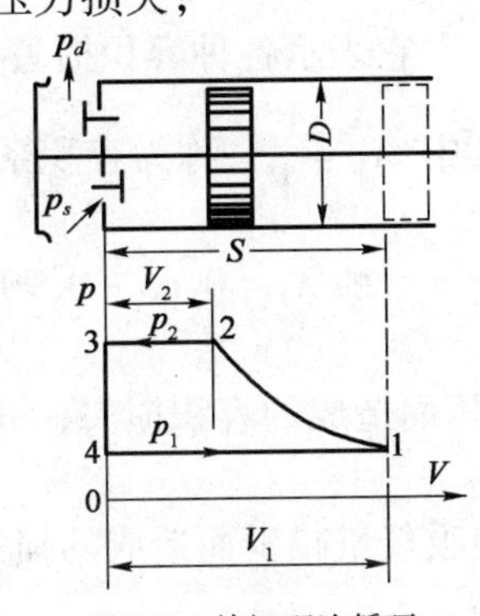

图 2-2 单级理论循环

(3)压缩后的容积 $V_2 < V_{h1}$。但在理论循环中吸、排气体的质量相等。

(4)一个循环消耗的功,可用循环所包围的面积12341表示。

理论循环的耗功以及压缩前、后空气状态的变化,都随压缩过程的变化而不同。由图2-3可见,等温压缩循环的耗功最小,压缩终点温度也最低,最符合空压机的工作要求。

2. 单级压缩实际循环

图2-4示出活塞式空压机的实际循环,它与理论循环的主要差别是:

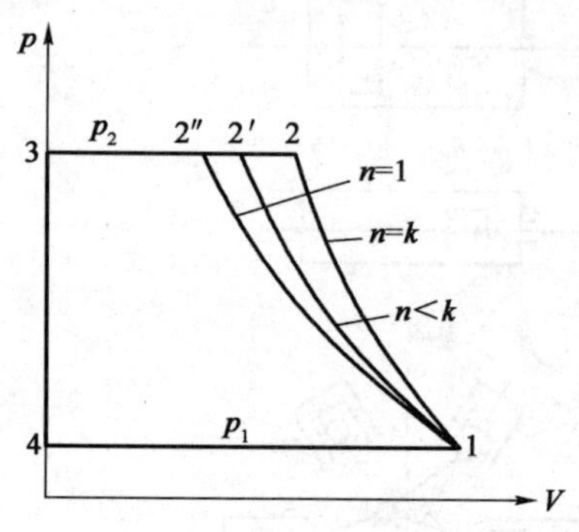

图2-3　不同压缩过程的理论循环

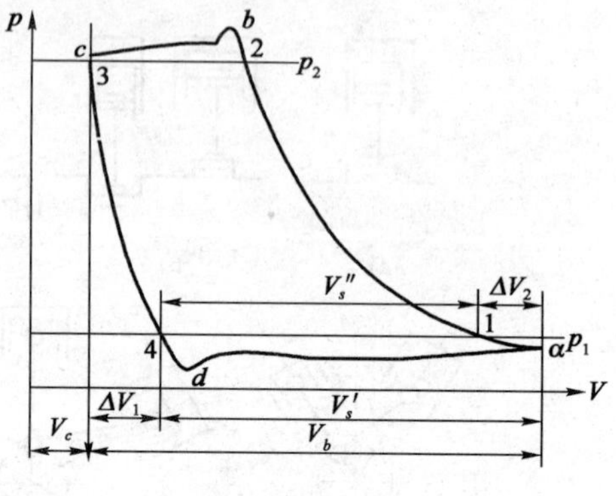

图2-4　实际循环

(1)气缸存在余隙容积 V_c,被压缩的空气不能全部排出气缸,并在吸入过程中膨胀,使吸气量减小。

(2)吸气、排气管道和气阀等处有阻力和气流惯性,因而使吸气压力低于理论值 p_1,排气压力则高于理论值 p_2,而且都有波动。气缸里的实际压力 $\varepsilon' = p'_2/p'_1$ 也大于它的理论比值 $\varepsilon = p_2/p_1$。其中:

$$p'_1 = (1 - \delta_s)p_1, p'_2 = (1 + \delta_d)p'_1$$

式中:$\delta_s = 0.01 \sim 0.05$,为吸气压力损失系数;

$\delta_d = 0.02 \sim 0.11$,为排气压力损失系数。此外,吸气过程中气缸对进气有加热影响。

(3)空气会通过气阀、活塞环等处漏泄,使排气量小于进气量。

(4)压缩指数值是变化的。

3. 排(输)气系数和指示功

排气系数为:

$$\lambda = \frac{V_d}{V_h} = \lambda_V \lambda_P \lambda_T \lambda_g \tag{2-1}$$

它表示各种容积损失对实际排(输)气量 V_d 的影响。一般 $\lambda = 0.65 \sim 0.80$。

其中:$\lambda_V = \frac{V'_s}{V_h}$,称为容积系数,表示因 V_c 的存在,有气体膨胀使吸气容积减小 ΔV_1 而造成的损失。一般 $\lambda_V = 0.65 \sim 0.90$;$\lambda_P = \frac{V''_s}{V'_s} \approx \frac{p'_1}{p_1}$,称为压力系数,表示因吸气阻力使折合吸气量减小 ΔV_2 而造成的容积损失,一般 $\lambda_P = 0.95 \sim 0.98$;$\lambda_T = \frac{V_s}{V''_s} = \frac{T_1}{T'_1}$,称为温度系数,表示因进气加热使吸气量减少而造成的损失,一般 $\lambda_T = 0.90 \sim 0.95$;$\lambda_g = \frac{V_d}{V_s}$,称为气密系数,表示由于漏泄所造成的损失,一般 $\lambda_g = 0.90 \sim 0.98$。

指示功指实际循环的耗功，相当于实际循环所包围的面积，常用所测得的示功图求算。

$$W_1 = f_1 m_p m_V \quad \text{J} \tag{2-2}$$

式中：f_1——示功图面积，cm^2；

m_p——示功图的压力坐标比例尺，Pa/cm。

m_V——示功图的容积坐标比例尺，m^3/cm。

【任务实施】

一、CZ-60/30 船用空气压缩机分析

1. 概况

CZ-60/30 空气压缩机是一种常用的船用空压机，为立式、二级、单列、级差活塞、水冷式空压机。

CZ-60/30 空气压缩机主要性能参数为：(1)排出压力：一级额定排气压力为 0.64MPa，二级额定排气压力为 3.0MPa。(2)额定转速：750r/min。(3)额定排气量：60m^3/h。

2. 基本结构

图 2-5 所示为 CZ-60/30 空气压缩机的构造图。曲轴箱与气缸体为组合式。曲轴的输入端装有兼作联轴器的飞轮。电机通过弹性联轴器带动曲轴转动，再经过连杆、活塞销带动活塞在缸内做上下往复运动。采用上大下小T形级差活塞，活塞顶部以上为一级工作空间，过渡

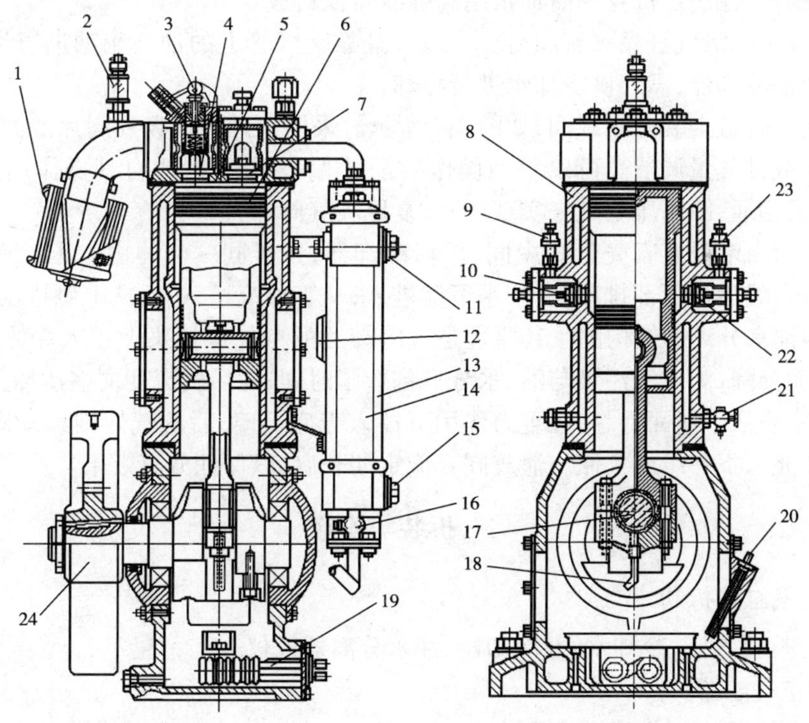

图 2-5　CZ-60/30 型空压机

1-空气滤清器；2-滴油杯；3-卸荷机构；4-一级吸气阀；5-气缸盖；6-活塞；7-一级排气阀；8-气缸；9-一级安全阀；10-二级吸气阀；11-防蚀锌棒螺塞；12-安全膜；13-冷却器；14-液气分离器；15-防蚀锌棒螺塞；16-泄放阀；17-曲轴；18-击油勺；19-滑油冷却器；20-油尺；21-泄水旋塞；22-二级排气阀；23-二级安全阀；24-飞轮(兼联轴器)

锥面以下环形空间为二级工作空间。活塞上段有6根活塞环,下段有6根活塞环和1根刮油环。活塞销与连杆小端为动配合,销与销座为过盈配合。

气阀均为环状阀,一级和二级气缸各有一个吸、排气阀,一级吸气阀上有卸荷机构。高压级吸、排气阀如图2-6所示。在二级的吸气阀室上分别装有一级和二级的安全阀,其开启压力分别为0.7MPa和3.3MPa。

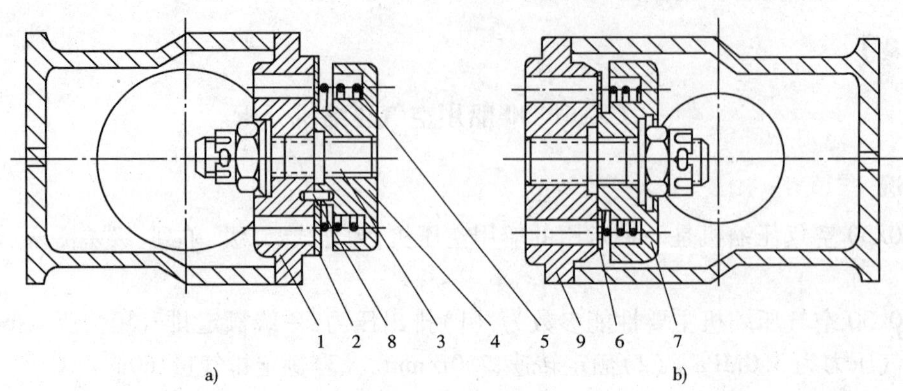

图2-6 高压级气阀结构

a)高压缸吸气阀;b)高压缸排气阀

1-吸入阀阀座;2-吸入阀阀片;3-固定螺栓;4-吸入阀阀盖;5-阀弹簧;6-排出阀阀片;7-排出阀阀盖;8-定位销;9-排出阀阀座

级差活塞用铝合金铸成。活塞销为20号钢表面淬头(硬度为RC 56~62)。连杆和曲轴用45号钢锻制。气缸盖、机身和曲轴箱用高强度铸铁铸成。

曲轴、连杆和二级气缸靠飞溅润滑。一级气缸靠吸气管上的油杯滴油进行油雾润滑。曲轴箱中装有滑油冷却器,靠外供冷却水进行冷却。

在空压机气缸盖上装有卸载阀,如图2-7所示。采用顶开一级吸气阀片的方式进行,用来进行卸载起动或排气量调节。可以手动操作(提、放偏心手轮2)或自动操作(接头接高压空气,通过控制机构通、断高压空气来实现压开、复原吸气阀片)。

空压机的自由端设有真壳管式中间、压后冷却器,置于同一壳体内。压缩空气从上部进入,从管内流过,然后从下部排出,冷却水下侧进入,从管外流过,然后从上侧排出。

图2-8为油水分离器结构图。其原理是被冷却后的空气从接头1进入壳体6时,因容积突然增大,流速突降,为空气污染与油、水分离创造了时间;随后气流变向多次撞击芯子7的壁面,使油滴和水滴沾于壁面上,并在重力作用下掉入壳底;分离后的气体则经球阀4、限制器3和出口接头2充入下一级或气瓶。泄放阀8应定期开启,以保证分离效果。

二、拆装与检修

1. 空压机气缸盖拆卸

(1)拆卸进、排气管,冷却水管、冷却器、油水分离器及仪表。

(2)拆卸空气滤器。

(3)拆卸气缸盖,取出一级进、排气阀。

2. 阀片研磨

(1)将阀片清洗干净,用油石或刮刀修平毛刺(当发现阀片沟痕较深难以磨平,或阀片强度不够,或发现阀片变形时,应予以更换)。

(2)研磨前清洁平板工作面,并涂上180~280号研磨膏,滴上少许机油进行初磨。

(3)把阀片的工作面放在研磨平板上,按"∞"字形轨迹推磨。

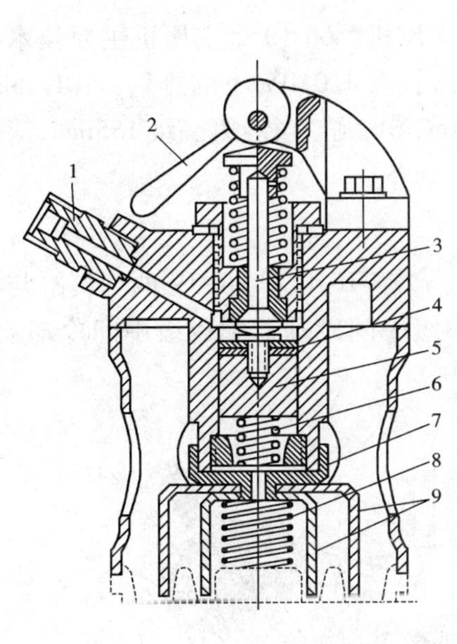

图2-7　卸载阀

1-接头;2-偏心手轮;3-顶杆;4-橡皮圈;5-活塞;6-弹簧;7-导筒;8-弹簧;9-顶爪

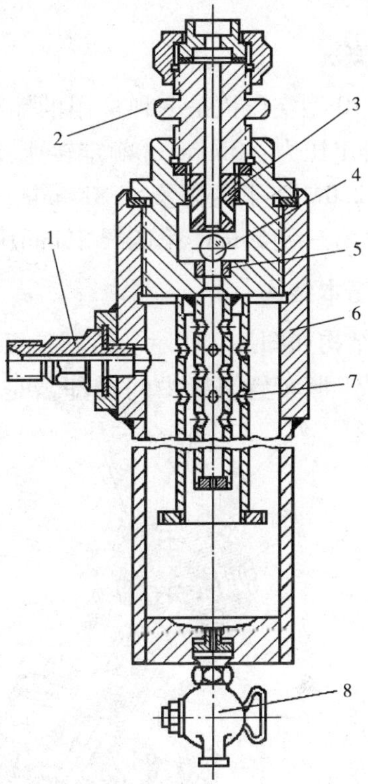

图2-8　油水分离器

1-进口接头;2-出口接头;3-限制器;4-止回球阀;5-阀座;6-壳体;7-芯子;8-泄放阀

(4)研磨时用力要求均匀,并周期性地将阀片转180°或4个90°,防止偏斜,直至平整光洁。

(5)用400~600号研磨膏进行了精磨。每隔数分钟将阀片擦净,直至阀片完全平整光洁为止。

(6)气阀组装妥当后要用煤油检漏:滴漏每分钟不超过20滴为合格。

3. 拆装检修注意事项

(1)拆装基本原则:①拆卸应遵循先外后内、先整体后解体原则进行;②拆卸时应提前考虑装配要求;③对配对或成套的配合件,其零件不能互换,应配对安放、套装或记号;④拆卸螺栓应对称逐步松卸。

(2)转向与连接:压缩机必须按规定转向运转,否则可能引起自带油泵反转而不能润滑,有些空压机因油勺反击影响飞溅润滑效果。原动机与压缩机的同心度须符合要求。

(3)组装气阀时,要确保弹簧自由状态高度差在允许范围,不合格者换新;气阀螺母开口销不能太细,更不得漏装;应确保组装好的气阀组中阀片运动的灵敏性、密封性和牢固性;阀片升程应符合要求。

(4)确保压缩机中各重要零件特别是运动部件符合要求,各重要间隙在允许范围内。

【知识链接与技能拓展】

66-10 型空气压缩机分析

1. 概况

66-10 型空压机是一种常用的船用电动四级高压空压机。66-10 型空压机主要技术参数为:①排出压力:40MPa;②额定转速:1 330r/min;③排出状态 4.0MPa 下的排量≥10L/min,排出状态 2.0MPa 下的排量≥18L/min;④活塞行程 100mm;⑤气缸直径:第一级 155mm,第二级 136mm,第三级 50mm,第四级 25mm;⑥功率≤85kW。

2. 基本结构

其结构如图 2-9 所示。活塞是级差式的,4 个气缸分成 I-II-III 和 I-II-IV 两列气缸与活塞组件,成V形布置,I级中间冷却器是单独的,II级和III级中间冷却器和IV级中间冷却器(也

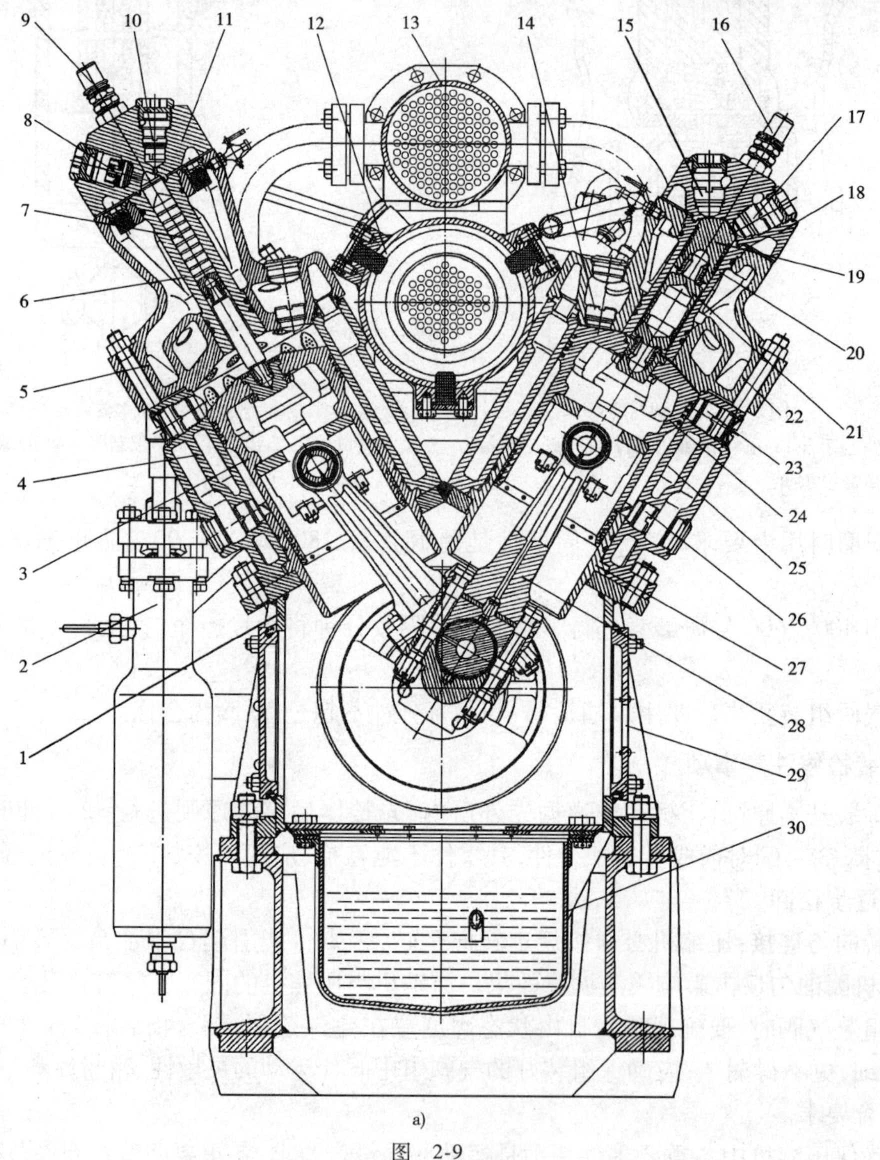

图 2-9

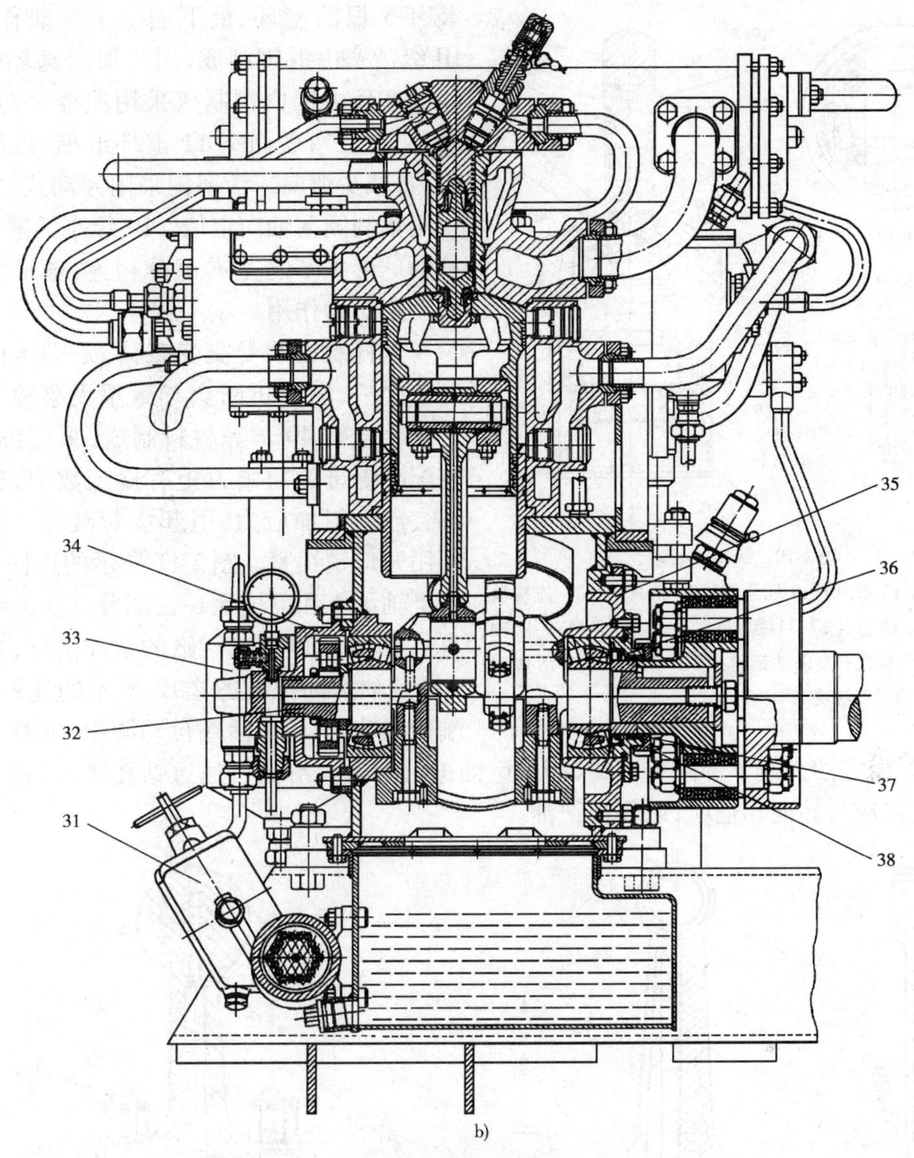

图 2-9　66-10 型空压机

a) 横剖面;b) 纵剖面

1-曲轴箱;2-四级液气分离器;3-一、二级活塞;4-一、二级气缸;5-四级气缸;6-四级气缸套;7-四级活塞;8-四级排气阀;9-三级安全阀;10-四级吸气阀;11-四级气缸盖;12-二、三、四级冷却器;13-一级冷却器;14-一级排气阀;15-三级排气阀;16-二级安全阀;17-三级吸气阀;18-三级气缸盖;19-三级活塞;20-三级气缸套;21-三级活塞杆;22-三级气缸;23-一级吸气阀;24-一、二级活塞;25-一、二级气缸;26-二级气阀;27-二级气缸套;28-连杆;29-曲轴箱盖板;30-承油盘;31-滑油滤清器和冷却器;32-曲轴;33-滑油泵;34-曲轴箱端盖;35-轴承座;36-橡皮填料函;37-浸油麻绳填料;38-压紧螺母

称压后冷却器)全在一起,I 级和 IV 级冷却器后还设有油水分离器和吹除阀,IV 级油水分离器后则设有高压空气干燥装置和过滤器。

固定部件由曲轴箱、气缸、气缸套等组成。曲轴箱 1 用钢板焊成,两端有用螺栓固定的盖板 34 和轴承座 35,两侧有盖板 29 及检查孔。

运动部件主要分析活塞组件、连杆及气阀等。图 2-10 所示为 I-II-III 列活塞。其中,I-II 级活塞和各由铝合金铸成一个整体,直径大的为 I 级,上装有 4 根活塞环;直径小的为 II 级,上面

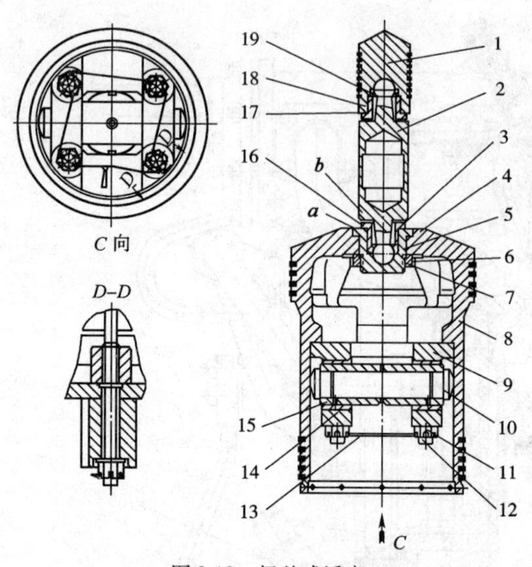

图 2-10　级差式活塞

1-三级活塞;2-活塞杆;3-压紧螺母;4-密封垫片;5-连接器;6、16、17-止动垫片;7、11-螺母;8-一、二级活塞;9-枢轴;10-闷塞;12-螺栓;13-止动钢丝;14-青铜衬套;15-活塞销;18-压紧螺母;19-锥块

装有 5 根活塞环,最下面一个环兼作刮油环。III 级活塞由锻钢制成,用 8 根活塞环密封。IV 级活塞环由铝白铜制成采用曲径密封,不装活塞环,在活塞表面车 11 道环形槽,以增加气体阻力,减少泄漏。活塞销采用浮动式,它在销座中用铝制闷塞轴向定位。III 级小活塞通过活塞杆的球形关节与基本部分相连,球形关节能起自动定心的作用。

连杆螺栓承受交变载荷,是空压机的薄弱环节之一,它的折断会导致重大事故。一般用优质合金钢 40Cr 等材料制成,采用细牙螺纹。装配时螺母的扭紧力矩有规定数值,过大过小都会产生附加应力,引起疲劳破坏。装好后必须用开口销锁紧。图 2-11 所示的连杆一分杆身 1、上轴承 4 和下轴承 6 三部分。在 1 和 4 之间有垫片 3,用以调节气缸的余隙高度,并有垫片 8 调节轴承间隙。图 2-12 所示的连杆二中,小端做成球形,便于活塞自动调中,也避免了从活塞销处漏气,它的大端下部附有油铲,用来铲油进行润滑。滑油可通过钻孔送到两端轴承中。油铲的孔口应与转向相适应,以保证铲油。

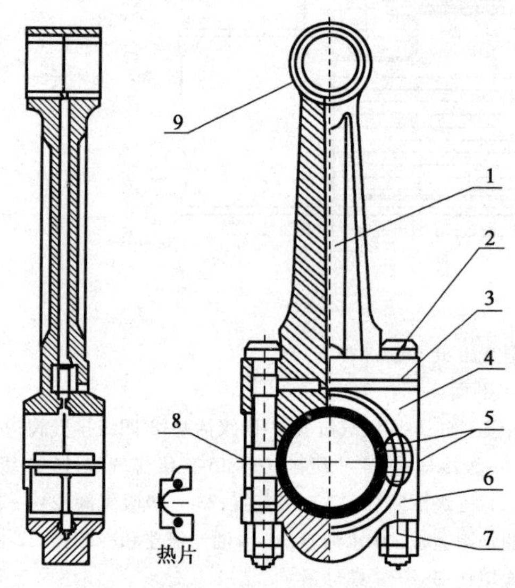

图 2-11　连杆一

1-杆身;2-连杆螺栓;3-垫片;4-上轴承;5-轴瓦;6-下轴承;7-连杆螺母;8-垫片;9-连杆小端轴承

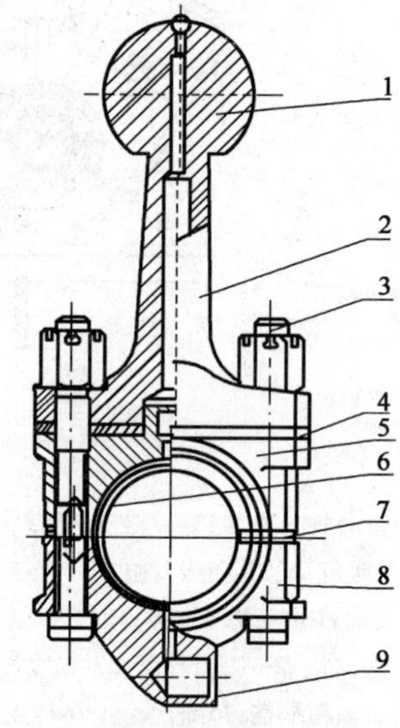

图 2-12　连杆二

1-连杆小端;2-杆身;3-连杆螺栓;4-垫片;5-上轴承;6-轴瓦;7-垫片;8-下轴承;9-油铲

图 2-13 为吸排气阀结构图。气阀全是球形碟阀,但弹簧和升程有差别。有的气阀把气流通道做成多孔形,以防阀片破碎时掉入气缸。

各级都装有弹簧式安全阀,前三级结构基本相似,阀芯均是硬橡胶做的。而第四级阀芯由合金钢制成,弹簧比前三级要粗,其压力调整妥后由止动罩锁紧在阀体上并铅封;第四级安全阀还可通过改变垫片片数来调整开启压力。

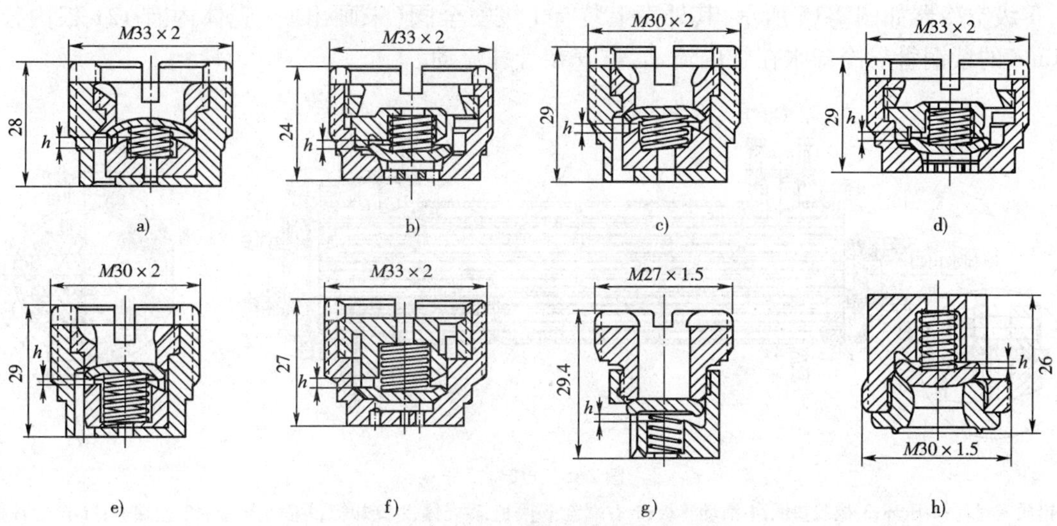

图 2-13　为吸排气阀结构图

a) I 级吸气阀; b) I 级排气阀; c) II 级吸气阀; d) II 级排气阀; e) III 级吸气阀; f) III 级排气阀; g) IV 级吸气阀; h) IV 级排气阀

3. 工作系统及设备

图 2-14 为 66-10 型空压机的系统图。

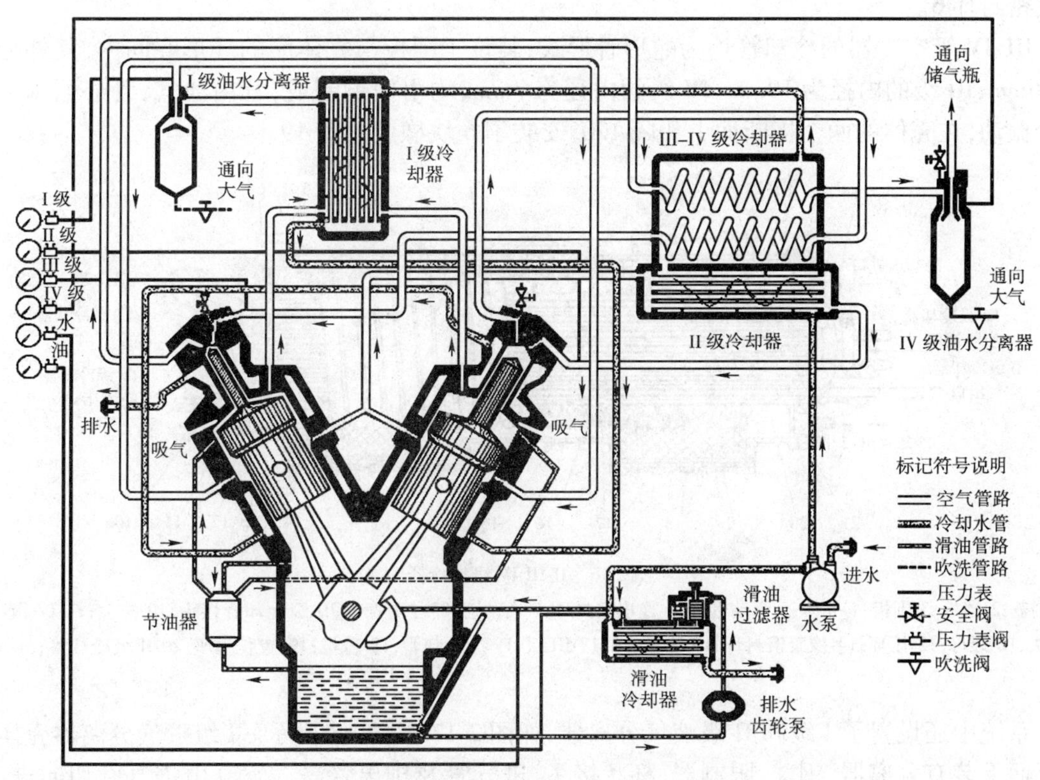

图 2-14　66-10 型空压机原理和系统

空气经两个 I 级气缸压缩和排出后，经 I 级空冷和 I 级油水分离器后进入两个 II 级气缸；经 II 级压缩、II 级冷却、III 级压缩、III 级冷却、IV 级压缩、IV 级冷却及 IV 级油水分离器分离油水后，排出空压机。

I级空冷器如图2-15所示，其外壳上装有I级安全阀（未画出）。壳体内有121根内径为4.5mm的紫铜管。冷却水在管内流动，空气在管外流动。

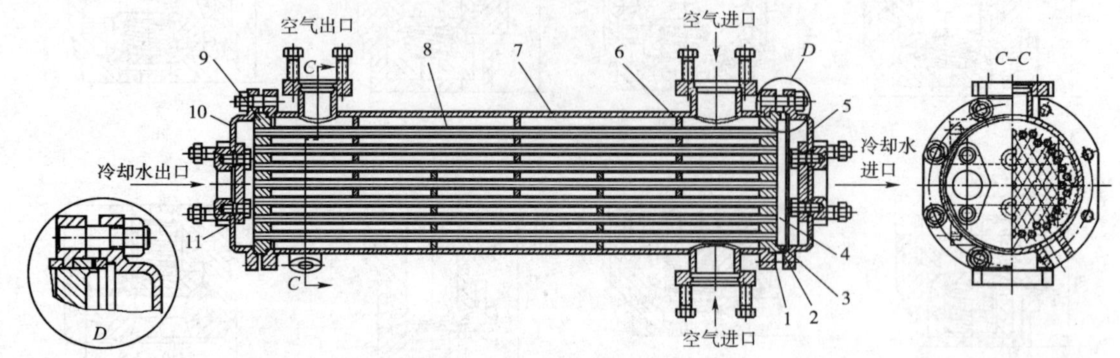

图2-15　I级空冷器

1-铅质密封环；2-压环；3-橡胶垫圈；4-活动管板；5-右端盖；6-隔板；7-壳体；8-冷却管；9-固定管板；10-左端盖；11-防蚀锌板

II-III-IV级空冷器如图2-16所示，其外壳上装有一片橡胶安全膜片（未画出）。II级冷却器壳体内有89根内径为4.5mm的紫铜管。冷却水在管外流动，空气在管内流动。为提高管外流速，增强冷却效果，管束外套有圆柱形围板，围板内冷却管间装有10块隔板。活动管板5与焊在壳体上的右法兰间在工作中允许有相对移动，为防止冷却水外漏，活动管板外圆上套有橡皮密封环6。

III、IV级空冷器的冷却管均为蛇形管形式，其位于围板与壳体间的环形空间内，其外径都是16mm，III级的内径为10mm，IV级的内径为7mm，均由白铜制成，管内通气，管外通水。为减少振动，在壳体的两个横断面上相隔120°安装了6块橡胶垫座19。

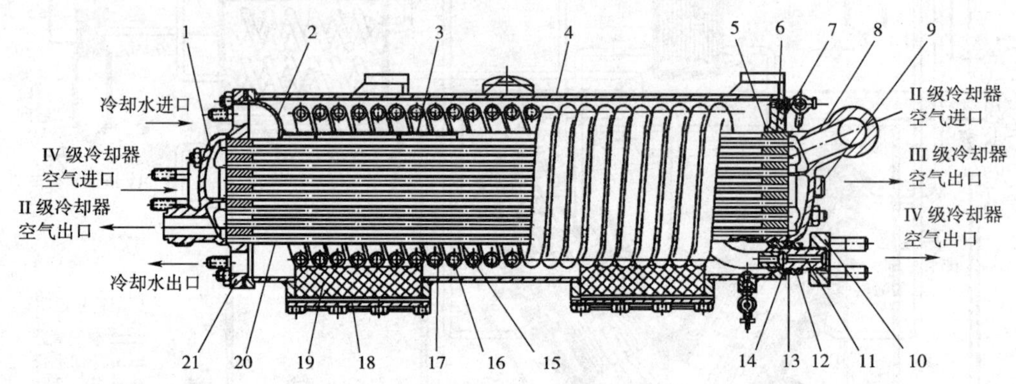

图2-16　II-III-IV级空冷器

1-左端盖；2-挡板；3-围板；4-壳体；5-活动管板；6-橡皮密封环；7-右法兰；8-右端盖；9-III级冷却管接头；10-法兰；11-IV级冷却管接头；12-螺母；13-压环；14-橡胶密封环；15-隔板；16、17-III级、IV级冷却管；18-盖板；19-橡胶垫座；20-II级冷却管；21-固定管板

系统中还设置了I级和II级液气分离器，如图2-17、图2-18所示。I级液气分离器壳体内自上而下装有分离器、钢球、限制器、杯状接头、进气管及排出管等。空气由进气管切向进入，边转边向下，液滴被甩地周壁向下，经伞形板与壳壁缝隙流入底部，定期经泄放阀排出。II级液气分离器壳体内自下而上装有分离器、钢球、限制器、杯状接头、密封圈及排出管等。分离器中央为直径是10mm的孔道，外表面有左旋的螺旋片。空气沿入口切向进入后，以高速边螺旋

边向下，使液滴沿壳壁向下，并经放水旋塞排出。

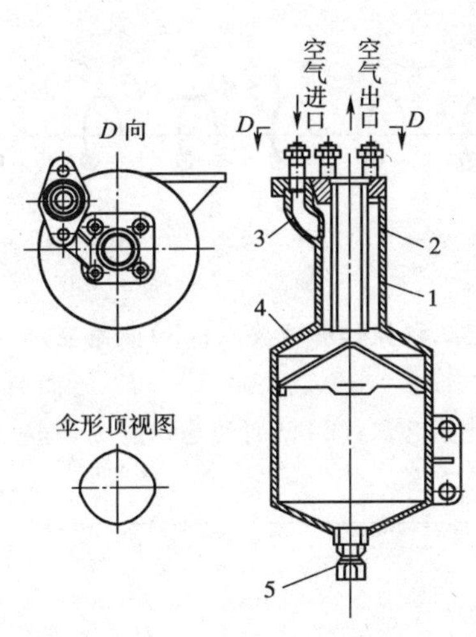

图 2-17　I 级液气分离器

1-壳体；2-排出管；3-进气管；4-伞形板；5-管接头

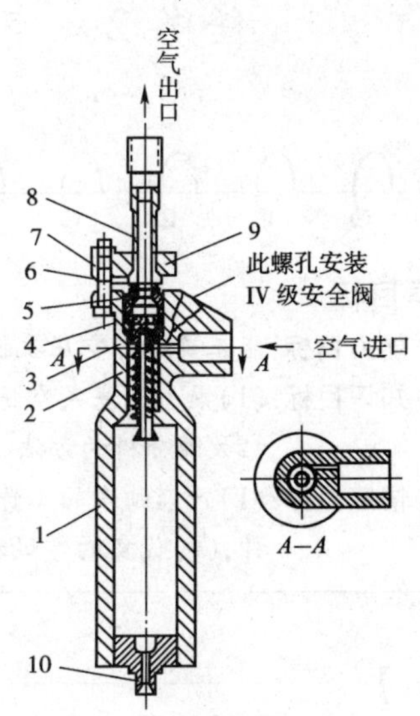

图 2-18　II 级液气分离器

1-壳体；2-分离器；3-钢球；4-限制；5-杯状接头；6-密封圈；7-螺栓；8-排出管；9-压盖；10-管接头

空压机采用压力润滑系统。由曲轴左端斜齿轮驱动的润滑泵从承油盘吸油使其压力提高到 0.1 ~ 0.25MPa，排入润滑过滤—冷却器，经过滤和冷却后沿导管进入曲轴箱左端盖，沿左端轴颈及曲轴中央孔进入连杆下头部润滑连杆轴承，并沿杆身钻孔赶往连杆上头部润滑活塞销，由右曲柄臂上和左曲柄臂上各自直径为 1mm 的钻孔喷出的润滑油润滑冷却两个滚柱轴承、水泵轴承、油泵和水泵的传动齿轮。

空压机的 I 级气缸靠吸进曲轴箱中的空气污染中的油雾及 II 级、III 级、IV 级气缸漏入的润滑油进行润滑。曲轴箱是封闭的，不与舱内大气相通。曲轴箱带油雾的空气沿专门的导管进入节油器后，再沿两根导管分别进入两个 I 级气缸进行润滑。节油器是为了借改变铜质滤网网眼大小或滤网的层数来调节进油量。其构造如图 2-19 所示。

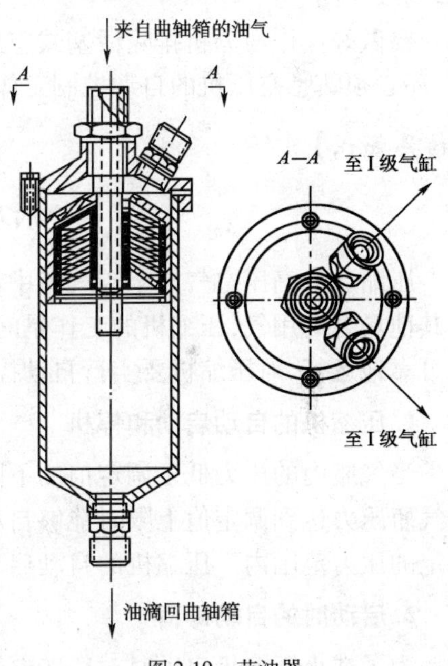

图 2-19　节油器

空压机的 II 级气缸靠曲轴连杆飞溅起来的润滑油润滑，III、IV 级气缸靠吸入空气中所带的润滑油润滑。

思考与练习

1. 活塞式空压机工作有何特点？
2. 简述拆装 CZ-60/30 空气压缩机的要点及注意事项。
3. 如何检修活塞式空压机的气阀？
4. 简述 66-10 型船用空压机主要结构特点。

任务2 空压机的操作与故障排除

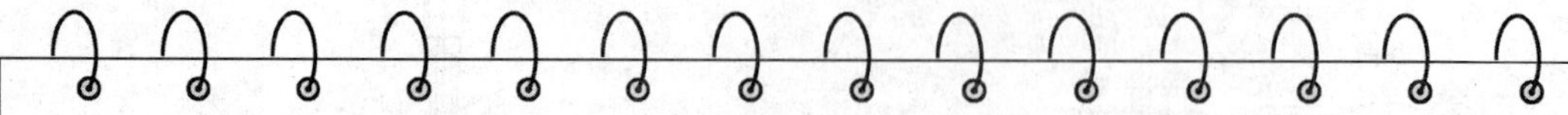

教学目标

◎ **能力目标**:能正确进行空压机操作管理并分析排除故障。

◎ **知识目标**:(1)熟悉活塞式空压机自动控制;(2)掌握空压机操作管理要点;(3)熟悉空压机故障分析的方法。

◎ **情感目标**:(1)严谨细实的工作态度;(2)良好的职业道德意识;(3)创新的意识和创新精神;(4)优良的学风和团队协作精神。

【任务引入】

空压机是提供高压空气的机械,正确进行常规操作是安全生产的重要内容;且其在工作过程中,经常会出现排量不足等故障,那么,如解决这些问题呢?

【任务分析】

要做好操作与分析排除活塞式空压机故障等工作,除了了解船用的空压机的结构等知识外,还必须熟悉空压机的自动控制工作特点,为此,需要学习相关知识。

【相关知识】

活塞式空压机自动控制

压缩后的高压空气排至空气瓶中,应保证空气瓶内具有一定的压力,以满足柴油机的操纵和其他场合的用气,压缩机的工作是间歇式的。为了减轻轮机人员的劳动强度,保证压缩机安全可靠地运行,对压缩机要实行自动控制,其自动控制内容有:

1. 压缩机的自动启动和停机

当气瓶内的压力低于调定值的下限时,能够自动启动,向空气瓶内供气,以保证随时用气;当气瓶压力达到调定值上限时能够自动停机,停止向气瓶供气,使气瓶的压力始终维持在某一调定的压力范围内。压缩机的自动启动是靠安装在空气瓶上的压力继电器控制。

2. 启动时的自动卸荷

为了减小压缩机启动时对船舶电站负荷的冲击影响,要求压缩机能够在卸荷状态下启动。

3. 压缩机运行参数的自动保护

压缩机在运行过程中必须用滑油、冷却水(或空气)对其进行润滑和冷却;压缩机的排气压力和温度不能过高,需要对其进行保护,以避免造成机毁或人身伤害事故。压缩机工作是否正常,可以通过压缩机的运行参数来判断。其中最主要的参数有冷却水压力、温度、滑油压力和排气温度等。这些参数通常用各自的继电器来控制压缩机电机的通电或断电。当运行参数值超过调定值时,继电器动作,切断压缩机的电源,达到保护作用,直到其参数值回复到正常范围以内。

空气压缩机的某些产品和主要技术参数见表2-1。

空压机的主要技术参数　　表2-1

型　号	排气量(m^3/h)	排气压力($\times 10^5 Pa$)	转速(r/min)	功率(kW)	型　式
LSHC-30A	14	3×9.8	1 000	4	立式、两级、风冷
CZ-60/30A	60	3×9.8	980	13	立式、两级、水冷
CZ-240/30-I-A	240	3×9.8	1 000	55	立式、双缸、两级差动、水冷
VF-2016	6	20×9.8	1 500	3	V型、三级、风冷
VH-475D	380(自由空气)	3×9.8	720	85	双级、水冷
2MF6	458(自由空气)	3×9.8	705	77	双级、水冷

【任务实施】

一、操 作 管 理

1. 起动准备

(1)检查外部,移去障碍物。转车2~3转,判断内部有无异常。

(2)检查滑油的数量和质量。曲轴箱中的油位应保持在油尺的规定刻度内。当发现油中有脏物或油质改变时,应查明原因,更换全部变质的滑油。新油质量要符合要求。

(3)打开冷却水系统各阀,向空压机供水。

(4)全开通往储气瓶管路上的截止阀,保证气路畅通。根据具体情况,做好卸荷起动准备。

(5)检查各保安装置和仪表,确认其工作正常。

2. 起动

(1)注意起动负荷和声音,如有不正常声音或负荷过大现象,应停车检查。

(2)注意油压和水压是否建立。

(3)一切正常后,停止卸荷机构的工作,注意察看各级压力是否正常。如需人工关闭各级泄放阀,则应按从低压级到高压级的顺序进行,以防个别级的压力比出现过大。

3. 运行中的管理

(1)经常注意各级的空气压力和温度是否在规定的范围内。发现各级压力分配失常或个别气阀的温度偏高时,应查明原因,排除故障。排气温度应在160℃以内,并不得高过滑油的闪点。

(2)保证润滑和冷却的正常进行,注意油压、水压和油温、水温的数值,曲轴箱中的油温不应超过75℃,气缸水套中的水温应在30~45℃之间,冷却水进出口温度差不应超过25℃。冷却水视流计中不应有气泡冒出。

(3)定期打开泄放阀,放出液气分离器中的油和水。打开时应按从高压级到低压级的顺序进行,关闭时则相反。

(4)出现下列情况之一时,应立即停车:

①有剧烈的敲击声、剧烈振动或其他不正常的声音;

②任一级的压力超过允许值或安全阀顶开;

③滑油压力急剧下降或急剧增高;

④冷却水供应中断或水温高过允许值；

⑤严重漏气、漏油、漏水；

⑥电流急剧上升或超过允许值；

⑦冷却系统上的橡皮安全膜破裂；

⑧压力表发生故障。

(5)停车

①先进行卸荷、再停车，并排污；

②把冷却系统恢复原状，有冰冻可能时放掉冷却水；

③转车2~3转，以防活塞和气缸咬死；

④排除已发现的故障。做好清洁、保养，使空压机处于可起动的良好状态。

二、故障诊断与排除(表2-2)

空压机故障诊断与排除　　表2-2

故障现象	部位	产生原因	排除方法
排气量下降	空气滤器	空气滤器污堵致气阻增大	吹扫或清洗空气滤器
	气阀	(1)阀片变形或磨损，或与阀座有磨损或其接触处有污物等导致漏气； (2)阀座与阀孔结合不严或忘记垫片造成漏气； (3)气阀弹簧刚性过强或过弱致启闭不及时； (4)气阀通道被炭渣部分堵塞	(1)研磨或更换阀片或清除污物； (2)研磨与阀孔结合面或把垫片垫上； (3)更换弹力相当的弹簧； (4)清渣
	气缸和活塞	(1)气缸或活塞、活塞环磨损，致间隙过大而严重漏气； (2)缸盖与缸体结合不严致漏气； (3)气缸冷却不良，使新气进入量减少； (4)活塞环因间隙过小或冷却差而咬死或折断； (5)活塞环搭口成一线而漏气； (6)转速不够(如皮带打滑)； (7)余隙容积过大	(1)更换缸套或活塞、活塞环； (2)刮研接合面或更换垫床； (3)改善冷却条件； (4)拆出活塞清洁，调整间隙，消除润滑不良因素； (5)拆下活塞，使搭口均匀错开； (6)使转速正常(如调整皮带松紧度)； (7)检查并调整余隙容积
	中冷器	(1)冷却水量过小； (2)热交换面有油污或结水垢	(1)加大冷却水量； (2)清洁热交换面
高压级排压高于额定值		安全阀失灵	检查安全阀
低压级排压偏低		高压缸进气阀或排气阀漏气，或中冷器冷却效果差	研磨气阀或更换阀片，或改善中冷器冷却效果
低压级排温过高		低压缸进气阀或排气阀漏气	研磨气阀或更换阀片
高压级排温过高		高压缸排气阀漏气，或中冷器冷却效果差	研磨气阀或更换阀片，或改善中冷器冷却效果

【知识链接与技能拓展】

一、水 压 试 验

国标规定：空压机的气缸、气缸盖、冷却器、液气分离器等的气腔和活塞等承受气压的部件应进行水压试验。试验压力为1.5倍额定工作压力。冷却水路的水压试验压力为0.5MPa，各种试验时间不小于30min，期间不许渗漏。

二、预防空压机着火爆炸

空压机着火爆炸的原因是油在高温下分解形成的积炭沉淀物发生自燃。此自燃并不一定要达到油的闪点，有时可能在气温180～200℃或更低时发生。自燃加剧了油的蒸发，当空气中油的浓度达到一定程度就可能引起爆炸。预防爆炸的措施如下：

(1)选用抗氧化安定性好、粘度和闪点适当的润滑油。

(2)防止排气温度过高，压缩机必须保证工作温度低于润滑油闪点20℃以上。

(3)应及时清除气道中的积油、积炭。积炭厚度不超过3mm被认为是安全的。

(4)消除其他触发自燃的因素。如：压缩机可靠接地、不采用可燃性密封材料、不允许活塞环严重漏气等。

(5)防止空气中油分浓度达到爆炸程度，如压缩机空转时间不可过长。

思考与练习

1. 如何正确进行活塞式空压机的常规操作？
2. 预防空压机着火爆炸的措施有哪些？
3. 如何分析寻找活塞式空压机排气量下降的可能原因，再对症下药排除？
4. 简述空压机水压试验及其合格的标准。

模块三　船舶液压甲板机械

任务1　认识液压系统

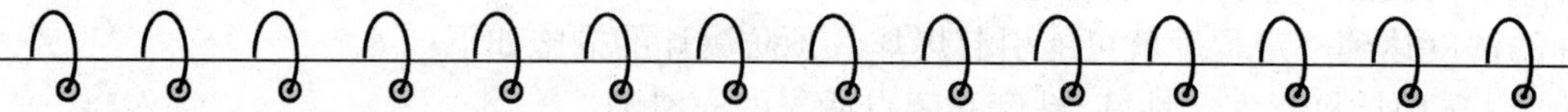

教学目标

◎ **能力目标**：掌握液压系统组成及工作原理。

◎ **知识目标**：(1)熟悉液压传动的基本工作原理；(2)熟悉液压系统分类和特点；(3)熟悉液压技术应用典型实例及发展。

◎ **情感目标**：(1)严谨细实的工作态度；(2)良好的职业道德意识；(3)创新的意识和创新精神；(4)优良的学风和团队协作精神。

【任务引入】

船舶甲板机械是船舶机电设备的重要组成部分，现代船舶中广泛使用液压甲板机械，如液压舵机、液压起货机、液压锚机、液压绞缆机、液压舱盖机等；当然，液压机械在各行各业中应用已十分普遍。液压机械一个共同的特点是其中都有液压系统，都以液压能作为执行机构驱动能源。那么，液压系统由哪几部分组成？它是如何工作的呢？

【任务分析】

要做好液压舵机等液压甲板机械的安装、使用、保养、检修等工作，必须熟悉液压传动的基本原理，掌握液压系统的组成及工作特点。

【相关知识】

一、液压传动原理和基本组成

液压传动是根据液体静压力等值传递原理(也称帕斯卡原理)，以液体的压力能进行能量与信息传递的。现以液压千斤顶为例说明液压传动原理。图3-1为液压千斤顶结构简图，随着手柄1不断上下摇动，重物13将缓慢上升。

图3-2为简化的液压千斤顶传动原理示意图，若小活塞面积为A_1，移动速度为v_1，大活塞面积为A_2，移动速度为v_2，根据帕斯卡原理可知，$p = F_1/A_1 = F_2/A_2$，所以，$F_2 = F_1 A_2/A_1$，即当小活塞A_1上作用$F_1 = 1\text{kN}$力，大活塞A_2上就能顶起$F_2 = 10\text{kN}$重物(即力的传递)；根据质量守恒定律：$v_1 A_1 = v_2 A_2$，所以，$v_2 = v_1 A_1/A_2$(即运动的传递)；当不计损失时，$F_1 v_1 = F_2 v_2$(即功率相等)。可见，在液压传动中，压力取决于负载大小；速度取决于流量大小。

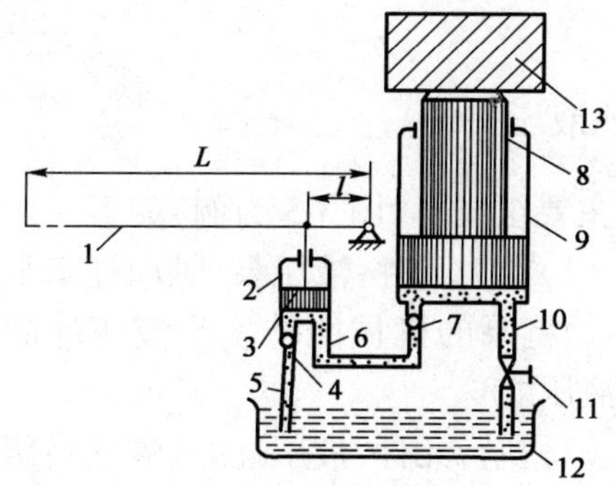

图 3-1　液压千斤顶结构简图

1-手柄；2-手动活塞泵；3-小活塞；4、7-单向阀；5-吸油管；6-排油管；8-大活塞；9-液压缸；10-回油管；11-截止阀；12-油箱；13-重物

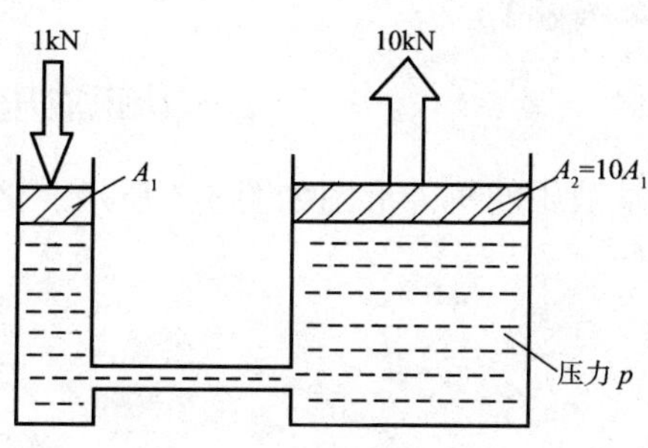

图 3-2　液压传动原理示意图

二、液压系统分类

根据着眼点的不同，液压系统分类有多种分法，其中以下列两种为主。

按油液循环方式的不同可分为开式系统和闭式系统。所谓开式系统就是指油泵系统从油箱中吸油，经换向阀输入执行机构（液压缸或液压马达），而执行机构的排油则经换向阀返回油箱；而所谓闭式系统，则是指执行机构的排油并不返回油箱，而是直接返回油泵的吸入口，故油液将在油泵与油马达之间形成封闭的循环。

按液压油流向变换方法的不同，液压系统还可分成阀控型和泵控型。所谓阀控型系统就是指进出执行机构液压油的流向由换向阀控制；而所谓泵控型系统就是指进出执行机构液压油的流向由油泵控制。

三、液压传动特点

与电动甲板机械相比，液压传动有以下特点。

1. 其共同的优点

（1）动作灵敏、便于自动控制和远距离操纵；

（2）采用标准化元件；

（3）适合于大功率传动。

2. 液压传动独特的优点

（1）可以微速和无级调速，频繁起停、换向对电网冲击很小，操作性能好；

（2）起动转矩高，便于带负荷启动；

（3）易于实现过载保护（设安全阀），且液体介质本身有一定的抗冲击和吸振能力；

（4）省略机械传动和减速机构，故液压装置结构紧凑，重量轻；

（5）液压油能防锈蚀和有润滑性，装置使用寿命长。

3. 液压传动的缺点

（1）对油液和系统的清洁要求很高；

（2）元件的精度要求高，漏泄会造成污染；

（3）管理维护的技术要求高。

【任务实施】

一、认识液压舵机(或其他液压机械)

某液压舵机外形图如图3-3所示。液压传动系统主要组成(以图3-3为例)如下。

图3-3 液压舵机

(1)动力元件:液压泵(轴向柱塞泵),其功用是将泵的机械能转换为液压油的压力能(液压能)。

(2)执行元件:液压缸(或液压马达),其功用是将液压能转换成机械能以带动工作部件运动。

(3)控制元件:如各种方向、流量和压力控制阀,其功用是控制液压系统中液压油的流动方向、流量大小和压力的高低,以满足工作部件对运动方向、速度和力(扭矩)的要求。

(4)辅助元件:如油箱、滤油器、蓄能器、压力表、热交换器、油管和管接头等。

二、液压系统图及图形符号

液压机械中由数个不同零件组成的用以完成特定功能的组件称为液压元件。元件一般有两种表达方式:一种用结构示意图,表达较直观、形象,但图形繁、绘图烦;另一种是职能图形符号图,主要反映元件的功能特点,绘制较方便。我国制定的液压图形符号见附录(摘自GB/T 7861—1993)。

同样,液压系统图也有两种表达方式:一种是结构示意图(图3-1),很少用;另一种为用职能符号表示的液压系统图,经常碰到。

【知识链接与技能拓展】

一、液压技术应用实例

液压技术应用十分广泛,在工业、农业、国防、交通、医疗等行业或部门都有大量应用案例。如:交通运输中有船舶、汽车、航空航天飞机、铁道轨道交通各类液压机械;工业生产中有广泛使用的液压机床(车床、铣床、刨床、磨床、镗床及加工中心等)等。

液压传动在各行业、部门的大致应用情况如表3-1所示。

液压传动在各类机械行业中的应用实例　　表3-1

行 业 名 称	应用场所举例
交通运输	船舶机械;铁道轨道交通机械;公路运输机械;港口机械;航空航天机械等
工程机械	挖掘机、装载机、推土机、压路机、铲运机等
矿山机械	凿岩机、开掘机、开采机、破碎机、提升机、液压支架等
建筑机械	打桩机、液压千斤顶、平地机等
农业机械	联合收割机、拖拉机、农具悬挂系统等

续上表

行业名称	应用场所举例
冶金机械	电炉炉顶及电极升降机、轧钢机、压力机等
轻工机械	打包机、注塑机、校直机、橡胶硫化机、造纸机等
汽车工业	自卸式汽车、平板车、高空作业车、汽车中的转向器、减振器等
智能机械	折臂式小汽车装卸器、数字式体育锻炼机、模拟驾驶舱、机器人等

二、液压技术发展

液压技术是实现现代化传动与控制的关键技术之一,世界各国对液压工业的发展都给予很大重视。由于液压技术广泛应用了高科技成果,如:自控技术、计算机技术、微电子技术、可靠性及新工艺新材料等,使传统技术有了新的发展,也使产品的质量、技术水平有一定的提高。其主要的发展趋势将集中在以下几个方面:

(1)减少能耗。为减少能量的损失,必须解决下面几个问题:减少元件和系统的内部压力损失,以减少功率损失;减少或消除系统的节流损失,尽量减少非安全需要的溢流量;采用静压技术和新型密封材料,减少摩擦损失;改善液压系统性能,采用负荷传感系统、二次调节系统和采用蓄能器回路。

(2)泄漏控制。泄漏控制包括防止液体泄漏到外部造成环境污染和外部环境对系统的侵害两个方面。如发展无泄漏元件和系统,如研制集成化和复合化的元件和系统,实现无管连接,研制新型密封和无泄漏管接头,电机油泵组合装置等。无泄漏将是液压业今后努力的重要方向之一。

(3)污染控制。过去,液压业主要致力于控制固体颗粒的污染,而对水、空气等的污染控制往往不够重视。今后应重点解决:严格控制产品生产过程中的污染,发展封闭式系统,防止外部污染物侵入系统;应改进元件和系统设计,使之具有更大的耐污染能力。同时开发耐污染能力强的高效滤材和过滤器。研究对污染的在线测量;开发油水分离净化装置和排湿元件,以及开发能清除油中的气体、水分、化学物质和微生物的过滤元件及检测装置。

(4)主动维护开展液压系统的故障预测,实现主动维护技术。必须使液压系统故障诊断现代化,加强专家系统的开发研究,建立完整的、具有学习功能的专家知识库,并利用计算机和知识库中的知识,推算出引起故障的原因,提出维修方案和预防措施。要进一步开发液压系统故障诊断专家系统通用工具软件,开发液压系统自补偿系统,包括自调整、自校正,在故障发生之前进行补偿,这是液压行业努力的方向。

(5)机电液一体化。机电液一体化可实现液压系统柔性化、智能化,充分发挥液压传动出力大、惯性小、响应快等优点;提高液压元件性能,在性能、可靠性、智能化等方面更适应机电液一体化需求,发展与计算机直接接口的高频、低功耗的电磁电控元件;液压系统的流量、压力、温度、油污染度等数值将实现自动测量和诊断;电子直接控制元件将得到广泛采用,如电控液压泵,可实现液压泵的各种调节方式,实现软启动、合理分配功率、自动保护等;借助现场总线,实现高水平信息系统,简化液压系统的调节和维护。

(6)液压 CAD 技术应用。充分利用现有的液压 CAD 设计软件,进行二次开发,建立知识库信息系统,它将构成设计—制造—销售—使用—设计的闭环系统。将计算机仿真及适时控制结合起来,把 CAD/CAM/CAPP/CAT,以及现代管理系统集成在一起建立集成计算机制造系统(CIMS),使液压设计与制造技术有一个突破性的发展。

(7)新材料、新工艺的应用。新型材料的使用,如陶瓷、聚合物或涂敷料,可使液压的发展引起新的飞跃。为了保护环境,研究采用生物降解迅速的压力流体,如采用菜油基和合成脂基或者水及海水等介质替代矿物液压油。铸造工艺的发展,将促进液压元件性能的提高,如铸造流道在阀体和集成块中的广泛使用,可优化元件内部流动,减少压力损失和降低噪声,实现元件小型化。

思考与练习

1. 什么是液压传动？简述其工作原理。
2. 液压系统由哪几部分组成？试说明各部分的作用。
3. 试比较液压、气动与机械传动。

任务2　液压泵的拆装与检修

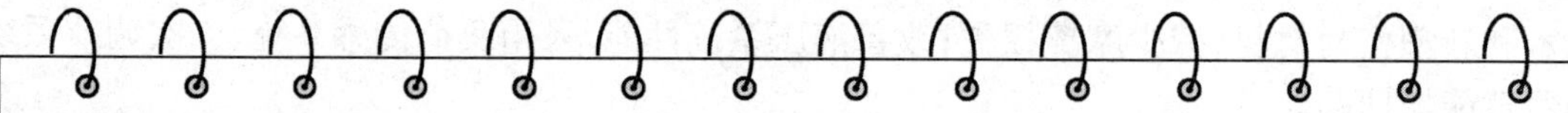

教学目标

◎ **能力目标**:能正确拆装和检修轴向柱塞泵。

◎ **知识目标**:(1)熟悉液压泵的功用、分类和选用;(2)掌握柱塞泵的工作原理;(3)熟悉柱塞泵应用典型实例。

◎ **情感目标**:(1)严谨细实的工作态度;(2)良好的职业道德意识;(3)创新的意识和创新精神;(4)优良的学风和团队协作精神。

【任务引入】

CY14-1B型轴向柱塞泵是液压机械中最常用泵之一,其在工作过程中,经常出现泵升不起压或压力提不高,压力脉动或流量不足等故障,那么,如何排除这些故障呢?

【任务分析】

CY14-1B型轴向柱塞泵的故障原因可能是配油盘及缸体或柱塞与缸体之间磨损,进油管堵塞,柱塞与油缸卡死或滑靴脱落,柱塞球头折断等。通过拆装和修理可以排除这些故障,当然,为更好地掌握液压泵的拆装与检修能力,需要熟悉液压泵的相关知识。

【相关知识】

一、液压泵分类

液压泵一般都采用容积式泵,因其能产生较高油压且流量基本不受工作压力的影响。在液压系统中使用的泵多为齿轮泵、柱塞泵、叶片泵和螺杆泵。

液压泵按输出流量能否调节分为定量泵和变量泵。按输出液流方向是否可变分为定向(单向)泵和变向泵。有单向定量、双向定量、单向变量和双向变量形式,其职能符号详见附录。

柱塞泵可依柱塞布置方式的不同而分为径向柱塞泵与轴向柱塞泵两类。

二、柱塞泵工作原理

1.轴向柱塞泵

轴向柱塞泵，可分为斜盘式和斜轴式两种，这里只介绍斜盘式轴向柱塞泵。

1)工作原理

斜盘式轴向柱塞泵的工作原理如图 3-4 所示。泵轴 1 通过键与缸体 3 相连,在缸体 3 上沿轴向均匀地加工出一圈油缸,各缸中设有柱塞 4,靠其作用于底部的油压或用机械的方法,始终贴紧在斜盘 5 上,而斜盘 5 则可绕 O 点偏转,即其轴线相对于泵轴线的倾角 β 可以改变。缸体 3 的左端面抵紧在配油盘 2 上。配油盘 2 用定位销与泵体 9 固定,并在其上开有两个弧形的配油窗口 6,分别与泵的油管接口 7 和 8 相通。

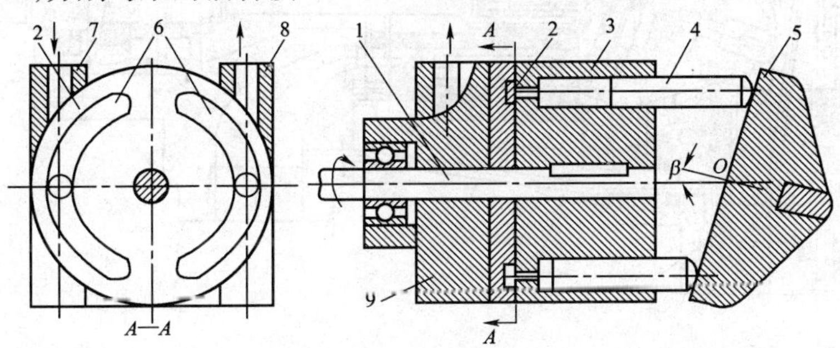

图 3-4　斜盘式轴向柱塞泵的工作原理图

1-泵轴;2-配油盘;3-缸体;4-柱塞;5-斜盘;6-配油窗口;7、8-油管接口;9-泵体

当原动机经轴 1 带动缸体作顺时针方向(从斜盘端看)回转时,如使斜盘处在图示的倾斜方向,那么,在柱塞自下而上转过左半周的过程中,必将从油缸中逐渐退出,使油缸内的封闭容积逐渐增大,经左侧窗口由接口 7 吸油;而当柱塞自上而下转过右半周时,则又会压入油缸,使缸内容积不断减小,将已吸入的油液经右侧窗口从接口 8 排出。

2)斜盘式轴向柱塞泵的流量

$$Q = (\pi / 4) d^2 hzn\eta_v = (\pi / 4) d^2 Dzn\tan\beta\eta_v \quad \text{m}^3/\text{min} \tag{3-1}$$

式中:d——柱塞直径,m;

h——柱塞行程,m,$h = D\tan\beta$;

D——柱塞中心分布圆直径,m;

β——斜盘倾角;

z——柱塞个数;

n——油泵转速,r/min;

η_v——油泵的容积效率,当工作油压 $p < 20$MPa 时,约为 0.95 ~ 0.98;当 $p > 20$MPa 时,约为 0.92 ~ 0.95。

在泵的结构尺寸和转速一定时,改变斜盘倾角 β 的大小,即可改变泵的流量;而当斜盘的倾斜方向改变时,泵的吸排方向也就改变。当 $\beta = 0$ 时,则 $Q = 0$。

轴向柱塞泵的瞬时流量也是脉动的。轴向柱塞泵的柱塞个数一般多取为 7 个,流量大时也有取 9 个或 11 个的。

3)结构实例

图 3-5 所示为国产 CY14-1 型斜盘式轴向柱塞泵,它由主体部分和伺服变量机构两部分组

成。该泵的结构和工作情况如下：

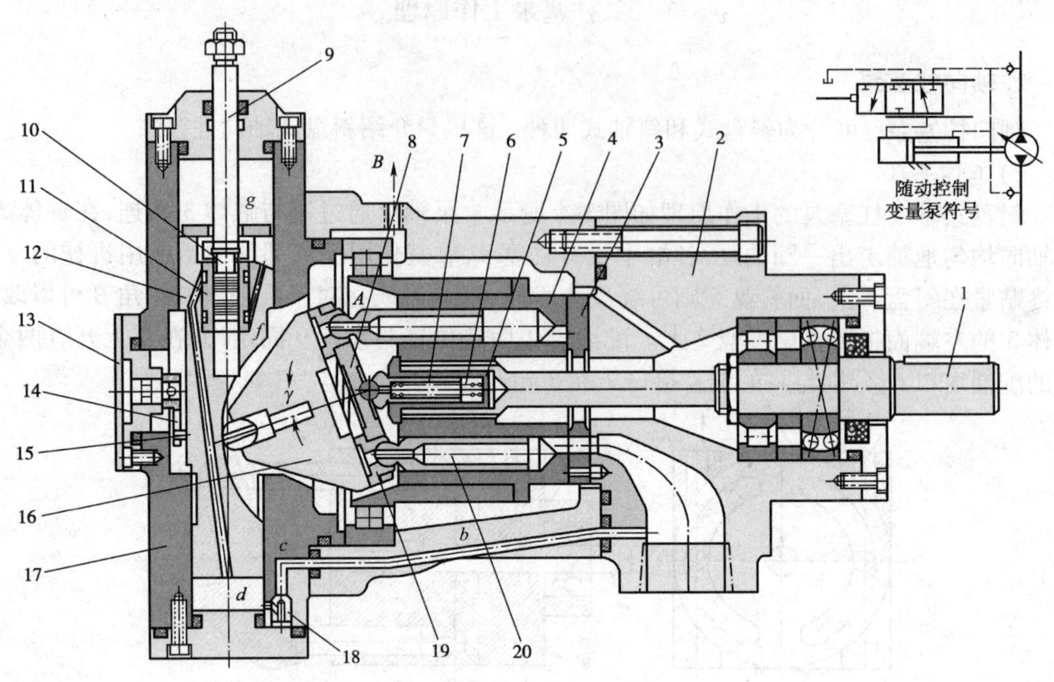

图 3-5　CY14-1 型斜盘式轴向柱塞泵

1-传动轴;2-泵体;3-配油盘;4-缸体;5-柱塞;6-定心弹簧;7-内套;8-回程盘;9-拉杆;10-伺服滑阀;11-伺服滑阀套;12-差动活塞;13-刻度盘;14-拨叉;15-销;16-斜盘;17-变量机构壳体;18-单向阀;19-滑履;20-柱塞

(1)主体部分结构

传动轴 1 通过花键与缸体 4 连接,在缸体 4 上按轴线方向均匀分布 7 个油缸,各缸中均装有柱塞 20,柱塞的端部与滑履 19 铰接,滑履靠定心弹簧 6 通过内套 7、钢球 A 和回程盘 8 抵压在斜盘 16 上,定心弹簧的另一端则通过外套 5 将缸体紧压在配油盘上。斜盘 16 以其耳轴(图 3-6)支承在变量机构的壳体 17 上。而配油盘 3 则用定位销固定在泵体 2 上。这样,如使斜盘处于倾斜位置,则当缸体带动柱塞、滑履和回程盘回转时,柱塞就会在油缸中作往复运动,通过泵体中的两条油路和配油盘上的两个配油口分别进行吸排。如果泵的吸入压力较低,那么吸入行程中就要靠定心弹簧的张力,通过回程盘和滑履将柱塞从油缸中拉出。

泵的内部漏泄主要发生在:配油盘与缸体之间,柱塞与缸体之间,滑履与斜盘之间,以及滑履与柱塞的球头之间。漏出的油液则从泵体上部的泄油口 B 用泄油管引回油箱。

(2)伺服变量机构及其工作原理

这种泵采用液压伺服变量机构控制泵的流量和流向。其工作原理如下:

泵的两个吸排腔通过各自的油路 b、c 及单向阀 18,与差动活塞 12 下方的油腔 d 相通,以使泵工作时既可由泵的排出腔向 d 腔供送压力油,也可由辅泵通过变量机构下端盖中的油孔向 d 腔供油。这样,如经拉杆 9 拉动伺服滑阀 10,使其向上移动某一距离,将油孔 f 开启,则差动活塞上方油腔 g 中的油液就会泄入泵体,于是,差动活塞便会在 d 腔油压的作用下向上移动,直到油孔 f 重新被滑阀遮蔽时为止。这样,利用差动活塞的上移,通过斜盘背面的销轴(图 3-6)就会带动斜盘,使其绕自己的耳轴偏转,改变倾角 β(最大可达 $\pm18° \sim \pm20°$),从而实现流量和流向的改变。

反之，如经拉杆使滑阀下移某一距离，则孔 e 开启，d 腔中的压力油便会进入 g 腔，使 d、g 两腔油压相等，但因差动活塞的上部端面大于下部端面，所以活塞在上述油压差的作用下就会下移，直到孔 e 重新被滑阀遮蔽时为止。这时由于斜盘的倾斜方向与前述相反，泵的吸排方向也就随之改变。

油泵流量的大小可由差动活塞带动拨叉 14 从刻度盘 13 上示出。刻度盘共分 10 格，每格相当于额定流量的 10%。

当变量机构是由轴向柱塞泵自身供给控制油时，则泵在中位运转时因无压力油可供，这时要使差动活塞离开中位，需靠拉杆 9 直接拉动。因此，经常需要换向的变量泵控制用油一般都由辅泵供油。

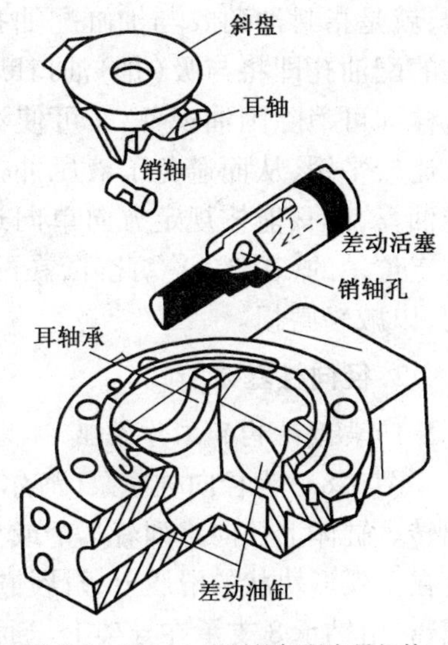

图 3-6 CY14-1 型泵的伺服变量机构

(3)配油盘的结构

图 3-7 示出配油盘的结构。配油盘上的两个弧形配油口分别与泵体上的两个吸排油腔相通。盘上靠外面的环槽以外部分是辅助支承面，不起密封作用，但可增加缸体和配油盘的接触面积，以减小比压，减轻磨损。

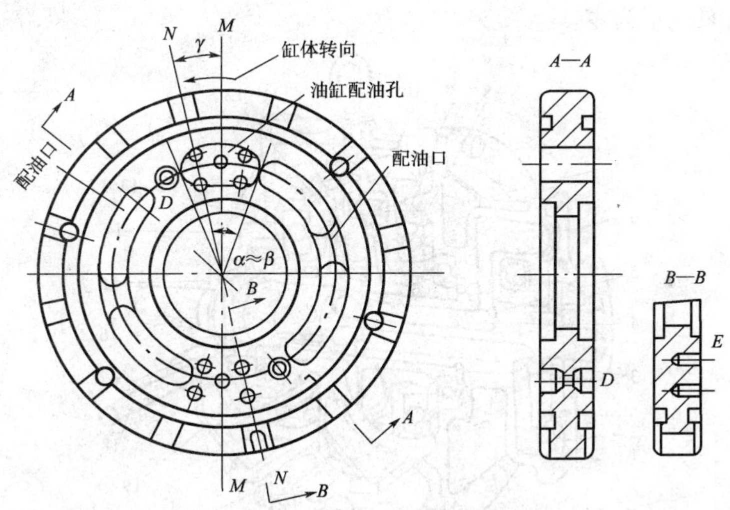

图 3-7 CY14-1 型泵的配油盘

为了保证柱塞在转过吸排配油口之间的封油区时不致将两个配油口沟通，配油盘上封油区的封油角 α 必须大于油缸配油孔的包角 β。这样，在油缸配油孔越过封油区时，该油缸就会形成一个封闭空间。该空间的容积随缸体转动仍会变化，故会产生困油现象。在油缸配油孔离开封油区时，则又会因突然接通排油口或吸油口而造成油压突变，发生液压冲击，产生很大的噪声。为了消除上述弊端，CY14-1 型泵的配油盘采用了非对称负重叠型结构。所谓非对称型配油盘，就是指配油盘的中线 N—N 相对于斜盘中线 M—M 朝缸体旋转方向偏转了一个 γ 角。此外，在配油盘上还钻有阻尼孔 D（有的泵则采用三角形阻尼槽），该孔与配油盘相应的配油口相距很近，靠漏泄即相当于与该配油口节流相通。而所谓负重叠型，就是指封油角 α 与油缸配油孔的包角 β 之差为 $0° \sim -1°$。由于采用了这种结构，当油缸的配油孔即将与吸（排）油口断开时，就已开始与间接沟通另一配油口的阻尼孔 D 重叠，这样即可消除困油现象，又可使油缸中的油液经阻尼孔逐渐地与另一配油口相通，压力变化比较平缓，从而避免了液压冲击，对容积效率影响也不大。由于这种泵采用了非对称型配油盘，故只能按规定方向单向运转。为了保证配油盘安装位置正确，它与泵体之间是设有定位销的（图 3-5）。此外，在配油盘的封油区还设有若干个盲孔 E，它可起存油润滑作用，以减轻磨损。

2. 径向柱塞泵

1）典型结构和工作原理

图 3-8a）为径向柱塞泵（海尔休泵）的示意图。传动轴 16 带动支承在轴承 19 上的缸体 15 回转。缸体上径向排列着 7 个或 9 个油缸，每个油缸内各有一个柱塞 13，柱塞外端的耳轴 12 套在呈弧形块状的滑履上，滑履嵌置在浮动环 10 的环形滑轨中。浮动环是两个对合在一起的圆盘，由轴承 8 支承在导架上。通过泵壳之外的拉杆 18 拉动导架沿端盖 7 和 14 内的导路移动，使浮动环 10 与缸体 15 形成方向和大小可变的偏心。固定在端盖 7 上的配油轴 5 插在油缸体中央。配油轴中钻有孔道 3、4，其一端分别通吸、排管接头 2、6，另一端与配油轴上下方的弧形配油口相通。配油口正对着油缸底部的开孔。

原动机经传动轴带动缸体和柱塞回转，滑履靠摩擦力带动浮动环一起回转。当浮动环处于中央位置时与缸体同心，见图 3-8b），泵运转时柱塞不在油缸内产生任何往复运动。因此，不产生吸排作用，泵流量为零。

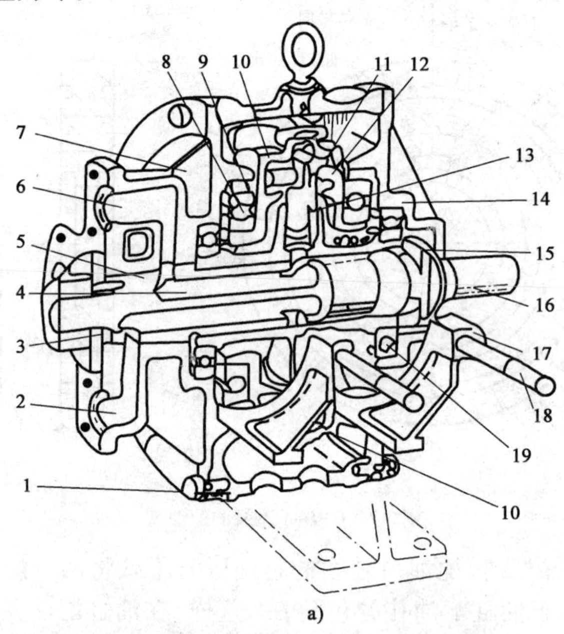

10

图 3-8　径向柱塞泵（海尔休泵）

1-泵壳；2、6-管接头；3、4-孔道；5-配油轴；7、14-端盖；8-浮动环轴承；9、17-导架；10-浮动环；11-滑履；12-耳轴；13-柱塞；15-缸体；16-传动轴；18-拉杆；19-缸体轴承

如果通过操纵机构拉动浮动环，使其偏离中央位置而移向右侧，见图 3-8c），则浮动环相对缸体向右偏心。这时如缸体顺时针方向回转，则吊挂在浮动环滑轨上的柱塞在转过上半周时，将从油缸中退出，并经油道吸入油液；而当柱塞转过下半周时，则又压入油缸，将缸内的油

液从油道排出。显然,浮动环相对缸体中心的偏心距 e 越大,柱塞的行程就越长,泵的流量也就越大。当浮动环向相反方向偏离中位(图 3-8d),则油泵吸排方向相反。

2)流量

径向柱塞泵的流量可用下式表示:

$$Q = (\pi / 2) d^2 ezn\eta_v \quad m^3/min \tag{3-2}$$

式中:d——柱塞直径,m;

e——浮动环偏心距,m;

z——柱塞个数;

n——油泵转速,r/min;

η_v——泵的容积效率,一般在 0.85 ~ 0.95 之间,其主要内泄发生在配油轴与缸体间的径向间隙,其次在柱塞与油缸之间。

对尺寸既定的径向泵,当转速恒定时,只要改变浮动环相对缸体中心的偏心距 e 的大小和方向,就能改变油泵的流量和吸排方向。

3)径向柱塞泵缺点

(1)配油轴因内部钻孔,并处于悬臂状态,工作时又要承受很大的径向力,故为了保证配油轴的强度和刚度,轴的外径就需较粗,又因油缸呈径向布置,浮动环还要较大的活动空间,所以泵的径向尺寸和重量较大。

(2)由于配油轴所受径向力不平衡,它与缸体间的间隙不能太小,而且此间隙因磨损而增大后又无法补偿,再加上密封段又短,故容积效率不是很高;此外,缸体和浮动环都承受着不平衡的径向液压力,也会使轴承负荷增加。泵的工作油压越高,则容积效率越低,轴承负荷也越大,故轴配油式径向柱塞泵的最大工作压力一般多限制在 20MPa 以内。

(3)轴内钻孔,由于受到轴的结构和强度的限制,通流面积较小,这样,为了保证泵的正常吸入,防止产生“气穴”现象,吸入流速不能太高,这就限制了径向泵的流量和转速(一般不超过 1 500r/min)。

【任务实施】

一、CY14-1B 型轴向柱塞泵的拆装

图 3-9 所示为 CY14-1B 型泵的外形图和主体部分分解立体图。

1. 拆卸

(1)松开主体部与变量部的连接螺栓,卸下变量部分,注意变量头(斜盘)及止推板不要滑落,事先在泵下用木板或胶皮垫住预防,变量部卸下后要妥善放置并防尘;

(2)连同回程盘 15,取下 7 套柱塞 16 与滑靴 14 的组装件,如柱塞卡死在缸体 40 中而研伤缸体,则一般难于修复,此泵报废,必须更换新泵;

(3)从回程盘 15 中取出 7 个柱塞与滑靴组件;

(4)从传动轴 26 花键端内孔中取出钢球 10、中心内套 11、中心弹簧 12 及中心外套 13 组装件,并分解成单个零件;

(5)取出缸体 40 与钢套 17 组合件,两者为过盈配合不进行分解;

(6)取出配油盘 9;

(7)拆下传动键 27;

(8)卸掉端盖螺栓 1 及端盖 2 密封圈 3 ~6；

(9)卸下传动轴 26 及轴承组件 21 ~25；

(10)卸下连接螺栓 7，将外壳体 8 与中壳体 28 分解，注意外泵体上配油盘的定位销不要取下，准确记住装配位置；

(11)卸下滚柱轴承 32。

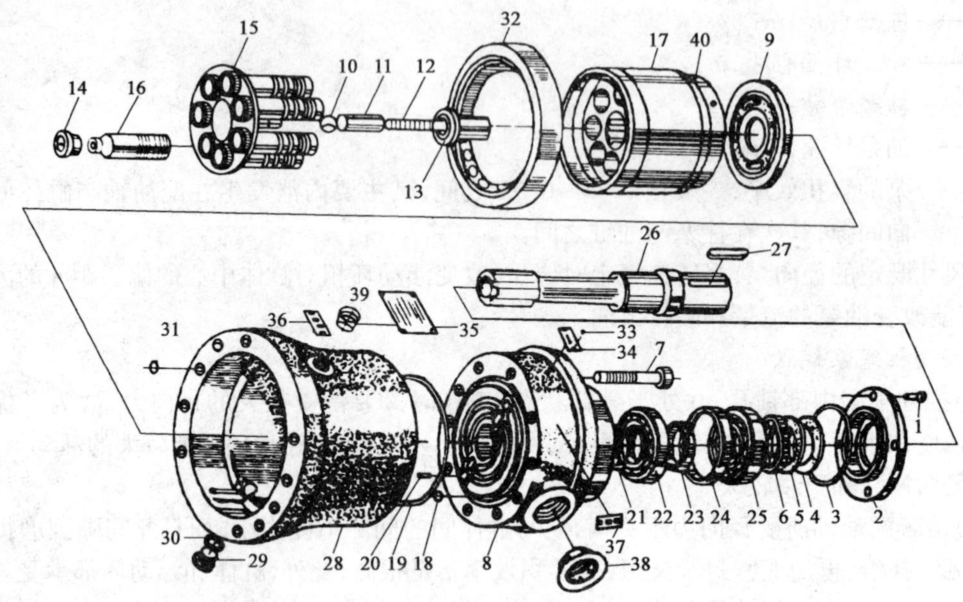

图 3-9 CY14-1B 型泵的外形图和主体部分分解立体图

1-端盖螺栓；2-端盖；3-密封圈；4、5、6-组合密封圈；7-连接螺栓；8-外壳体；9-配油盘；10-钢球；11-中心内套；12-中心弹簧；13-中心外套；14-滑履；15-回程盘；16-柱塞；17-缸体外镶钢套；18-小密封圈；19-密封圈；20-配流盘定位销钉；21-轴用挡圈；22、25-轴承；23-内隔圈；24-外隔圈；26-传动轴；27-键；28-中壳体；29-放油塞；30、31-密封圈；32-滚柱轴承；33-铅铆钉；34-旋向牌；35-铭牌；36、37-标牌；38-防护塞；39-回油旋塞；40-缸体

2. 装配

(1)用煤油或汽油清洗全部零件；

(2)将密封圈 19 装入外壳体 8 的槽中；

(3)将外壳体 8 及中壳体 28 用连接螺栓 7 合装；

(4)将滚柱轴承 32 装入中壳体 28 孔中；

(5)将传动轴 26 及轴承组件 21 ~25 装入外壳体 8 中；

(6)将密封圈 3 装入端盖 2，将密封组件 3 ~6 装入端盖 2；

(7)将端盖 2 与外壳体 8 合装，用端盖螺栓紧固；

(8)将配油盘 9 装入外壳体端面贴紧，用定位销定位(注意定位销不要装错)；

(9)将缸体装入中壳体中，注意与配油盘端面贴紧；

(10)将中心内套 11，中心弹簧 12 及中心外套 13 组合后装入传动轴内孔；

(11)在钢球 10 上涂抹清洁黄油粘在弹簧中心内套 11 的球窝中，防止脱落；

(12)将 7 套滑鞋 14 与柱塞 16 组件装入回程盘孔中；

(13)将滑鞋、柱塞、回程盘组件装入缸体孔中，注意钢球不要脱落；

(14)装上传动键 27。

3. 拆装注意事项

(1)在拆装过程中要确保场地、工具清洁,严禁污染物进入油泵;

(2)在清洗过程中,禁用棉纱、脏布擦洗零件,应当用毛刷、绸布,防止棉丝头混入液压系统;

(3)柱塞泵为高精度零件组装而成,拆装过程中应当轻拿轻放,切勿敲击;

(4)装配过程中各相运动件都要涂与泵站工作介质相同的润滑油。

二、轴向柱塞泵故障诊断与排除(表3-2)

轴向柱塞泵故障诊断与排除　　表3-2

故障现象	产生原因	排除方法
流量不足	(1)油箱油面过低,油管及过滤器堵塞或阻力太大以及漏油等; (2)泵壳内预先没有充好油,留有空气; (3)液压泵中心弹簧折断,使柱塞回程不足或不能回程,造成缸体和配油盘之间失去密封性能; (4)配油盘及缸体或柱塞与缸体之间磨损; (5)对于变量泵有两种可能,如为低压可能是油泵内部摩擦等原因,使变量机构不能达到极限位置造成偏角小所致;如为高压,可能是调整误差所致; (6)油温太高或太低	(1)检查储油量,将油加至油标规定线;排除油管堵塞,清洗过滤器,紧固连接螺栓,排除漏气; (2)排除泵内空气; (3)更换中心弹簧; (4)磨平配油盘与缸体的接触面,单缸研配,并更换柱塞; (5)低压时,使变量活塞及变量头活动自如;高压时,纠正调整误差; (6)根据温升选择合适的油液
压力脉动	(1)配油盘与缸体或柱塞与缸体之间的磨损,内泄或外漏过大; (2)对于变量泵可能由于变量机构的偏角太小,使流量过小,内漏相对增大,因此不能连续对外供油; (3)伺服活塞与变量活塞运动不协调,出现偶尔或经常性的脉动; (4)进油管堵塞,阻力变大或漏气	(1)磨平配油盘与缸体的接触面,单缸研配,更换柱塞,紧固各连接处螺栓,排除漏损; (2)适当加大变量机构的偏角,排除内部漏损; (3)偶尔脉动,多因油脏,可更换新油,经常脉动,可能是配合件研伤或憋劲,应拆下修研; (4)疏通进油管,并清洗进口过滤器,紧固进油管道的连接螺栓
噪声	(1)泵体内混有空气; (2)油箱油面过低,吸油管堵塞及阻力大,以及漏气等; (3)泵和电动机不同心,使泵和传动轴受径向力作用产生振动噪声	(1)排除泵内的空气; (2)按规定加足油液,疏通进油管,清洗过滤器,紧固进油段连接螺栓; (3)重新调整,使电动机与泵同心
发热	(1)内部漏损过大; (2)运动件磨损	(1)修研各密封配合面; (2)修复或更换磨损件
漏损	(1)轴承回转密封圈损坏; (2)各接合处O形密封圈损坏; (3)配油盘和缸体或柱塞与缸体之间磨损(会引起回油管外漏增加,也会引起高低腔之间内漏); (4)变量活塞或伺服用活塞磨损	(1)检查密封圈及各密封环节,排除内漏; (2)更换O形密封圈; (3)磨平接触面,配研缸体,单配柱塞; (4)严重时更换

续上表

故障现象	产生原因	排除方法
变量机构失灵	(1)控制油道上的单向阀弹簧折断； (2)变量头与变量壳体磨损； (3)伺服活塞,变量活塞以及弹簧心轴卡死； (4)个别通油道堵死	(1)更换弹簧； (2)配研两者的圆弧配合面； (3)机械卡死时,用研磨的方法使各运动件灵活,更换新油； (4)疏通油路
泵不能转动(卡死)	(1)柱塞与油缸卡死(可能是油脏或油温变化引起的)； (2)滑鞋落脱(可能是柱塞卡死,或有负载引起的)； (3)柱塞球头折断(原因同上)	(1)油脏时,更换新油,油温太低时,更换粘度较小的器械油； (2)更换或重新装配滑鞋； (3)更换零件

【知识链接与技能拓展】

液压泵的选用实例

已知某液压舵机的工作压力为10MPa,进入液压缸的流量为6L/min,请选择合适的液压泵。

1. 确定泵的额定流量

液压泵的额定流量应满足系统中各执行装置所需的最大流量之和$\sum q_{max}$,即：

$$q_s \geqslant K_q \sum q_{max} \quad (3\text{-}3)$$

式中：q_s——额定流量；

K_q——系统的泄漏系数,一般K_q取值为1.1~1.3(管路长取大值)；

q_{max}——每个执行装置实际需要的最大流量。

取$K_q=1.2$,所以：$q_s=1.2\times6=7.2$ L/min

2. 确定额定压力

液压泵的额定压力应满足系统中各执行装置所需的最大压力，即：

$$P_s \geqslant K_p P_{max} \quad (3\text{-}4)$$

式中：P_s——额定压力；

K_p——系统的压力损失系数,一般K_p取值为1.3~1.5(管路较短且不复杂时取大值)；

P_{max}——执行装置最高压力。

取$K_p=1.4$,所以：$P_s=1.4\times10=14$MPa

3. 选择液压泵的类型

在具体选择泵时,可参考表3-3及有关手册,查出各类液压泵的技术性能、特点和应用范围并考虑使用环境、温度、清洁状况、安装位置、维护保养、使用寿命和经济性等方面,进行综合分析比较,最后定出合适的结构形式。

通过查手册选择轴向柱塞泵,型号为10YCY14-1B,泵的转速为1450r/min,额定压力为31.5MPa,额定流量为10L/min。

各类液压泵的技术性能 表3-3

类型 \ 项目		容积效率 η_v	总效率 η	输出流量 q(L/min)	工作压力 P(MPa)	转速范围 n(r/min)
齿轮泵		0.85～0.90	0.60～0.80	0.75～500	0.70～20	300～4 000
叶片泵	单作用式(变量)	0.80～0.90	0.70～0.85	25～63	2.5～6.3	600～1 800
	双作用式	0.80～0.94	0.70～0.85	4～210	6.3～21	960～1 450
柱塞泵	径向柱塞泵	0.90～0.95	0.75～0.92	50～400	7.5～40	960～1 450
	轴向柱塞泵	0.95～0.98	0.85～0.95	10～250	6.3～40	10～3 000

思考与练习

1. 轴向柱塞泵拆装应注意哪几个方面问题?
2. 液压泵的实际工作压力为什么不能比额定压力低许多?
3. 如何按照“先外后内、先简后繁”等原则分析寻找故障真正原因,再对症下药排除?
4. 为液压设备选择液压泵时主要考虑哪些因素?

任务3 液压控制阀的拆装与调试

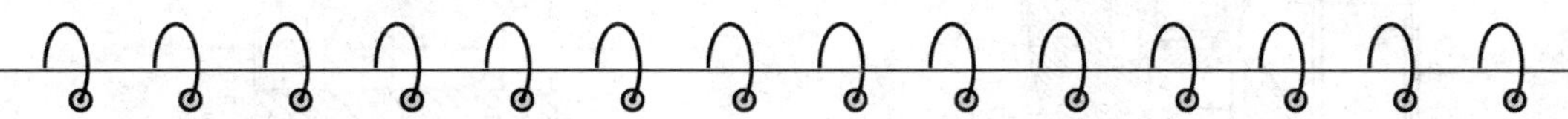

教学目标

◎ **能力目标**:能正确拆装和检修液压控制阀。

◎ **知识目标**:(1)熟悉液压控制阀的分类、功用;(2)掌握液压控制阀的工作原理;(3)熟悉液压控制阀应用典型实例。

◎ **情感目标**:(1)严谨细实的工作态度;(2)良好的职业道德意识;(3)创新的意识和创新精神;(4)优良的学风和团队协作精神。

【任务引入】

液压控制阀是液压系统中重要之一,其在工作过程中,经常出现方向、压力、流量等方面故障,那么,排除这些故障就需要拆装、检查和调试。

【任务分析】

液压控制阀的故障原因可能是阀芯与阀体之间磨损,杂质堵塞,零件脱落,弹簧折断等。通过拆装和修理可以排除这些故障,当然,为更好地掌握液压控制阀的拆装与调试能力,需要熟悉液压控制阀的相关知识。

【相关知识】

一、液压控制阀作用与分类

液压控制阀按用途不同可分为:

(1)方向控制阀。用于控制系统中的油流方向,包括单向阀、换向阀等。

(2)压力控制阀。用于控制系统中的油压,包括溢流阀、减压阀、顺序阀等。

(3)流量控制阀。用于控制液压系统中的流量,包括节流阀、调速阀等。

二、方向控制阀

1. 单向阀

图3-10所示为采用直角式锥阀结构的单向阀。单向阀的功用是使油液只能单向流过。为减小启阀阻力和流阻,弹簧一般都做得较软。普通单向阀开启压力约为0.035~0.050MPa,全流量时的压力损失也不超过0.1~0.3MPa。单向阀有时装设在回油管路中作为背压阀用,以使回油保持一定的压力;还可与细滤器等附件并联,以便在滤器堵塞时能够自动地起到旁通作用。在这些场合中,单向阀也就变成了压力控制阀,因而需相应采用较硬的弹簧。背压阀开启压力一般为0.2~0.6MPa,而细滤器的最大压降一般不超过0.35MPa。

如需单向阀能在一定条件下允许油流反向通过,则应采用液控单向阀(图3-11)。液控单向阀当控制油口无压力油供入时,仅相当于一普通单向阀;而当控制油口供入压力油时,则经控制活塞会将阀芯顶开,而使油流得以反向流过。

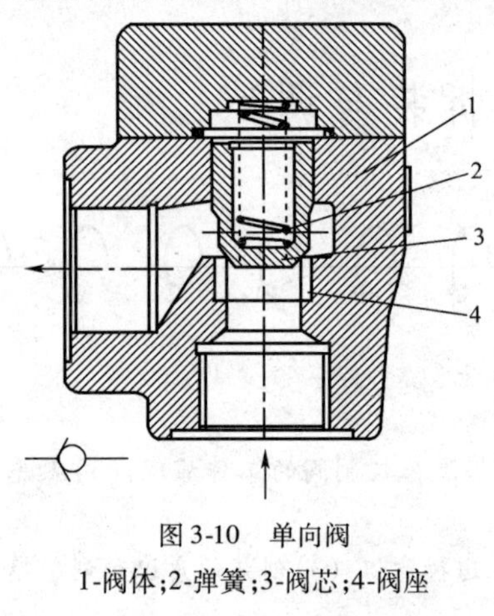

图3-10 单向阀

1-阀体;2-弹簧;3-阀芯;4-阀座

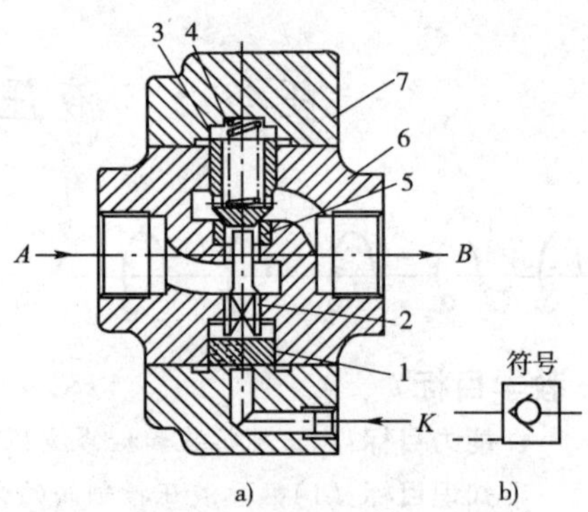

图3-11 液控单向阀

1-控制活塞;2-顶杆;3-阀芯;4-弹簧;5-阀座;6-阀体;7-上盖

两只液控单向阀可以组成液压锁(图3-12),功用是锁闭执行元件进出油路。液压锁主阀芯4上加了一个卸荷阀芯3,目的是在高压下使用时,控制活塞2先打开小的卸荷阀芯3,这时主阀芯4上的关阀压力被卸荷,用较小的控制油压便能打开主阀芯。

2. 换向阀

换向阀的功用是利用阀芯对阀体的相对位移来改变阀中油路的沟通情况,以变换油液的流通方向。根据控制方式的不同,换向阀有手动式、机动式、电磁式、液动式和电液式之分;如按阀芯工作位置和控制油路的数目来分,则有二位、三位和二通、三通、四通等。

下面就以电磁换向阀和电液换向阀为例,说明换向阀的基本结构和工作性能。

1)电磁换向阀

图3-13所示为一种O形三位四通电磁换向阀的结构,其工作原理如下:

(1)当左、右电磁线圈都断电时,阀芯2即在两侧弹簧3的作用下处于如图所示的中间位置,此时如符号的中位机能所示:各油口P、T、A、B互不相通。

(2)当右端电磁线圈通电而左端断电时,电磁铁的铁芯就会被吸上,压动推杆5,克服左端弹簧张力将阀芯 2 推到左端位置，此时油路如符号右方框所示：P 与 B 通，A 与 T 通。

(3)当左端电磁线圈通电而右端断电时，阀芯就会克服右侧弹簧的张力被推到右端位置，这时油路如符号左方框所示：P 与 A 通，B 与 T 通，于是通往执行机构的进排油方向也就随之改变。

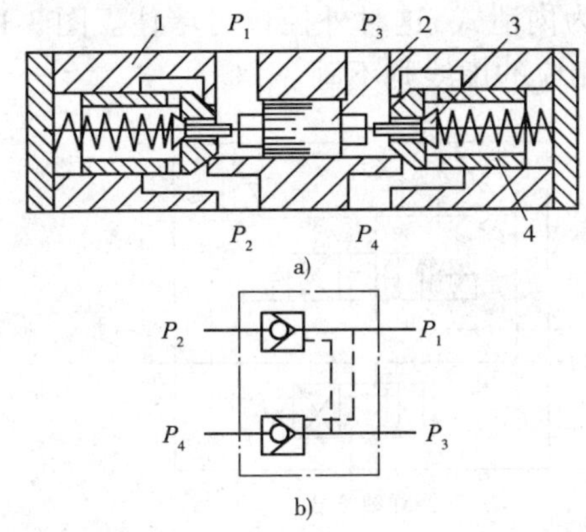

图 3-12　液压锁与职能符号图

1-阀体；2-控制活塞；3-卸荷阀芯；4-主阀芯

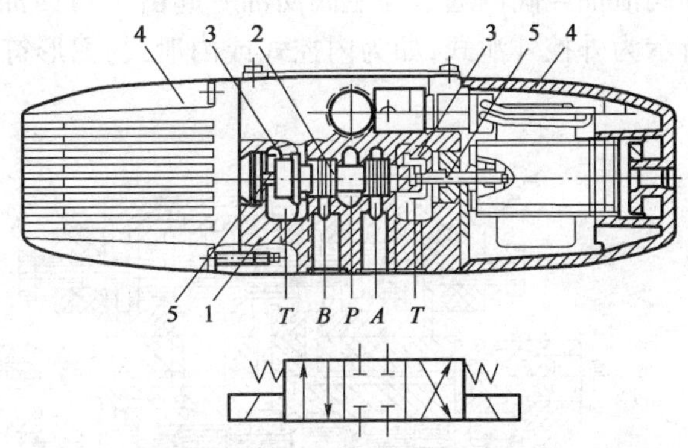

图 3-13　O 形三位四通电磁换向阀

1-阀体；2-阀芯；3-弹簧；4-电磁铁；5-推杆；P-压力腔；T-回油腔；A、B-通执行机构的工作腔

根据阀芯处于中位时的油路沟通情况，换向阀除 O 形外还有其他多种类型，如图 3-14 所示。凡中位使 P、T 油口相通的（如 H、M、K 型）能使油泵卸荷；凡中位使油口 A、B 相通的（如 H、P、Y、V 型），能使油缸或油马达“浮动”，不通的则使执行机构“锁闭”。

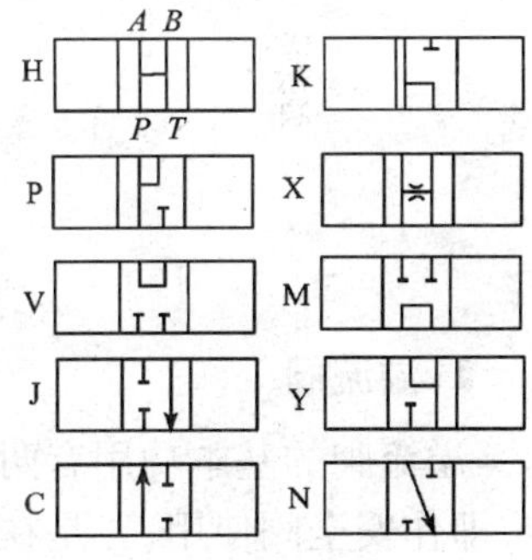

图 3-14　三位四通阀机能图

电磁阀有交、直流两种。交流电磁阀所用电压一般为 220V、380 V 或 36 V；直流电磁阀一般为 24 V，也有 110V 或 48V 的。电源电压波动范围一般不得超过额定电压的 85% ~ 105%。交流电磁阀价格较低，其起动电流大，初吸力大，但吸合和释放的时间很短，换向冲击较大；操作频率不宜超过 30 次/min，寿命较短。直流电磁阀则不会因铁芯不能吸合而烧坏，工作频率可达 120 次/min 以上，吸合动作约比前者要慢 10 倍，故工作可靠，换向平稳，寿命较长，吸合可达数千万次以上，但需要用直流电源。

2）电液换向阀

图 3-15 所示为电液换向阀的结构实例及其图形符号和简化符号。液动换向阀是三位四通阀，控制主油路，称为主阀，通径较大。主阀两端控制油是进油或泄油由三位四通电磁换向阀控制，后者称为导阀，通径较小。在这种结构中，通主阀两端控制油腔的油路上装有单向节流阀 2、6 作阻尼器，以调节主阀芯 8 的移动速度，减少换向时的液压冲击。

当先导电磁阀的两端电磁线圈都断电时，Y 型的导阀使主阀阀芯 8 两端的控制油泄入油箱，主阀芯 8 即在对中弹簧作用下回到中位，油口 P、B、A、T 均封闭。当导阀一端，例如右端电磁线圈 5 通电时，导阀 4 向左移，控制油顶开阻尼器单向阀 7 进入主阀芯 8 右端，而主阀在左端的控制油则经左端阻尼器的节流阀 2 泄往油箱，主阀芯移至左端，油口 P 与 B 相通，油口 A 与 T 相通。反之，左端电磁线圈 3 通电，则主阀芯 8 移至右端，油口 P、A 相通，油口 B 与 T 相通。

电液换向阀的控制油压必须高于最小控制油压(通常不超过1MPa),但也不宜过高,以免换向冲击过大。电液换向阀有外部压力控制和内部压力控制两种方式。由辅泵或主油路的减压油路向导阀供油的为外控式;而由进口 P 的主油路压力油经阀内部的通道供油给导阀,则为内控式,这时外控口堵住不用。如果导阀排放的控制油由外控口泄往油箱,则为外泄式;如导阀泄油经阀内通道与主阀回油一起由 T 口回油箱则为内泄式,这时外控口可堵住。图3-15所示为外控外泄式,如为内控式或内泄式,图形符号中相应的虚线则不画。

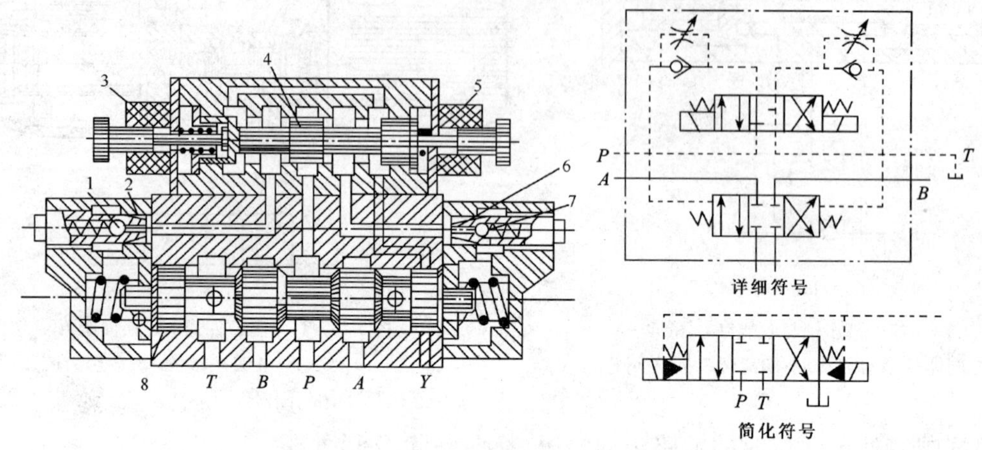

图3-15 电液换向阀

1、7-单向阀;2、6-节流阀;3、5-电磁线圈;4-导阀阀芯;8-主阀阀芯

三、压力控制阀

1. 溢流阀

溢流阀的基本功用有两个:一是在系统正常工作时常闭,仅在系统油压超过开启压力时开启,即作安全阀使用;二是在系统工作时保持常开,并借改变开度调节溢流量,以保持阀前系统油压的基本稳定,即作为定压阀使用。

根据原理不同,溢流阀可分为直动型和先导型两类。图3-16所示为一种采用滑阀结构的直动型溢流阀及直动型溢流阀的图形符号。直动型溢流阀压力油从进口经阀芯3中的阻尼小孔 a 作用在阀芯底部端面上,当进油压力升高,以致使底部端面的油压作用力超过弹簧的张力时,阀芯就被抬起,使进油口与回油口相通而溢油,从而阻止阀前系统中的油压进一步升高。阻尼孔 a 用以防止油压脉动时阀芯动作过快而产生振动,以使阀工作平稳。转动调整螺母1,改变弹簧2的弹力,即可改变溢流阀的整定压力。

溢流阀处于稳定的开启状态时,阀芯上下的作用力是互相平衡的。如果考虑到阀芯的重量和摩擦力不大而将其忽略不计,则系统中的油压 $p=F_s/A$。然而,弹簧的张力 F_s 将随阀芯升程的增大而增大,开启压力 p_0 也就恒小于达到额定溢流量 Q_H 时的油压力 p_T,p_T 即为溢流阀的整定压力(或称全流压力)。整定压力 p_T 与开启压力 p_0 的差值称为稳态压力变化量(图3-17)。稳态压力变化量越小越好,但当系统设计的工作油压较高时,阀的弹簧就必须选得硬一些,这样,不仅调整费力,而且弹簧越硬,压力变化量也就越大。故直动型溢流阀仅适用于低压场合,最大整定压力为2.5MPa。如果系统的工作油压较高,并希望压力变化量相对较小时,需采用先导型溢流阀。

2. 减压阀

减压阀的功用是使流经阀的油液节流降压，以便从系统中分出油压较低的支路。使用最普遍的是定值减压阀(简称减压阀)，它能根据阀出口压力的变化改变阀的开度，以使阀后油流减压并保持压力稳定。定值减压阀也有直动型和先导型之分，后者最为常用。还有能使进、出口的压差或压比保持恒定的定差减压阀或定比减压阀，这些阀通常都采用直动型。

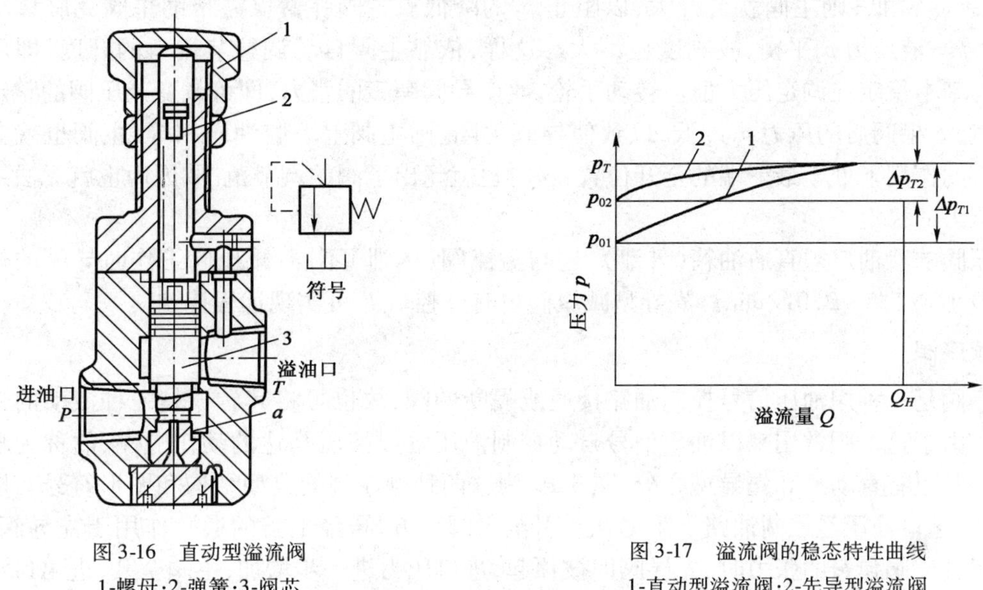

图 3-16 直动型溢流阀

1-螺母；2-弹簧；3-阀芯

图 3-17 溢流阀的稳态特性曲线

1-直动型溢流阀；2-先导型溢流阀

图 3-18 为先导型定值减压阀。这种阀也由主阀和导阀两部分组成。从进口来的压力为 p_1 的高压油流，经主阀 7 的减压口节流后，压力降为 p_2，由出口流出。出口端已经降压的油液，

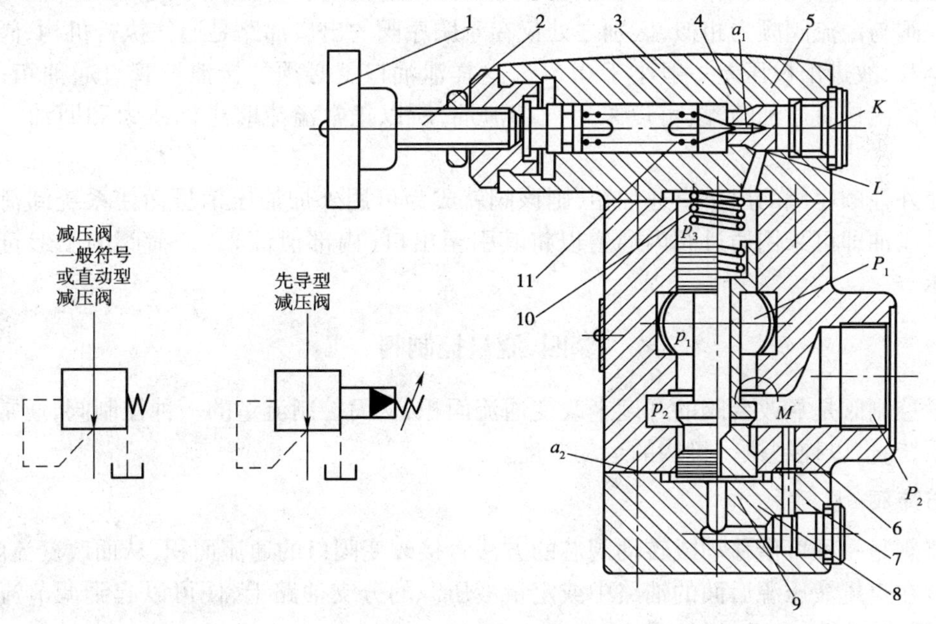

图 3-18 先导型定值减压阀

1-调压手轮；2-调节螺钉；3-先导阀；4-导阀座；5-阀盖；6-阀体；7-主阀芯；8-端盖；9-阻尼孔；10-主阀弹簧；11-调压弹簧；K-外控口；L-泄油口；M-减压口；P_1-进油口；P_2-出油口

经阀内通道被引到主阀下方的油腔，再通过主阀中心的阻尼孔 9，到达主阀上方的油腔，然后经上盖中的通孔引至导阀 3 的右腔，该处油压为 p_3。正常工作时，压力 p_3 超过导阀开启压力，导阀被顶开，少量油液经阻尼孔 9 和导阀 3 向泄油口 L 泄油。由于阻尼孔 9 的节流作用，主阀下腔的油压 p_2 高于上腔油压 p_3。由于导阀较小，其弹簧 11 较弱，故 p_3 的压力变化量很小。如果 p_2 升高，主阀上下的油压差随之增大，主阀就会克服弹簧 10 的张力而关小，以阻止 p_2 增加；反之，如果 p_2 降低，则主阀就会开大，以阻止 p_2 的降低。主阀弹簧仅需帮助主阀克服移动阻力，而无需与液压力 p_2 平衡，故刚度也不大。这样，依靠主阀自动调整节流口的开度，即可使出口压力基本稳定在调定压力值。转动手轮，改变导阀弹簧的张力，即可改变减压阀的整定压力。当然，如果阀后的压力 p_2 过低，以致使导阀关闭，则主阀上下腔油压相等，主阀也就会在本身弹簧的作用下处于最下端的全开位置，这时也就超出了阀的调节范围，因而也就无法维持阀出口压力的稳定。

减压阀的泄油口须直通油箱（外泄），这与溢流阀（内泄）不同，减压阀工作时导阀的外泄流量一般小于 1.5 ~2.0L/min。先导型减压阀也有外控口 K 可实现远程控制。

3. 顺序阀

顺序阀是一种用油压信号控制油路接通或隔断的阀，故也可将其看成是一种液动的二位二通阀。由于这种阀常用来以油压信号自动控制液压缸或液压马达的动作顺序，故称为顺序阀。顺序阀也有直动型和先导型之分，图 3-19 为这两种顺序阀的典型结构和图形符号。以先导型为例，进口油压经控制油路 a 阻尼孔 2 引至主阀上方，再经上盖的通孔作用于先导阀，当其压力超过导阀弹簧的张力时，先导阀即被顶起，进口压力进一步增加，主阀全开，进出口油路即被接通。这种控制油压信号直接来自顺序阀，进油压力的内部压力控制方式也称为直控顺序阀。如果将下盖转 90°安装，以便把油路 a 堵住，同时卸除控制油口 K 的螺塞，并从该处接其他油压信号，以控制阀的开闭，则该阀就成为外部压力控制（外控顺序阀）。

顺序阀与溢流阀颇为相似，区别之处仅在于顺序阀的出口油路是通往执行机构，阀一旦动作就会全开，故进出口压差一般小于 0.5Pa，这样泄油口就必须外接泄油管直通油箱；而溢流阀则总是使出口直通油箱，故可以采用内部泄油，所以正常溢流时进油压力和回油压力相差很大。

如使外控顺序阀的出口直通油箱，则该阀就成为可用外加油压信号而使系统卸荷的卸荷阀。这时泄油即可采用通过阀内通道以将其引至出口（内部泄油）。卸荷阀的图形符号如图 3-20 所示。

四、流量控制阀

流量控制阀是靠改变阀的开度来改变通流面积，从而控制流量的一种控制阀，通常多用于定量泵系统，借以控制执行机构的运动速度。

1. 节流阀

节流阀是一种可借移动或转动阀芯的方法直接改变阀口的通流面积，从而改变流阻的阀。节流阀装在定压液压源后面的油路中或定量液压源的分支油路上，便可以起到调节流量的作用，如图 3-21 所示。

为能单方向控制流量，有时也采用如图 3-22 所示的单向节流阀。当压力油从油口 P_2 流入时，油压克服弹簧 6 的张力，顶开阀芯 4，从油口 P_1 流出，这时阀仅相当于一个单向阀。而

当压力油自 P_1 流入时，则油液必须先经阀芯上的三角形沟槽进行节流，然后才能从油口 P_2 流出，这时则相当于一个节流阀了。节流口的大小，可通过转动帽盖 1 来加以调节。

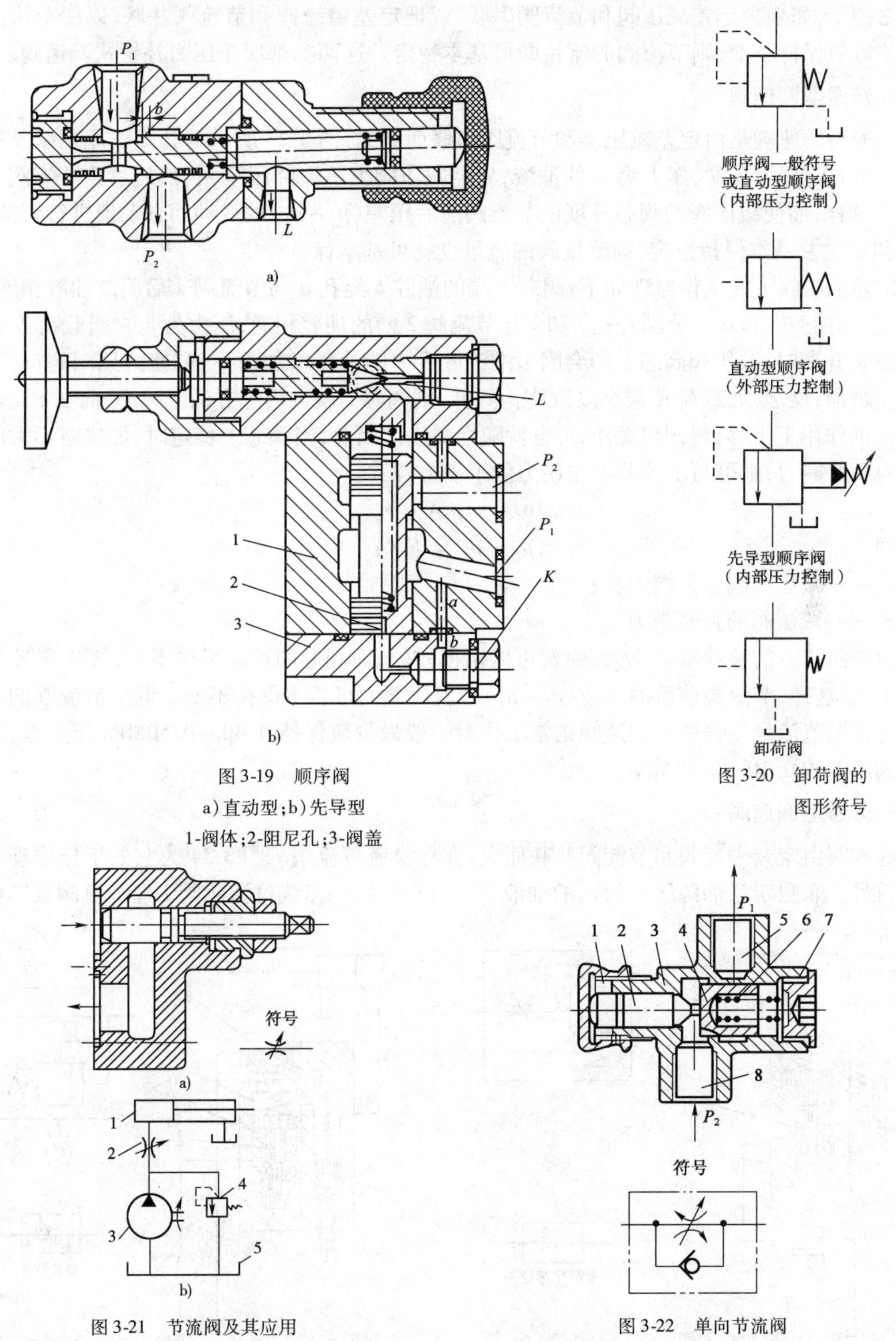

图 3-19　顺序阀

a）直动型；b）先导型

1-阀体；2-阻尼孔；3-阀盖

图 3-20　卸荷阀的图形符号

图 3-21　节流阀及其应用

1-油缸；2-节流阀；3-定量油泵；4-溢流阀；5-油箱

图 3-22　单向节流阀

1-调节帽盖；2-顶杆；3-阀体；4-阀芯；5、8-进、出口管接；6-弹簧；7-调节螺塞

节流阀虽可通过改变节流口大小的办法来调节流量，但当阀前后压差变化时，调定后的节流阀并不能保持流量稳定。对速度稳定性要求较高的执行机构，就不能以普通节流阀来作为调速之用了，如果把定差减压阀和节流阀串联，或把定差溢流阀和节流阀并联，以使节流阀前后压差近似保持不变，则节流阀的流量即可基本稳定。这两类都属于压力补偿式调速阀。

2. 普通型调速阀

普通型调速阀是由定差减压阀和节流阀串联而成的，图3-23所示为其工作原理图及机能符号。来自定压液压源，压力为p_0的油液，先经减压阀1节流降压至p_1，然后再经节流阀2降至p_2。这样，如使减压阀的阀芯开度依节流阀前后压差(p_1-p_2)的变动而自动地进行调节，以使p_1和p_2之差基本保持恒定，则节流阀的流量也就可基本保持稳定。

定差减压阀1的工作原理如下：阀芯上端的油腔b经孔a与节流阀2后面的油腔相通，压力为p_2；而油腔c和d则分别经孔f和e与节流阀2前的油腔相通，压力为p_1。当载荷R增大以致使p_2升高时，减压阀阀芯1即会因上端油腔b中的油压增加而下移，使减压阀阀口开大，于是p_1增加；反之，如载荷R减小以致使p_2降低，则阀芯1就会因上方油压减小，而在c、d油腔油压p_1的作用下上移，将阀口关小，p_1也就随之减小。因此，当阀芯1稳定时，如忽略不大的阀芯重力和摩擦力，则可写出阀芯上作用力的平衡方程式：

$$p_1A = p_2A + F_s$$

即

$$p_1 - p_2 = F_s/A \tag{3-5}$$

式中：A——减压阀阀芯大端面积；

F_s——减压阀的弹簧张力。

由于阀芯1的移动阻力不大，弹簧可以做得较软，而阀芯的移动量也不大，故弹簧张力F_s变化不大，这样，节流阀前后的压差(p_2-p_1)也就因此而可基本保持不变。调节节流阀的开度也即可以调节流量。普通型调速阀正常工作时一般最少应保持0.40~0.50MPa压力差，其中节流阀压差约0.10~0.30MPa。

3. 旁通型调速阀

这种阀由定差溢流阀和节流阀并联而成，亦称溢流节流阀。图3-24为它的工作原理图和机能符号。来自定量油源压力为p_1的油液，从入口引入，一路绕过溢流阀2经节流阀控制供往

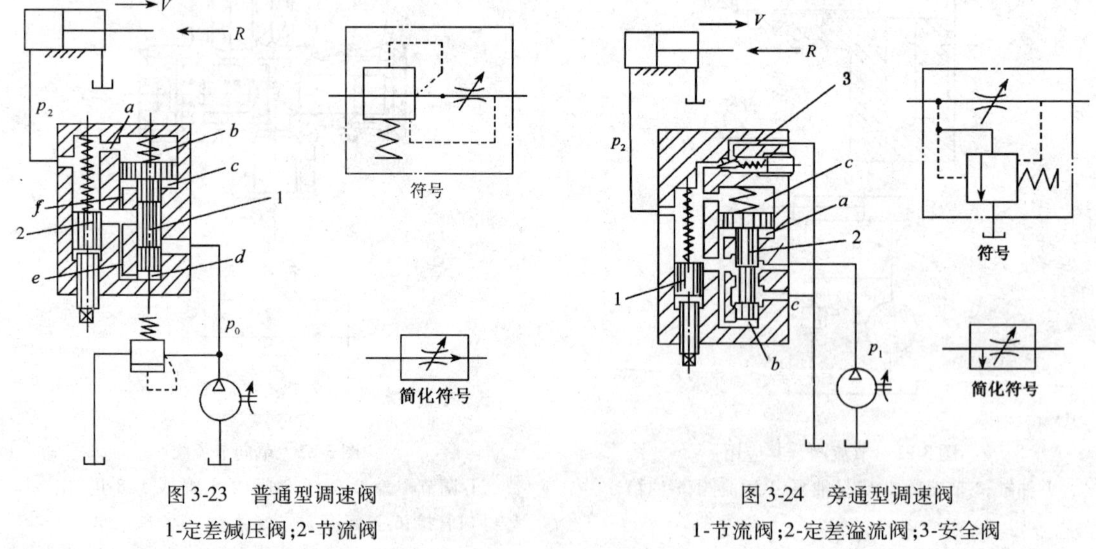

图3-23 普通型调速阀
1-定差减压阀；2-节流阀

图3-24 旁通型调速阀
1-节流阀；2-定差溢流阀；3-安全阀

执行机构;而另一路则经溢流阀2控制由泄油口 T 泄往油箱。其工作原理如下:溢流阀下方的油腔 a、b 和上方油腔 c 分别与节流阀的进口和出口相连通,油压分别为 p_1 和 p_2。当 p_2 因负载增加而升高时,阀芯2就会因上方的油压升高而下移,使阀口关小,溢流量减少,p_1 便升高;反之,当 p_2 减小时,阀芯2就会上移,使溢流量增加,p_1 也随之减小。阀芯2上作用力的平衡方程式为:

$$p_1 - p_2 = F_s/A$$

这里,弹簧力 F_s 和阀芯的移动量也都不大,故当阀芯处在不同位置时,$p_1 - p_2$ 的变化也就不大。因此阀不是与定压油源而是与定量油源配合使用,为防止负载过大时 p_2、p_1 升得过高,故节流阀的出口一般都装有安全阀3。

旁通型调速阀与普通型调速阀相比,溢流阀阀芯2的移动阻力较大,故弹簧必须较硬。这是因为定差溢流阀阀芯所受稳态液动力(阀口液体流量变化对阀芯的反作用力)与弹簧力方向相反(定差减压阀是相同)。因此,这种节流阀压差($p_1 - p_2$)较大(约0.30~0.50MPa),阀芯位置改变时压差的变动同样较大,故流量稳定性不如前者,但它能使油泵的排出压力 p_1 随负载而变,且比 p_2 高出不多,故功率损耗较少,油液的发热程度较轻。该阀更适合于对流量稳定性要求并不很高的场合。

【任务实施】

一、先导型溢流阀的拆装

1. 拆卸

(1)松开先导型溢流阀体与阀盖的连接螺栓;

(2)取出主阀芯和主阀弹簧;

(3)旋出阀盖左侧的导阀压盖,调压手轮及轴、调节螺钉、弹簧、导阀等。

2. 结构及工作分析

图3-25所示为先导型溢流阀,阀由主阀5和导阀1两部分组成,主阀本身是一个底部钻有阻尼小孔7的圆筒,与阀套6滑动配合,其下部呈锥阀,用以控制进油口与溢油口的隔断或接通。压力油从进口 P 进入到主阀下方的油腔,经小孔7通至主阀的上方油腔,然后通到导阀1的右腔。导阀1实际就是一个很小的直动型锥形溢流阀,当系统油压未达到开启压力时,导阀1关闭,阀内油液呈静止状态,主阀上下油压相等,主阀在弹簧8张力 F_s 的作用下关闭,进、溢油口因而隔断。

当系统油压超过导阀的开启压力时,导阀即被顶开,使少量油液经导阀座2孔口 a' 和主阀阀体4左侧的钻孔从溢油口溢出。这时由于阻尼孔7的节流作用,主阀下腔的油压 p 就会高于其上腔的油压 p_1。当系统油压力继续升高时,导阀开度增加,其溢流量也随之增加,由于导阀弹簧较软,其稳态压力变化量小,故压力增加很少,主阀上下的油压差也就增大。当压差大到足以克服主阀重力、摩擦力和弹簧8的张力 F_s 时,主阀开始抬起,主阀口即开启溢油。这时,只要系统油压稍有增加,导阀的开度和流量也就增加,主阀上下的油压差就会增大,主阀的升程也就相应加大,于是主阀溢流量增加,阀进口的系统油压就可基本保持稳定。转动调压手轮11,改变导阀弹簧的初张力,即可改变溢流阀的整定压力。

当主阀工作稳定时,主阀上下的作用力是平衡的,若重力和摩擦力忽略不计,则:

$$p = (p_1 A_1 + F_s)/A_a$$

式中：A_a、A_1——主阀下方和上方的承压面积。

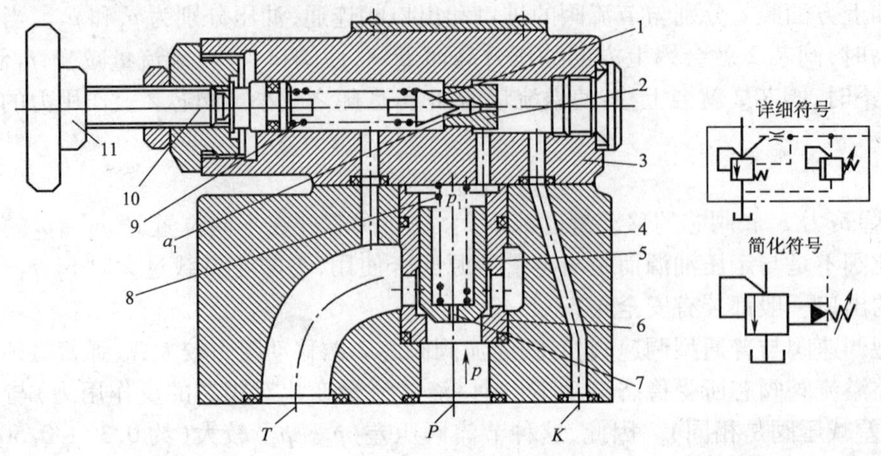

图 3-25　先导型溢流阀

1-导阀；2-导阀座；3-阀盖；4-阀体；5-主阀芯；6-阀套；7-阻尼孔；8-主阀弹簧；9-调节螺钉；10-调压手轮轴；11-调压手轮

由于主阀上腔始终有油压作用，即使系统油压较高，主阀弹簧也可选得较软；又由于阻尼孔很小，通过导阀的流量也很小，一般为溢流阀额定溢流量的 0.5% ~1.0%，故导阀的承压面积很小，导阀弹簧也比较软；且导阀在工作中升程变化也很小，所以导阀开启后主阀台肩上腔油压变化不大。这样，在主阀开度变化而改变溢流量的过程中，导阀所控制的系统压力变化不大。先导型溢流阀即使用于高压系统，其稳态压力变化量也仍然较小，一般不超出整定压力的 5% ~10%；而直动型则可达 20% 甚至更高。

如果通过先导型溢流阀的外控油口 *K*，使主阀上腔泄油，则主阀就会完全抬起，使系统泄油，这时溢流阀就作为远控卸荷阀使用。如将溢流阀导阀弹簧的压力调至较大，并通过另一小型直动型溢流阀来控制此阀外控油口的油压，则溢流阀作为远控调压阀。

3. 拆装注意事项

(1)在拆装过程中要确保场地、工具清洁，严禁污染物进入阀件；

(2)用煤油或汽油清洗。在清洗过程中，禁用棉纱、脏布擦洗零件，应当用毛刷、绸布，防止棉丝头混入阀内；

(3)液压阀件为高精度零件组装而成，拆装过程中应当轻拿轻放，切勿敲击；

(4)装配过程中各相运动件都要涂与阀件工作介质相同的润滑油。

二、先导型溢流阀故障分析（表 3-4）

先导型溢流阀故障分析　　表 3-4

故障现象	判断		原因分析
1. 无出口压力（有进口压力）	阀为常开型，但阀始终被压或卡住在溢流口全关位置	主阀上腔无油压或过低	(1)阻尼孔堵塞，使主阀上腔无油压； (2)导阀弹簧断裂或松脱，使主阀上腔油压过低； (3)导阀卡在全开位置，使使主阀上腔油压过低
		无弹簧力	主弹簧断裂，使主阀处于全开位置而不能复位
		阻力过大	主阀处于全关位置

续上表

故障现象	判断		原因分析
2. 出口压力调不高	同上	主阀上腔油压较低	(1)导阀弹簧断过弱； (2)导阀卡在不能关小位置
		弹簧力过弱	主弹簧过弱失效，不能克服阻力将减压口开大
		阻力过大	主阀卡在减压口关小位置
3. 不起减压作用	与上述故障相反	主阀上腔油压过高，与下腔压力相同	(1)导阀打不开； (2)泄油阻力过大或不通； (3)泄油接错，直回油箱
		弹簧力过大	主弹簧弯曲、卡住，将主阀顶在全开位置
		阻力过大	主阀卡于全开位置
4. 出口压力不稳定	主阀或导阀动作不灵敏； 进口油液不稳定	主阀移动不灵敏	(1)阀芯或阀体几何精度差； (2)主阀弹簧弱或弯曲受卡，阻力不均匀
		导阀移动不灵敏	(1)导阀与阀座接触不良； (2)导阀弹簧太弱或弯曲受卡，阻力不均匀
		进口油液不稳定	(1)油中含气太多，有气穴现象； (2)进口油压波动过大

【知识链接与技能拓展】

一、溢流阀的应用

1. 溢流阀作稳压阀使用

其工作特点是：阀常开，溢出液压系统多余油液，保持阀前压力基本稳定。

2. 溢流阀作安全阀使用

其工作特点是：阀常闭，当系统油压大于设定值时开启，限制阀前最大工作压力，起安全保护作用。

3. 溢流阀作远控调压阀使用

其工作特点是：先调紧导阀弹簧，确保导阀在整个工作过程中关闭；在远控口处接一根油管去远控调压点，使阀前压力随着远控调压点的压力高低而同向变化。

4. 溢流阀作远控卸荷阀使用

其工作特点是：远控油路泄压使阀全开，将阀前油液放回油箱，卸压卸载。

二、液压控制阀综合比较

1. 压力控制阀综合比较(表3-5)

压力控制阀比较　　表3-5

<table>
<tr><td colspan="2" rowspan="2">阀　型</td><td colspan="2">先导型溢流阀</td><td rowspan="2">先导型减压阀</td><td rowspan="2">先导型顺序阀</td></tr>
<tr><td>安全阀</td><td>定压阀</td></tr>
<tr><td rowspan="2">主阀</td><td>初态</td><td>溢流口全闭</td><td>溢流口全闭</td><td>减压口全开</td><td>主阀口全闭</td></tr>
<tr><td>工作状态</td><td>溢流口常闭</td><td>溢流口全开</td><td>减压口微闭</td><td>主阀口全开</td></tr>
<tr><td rowspan="2">导阀</td><td>初态</td><td>导阀口全闭</td><td>导阀口全闭</td><td>导阀口全闭</td><td>导阀口全闭</td></tr>
<tr><td>工作状态</td><td>常闭</td><td>常开</td><td>常开</td><td>常开</td></tr>
<tr><td colspan="2">控制原理</td><td colspan="2">进油压力控制阀芯移动</td><td>出油压力控制阀芯移动</td><td>进油压力控制阀芯移动</td></tr>
<tr><td colspan="2">出油口</td><td colspan="2">接油箱</td><td>接减压回路</td><td>接工作回路</td></tr>
<tr><td colspan="2">泄油方式</td><td colspan="2">内泄</td><td>外泄</td><td>外泄</td></tr>
<tr><td colspan="2">连接方式</td><td colspan="2">并联</td><td>串联</td><td>顺序动作时串联;卸荷时并联</td></tr>
<tr><td colspan="2">功用</td><td>限制阀进口压力</td><td>稳定阀进口压力</td><td>稳定阀出口压力</td><td>控制油路通断</td></tr>
</table>

2. 流量控制阀综合比较(表3-6)

流量控制阀比较　　表3-6

<table>
<tr><td>阀　型</td><td>调速阀(普通型、串联式)</td><td>溢流节流阀(旁通型、并联式)</td></tr>
<tr><td>调速方法</td><td colspan="2">改变节流阀开度</td></tr>
<tr><td>定速原因</td><td colspan="2">开度固定,节流前后压差随着负载变化而基本不变</td></tr>
<tr><td>适用系统</td><td>定压源系统</td><td>定量源系统</td></tr>
<tr><td>位置关系</td><td>与负载串联</td><td>与负载并联</td></tr>
<tr><td rowspan="3">结构特点</td><td>节流阀前串联定差减压阀</td><td>节流阀前并联定差溢流阀</td></tr>
<tr><td>减压阀弹簧软</td><td>溢流阀的弹簧硬</td></tr>
<tr><td>安全阀在油泵出口</td><td>安全阀在节流阀出口</td></tr>
<tr><td rowspan="3">工作原理</td><td>负载增大时减压口开大,反之亦然</td><td>负载增大时溢流口关小,反之亦然</td></tr>
<tr><td>稳态液动力与弹簧力方向相同</td><td>稳态液动力与弹簧力方向相反</td></tr>
<tr><td>节流口压差小(0.1~0.3MPa)</td><td>节流口压差大(0.3~0.5MPa)</td></tr>
<tr><td rowspan="3">性能特点</td><td>稳定性好</td><td>稳定性差</td></tr>
<tr><td>油泵功耗大</td><td>油泵功耗小</td></tr>
<tr><td>油液发热多</td><td>油液发热少</td></tr>
</table>

思考与练习

1. 溢流阀在液压系统中有何功用?
2. 试比较先导型溢流阀、减压阀、顺序阀在原理、功用、连接和泄油方式上的异同。
3. 单向阀在液压系统中有何应用?
4. 串联式与并联式调速阀有什么结构特点?

任务4　液压马达的结构比较

教学目标

◎**能力目标**：掌握低速大扭矩液压马达结构及比较技能。

◎**知识目标**：(1)熟悉液压马达的基本工作原理；(2)熟悉液压马达分类和特点；(3)熟悉液压辅助装置及应用。

◎**情感目标**：(1)严谨细实的工作态度；(2)良好的职业道德意识；(3)创新的意识和创新精神；(4)优良的学风和团队协作精神。

【任务引入】

现代船舶中广泛使用液压甲板机械，在其液压系统中，执行元件包括液压缸和液压马达两大类。液压缸输出的是直线运动，液压马达(亦称油马达)输出的是回转运动。船舶上，为了能直接拖动工作机械(如起货机卷筒或锚机链轮等)，需要使用低速大扭矩液压马达。

【任务分析】

要做好液压甲板机械中液压马达的使用、保养、检修等工作，必须熟悉液压马达的分类、基本原理及工作特点。当然，掌握低速大扭矩液压马达的结构与特点比较，需要先熟悉相关知识。

【相关知识】

一、液压马达的分类

1. 按工作原理分类

就工作原理而言，任何容积泵(除结构上有吸、排单向阀者外)，如对其输入压力油，都能被驱动回转而成为液压马达。因此，液压马达可分为齿轮式、叶片式和柱塞式、螺杆式等。但泵大多是不可逆转使用的，而液压马达却一般都是可正、反转的。

2. 按转速分类

液压马达按其额定转速分为高速和低速两大类，额定转速高于500r/min的属于高速液压马达，额定转速低于500r/min的属于低速液压马达。

高速液压马达的主要特点是转速较高、转动惯量小，便于启动和制动，调速和换向的灵敏度高。通常高速液压马达的输出转矩不大，所以又称为高速小转矩液压马达。高速液压马达的基本型式是径向柱塞式，例如单作用曲轴连杆式、液压平衡式和多作用内曲线式等。此外在轴向柱塞式、叶片式和齿轮式中也有低速的结构型式。低速液压马达的主要特点是排量大、体积大、转速低，因此可直接与工作机构连接，不需要减速装置，使传动机构大为简化。通常低速液压马达输出转矩较大，所以又称为低速大转矩液压马达。

此外，液压马达也可按排量是否可变分为定量液压马达和变量液压马达。按转向是否可变分为单向和双向液压马达。因此，液压马达常有单向定量、双向定量、单向变量和双向变量等型式，其职能符号详见附录。

二、液压马达的工作性能参数

1. 转速

如供入液压马达的油流量为 Q_M，液压马达每转排量（简称排量）为 q_M，则液压马达理论转速为：

$$n_t = 60Q_M/q_M \qquad \text{r/min} \tag{3-6}$$

液压马达工作时存在内部漏泄，扣除漏泄损失后为有效流量，故液压马达的实际转速为：

$$n = 60Q_M\eta_v/q_M \qquad \text{r/min} \tag{3-7}$$

2. 扭矩

如液压马达的进、回油压力差为 Δp，则液压马达的输入功率 $P_1 = \Delta pQ_M$；当不考虑液压马达任何能量损失时，其理论角速度 $\omega_t = 2\pi n_t/60 = 2\pi Q_M/q_M$，设理论输出扭矩为 M_t，则其理论输出功率 $P_{2t} = \omega_t M_t = 2\pi Q_M M_t/q_M$，如设 $P_1 = P_{2t}$，即：$\Delta pQ_M = 2\pi Q_M M_t/q_M$。由此可得：

$$M_t = \Delta pq_M/2\pi \qquad \text{N} \cdot \text{m} \tag{3-8}$$

液压马达各相对运动部件存在摩擦损失，油液在液压马达内流动还存在压力损失，液压马达实际输出的扭矩 M 与理论输出扭矩 M_t 之比称为机械效率，用 η_m 表示，即 $\eta_m = M/M_t$，液压马达的实际扭矩为：

$$M = \Delta pq_M\eta_m/2\pi \qquad \text{N} \cdot \text{m} \tag{3-9}$$

3. 输出功率

同时考虑液压马达的漏泄损失、摩擦损失、水力损失，其总效率 $\eta = \eta_v\eta_m$，液压马达的实际输出功率 P_2 等于实际扭矩 M 和实际角速度 ω 之积，即：

$$P_2 = M \cdot \omega = \Delta pQ_M\eta \qquad \text{W} \tag{3-10}$$

液压马达工作性能如下：

(1) 液压马达的实际转速 n，主要取决于供入液压马达的流量 Q_M、液压马达的每转排量 q_M 和容积效率 η_v。要改变液压马达的转速，可采用的方法有容积调速：采用变量油泵，改变其流量，或采用变量油马达，改变其排量；也可以采用节流调速：通过流量控制阀来改变供入油马达的流量。

(2) 液压马达输出的实际扭矩取决于油马达的排量 q_M、工作油压差 Δp 和机械效率 η_m。液压马达回油压力变化很小，故液压马达负载越大，其进油压力就越高。

(3) 在液压马达额定的扭矩、转速和功率既定的前提下，提高其最大工作压力，则可减小其 q_M、Q_M，使液压元件和管路尺寸相应减小，但对元件的精度、强度、密封性和管理工作都会提出更高要求。

(4) 增大液压马达的容积，亦即提高液压马达的每转排量 q_M，则可在工作油压不变的情况下增大扭矩，转速则相应较低，从而构成低速大扭矩液压马达。

【任务实施】

一、低速大扭矩液压马达结构比较

船上常用的低速大扭矩液压马达，主要有径向柱塞式和叶片式等。高速液压马达（齿轮式、螺杆式、轴向柱塞式等）的基本结构与同类型的液压泵类似，而叶片式液压马达结构较简单，故不赘述。

1. 连杆式液压马达

连杆式液压马达亦称斯达发（Staffa）液压马达。图 3-26 为 B200 型连杆式液压马达的结构。这种液压马达 5 个液压缸（也有 7 个液压缸的）按径向均布在圆周上，构成为星形缸体 12。各液压缸都装有活塞 14。活塞与连杆的小端铰接，并由一对半环 16 和卡环 9 防止松脱；连杆大端则以自己的凹形圆柱面紧贴在与输出轴制成一体的偏心轮 17 外缘上，并用一对回程环 6 压紧，以不使其与偏心轮脱离。输出轴的一端通过十字块联轴器 19 与配油轴 22 相连接，在配油轴内部钻有两组油路，可经配油轴外周的环道始终与配油壳的 A 和 B 口相通。此外，这两组油路在 1-1 截面处还分别与互相隔开的 A_2腔和 B_2腔相通。因此，随着配油轴的转动，两油腔 A_2和 B_2即可通过壳体上的通道，与各油缸轮流相通。

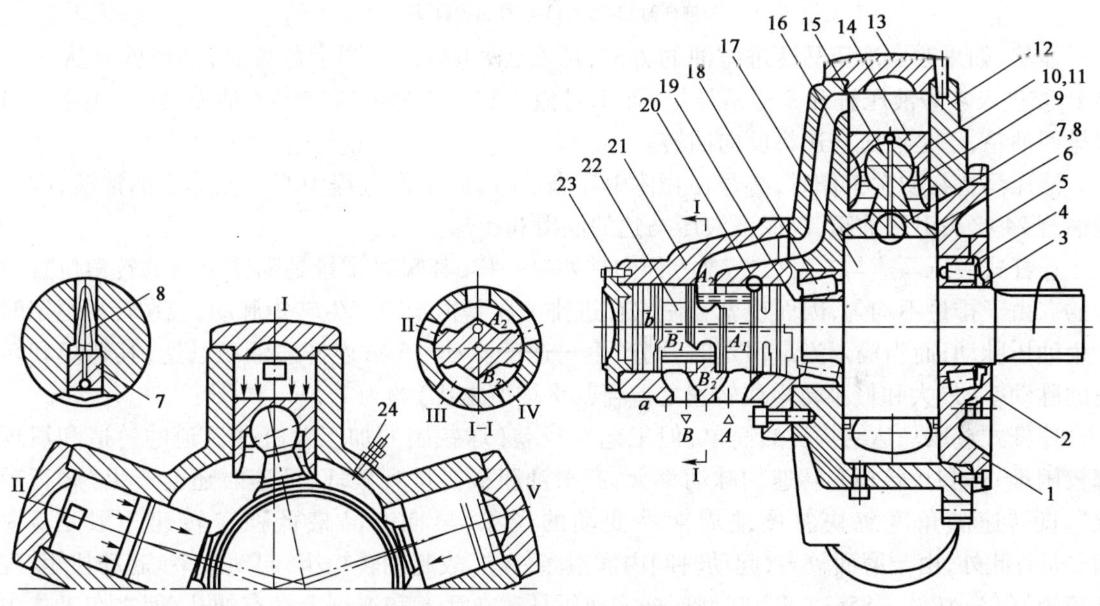

图 3-26 B200 型连杆式液压马达

1-前端盖；2-压盖；3-双向唇形轴封；4-前轴承；5-垫片；6-回程环；7-节流螺钉；8-烧结式滤芯；9-卡环；10-活塞上环；11-活塞下环；12-缸体；13-缸盖；14-活塞；15-连杆；16-半环；17-偏心轮；18-后轴承；19-十字块联轴器；20-密封环；21-配油壳；22-配油轴；23-尾端盖；24-泄油管接头

连杆式液压马达的工作原理可通过图 3-27 说明。当液压马达的偏心轮处在图示位置时，如经 A 口输入压力油，并使 B 口（图 3-26）与油箱相连，则压力油就要经 A_1腔、A_2腔进入 1 号和 2 号液压缸。这样，作用在两活塞上的油压力 F_1 和 F_2，通过连杆的轴线，传递到偏心轮上，并直指偏心轮的圆心 O_1。由于 O_1 与输出轴的中心 O 之间具有偏心距，所以，由 F_1、F_2 产生的合力 F，就对输出轴形成转矩，使其作逆时针方向回转，而 4 号和 5 号液压缸中的油液则经 B_2腔、B_1腔和 B 口排往油箱。当进油缸的活塞在油压的推动下到达下止点时，由于配油轴的随同转动,进油缸开始与进油的 A_2腔错开,而将与 B_2腔接通,以准备排油,就像图中 3 号液压缸所处的位置那样。而当活塞到达上止点时,则该液压缸又会与排油腔错开,并将接通进油腔,如图中 5 号液压缸将到达的位置那样。所以,一旦当配油轴在进油油压的推动下,开始转动,就会造成各液压缸按顺序不断地进油和排油,从而将使液压马达得以持续运转。

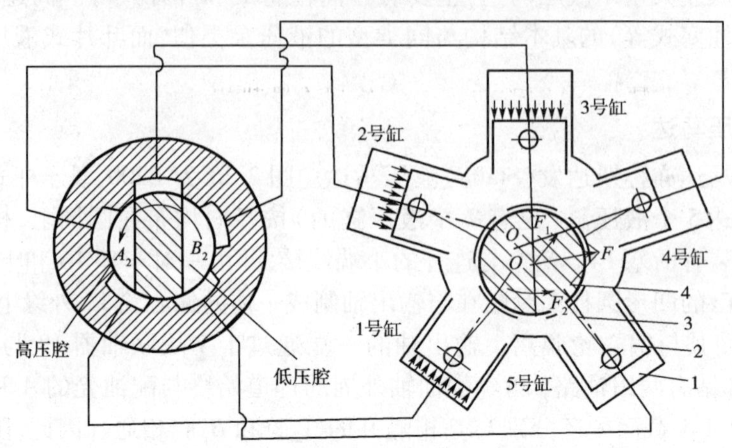

图 3-27　连杆式液压马达的工作原理图

1-液压缸;2-活塞;3-连杆;4-偏心轮

显然,如果改变液压马达进排油的方向,那么,液压马达在图示位置时,油液就要从 B 口经 B_2腔进入 4 号液压缸和 5 号液压缸;而 1 号液压缸和 2 号液压缸中的油液,则经 A_2腔从 A 口排回油箱,于是液压马达将反向回转。

液压马达在初次工作时,必须在壳体中注满油液,而工作过程中漏入壳体中的油液,则经泄油管 24 接头引回油箱,以保证液压马达的润滑和冷却。

连杆式液压马达与 5 缸(或 7 缸)径向柱塞泵一样,其瞬时排量是随输出轴的转角位置而变的。由于排量不均匀,因而也就会使它在进排油压差恒定时产生转矩脉动;或在转矩恒定时产生油压脉动;而当输入流量恒定时,则产生角速度脉动。5 缸连杆式液压马达,其转矩和转速的脉动率(最大和最小转矩或转速之差与其平均值之比)约为 7.5%。

连杆式液压马达结构虽然简单,但工艺性较差(球铰副的加工及缸体流道的铸造和清理都较困难);同时,转矩和转速的脉动率大,润滑油膜极易遭到破坏,低速时还会产生“爬行现象”,即转速随角度忽快忽慢地周期性变动的现象,早期产品最低稳定转速一般是 5 ~ 10r/min;此外,由于磨面较多,起动时间内润滑条件差,故起动转矩小,起动效率(起动扭矩/理论扭矩)仅为 80% ~85%。B200 型连杆式液压马达在活塞和连杆上钻有油孔,使之在工作中实现静压平衡;同时在配油轴两侧圆柱面上设置与进、排油腔 A_2、B_2相对应的平衡油腔 a、a 和 b、b,使配油轴也实现了静压平衡;此外,还采用单槽双活塞环(斜面接触)加强密封,提高了效率和承载能力,使最低稳定转速降到 3r/min 以下。

2. 五星轮式(静力平衡式)液压马达

图 3-28 所示为这种液压马达的结构。其中,连杆已由一个滑套在偏心轮 10 外面的五星轮 4 所代替;而配油轴和输出轴也已做成一体,成为曲轴 3;此外,从配油套 1 引入的油液,经曲轴的内部钻孔,还可穿过偏心轮 10 和五星轮 4,一直通入到空心柱塞 5 中,因而也就取消了壳体 2 中的流道。

五星轮式液压马达的工作原理,可借图 3-29 来说明。当压力油从 A_1 口供入(图 3-28),经曲轴的内部钻孔进入到偏心轮和五星轮之间的 a_1 腔时，b_1 腔将经 B_1 口与油箱相通。由于作用在偏心轮上的油压，其合力通过偏心轮的中心 O，因此，也就会对曲轴的中心 O 形成一顺时针方向的转矩，使曲轴按顺时针方向回转。而滑套在偏心轮上的五星轮，由于受柱塞底部端面的约束，则只能作平面运动而不能转动。随着输出轴的转动和五星轮的相应位移，1 号、2 号和 5 号液压缸（图 3-29 上部为 1 号液压缸，顺时针方向依次为 2、3、4、5 号液压缸）的空间容积将增大，于是压力油液也会从 a_1 腔经五星轮和柱塞中的通道进入其间；与此同时，3 号液压缸和 4 号液压缸的容积则不断减小，其中的油液将经 B_2 口不断排出。由图可见，5 号缸柱塞即将达到下止点，而该缸将由通进油腔转为通排油腔。所以，只要对入口始终供送压力液，并使 B_1 口一直与油箱相通，那么，液压马达的曲轴就会持续运转。

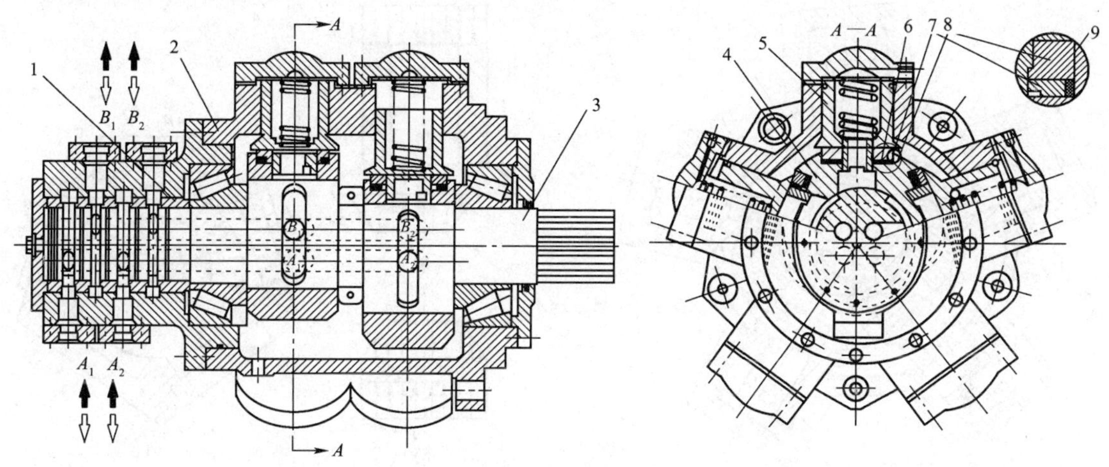

图 3-28　五星轮式液压马达

1-配油套；2-壳体；3-曲轴；4-五星轮；5-柱塞；6-定位套；7-内套；8-压力环；9-尼龙挡圈

在柱塞的底部还设有压力环 8，它和五星轮的配合间隙较大，具有足够的浮动余地，故可补偿缸体、柱塞和五星轮等的加工误差，保证柱塞底部端面的密封。在压力环下面，还装有尼龙挡圈 9 和 O 形密封圈，其最大压缩量由内套 7 的高度确定，压力环由定位套 6 固定，而定位套 6 则用弹簧挡圈来固定。

五星轮式液压马达柱塞、压力环和五星轮上承受的油压可基本实现静力平衡，见图 3-30。当压力环外径与柱塞外径相等时，由于压力环内径到外径的压力分布将因漏泄而按线性规律减小到零，所以，作用在柱塞顶面的压紧力，比底面撑开力略大，此不完全平衡的油压力及弹簧力使柱塞紧贴在压力环和密封圈上，从而既保证了密封良好，又不致在相对滑动时产生严重磨损。但柱塞上下方的液压力在工作过程中并不能经常保持同心，故将形成一侧倾力矩，使柱塞与缸壁的磨损加剧，机械效率降低，甚至有使柱塞和压力环脱开的危险。压力环底部的液压力虽也略大于其顶部的油压作用力，但不存在侧倾力矩。至于五星轮，只要宽度选得合适，就可使内圆弧面上进油窗口的油压作用力等于压力环孔内的油压作用力，以致完全处于静力平衡的“悬浮”状态。

由于油压作用在液压缸和曲轴上的力是作用力与反作用力的关系，是不能平衡的，因此，当采用单列液压缸时，曲轴的轴承就会承受径向负荷。而当采用图 3-28 所示的双列结构时，由于两偏心轮的偏心方向彼此相反，因而就可使径向负荷接近抵消，仅剩下不太大的力矩。此外，双列液压马达还可做成变量式，需要时停止一列液压缸进油，并使相应的进排油口（A_1、B_1 或 A_2、B_2）与油箱相通，将每转排量 q_M 减半，从而达到轻载转速提高一倍的目的。

五星轮式液压马达的主要优缺点如下：

(1)主要元件(柱塞、压力环、五星轮)实现了油压静力平衡,轴承负荷大为减轻。

(2)瞬时排量较均匀,转矩脉动率比连杆式小,最低稳定转速约为2r/min。

(3)取消了带球铰的连杆,壳体内无流道,工艺性改善,还可以做成双出轴式或壳转式。

(4)与连杆式相比,五星轮所需空间较大,在排量相同时外形尺寸和重量较大。

(5)柱塞侧向力较大,约为同参数连杆式液压马达的7~14倍,使缸壁磨损加剧。日本研制的SH型液压马达将缸体和柱塞置于五星轮中,柱塞完全不受侧向力。

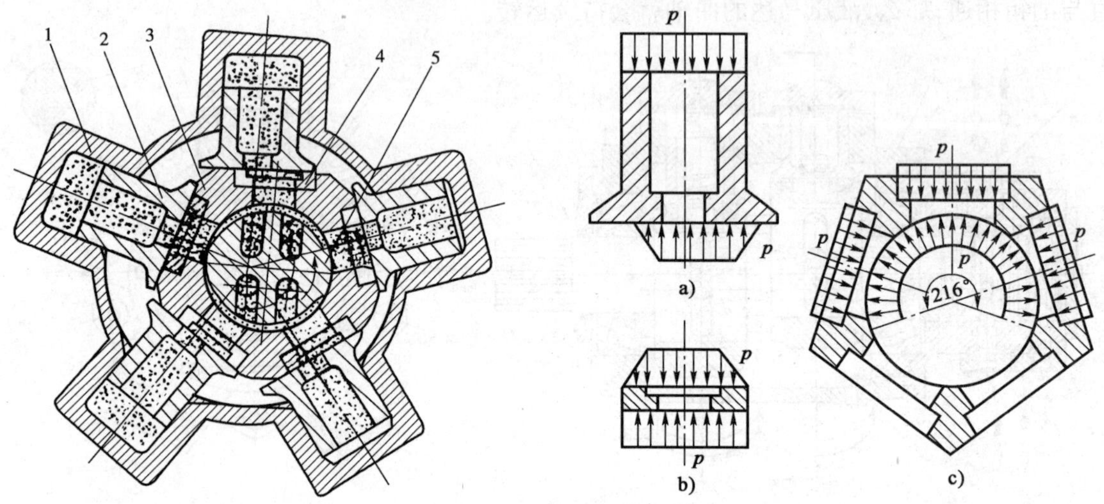

图3-29　五星轮式液压马达的工作原理图

1-壳体;2-柱塞;3-五星轮;4-压力环;5-偏心轮

图3-30　柱塞、压力环和五星轮的静力平衡

3. 内曲线式液压马达

内曲线式液压马达是一种多作用的径向柱塞式液压马达。这种液压马达结构形式很多,但工作原理基本相同。图3-31即表示一种内曲线式液压马达的结构。

输出轴1与油缸体3用螺栓相连,并由壳体2和端盖7上的滚动轴承支承。在油缸体中,沿径向均匀地分布着若干个液压缸。每个液压缸都配有一个柱塞4。柱塞的头部顶在横梁5上。横梁5可在油缸体槽内横向滑动,而其两端则安装着带有滚针轴承的滚轮6。滚轮6紧贴在壳体的内工作表面上,并可在其上滚动。壳体的内工作表面由几段均匀分布而且形状相同的特定曲面所组成,称为导轨。而导轨曲面的段数K也就决定了液压马达每个油缸的作用次数。油缸体3套装在固定不动的配油轴10上。在配油轴的圆周上均匀分布着$2K$个配油窗口。配油窗口彼此相间地分为数目相等的两组,每一对相邻的窗口都分属两组而彼此不通,并总是相反地各自对应于导轨的升降段。工作时,每一配油窗口都可以与转子液压缸底部的油孔轮流相通。同时还可经轴内的通道分别与外接油孔A、B相连。

当马达处在图示位置时,如将压力油从油孔A通入,则油液就会从配油窗口进入1、2、6、7号液压缸。由于这些缸的滚轮此时正处在各段导轨的同一侧曲面上(这时该侧曲面即称为工作段),所以,通过上述各段液压缸中的柱塞、横梁和滚轮作用在导轨曲面上的油压力P,这些缸像1号液压缸所示那样,可分解为N、T两个分力,其中,导轨法向的分力N与导轨对滚轮的

反作用力 N_1 平衡;而切向分力 T 则迫使转子作顺时针方向旋转,带动输出轴转动。与此同时,处在各段导轨曲面另一侧(这时该侧曲面即称为排油段)的3、4、8、9号液压缸,因正与排油窗口相通而排油。排油压力一般应保持0.5~1.0MPa,以使处在排油段上的滚轮不会与导轨相脱离。它虽将产生阻碍转动的转矩,但因其值很小,故不会阻碍液压马达转动。

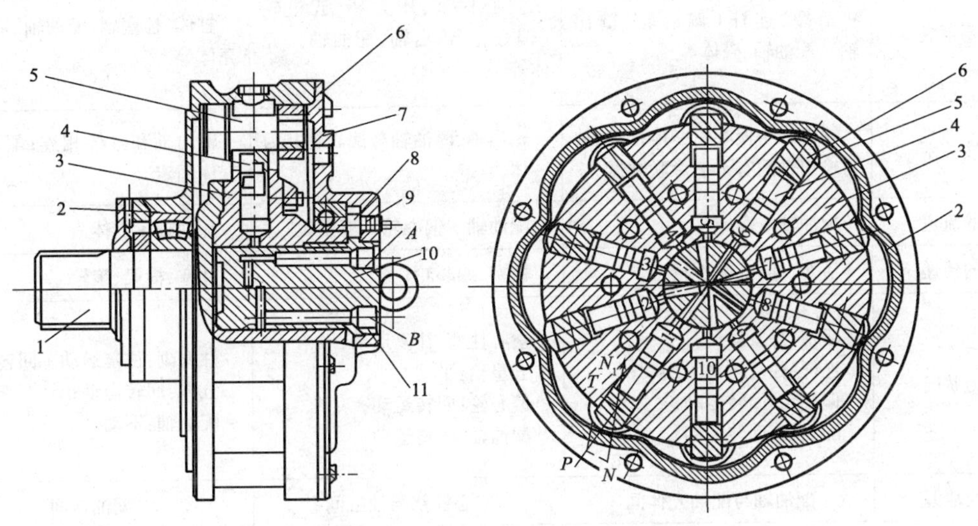

图3-31 内曲线式液压马达

1-输出轴;2-壳体;3-油缸体;4-柱塞;5-横梁;6-滚轮;7-端盖;8-偏心销;9-锁紧螺母;10-配油轴;11-O形密封圈

可见,只要对 A 油口不断地供送压力油,同时使 B 油口通畅地排油,则液压马达就会按顺时针方向持续转动,并经输出轴输出扭矩。而当改换油液的进排方向时,则导轨曲面的工作段和排油段互相转换,使工作段切向分力 T 的方向与上述相反,从而使液压马达反转。

内曲线式液压马达有以下特点:

(1)选用合适的导轨曲面,能使瞬时进油量保持不变,扭矩脉动率理论值为零,最低稳定转速可达0.5r/min左右。

(2)只要柱塞数目和作用次数 K 的最大公约数 $m \geqslant 2$,则全部柱塞就可分为受力状态完全相同的 m 组,作用在壳体、油缸体和配油轴上的径向力完全平衡。这对适用更高工作压力和提高机械效率十分有利,起动效率可达98%。

(3)可做成双列或三列结构,而且每一柱塞的作用数 $K=4\sim10$(前两种油马达 $K=1$),故可实现较大的马达排量 q_M 和输出扭矩。

(4)如将轴转式液压马达的油缸体(输出轴)固定,而允许壳体和配油轴转动,则可做成壳转式液压马达。如用滑阀改变多列油缸的进油列数;或将一列油缸配油轴内的进油通道做成两根,分别通依次隔开的油窗口,必要时停止一组油窗口的进油(并使停止进油的油窗口与回油口相通),即改变一列油缸的有效作用次数,则可做成有级变量液压马达。

(5)零件数目较多,对工艺和材料的要求较高,尤其是内曲线部分受柱塞滚轮的较大压力,表面处理的要求高。

二、低速大扭矩液压马达特点比较(表3-7)

低速大扭矩液压马达特点比较　　表3-7

形　式	连杆式	五星轮式	内曲线式
主要组成	活塞、连杆(偏心轮、输出轴)、配油轴、壳体等	空心柱塞、压力环、五星轮(偏心轮、输出轴、配油轴)、壳体等	缸体、柱塞副、配油轴、输出轴、壳体等
连接关系	输出轴与偏心轮一体;配油轴与输出轴间有十字形联轴器	输出轴、配油轴与偏心轮共为一体	输出轴和缸体相连;配油轴与壳体固定
油的流道	配油轴+壳体	配油轴+偏心轮+五星轮	配油轴+缸体
力的传递	活塞、连杆、偏心轮	柱塞、偏心轮	柱塞、横梁、滚轮
动力状况	活塞:往复运动; 连杆:往复运动+摆动; 偏心轮:回转运动; 配油轴:回转运动	空心柱塞:往复运动; 五星轮:平动; 偏心轮:回转运动; 配油轴:回转运动	柱塞副:往复运动+回转运动; 缸体:回转运动; 配油轴:不动
主要泄漏	配油轴与配油壳体间	空心柱塞与油缸间	配油口间
径向力	不平衡	基本平衡	完全平衡
扭矩	中	中	大
扭矩脉动	大	小	无
最低转速	3r/min	2r/min	0.5r/min
作用数	单作用	单作用	多作用
变量方式	改变偏心距	改变有效列数	改变有效列数或作用数
容积效率	高	中	中
机械效率	中	高	高
启动效率	低	中	高

【知识链接与技能拓展】

液压辅助装置

液压辅助装置包括滤油器、油箱、蓄能器、热交换器、油管、管接头、压力表以及密封件等。下面介绍滤油器、油箱和蓄能器。

1. 滤油器

滤油器的作用是在工作中不断滤除液压油中的固体杂质,保持液压油的清洁度,降低液压元件的故障率,延长液压油和装置的使用寿命。

按工作原理分,液压系统所用滤油器主要有磁性滤油器、表面型滤油器和深度型滤油器。磁性滤油器利用永磁材料吸附油液中的铁磁性杂质(吸附式)。表面型滤油器靠介质表面的孔隙阻截液流中的杂质颗粒,常用的有金属网式和金属缝隙式(金属线绕在框架上)。其特点是过滤精度低、纳垢量小，但压降小，可清洗后重新使用。为便于清洗，油液都是从外向内流过过滤材料。深度型滤油器的过滤层有一定厚度，内有无数曲折迂回通道，杂质的滤除发生在过滤介质的纵深范围内。其特点是过滤精度高，纳垢量大，但压降较大，不易清洗。主要类型有(金属粉末)烧结式、不锈钢纤维型和化学纤维型等。纸质滤油器可认为是介于表面型和深度型之间的中间型，也有粗略地将其划为深度型的。深度型滤油器具体结构形式主要有折叠圆筒式和圆筒式(图 3-32 和图 3-33)。折叠圆筒式过滤材料可用浸树脂的木浆纤维纸或化个纤维织品，有的还夹以玻璃纤维或不锈钢纤维复合使用。圆筒式滤芯可采用金属粉末烧结、微孔塑料或纤维做成。主要滤油器的类型和特点见表 3-8。

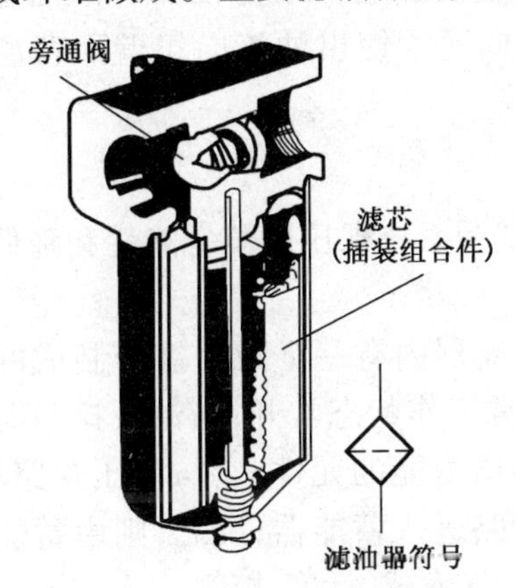

图 3-32　折叠圆筒型滤油器

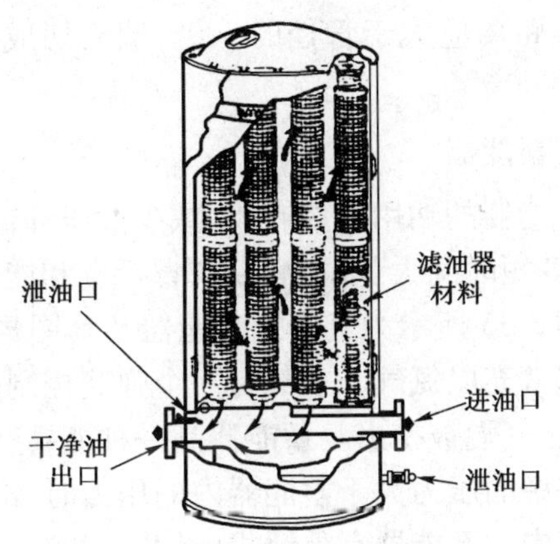

图 3-33　圆柱筒型滤油器

主要滤油器的类型和特点　　表 3-8

类　型		过滤精度(μm)	压降(MPa)	纳垢量	清洗性	使 用 情 况
表面型	网式	80(200 目) 100(200 目) 180(200 目)	<0.025	小	易	吸油滤器
	线隙式	30 ~ 100	0.03 ~ 0.06	小	不易	低压滤器
深度型	纸质	5 ~ 30	0.07 ~ 0.20	中	一次性	精滤(广泛使用)
	烧结式	10 ~ 100	0.09 ~ 0.20	中	不易	精滤(强度好，耐高温)
	化学纤维式	1 ~ 20	0.05 ~ 0.30	大	不易	精滤(大流量)
	不锈钢纤维式	1 ~ 20	0.006 ~ 0.055	大	易	精滤(大流量)，价高，少用

2. 油箱

油箱在液压系统中的主要功能是：①储存系统所需的足够油液；②散发系统工作中产生的一部分热量；③分离油液中的气体和沉淀污物。图 3-34 所示为常用的带隔板的油箱。

为了确保液压系统的正常工作，油箱必须满足如下要求：

(1)油箱容积应能储存足够的油液以满足液压系统正常工作的需要，应便于箱内元件的拆装和检修。为利于油液冷却和分离污垢，总希望油箱大些，一般为泵每分钟吸油量的 2 ~ 5 倍。系统停止工作时，油箱中的油位高度不超过油箱高度的 80%。

(2)整个油箱内壁应涂有防锈保护层，因潮气会使油箱生锈。所采用的保护层应与所用油有相容性。

(3)在油箱内部要加隔板，其高度通常为油面高度的 2/3，以使油液能在其内部平稳地流动，从而有利于油液散热及油液中气体的分离和污垢的沉淀。

(4)油箱的通气孔应有空气滤网及孔罩，管接头的密封良好，应能防止外部污物的渗入，保证泵的正常工作。

(5)油箱底部宜做成形，最底处设有放油塞。箱盖应易于拆卸，以便清洁油箱。油箱应设有玻璃油面计或油尺以供检查油位。

(6)泵的油管和回油管管口应在油面之下适当深度，否则油会混入空气和起泡沫。然而如有必要避免泄油通道增加阻力或产生虹吸现象，泄油管出油口可放在油面之上。吸油管与箱底距离应大于管径的2倍，与侧壁距离大于管径的3倍，管口装滤油器。回油管出口与箱底距离应大于管径的3倍，端头切成45°角，斜口方向通常使出油流向箱壁而背离泵进油管。

3. 蓄能器

蓄能器的功用主要有：①减少液压冲击和压力脉动；②为系统保压以节省能耗和降低油的温升；③短时间大量供油，以节省投资和能耗。

图3-35所示为气囊式蓄能器及其图形符号。这种蓄能器内有一个耐油橡胶制成的气囊3，内部常充以氮气。下部有一个弹簧控制的菌形阀4，通常工作状态常开，当油液排空时则关闭，防止气囊被挤出。蓄能器是一种能蓄存和释放液压油压力能的元件，它与液压管路相通，当管路中的压力大于蓄能器内的压力时，部分液压油从管路进入蓄能器；反之，则由蓄能器补入管路中。蓄能器有重锤式、弹簧式和充气式，充气式又有气囊式、活塞式等。

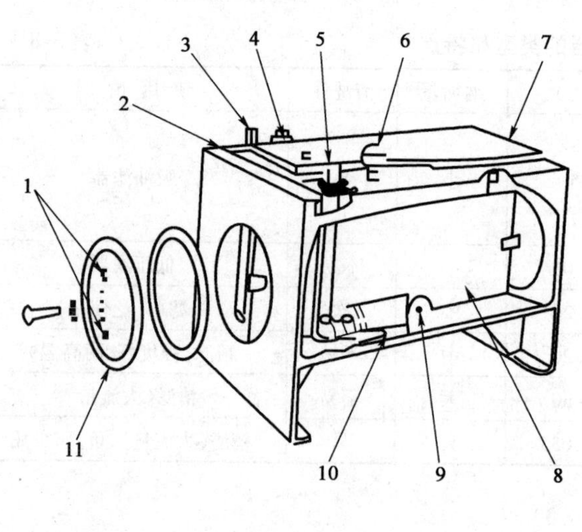

图3-34　液压系统的油箱

1-油位镜；2-密封垫片；3-回油管；4-泄油回油管；5-泵吸油管；6-空气滤清器及加油口；7-电动机及泵的安装平面；8-隔板；9-放油塞；10-粗滤器；11-侧盖板

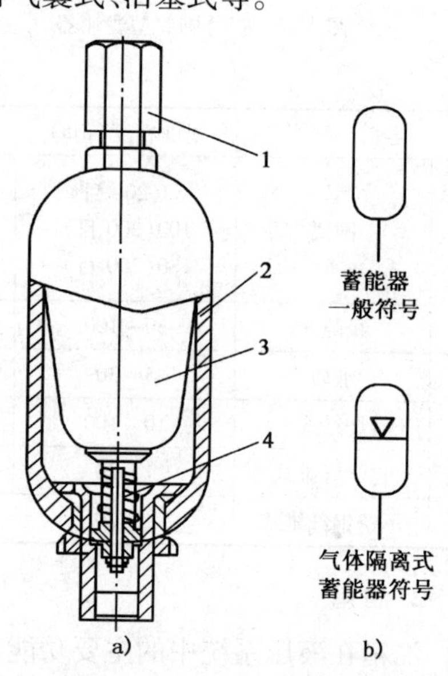

图3-35　气囊式蓄能器

1-充气阀；2-壳体；3-气囊；4-菌形阀

使用蓄能器要注意以下几点：

(1)原则上以垂直安装(油口向下)为宜。

(2)装在管路上的蓄能器需用支架固定。

(3)蓄能器与管路之间应装截止阀，以便系统长期停用以及充气或检修时将其切断。

思考与练习

1. 为什么船舶广泛使用低速大扭矩液压马达？

2. 试比较低速大扭矩液压马达结构与性能特点。

3. 为确保液压系统的正常工作，油箱必须满足哪些要求？

任务 5　液压舵机的安装与调试

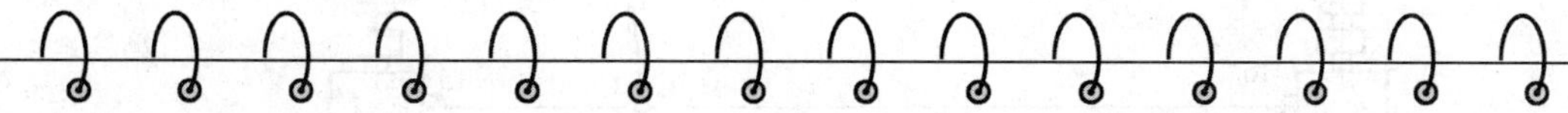

教学目标

◎ **能力目标**：能正确安装与调试液压舵机。

◎ **知识目标**：(1)掌握液压舵机的工作原理；(2)熟悉转舵机构的类型和特点；(3)熟悉对舵机的基本技术要求。

◎ **情感目标**：(1)严谨细实的工作态度；(2)良好的职业道德意识；(3)创新的意识和创新精神；(4)优良的学风和团队协作精神。

【任务引入】

液压舵机是船舶液压机械中最重要设备之一，安装与调试是其正常工作的前提。在工作过程中或发生故障时也需要进行必要的调试，使之符合规范的要求。那么，如何进行调试呢？

【任务分析】

为更好地掌握正确安装与调试液压舵机的能力，需要熟悉液压舵机的基本组成、工作原理和基本技术要求等相关知识，以便理解其缘由。

【相关知识】

一、液压舵机的工作原理和基本组成

现代船舶几乎全部采用液压舵机，电动舵机仅用于一些小型船舶上。液压舵机是利用液体的不可压缩性及流量、流向的可控性来达到操舵目的的。根据液压油流向变换方法的不同，液压舵机可分为泵控型和阀控型两类，现分述如下。

1. 泵控型液压舵机

图 3-36 所示为泵控型液压舵机的原理图。双向变量油泵 2 设于舵机室，由电动机 1 驱动作单向持续回转，而油泵的流量和吸排方向，则通过与浮动杆 5 的点 C 相连接的控制杆 4 控制，即依靠油泵控制点 C 偏离中位的方向和距离，来决定泵的吸排方向和流量。

图示舵机采用往复式转舵机构。它由固定在机座上的油缸 14 和可在油缸中往复运动的撞杆 9 等所组成。当油泵按图示吸排方向工作时，泵就会通过油管从右侧油缸吸油，排向左侧油缸。这样，撞杆 9 就会在油压的作用下向右运动。撞杆通过中央的滑动接头与舵柄 7 连接，而舵柄 7 的一端又用键固定在舵杆 10 的上端。因此，撞杆 9 的往复运动就可转变为舵叶的偏转。显然，改变油泵的吸排方向，则撞杆和舵叶的运动方向也就随之而变。

对转舵机构尺寸既定的舵机来说，转舵速度主要取决于油泵的流量，而与舵杆上的扭矩负荷基本无关。因为舵机油泵都采用容积式泵，当转舵扭矩变化时，虽然工作油压也随之变化，但泵的流量基本不变(漏泄量随工作油压的变化一般不大)，故对转舵速度变化的影响并不明显。所以，进出港和窄水道航行时，用双泵并联，转舵速度几乎可提高一倍。

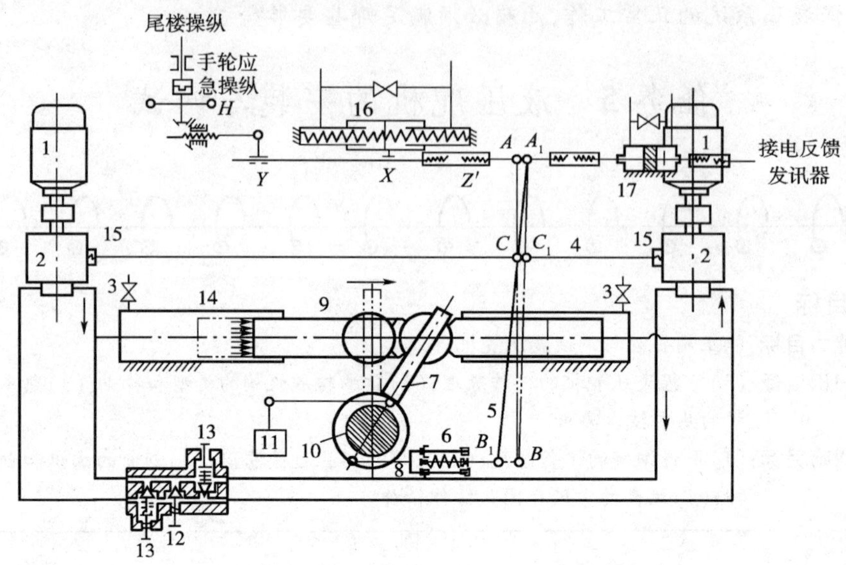

图 3-36 泵控型液压舵机原理图

1-电动机;2-双向变量泵;3-放气阀;4-变量泵控制杆;5-浮动杆;6-储能弹簧;7-舵柄;8-反馈杆;9-撞杆;10-舵杆;11-舵角指示器的发送器;12-旁通阀;13-安全阀;14-转舵油缸;15-调节螺母;16-液压遥控受动器;17-电气遥控伺服油缸

泵控型液压舵机较多采用浮动杆式追随机构。浮动杆的控制点 A 系由驾驶台通过遥控系统来控制，但如把 X 孔的插销转插到 Y 孔之中，则也可在舵机室用手轮来控制。浮动杆上的控泵点 C 与变量泵的控制杆相连；反馈点 B 经反馈杆与舵柄相连。当舵叶和驾驶台上的舵轮都处于中位时，浮动杆即处在用点划线 ACB 所表示的位置，C 点恰使变量机构居于中位，故油泵空转，舵保持中位不动。如果驾驶台给出某一舵角指令，那么，通过遥控系统，就会使 A 点移至 A_1。由于 B 点在舵叶转动以前并不移动，所以 C 点将移到 C_1，于是，油泵按图示箭头方向吸排，舵叶开始偏转，通过反馈杆带动 B 点向左移动。当舵叶转到与 A_1 点位置所给出的指令舵角相符时，B 也移到 B_1，使 C 点重又回到中位，于是油泵停止排油，舵就停止在所要求的舵角上。这时，浮动杆的位置如图中的实线 A_1CB_1 所示。实际上，浮动杆的动作并不是分步进行的，而是在 A 点带动 C 点偏离中位后，由于油泵排油，推动舵叶，B 点就要移动，只是 A、C 动作领先，舵叶和 B 点追随其后而已。

当驾驶台发出回舵指令时，A 点又会从 A_1 位置移回中位，于是 C 点也偏离中位向左移动，使油泵反向吸排，因此，舵叶也就向中位偏转，使 B 点从 B_1 向右移动。直到舵叶转到由 A 点位置所确定的指令舵角时，C 点重新回中，油泵停止排油，舵叶也就停转。

储能弹簧的特点是：两边受拉力或压力作用时弹簧均受压缩。其作用是既有利于大舵角操舵能一次完成，又能提高转舵速度。储能弹簧刚度必须适当，若弹簧太软，则可能使 B 点先于 C 点而移动，小舵角操舵也就无法进行；但如弹簧太硬，则大舵角操舵所需的操舵力又会太大，如无法达到，则反馈杆实际上相当于一刚性杆，储能弹簧不起作用，大舵角操舵则难于一次完成。

有的浮动杆追随机构加设了副杠杆，它起机械放大作用，可缩小浮动杆及其操纵机构尺寸而保持小舵角操纵的灵敏度。

由于浮动杆式追随机构能使油泵在开始和停止排油时流量逐渐增大和减小，因而可减轻液压系统的冲击。但并非所有泵控型舵机都采用浮动杆追随机构，有的是靠电气遥控系统使主泵流量逐渐增大和减小的。

为了防止海浪或冰块等冲击舵叶时，造成舵杆上的负荷过大、系统油压过高和使电机过载，在油路系统中装设了安全阀13（亦称防浪阀）。当舵叶受到冲击以致使任一侧管路的油压超过安全阀的整定压力时，则安全阀就会开启，使油泵的两侧管路旁通。当舵上的冲击负荷消失后，安全阀关闭，由于追随机构的存在，舵叶在油泵的作用下，又会返回原位。

2. 阀控型液压舵机

阀控型液压舵机使用单向定量油泵（图3-37），其吸排方向不变，油液进出转舵油缸的方向由驾驶台的换向阀来控制，以达改变转舵方向的目的。当换向阀处于中位时，油泵的排油将经换向阀旁通而直接返回油泵的进口（闭式系统）或回油箱（开式系统）；而转舵油缸的油路就会锁闭而稳舵。

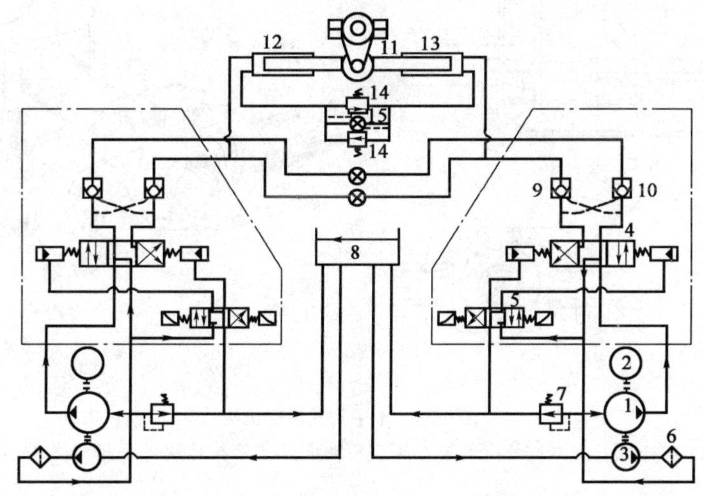

图3-37　阀控型液压舵机原理图

1-主油泵；2-电动机；3-辅油泵；4、5-电磁换向阀；6-滤器；7-溢流阀；8-油箱；9、10-液控单向阀；11-撞杆；12、13-油缸；14-防浪阀；15-手动旁通阀

阀控型舵机的油泵和系统比较简单，造价相对较低；缺点是用换向阀换向，从而导致液压冲击较大。此外，阀控型舵机在停止转舵时，换向阀必须及时回中，主泵仍以最大流量排油，故油液发热较多，经济性较差。所以，阀控型舵机适用的功率范围一般比泵控型小。但是，随着系统设计的改进，阀控型舵机的适用功率范围也在不断增大。

二、液压舵机的转舵机构

在液压舵机中，转舵机构用来将油泵供给的液压能变为转动舵杆的机械能，以推动舵叶偏转。根据动作方式的不同，转舵机构可分为往复式和回转式两大类。

1. 往复式转舵机构

往复式转舵机构较常见的有滑式、滚轮式、摆缸式等，现分述如下：

1）滑式转舵的机构

滑式转舵机构是应用最广的一种形式。它有十字头式和拨叉式之分。十字头式转舵机构主要由转舵油缸、插入油缸中的撞杆以及与舵柄相连接的十字形滑动接头等所组成。一般当转舵扭矩较小时，常采用如图 3-37 所示的双向双缸单撞杆的形式；当转舵扭矩较大时，则大多采用四缸、双撞杆的结构，如图 3-38a）所示。为了将撞杆的往复运动转变为舵的摆动，在撞杆与舵柄的连接处，设有十字形滑动接头，如图 3-38b）所示。两撞杆 3 通过自己的叉形端部，用螺栓连在一起，形成上下两个轴承。两轴承环抱着十字头的两个耳轴 7；而舵柄 8 则与耳轴垂直，并横插在十字头的中央轴承中。因此，当撞杆 3 在油压推动下移离中央位置时，十字头就会一面随撞杆移动，一面带动舵柄偏转，继而带动舵杆转动。显然，随着舵角 α 的增加，十字头将在舵柄上向外端滑移，而舵柄的有效工作长度，即舵杆中心到十字头中心的距离 R，也随 α 的增大而增大。

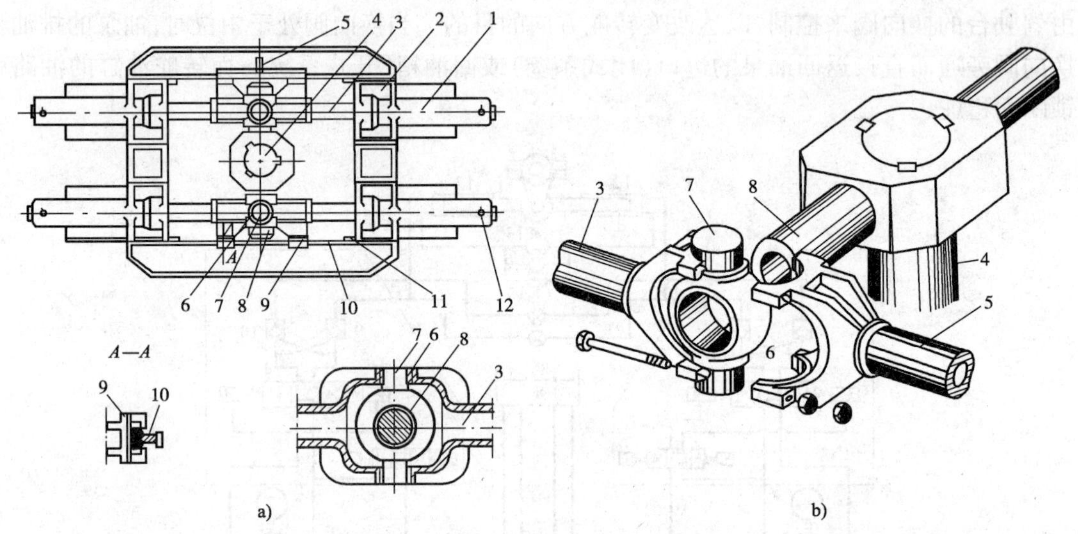

图 3-38　十字头式转舵机构

1-油缸；2-底座；3-撞杆；4-舵杆；5-机械式舵角指示器；6-十字头轴承；7-十字头耳轴；8-舵柄；9-滑块；10-导板；11-撞杆行程限制器；12-放气阀

撞杆的极限行程由行程限制器（挡块）11 加以限制，它能在舵角超过最大舵角 1.5°时限制撞杆继续移动。这时油缸底部的空隙应不小于 10mm。在导板的一侧还设有机械式舵角指示器 5，用以指示撞杆在不同位置时所对应的舵角。此外，在每个转舵油缸的上部还设有放气阀，以便驱放油缸中的空气。

滑式转舵机构的受力分析如图 3-39 所示。当舵转至任意舵角 α 时，为了克服水动力矩所造成的力 Q'（与舵柄方向垂直），在十字头上将受到撞杆两端油压差的作用力 P。由于力 P 与 Q' 的作用方向不在同一直线上，导板必将产生反作用力 N，以使 P 和 N 的合力 Q 恰与力 Q' 方向相反，从而产生转舵扭矩以克服水动力矩和摩擦扭矩。这样，与舵柄方向始终垂直的力 Q 就应为：$Q = P/\cos\alpha = \pi D^2 p/4\cos\alpha$。因此，滑式机构产生的转舵力矩为：

$$M = \pi D^2 pZ R_0 \eta_v /4\cos^2\alpha \tag{3-11}$$

式中：D——撞杆直径，m；

p——撞杆两端的油压差，Pa；

R_0——舵杆中心线到撞杆中心线的距离，m；

η_v——机械效率，滑式机构一般取 0.75 ~ 0.85；

Z——油缸对数。

在撞杆直径 D、舵柄最小工作长度 R_0 和撞杆两侧油压差 P 既定的情况下，滑式转舵机构所能产生的转舵扭矩 M 将随舵角 α 的增大而增大，如图 3-40 所示。这种扭矩特性恰好与舵的水动力矩的变化趋势相适应。因此，当公称转舵扭矩既定时，滑式转舵机构的尺寸或最大工作油压较其他转舵机构要小。

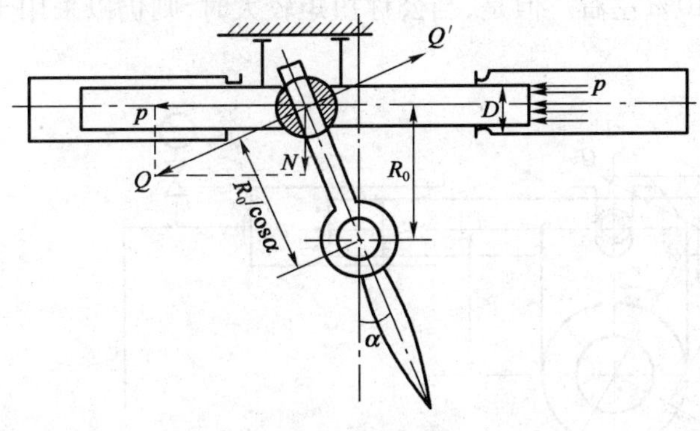

图 3-39　滑式转舵机构的受力分析

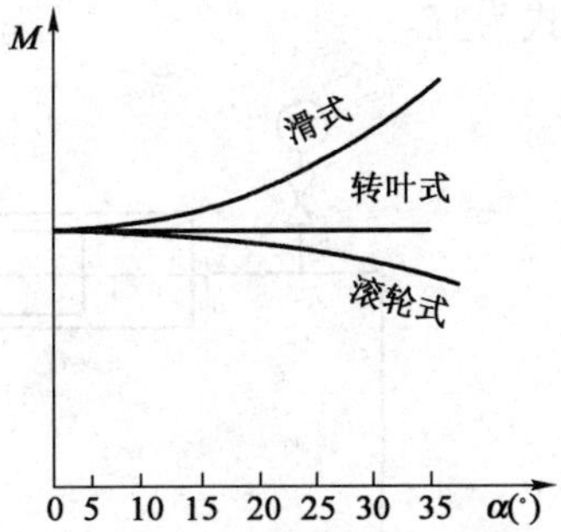

M
滑式
转叶式
滚轮式
0 5 10 15 20 25 30 35 α(°)

图 3-40　转舵机构的扭矩特性

十字头式转舵机构具有以下特点：

(1)扭矩特性良好，承载能力较大，能可靠地平衡撞杆所受的侧推力，可用于转舵扭矩很大的场合。

(2)拉杆和油缸间的密封大多采用 V 形密封圈，如图 3-41 所示。这种密封圈由夹有织物的橡胶制成。安装时开口应面向压力油腔，以使工作油压越高，密封圈撑开越大，从而更加贴紧密封面，故密封可靠，磨损后还具有自动补偿能力。此外，密封泄漏时较易发现，更换也较方便。

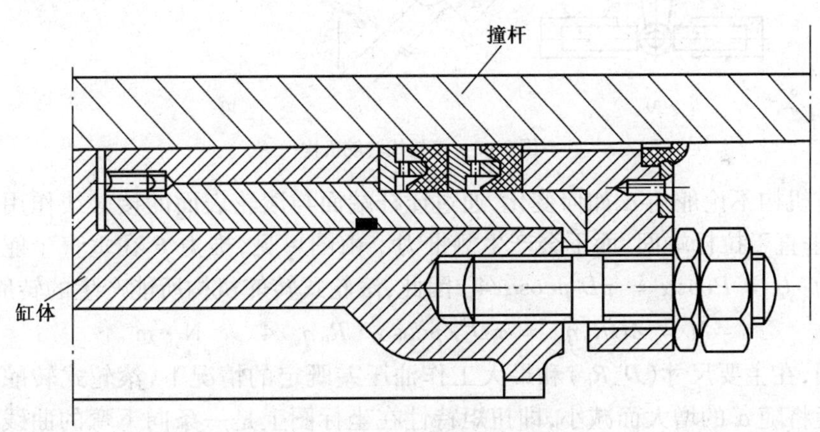

图 3-41　柱塞式液压缸的密封

(3)油缸内壁除靠近密封端的一小段外，不与撞杆接触，可不经加工或仅作粗略加工。

(4)油缸为单作用，必须成对工作，故尺寸、重量较大而且拉杆中心线通常都按垂直于船舶首尾线方向布置，故舵机室需要较大的宽度。

(5)安装、检修比较麻烦。

在滑式转舵机构中，拨叉式也得到了广泛的应用。如图 3-42 所示，它使用整根的撞杆，并在拉杆的中部带有圆柱销，销外套有方形(或圆形)滑块。撞杆移动时，滑块一面绕圆柱销转动，一面在舵柄的叉形端部中滑动(或滚动)。

与十字头式转舵机构相比，拨叉式与其转矩特性相同，但使用拨叉式时，侧推力可直接由撞杆本身承受而无需导板，故结构简单，加工及拆装都较方便；此外，当公称扭矩较小时，由于以拨叉代替十字头，撞杆轴线至舵杆轴间的距离 R_0 就可缩减 26%，撞杆的最大行程也因而得以减小，所以，在公称转舵扭矩和最大工作油压相同的情况下，拨叉式的占地面积将可比十字头式减少 10% ~15%，重量亦相应减轻 10% 左右。但是，当公称扭矩较大时，则仍以采用十字头式为宜。

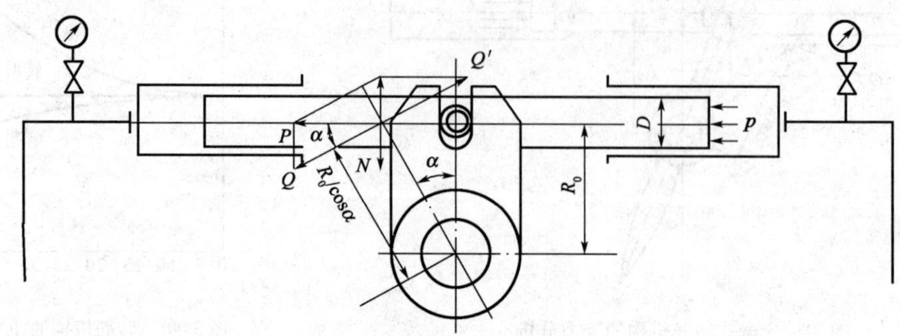

图 3-42　拨叉式转舵机构

2）滚轮式转舵机构

如图 3-43 所示，滚轮式转舵机构的结构特点是用装在舵柄端部的滚轮代替滑式机构中的十字头或拨叉。工作时受油压推动的撞杆，以其顶部直接顶动滚轮，迫使舵柄转动。

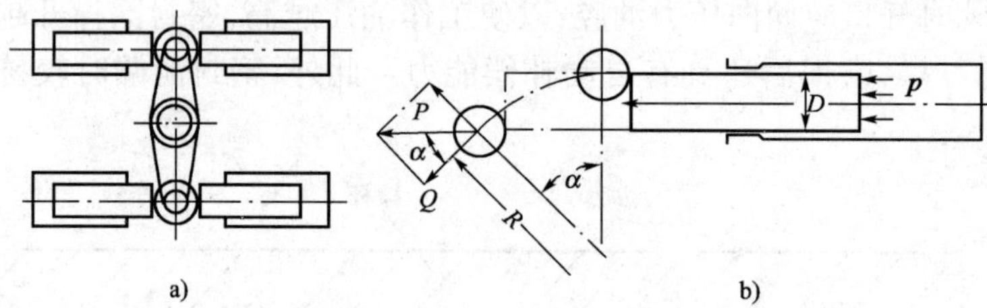

图 3-43　滚轮式转舵机构

这种转舵机构不论舵角 α 如何变化，通过撞杆端面与滚轮表面的接触线作用到舵柄上的推力 P，始终垂直于拉杆端面，而不会产生侧推力。由图可见，推力 P 在垂直于舵柄轴线方向的分力可写为：$Q = P\cos\alpha = \pi D^2 p\cos\alpha/4$。因此，滚轮式转舵机构所能产生的转舵扭矩为：

$$M = ZQR_0\eta_m = \pi D^2 Zp\cos\alpha \cdot R_0\eta_m/4 \qquad \text{N} \cdot \text{m} \tag{3-12}$$

上式表明，在主要尺寸（D、R_0）和最大工作油压差既定的情况下，滚轮式转舵机构所能产生的转舵扭矩将随 α 的增大而减小，即扭矩特性在坐标图上是一条向下弯的曲线。在最大舵角时，舵的水动力矩较大，而滚轮式这时所能产生的转舵扭矩反而最小，只达到主要尺度（D、R_0）和最大工作油压差 P 相同的滑式机构的 55% 左右。因此，在实际工作中，随着舵角 α 的增大，这种机构的工作油压比滑式机构增加得快。

3）摆缸式转舵机构

摆缸式转舵机构如图 3-44 所示。它的主要结构特点在于采用了与支架相铰接的两个摆动式油缸 1 和双作用活塞 2（也可用单作用活塞）。转舵时，利用活塞在油压作用下所产生的往复运动，以及两油缸的相应摆动，即可通过与活塞杆铰接的舵柄，推动舵叶偏转。由于转舵时缸体必须作相应的摆动，故油缸两端的油管必须采用有挠性的高压软管。

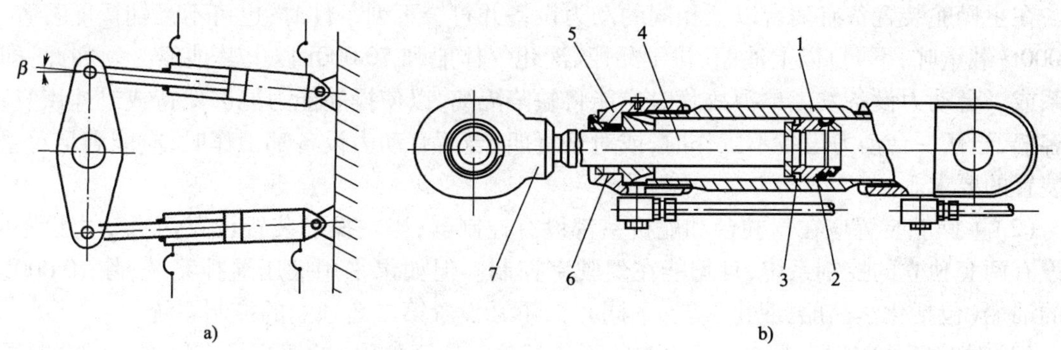

图 3-44　摆缸式转舵机构

1-油缸;2-活塞;3-活塞环;4-活塞杆;5-端盖;6-密封环;7-接头

由图 3-44 可见,摆缸式机构转舵时,油缸摆角 β(即任意舵角时油缸中心线与中舵时舵柄的垂直线间的夹角)将随油缸的安装角(即中舵时的油缸摆角)和舵转角 α 而变。一般常使中舵时 β 最大,而最大舵角时 β 为零或接近于零。但不论舵角 α 如何,β 角总是很小的,如果将其忽略不计,则摆缸式与滚轮式的扭矩特性基本相同。

2. 转叶式转舵机构

图 3-45 所示为三转叶式转舵机构的原理图。该机构内部装有三个定叶 5 的油缸 2,通过橡皮缓冲器安装在船体上。而用键与舵杆上端相固接的转毂 3,则镶装着三个转叶 4。由于转叶与缸体内壁及上、下端盖之间,以及定叶与转毂外缘和上、下端盖之间,均设法保持密封,故借转叶和定叶即将油缸内部分隔成为六个小室。当油泵如图中箭头所示那样,经油管 6 分别从三个小室吸油,并把油排入另外三个室,则转叶就会在液压作用下通过轮毂带动舵杆和舵叶偏转。

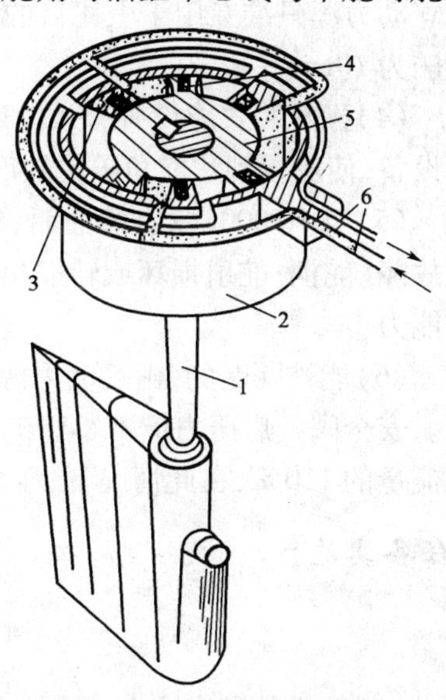

图 3-45　三转叶式转舵机构原理图

1-舵杆;2-缸体;3-转毂;4-转叶;5-定叶;6-油管

三、对舵机的基本技术要求

我国《钢质海船入级与建造规范》(1996)根据《国际海上人命安全公约》(SOLAS 公约)的规定,对舵机提出了明确的要求,其基本精神就是要求舵机必须具有足够的转舵扭矩和转舵速度,并且在某一部分万一发生故障时,应能迅速采取替代措施,以确保操舵能力。基本技术要求如下:

(1)必须具有一套主操舵装置和一套辅操舵装置;或主操舵装置有两套以上的动力设备,当其中之一失效时,另一套应能迅速投入工作。

主操舵装置应具有足够的强度并能在船舶处于最深航海吃水并以最大营运航速前进时将舵自任一舷 35°转至另一舷的 35°,并且于相同的条件下自一舷的 35°转至另一舷的 30°所需的时间不超过 28s。此外,在船以最大速度后退时应不致损坏。

辅操舵装置应具有足够的强度,且能在船舶处于最深航海吃水,并以最大营运航速的一半但不小于 7kn 前进时,能在不超过 60s 内将舵自任一舷的 15°转至另一舷的 15°。

在主操舵装置备有两台以上相同的动力设备并符合下列条件时,也可不设辅操舵装置,但10 000t(载重吨,下同)以上油船、化学品船、液化气体船和70 000t以上其他船必须如此:即当管系或一台动力设备发生单项故障时应能将缺陷隔离,以使操舵能力能够保持或迅速恢复;对于客船,当任一台动力设备不工作时,或对于货船,当所有动力设备都工作时,应能满足对主操舵装置的要求。

(2)主操舵装置应在驾驶台和舵机室都设有控制器;当主操舵装置设置两台动力设备时,应设有两套独立的控制系统,且均能在驾驶室控制。但如果采用液压遥控系统,除10 000t以上的油船(包括化学品船、液化气船,下同)外,不必设置第二套独立的控制系统。

(3)对舵柄处舵杆直径大于230mm(不包括航行冰区加强)的船应设有能在45s内向操舵装置提供的替代动力源。这种动力源应为应急电源位于舵机室内的独立动力源,其容量至少应能向符合辅操舵装置要求的一台动力设备及其控制系统和舵角指示器提供足够的能源。此独立动力源只准专用于上述目的。对10 000t以上的船舶,它应至少可供工作30min,对其他船舶为10min。

(4)操舵装置应设有有效的舵角限位器。以动力转舵的操舵装置,应装设限位开关或类似设备,使舵在到达舵角限位器时停住。

(5)对10 000t以上的油船、化学品船、液化气体运输船尚有如下一些附加要求:当发生单项故障(舵柄、舵扇损坏或转舵机构卡住除外)而丧失操舵能力时,应能在45s内重新获得操舵能力。

(6)能被隔断的、由于动力源或外力作用能产生压力的液压系统任何部分均应设置安全阀。安全阀开启压力应不小于1.25倍最大工作压力;安全阀能够排出的流量应不小于液压泵总流量的110%,在此情况下,压力的升高不应超过开启压力的10%,且不应超过设计压力值。

【任务实施】

一、转舵机构的安装程序

(1)舵机的基座应在船台上焊接装配完毕。基座的上平面要求水平,并保证焊接强度和控制焊接变形,支承刚度要高。

(2)船下水前,舵杆、舵柄和舵叶必须按图纸要求安装完毕,并分别于舵承、舵柄上做好舵叶零位的精确记号,作为舵机安装找正的基准。船下水时,应采用夹紧装置将舵叶固定于零位,防止下水时舵叶转动。

(3)吊装转舵油缸时,应以舵杆轴心和舵叶零位为基准,采用对角线相等方法定出转舵油缸轴线位置,并调整对置油缸的水平度,使舵柄位于上下拨叉的中心位置。

(4)利用塞尺测量柱塞在油缸端盖孔中的间隙及滚轮在上、下拨叉口间的间隙,均应符合制造厂提供的平台安装数据。

(5)舵机找正后,按舵机底座与船体基座间的实际高度测量并加工垫片,逐个研配到位。

(6)按转舵机构底座的孔位置,将垫片与船体基座一起钻孔,并用铰刀完成铰制孔的加工,按各孔径尺寸精确配制铰制孔螺栓。最后,旋紧铰制孔螺栓及其他螺栓,并装好各螺栓的止退块等防松装置。

(7)连接系统的所有管路布置时应尽量减少弯道,高位管应设置放气阀。管法兰对接面应保持平行且密封。

(8)安装全过程应做到注意清洁，严防碰伤运动部件的表面，且各类阀件均不应踩踏或重敲，以免发生损坏。

二、舵机的充油和调试

1. 系统的清洗和充油

舵机安装完毕正式充油前，必须对油箱和系统进行彻底清洗。清洗油粘度应足够低，对脏物有较强的冲洗能力。如清洗油不易从系统中放尽，则需在其中添加防锈剂和抗氧化剂，并注意它与液压油的相容性。系统清洗时应使用临时的油泵，用热的清洗油对系统循环冲洗，并使清洗油通过一专门滤器，直至滤器不再滤出污染物为止。清洗油箱时不得使用容易破碎的泡沫塑料和容易残留纤维的织物来擦洗，油箱的内壁也不得涂敷可能脱落的油漆。

系统的充油，应根据不同舵机的具体情况，按说明书的要求来进行。一般步骤如下：

(1)开启系统中各放气阀(或松开压力表接头)、旁通阀及其他各截止阀(如后文中图3-52所示的 $O_1 \sim O_4$、$C_1 \sim C_4$、$P_1 \sim P_4$ 及辅油路滤器5、6前后的截止阀)。

(2)经滤器将工作油加入补油箱(闭式系统)或循环油箱(开式系统)，使其达最高油位。如油泵系初次使用，也必须事先向泵内灌注洁净的工作油。当系统设有手摇泵时，应用其向系统充油；也可同时拆开油缸顶部的适当接头，经滤器向系统灌油，以加快充油的速度；需要时也可起动主泵(如系变量泵应尽量采用小流量)进行充油，但应随时注意向油箱补油。

(3)关闭转舵油缸的旁通阀，在机旁操纵主泵，间断地轮流向左、右两侧转舵(变量泵应尽量采用小流量)，并反复开启压力侧的放气阀，尽可能放尽系统中残留的空气，直至舵机转动平稳且不存在异常噪声为止。在系统空气排尽以前，不要让泵长时间地连续排油，以免将空气搅入油液，那样将很难再将空气放尽。

新装的舵机应在充油后以1.25倍的设计压力对转舵油缸和主油路系统进行液压密封性试验。

2. 舵机的试验和调整

舵机试验可分别在舵机室和驾驶台一起进行。试舵时，在驾驶台用遥控按钮起动一套油泵机组，用遥控系统先后向一舷及另一舷作5°、15°、25°、35°的操舵试验，判断舵机及其遥控系统、舵角指示器是否能可靠地工作，然后换用另一套油泵机组作同样的试验。如有备用遥控系统，也应试验。《液压舵机通用技术条件》(CB 3129—82)对舵的控制及舵角指示、限位有以下要求：

(1)电气舵角指示器指示舵角与实际舵角之间的偏差应不大于±1°，且正舵时须无偏差。

(2)采用随动方式操舵时，操舵器的指示舵角与舵停住后的实际舵角之间的偏差应不大于±1°，而且正舵时须无偏差。

(3)不论舵处于任何位置，均不应有明显跑舵(稳舵时舵偏离所停舵角)现象。在台架试验中，当舵杆扭矩达到公称值时，往复式液压舵机的跑舵速度不得超过0.5°/min；转叶式液压舵机应不超过4°/min。

(4)采用液压或机械方式操纵的舵机，滞舵(舵的转动滞后于操舵动作)时间应不大于1s，操舵手轮的空转不得超过半圈，手轮上的最大操纵力应不超过0.1kN。

(5)电气和机械的舵角限位必须可靠。实际的限位舵角与规定值之差不得大于±30′。如随动舵的实际舵角与指令舵角零位不符，舵角偏差超过±1°，需对操纵系统进行调整。

对于不设浮动杆式追随机构的电气式操纵系统，应检查和调节系统的各个环节。当舵轮处在零位时，操舵信号发送器的输出即应调整为零；当舵叶在零位时，反馈信号发送器的输出也应调整为零；而在操舵轮位于其他舵角时，只有当舵叶转至相应舵角时反馈信号才应与操舵信号发送器给出的电信号抵消，这时电路中各相敏整流电路及放大器的输出也应该为零。

对于设有浮动杆机构的控制系统，则应首先使操纵系统在舵机室的执行元件以及变量油泵和舵叶三者同时处于中位。具体调整步骤如下：

(1)停用驾驶台的遥控机构，采用机旁操舵，使操纵系统在舵机室的执行元件处于中位。

(2)起动左舵油泵，如舵停止时并不处于零位，则应松开左泵变量机构拉杆的锁紧螺帽，然后转动调节螺套，使主泵变量机构动作，直至舵叶能够停在零位时为止。

(3)换用右舷油泵，如舵不能停在零位时，则用同样的方法调节变量机构的拉杆(注意保持左泵与拉杆的相对位置不变)直至舵能停在零位时为止。

(4)将锁紧螺帽锁紧，再次验证两泵的工作，直至确认无误为止。

【知识链接与技能拓展】

一、舵设备的组成和舵的类型

舵作为保持或改变航向的设备，垂直安装在螺旋桨的后方。为了提高舵效和推进效率，大多采用由钢板焊接而成的空心舵(称为复板舵)。这种舵由于水平截面呈对称机翼形，故又称流线型舵。

舵的类型很多，图3-46所示为3种典型的海船用舵。舵机经舵柄1将扭矩传递到舵杆3上。舵杆3由舵承支承，它穿过船体上的舵杆套筒4带动舵叶7偏转。舵承固定在船体上，由滑动或滚动轴承及密封填料等组成。此外，舵叶7还可通过舵销5支承在舵柱8的舵托9或舵钮6上。

舵杆轴线一般就是舵叶的转动轴线。舵杆轴线紧靠舵叶前缘的舵，称为不平衡舵(图3-46a)；舵杆轴线位于舵叶前缘后面一定位置的舵称为平衡舵(图3-46b)；而仅于下半部做成平衡式的舵即称为半平衡舵(图3-46c)。后两种舵在舵杆轴线之前有一定的舵叶面积，转舵时水流作用在它上面产生的扭矩可以抵消轴线后一部分舵叶面积上的扭矩，从而减轻舵机的负荷。

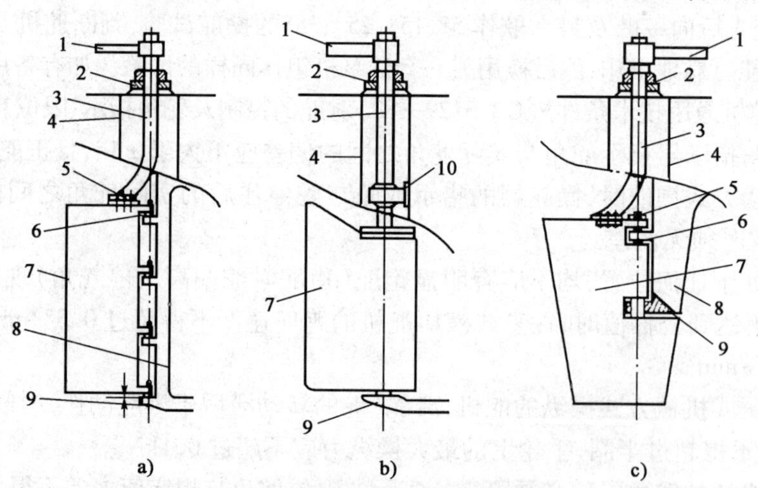

图3-46 几种舵的示意图

a)不平衡舵；b)平衡舵；c)半平衡舵

1-舵柄；2-上舵承；3-舵杆；4-舵杆套筒；5-舵销；6-舵钮；7-舵叶；8-舵柱；9-舵托；10-舵承

二、舵的作用原理和转舵扭矩

船舶航行时,如舵叶处于正舵位置,即舵角(舵叶与船舶中线的夹角)$\alpha = 0°$时;则舵叶两侧所受的水作用力相等,对船的运动方向不产生影响。但如将舵叶向某舷偏转任一角度 α,则其两侧的水流就会如图 3-47 所示那样,不再保持对称,水流绕流舵叶时的流程在背水面就要比迎水面长,背水面的流速也就较迎水面大,而其上的静压力也就较迎水面要小。这样,舵叶两侧所受水压力的合力(称为舵压力)F_N 就将垂直于舵叶,作用于舵叶的压力中心 O,并指向舵叶的背水面。除 F_N 外,水流对舵叶还会产生与舵叶中线方向一致的摩擦力 F_T,它比 F_N 小得多。所以,当舵叶偏转舵角 α 后,在舵叶的压力中心 O 上,就会产生一个大小等于 F_N 与 F_T 合力的水作用力 F。舵上的水作用力 F 也可分解为与水流方向垂直的升力 F_L 和与水流方向平行的阻力 F_D 。

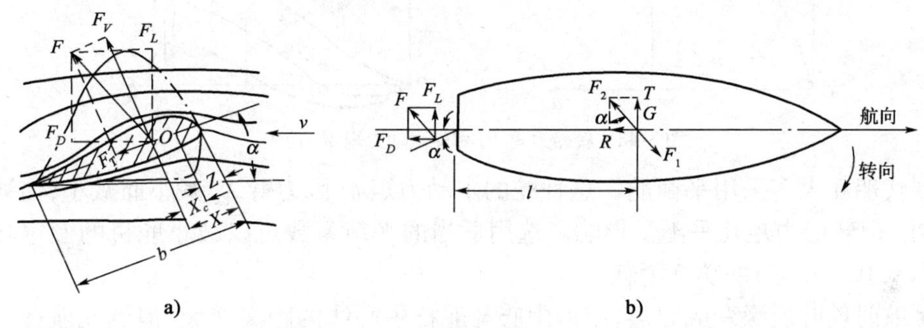

图 3-47　舵上的水作用力及其对船的影响

舵的水作用力 F 对船舶重心 G 形成的转矩称为转船力矩,用 M_s 表示。

$$M_s \approx F_L l = C_L \rho A v^2 l/2 \qquad \text{N}\cdot\text{m} \tag{3-13}$$

式中:C_L——升力系数,其大小随舵角而变,并与舵叶的几何形状有关,由船模试验测定;

ρ——水的密度,kg/m^3;

A——舵叶单侧浸水面积,m^2;

v——舵叶处水流速度,m/s,舵在螺旋桨尾流中时取航速的 1.15~1.2 倍;

l——舵压力中心至船舶重心的距离。

舵的水压力 F_N 相对于舵杆轴线的力矩称为舵的水动力矩,用 M_a 表示。

$$M_a = F_N X_c = C_N C_x \rho A v^2 b/2 \qquad \text{N}\cdot\text{m} \tag{3-14}$$

式中:X_c——舵压力中心至舵杆轴线的距离,m,平衡舵 $X_c = X_x - Z$;

C_N、C_x——舵叶的压力系数、压力中心系数,其大小随舵角 α 而变,并与舵叶几何形状有关,由模型试验测定;

b——舵叶平均宽度,m;

Z——舵杆轴线至舵叶导边的距离,m。

操舵装置施加在舵杆上的扭矩称为转舵扭矩,用 M 表示。舵匀速转动时,转舵扭矩应等于水动力矩 M_a 和舵各支承处的总摩擦扭矩 M_f 的代数和,即 $M = M_a + M_f$。M 方向以与舵转向相同为正,而 M_a、M_f 以方向与舵转向相反为正。显然,M_f 始终为正值,平衡舵一般 $M_f = (0.15 \sim 0.20) M_a$。正车回舵或倒车偏舵时 M_a 为负,则会出现负转舵力矩。

舵机的公称转舵扭矩是指其在最大舵角输出的最大扭矩,必须依据船在最深航海吃水以最大营运航速前进时，将舵转至最大舵角所需的扭矩来决定，并能按规范要求满足倒车时转舵需要。

(1)舵的转船力矩 M 比水动力矩民大得多，它们都与舵叶面积 A 及舵叶处水速 v 的平方成正比。因此，舵叶浸水面积增加和航速提高，都能使转船力矩(舵效)增加，但这时转舵扭矩和舵机负荷也增加。可见，逆水靠离码头可增加舵效。

(2)正航偏舵时水动力矩 M 和转船力矩 M 随舵角 α 变化的规律如图3-48所示。转船力矩随舵角增加而增加，当达到某一舵角时将出现最大值。海船吃水较深，转船力矩达到最大值时的舵角介于30°~35°之间；规定海船舵机的最大舵角是35°。

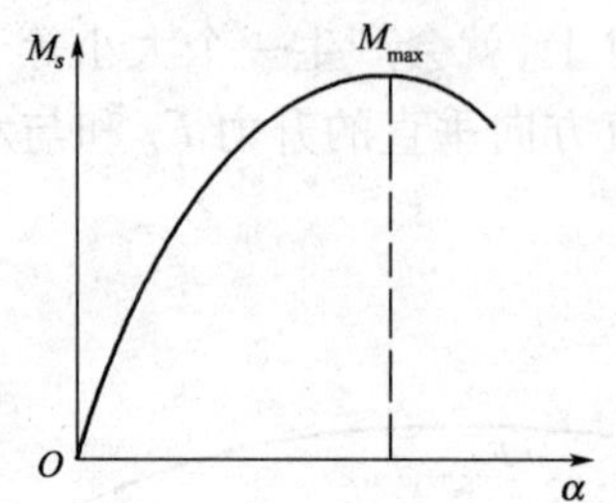

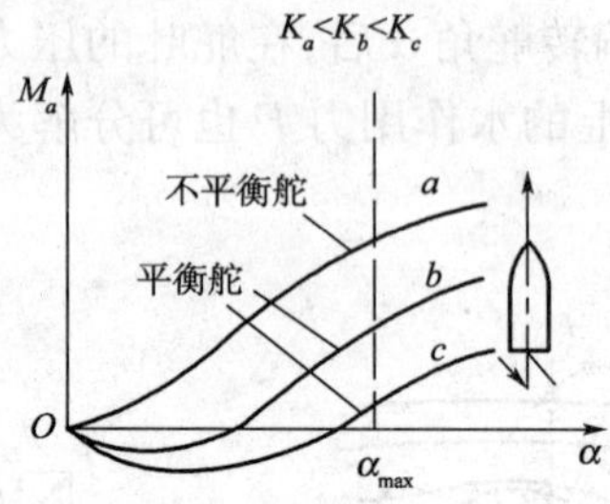

图3-48 转船力矩 M_s 和舵水动力矩 M_a 曲线

(3)现代船舶大多采用平衡舵。这种舵的水动力矩 M 因力臂 X_c 减小而减小，使舵机需要的功率减小，但转船力矩几乎不受影响。选用适当的平衡系数可以减小舵机的额定功率和常用舵角(小于10°~20°)的功率消耗。

(4)倒航时舵叶后缘变成导边，压力中心与舵杆中心线的距离变大，但倒航航速一般不超过正航最大营运航速的一半。流线型平衡舵倒航时的最大水动力矩一般为正航最大值的60%左右。

思考与练习

1. 简述我国《钢质海船入级与建造规范》对舵机的基本技术要求。
2. 舵机的试验和调整应注意什么问题？
3. 试述液压舵机系统的清洗和充油注意事项。
4. 为什么规定海船舵机的最大舵角是35°？

任务6 液压舵机的操作与故障排除

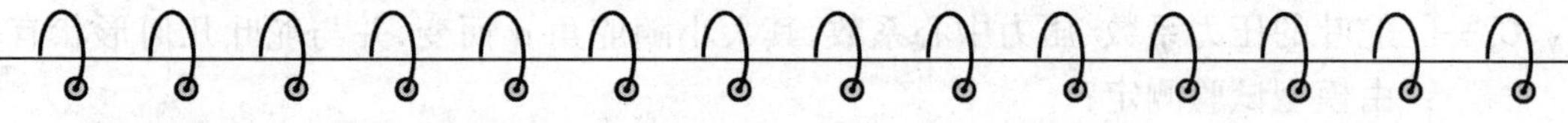

教学目标

◎ **能力目标**：能正确操作液压舵机并初步具备故障分析与排除能力。

◎ **知识目标**：(1)熟悉液压舵机的操纵系统类型和特点；(2)熟悉典型液压舵机的工作原理；(3)熟悉液压舵机日常管理注意事项。

◎ **情感目标**：(1)严谨细实的工作态度；(2)良好的职业道德意识；(3)创新的意识和创新精神；(4)优良的学风和团队协作精神。

【任务引入】

正确操作是液压舵机管理的主要内容，其在工作过程中，经常出现转舵太慢或舵转不动、滞舵、冲舵等故障，那么，如何正确操作和排除这些故障呢？

【任务分析】

正确操作液压舵机需要熟悉舵机及液压系统的相关知识，特别是操纵系统情况；而排除舵机故障除了熟悉这些知识外，还需熟悉日常管理方面知识。

【相关知识】

现代船舶的舵机，一般都同时装有可由驾驶台遥控的随动操舵系统和自动操舵系统。所谓随动操舵系统，是指在操舵者发出舵角指令后，不仅可使舵按指定方向转动，而且在舵转到指令舵角后还能自动停止操舵的系统。而自动操舵系统，则是在船舶长时间沿指定航向航行时使用，它能在船因风、流及螺旋桨的不对称作用等造成偏航时，靠罗经测出并自动发出信号，使操舵装置改变舵角，以使船舶能够自动地保持既定的航向。此外，一般还同时设有非随动操舵系统，它只能控制舵机的起停和转舵方向，当舵转至所需要的舵角时，操舵者必须再次发出停止转舵的信号，才能使舵停转。非随动操舵系统通常既可在驾驶台，也可在舵机室操纵，以便应急操舵或检修、调试舵机之用。

根据从驾驶台到舵机室传递操舵信号方法的不同，舵机的操纵系统可分为液压式、电液式和电气式等几种。电气式又按控制对象分为伺服电机式电磁阀式。

一、液压式操纵系统

液压式操纵系统是利用液体不可压缩的基本原理，来传递操纵运动的一种机构。系统原理如图3-49所示，主要由位于驾驶台的舵令发讯器1和位于舵机房的舵令受讯器2以及两者之间的连接管路等组成。操舵时，舵轮的回转通过齿轮齿条机构转变为发讯器活塞的往复运动，使受讯器中的活塞（或油缸）也相应动作，并将该动作传给比较环节的指令舵角信号输入端（如三点式浮动杠杆的A点），从而实现远距传递操舵信号的功能。这种远操系统工作较为安全可靠，但操舵者劳动强度大，如果因密封不好产生漏泄，会造成操舵偏差，因而其应用受到限制，有些场合只作为备用远操系统。

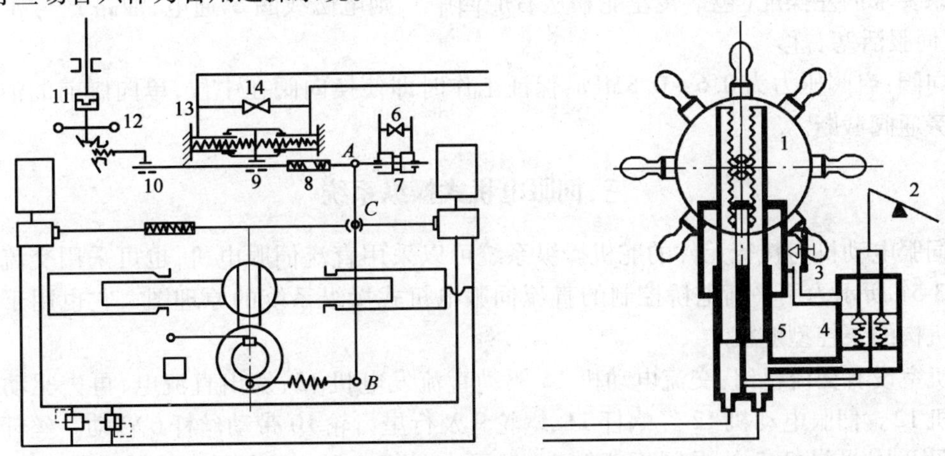

图3-49　液压式操纵系统基本原理

1-舵轮；2-手柄；3-截止阀；4-油液平衡装置；5-发送器液压缸；6-旁通阀；7-电气遥控用液压缸；8-双头调节螺母；9、10-插销孔；11-联轴器；12-应急操纵手轮；13-受动器液压缸；14-旁通阀

二、伺服油缸式操纵系统

这种操纵系统用于带浮动杆追随机构的泵控型舵机。本装置起动后(图 3-50),叶片泵 7 连续转动,定向定量地排出压力油,经单向阀 6、旁通型调速阀 4 供至电磁换向阀 3。电磁换向阀 3 的阀芯位置取决于由驾驶台经电气遥控系统控制的电磁线圈 S_1 和 S_2 的通电情况(必要时也可用手动应急控制),压力油经 *PA* 或 *PB* 导入伺服油缸的相应空间,使伺服活塞向相应方向移动。伺服活塞杆的一端经浮动杆式追随机构操纵舵机变量油泵。活塞杆的另一端与电反馈装置(自整角机)相连,随时将活塞位置的信号反馈到驾驶台的操舵设备。此外,在活塞杆的相应部位还设有最大操舵角的机械限位器。

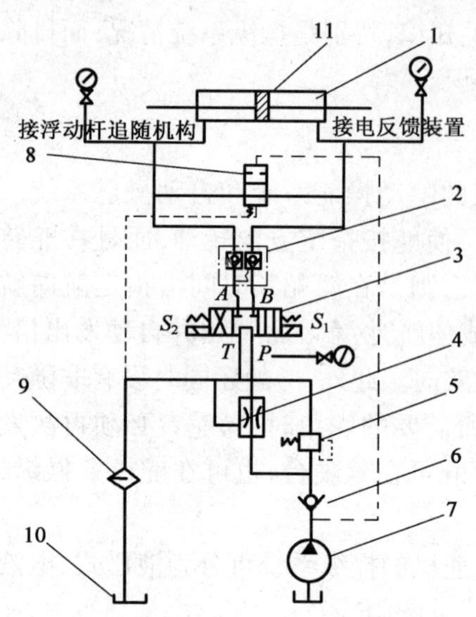

图 3-50　伺服油缸式操纵系统

1-伺服油缸;2-油路锁闭阀;3-电磁换向阀;4-旁通型调速阀;5-安全阀;6-单向阀;7-油泵;8-液控旁通阀;9-滤器;10-油箱;11-伺服活塞

当阀芯处于中位时,*P*、*T* 相通,油泵卸载,*A*、*B* 油路不通,油缸锁闭,伺服活塞不动。

当驾驶台发出的指令舵角,与伺服活塞位置所代表的操舵角相比偏右舷时,需向右操舵(包括转右舵和从左舵回舵)。这时,电磁线圈 S_1 通电,阀 3 被推至极左位置,来自油泵的压力油经 *PB* 供入油路锁闭阀 2 右端,顶开右端锥阀,进入油缸 1 的右侧,同时还使油路锁闭阀的左端锥阀被顶开,使油缸左侧油液经锁闭阀 2 和换向阀 3 的 *AT* 油路,回到油箱 10。这样,伺服活塞 11 在两侧油压差作用下左移,一方面操纵舵机油泵使舵向右偏转,另一方面则输出电反馈信号。当活塞行至相当于指令舵角的位置时,由于电反馈装置送回的信号正好与舵角指令信号相抵消,电磁线圈 S_1 断电,换向阀 3 回中,阀 2 的两锥阀关闭,形成液压锁,将伺服活塞 11 锁住。于是,舵叶在浮动杆追随机构的作用下,将自动地把舵转到并稳定在指令舵角。

如果要求向左操舵(包括转左舵和从右舵回中),则电磁线圈 S_2 通电,油路 *P* 与 *A* 及 *B* 与 *T* 相通,伺服活塞右移。

单向阀:启阀压力为 0.6 ~ 0.8MPa,保证工作时即使换向阀在中位,单向阀前的油压仍能使液控旁通阀截断。

三、伺服电机式操纵系统

以伺服电动机为执行元件的舵机操纵系统可以采用直流伺服电机,也可采用交流伺服电机。图 3-51 所示为用平衡电桥控制的直流伺服电机式操纵系统的原理图。它也用于带浮动杆追随机构的泵控型舵机。

舵机室设有交流机组:交流电动机 14 驱动直流发电机 15,发出直流电,再去驱动直流伺服电动机 12。伺服电动机 12 经蜗杆 11、蜗轮 9 及行星齿轮 10 带动丝杆 6 转动。丝杆上所套滑块螺母 8 因受导杆 7 的限制不能转动,但可在丝杆上移动,从而拉动浮动杆的操纵点 A(图 3-51),控制变量泵,使其向相应方向排油转舵。与此同时,丝杆 6 的转动还经锥齿轮副 5 和齿轮齿条机构 4 使反馈电位计 3 的触点移动,向操纵系统送出电反馈信号。

当操舵电位计 2 和反馈电位计 3 的触点处于相应的位置(例如中位 o 与 o')时,直流发电机的激磁绕组 16 没有电流通过,输出电压为零,伺服电动机 12 不动。当舵轮 1 转动某一角度,给出相应的指令舵角时,操舵电位计上滑动触点从 o 移到 a 点,电桥失去平衡,a 与 o'之间出现电位差,此偏差信号经放大器 17 放大,使发电机激磁绕组 16 流过一定方向的电流,直流发电机 15 产生一定方向的电压,于是伺服电动机 12 转动,并移动浮动杆操纵点 A。当 A 点移动到与指令舵角相应的位置时,反馈机构带动反馈电位计 3 的滑动触点从 o'移到 a'。因为 a'与 a 是等电位点,电桥重新平衡,偏差信号消除,电动机 12 因励磁消失而停止转动。另外,浮动杆式追随机构将使舵叶转到与 A 点位置相应的舵角上。

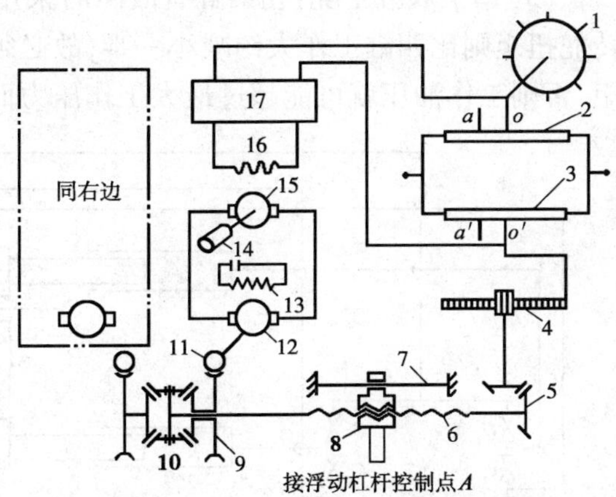

图 3-51 直流伺服电机式操纵系统原理图

1-舵轮;2-操舵电位计;3-反馈电位计;4-齿轮齿条机构;5-推齿轮到;6-丝杆;7-导杆;8-滑块螺母;9-蜗轮;10-行星齿轮;11-蜗杆;12-直流伺服电动机;13-直流电动机激磁绕组;14-交流电动机;15-直流发电机;16-直流发电机激磁绕组;17-放大器

当舵轮带动操舵电位计触点反向移动时,绕组 16 的激磁电流方向相反,电动机 12 将接受发电机 15 产生的反向电压而反转,带动 A 点作与上述操舵方向相反的运动。操纵点 A 偏离中位的方向和大小,始终准确地与舵轮给出的指令舵角方向和大小相对应,再通过浮动杆追随机构将舵转到与指令舵角相应的舵角。

【任务实施】

一、液压舵机操作实例

图 3-52 所示为典型的国产泵控型舵机液压系统原理图。这种舵机用斜盘式轴向柱塞变量泵作为主油泵,并采用直流伺服电机式电气遥控系统和浮动杆追随机构,液压系统是闭式系统。其工作情况和主要特点如下:

1. 工况的选择

本系统设有两台并联主泵,四个柱塞油缸,其中 1$^{\#}$、4$^{\#}$和 2$^{\#}$、3$^{\#}$缸各成一组,分别与主泵的两根主油管相连,可以根据需要选用不同的工况,为此设有工况选择阀。本例的工况选择阀采用两个集成阀块,共包括 12 个单向截止阀。$C_1 \sim C_4$称缸阀,平时常开;$O_1 \sim O_4$称旁通阀,平时常闭。如果某油缸因故不能工作(例如严重漏泄)可将它与另一只油缸(只要不是对角布置)一起停用,这时只要将停用的一对缸的缸阀关闭,同时开启其旁通阀即可。有的舵机工况选择阀采用双阀座阀,即在关闭缸阀的同时就已将旁通阀开启,以减少阀的数目。$P_1 \sim P_4$称泵阀,平时常开,以便随时能在驾驶台启用任一台泵。只有当主泵损坏需要修理时才将其一对泵阀关闭。

该系统能满足除 10 000t 以上油船以外的其他船舶的操舵需要。它有以下工况可供使用:

(1)单泵四缸工况:适用于开阔水面正常航行。其最大扭矩等于公称转舵扭矩,转舵时间能满足规范要求。

(2)双泵四缸工况:适用于进出港、窄水道航行或其他要求转舵速度较快的场合,转舵速度较单泵四缸工况约提高一倍，而转舵扭矩与上述工况相同。

(3)单泵双缸工况：在某缸有故障时采用，这时转舵速度较单泵四缸工作时约提高一倍，转舵扭矩则比四缸工作大约减小一半，故必须用限制舵角(或降低速度)的方法来限制水动力矩，否则工作油压就可能超过最大工作压力而使安全阀开启。

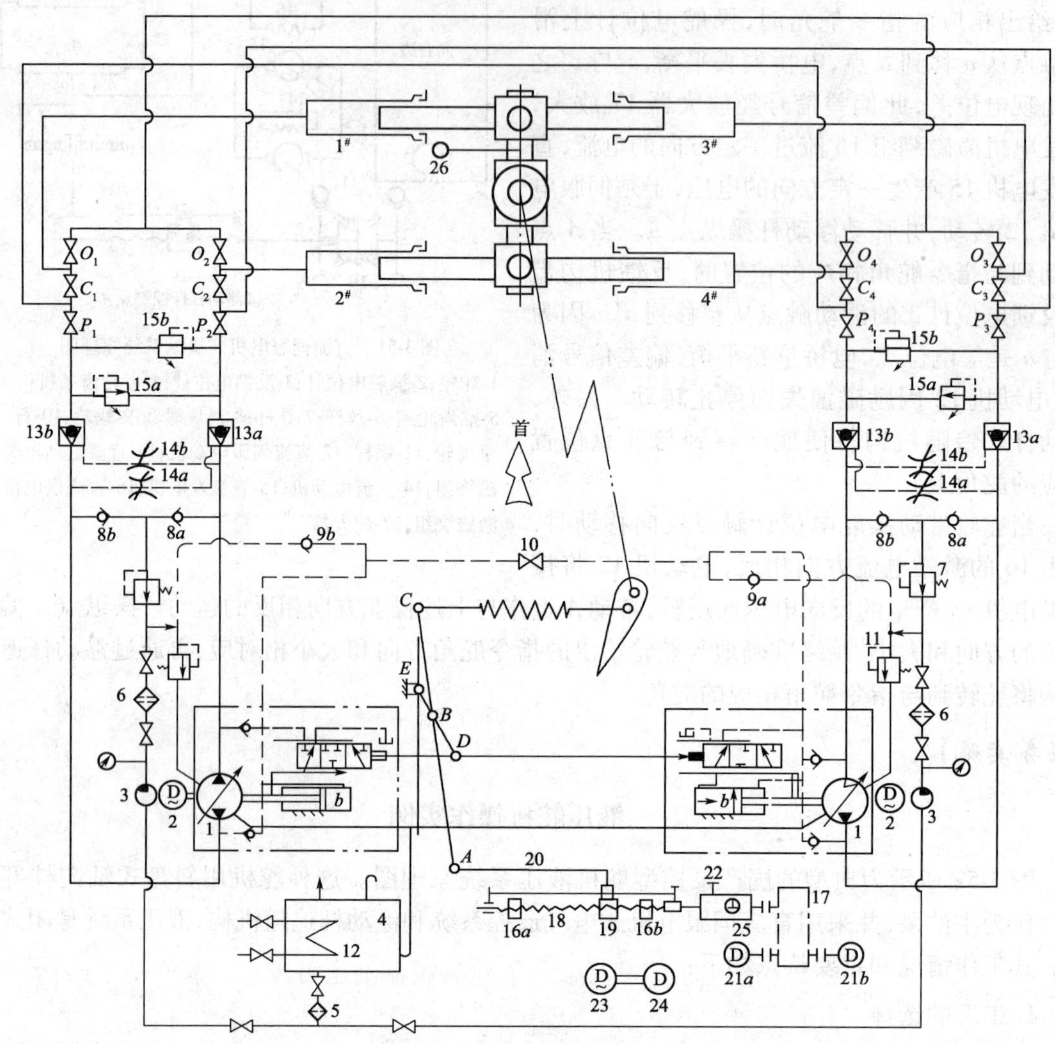

图 3-52 国产泵控型舵机液压系统

1-主油泵；2-电动机；3-输油泵；4-油箱；5-粗滤器；6-细滤器；7-减压阀；8、9-单向阀；10-旁通阀；11-溢流阀；12-冷却器；13-液控单向阀；14-可调节流阀；15-安全阀；16-限位螺帽；17-减速器；18-螺杆；19-导块；20-连杆；21-伺服电机；22-手轮；23-交流电动机；24-直流发电机；25-操舵角反馈装置；26-舵角指示发讯器

2. 主油路的锁闭

舵机主泵的主油路上装有成对的主油路锁闭阀。本例采用双联液控单向阀 13a、13b，任何一台主油泵离开中位向任何一方排油时，其主油路上的那对液控单向阀便能同时开启，保证油路畅通；而当主泵停用或处于中位时，这对阀自动关闭，以实现主油路的锁闭。这种锁闭阀属主泵油压启阀式，其可调节流阀 14a、14b 用来调节液控单向阀中控制油的流速，既能使主油路上的单向阀及时开启回油，又能使它在舵受负扭矩时关闭的速度尽可能减缓。但是当舵上负扭矩较大时，回油侧单向阀仍然难免骤然关闭，产生撞击。当油压上升时，液控单向阀又重新开启回油。

主油路锁闭阀的作用如下：

(1)锁闭备用泵油路，防止工作泵排油经备用泵倒流旁通，妨碍转舵，这是因为这种浮动杠杆式追随机构，备用泵与工作泵的变量机构是彼此连接同步动作的，二者同时偏离中位，如果不将备用泵油路锁闭，它便会因压力油倒灌而反转，造成油路旁通。

(2)工作泵回到中位时，将油路锁闭，以防跑舵。有的舵机主油路锁闭阀采用辅泵油压启阀式——由与主泵同时工作的辅泵排油来开启，这样不仅可使主油路压力损失较小，又可在辅泵失压时停止转舵，这时锁闭阀在工作泵回中时，不起油路锁闭作用。当主泵装有机械防反转装置，如防反转棘轮时(例如海尔休泵)，则可不设主油路锁闭阀。

3. 补油、放气和压力保护

闭式系统都需要解决补油问题。主泵排出侧油液难免有外漏(例如从主泵内漏入泵壳而泄回油箱)，转舵油缸中柱塞的位移容积就不足以补偿主泵所吸走的油液容积，吸入压力便会降低，从而产生气穴(或吸进空气)，使泵的流量减小，噪声增加，甚至造成泵零部件的损坏(例如导致轴向柱塞球铰拉坏)。为此，本系统设有辅泵3，经减压阀7以及单向阀低压侧8a、8b油路补油。若舵机主泵吸入性能好，允许有较低的吸入压力或有吸入真空度，也可不用辅泵补油，而只设补油柜。

系统还在各油缸顶部和油管高处设放气阀，以便在初次充油或必要时放气，这对闭式系统是必不可少的。

安全阀(如本系统中的15a、15b)的作用如下：

(1)在转舵时防止油泵排油侧压力超过最大工作压力过多，以免油泵过载；

(2)在停止转舵时，当海浪或其他外力冲击舵叶而导致管路油压过高时开启，使油路旁通，以保护管路、设备的安全。

4. 辅油泵的作用

泵控型舵机液压系统大多设有辅泵，其流量一般不低于主泵流量的20%。本系统所设辅泵3是齿轮泵，其功用如下：

(1)为主油路补油。补油压力由减压阀7调定为0.80MPa左右。

(2)为主油泵伺服变量机构提供控制油。本例主泵伺服变量机构的工作原理已在前面轴向柱塞泵部分述及(图中用液压图形符号表示)。这种控制油虽可经泵内的单向阀提供，但为了在主泵零位起步时提供控制油压和保证备用泵变量机构与工作泵同步动作，故还设有单向阀9a、9b和常开的旁通阀10，以使工作泵的辅泵能向两台主泵变量机构同时供油。至于所用的控制油压则由溢流阀11调定为1.50MPa左右。

(3)冷却主泵。以溢流阀11的溢油进入主泵壳体再流回油箱，以便对主泵起冷却和润滑作用。这对保证主泵在零位时的可靠运行颇有好处。有的舵机辅泵还为伺服油缸式操纵系统或电液换向阀，提供控制油、用油压开启主油路锁闭阀。

二、舵机故障分析与排除

1. 舵不能转动

(1)遥控系统失灵——此时机旁操纵正常。

(2)主泵不能供油——可换用备用泵加以验证。

(3)主油路旁通或严重泄漏——此时主泵吸、排油压相近。

(4)主油路不通或舵转动受阻——表现为主泵排出油压高,安全阀开启。

2. 只能单向转舵

(1)遥控系统只能单向动作——如果改用机旁手动操舵则正常。

(2)变量泵只能单向排油——如果换用备用泵则可正常工作。

(3)主油路单方向不通或旁通。

3. 转舵太慢(时间达不到规定要求)

(1)主泵流量太小。

(2)遥控系统动作太慢——改用机旁操舵后转舵时间即可符合要求。工作正常时,浮动杆的操纵点从一舷满舵移到另一舷满舵位置所需时间应为22~24s。

(3)主油路有旁通或泄漏。

4. 滞舵——舵叶的转动滞后于操舵动作

(1)主油路中混有较多气体

(2)遥控系统动作迟滞。

(3)泵控型系统主油路泄漏或旁通严重。

5. 冲舵——舵转到指令的角后冲转过头

(1)泵变量机构不能回中或不能及时回中。

(2)遥控伺服油缸的换向阀或阀控型系统主油路的换向阀不能回中。

(3)遥控伺服油路锁闭不严(油路泄漏或旁通)。

(4)控制系统的反馈部分有故障。

(5)主油路锁闭不严。

6. 跑舵——稳舵期间舵偏离所停舵角

多半是因主油路锁闭不严或遥控系统工作不稳定所致;此外,两台泵共用一套浮动杆控制的变量泵中位调节不一致或调好后松动,在双泵同时工作时也会产生舵停不稳的现象。

7. 舵机有异常噪声和振动

(1)流体噪声。可能是闭式系统放气不彻底或补油不足;也可能是开式系统油箱中的油位太低、吸油滤器堵塞或吸油管漏气;此外当油温太低、油粘度太大时,也可能产生流体噪声。

(2)油泵机组异常噪声。可能是泵和电动机对中不良,轴承或泵内其他运动部件损坏。

(3)管路或其他部件固定不牢。

(4)转舵油缸柱塞填料过紧。

(5)某些形式的主油路锁闭阀在舵受负扭矩作用而转动较快时,也易产生敲击。

(6)舵杆轴承磨损或润滑不良。

8. 舵不准

转舵停止时实际舵角与指令舵角误差超过±1°,调整方法参见本节“舵机的试验和调整”。

【知识链接与技能拓展】

液压舵机管理注意事项

1. 油位

工作油箱中的油位应经常保持在油位计显示范围的2/3左右。如油位增高,可能是油中进入过多空气或油冷却器漏水；如油位降低过快，则表明有漏油处，应查明修复，然后经滤器向油箱补油。

2. 油温

工作时最合适的油温是30～50℃。油温高于50℃时应使用油冷却器。油箱油温（泵进口处）通常应不高出室温30℃以上，且一般应不超过60℃。当油温超过70℃时，油液的氧化变质速度就将显著加快，一般应停止工作，查明原因，加以解决。

油温低于10℃时不宜启动，室温太低时应启用舵机室加热器。如油温低于10℃但尚不低于－10℃，而又急需启动，可让油泵在油路旁通的情况下空载运转一段时间，或实行小舵角操舵，直至油温升到10℃以上再正常使用。

3. 油压

主泵排出侧油压应不高于说明书标定的最大工作油压，而主泵吸入侧的油压，则应不低于由补油条件（闭式系统）或吸油条件（开式系统）所确定的正常数值。辅油路中各处油压应符合设计要求。油压表阀平时应保持关闭，只在检查时打开，以减少损坏机会。

4. 滤器

运行中应经常注意滤器前后压差，及时清洗或更换滤芯。初次使用的舵机更应注意清洗滤器。若在清洗滤器时发现金属屑，必须严密注意其属性及增长情况，如金属屑数量继续增加则表明系统内有部件损坏。

5. 润滑

油缸柱塞等滑动表面应保持清洁，并浇涂适量工作油。舵机长期停用应涂布润滑脂。需加油的摩擦部位，工作中应适时适量加油，如果设有油杯，应及时补充润滑油（脂），油杯中有油芯的应定期用煤油或苏打溶液清洗。

6. 泄漏

舵杆的舵承填料不应渗水，油箱、油缸、阀件、油管及接头等处不应漏油。柱塞和活塞杆表面应敷有一层薄油，但不滴油；如有滴油，若调紧压盖无效，则应在合适的时候换新V形密封圈。更换时应拆开填料压盖2mm左右，用手摇泵或主泵以小流量工作，借油压将V形密封圈慢慢挤出。安装时只许用竹、木质工具充填填料，以防损伤柱塞滑动表面、内套密封面和填料本身。

7. 噪声

如有异常声响，应即查明原因（液体或机械方面），设法处理。

8. 机械过热

泵和电动机等不应有过热现象。轴承部位的温度，一般比油温高10～20℃为正常。

9. 联轴节

启动时可先盘动泵的联轴器，以确认泵无卡阻。工作泵联轴器下如发现橡皮碎末，则表明对中不良，导致橡皮圈破碎，必须停泵校正，并换新橡皮圈。

10. 阀和固定螺帽

应检查各放气阀、旁通阀和截止阀以及各固定、连接螺帽，防止因振动而松动。

另外，在必要时必须测量转舵机构各磨损部位的间隙，校准、调试安全阀或其他液压控制阀。电气方面应定期测量绝缘,检查和清洁触头、换向器,防止各接头松动。

思考与练习

1. 液压舵机操作时如何进行工况选择?
2. 简述伺服油缸式操纵系统的工作过程。
3. 如何分析液压舵转舵太慢的原因,并对症下药排除?
4. 液压舵机管理中关于油温和油位应注意什么?

任务7　液压锚机与绞缆机的操作

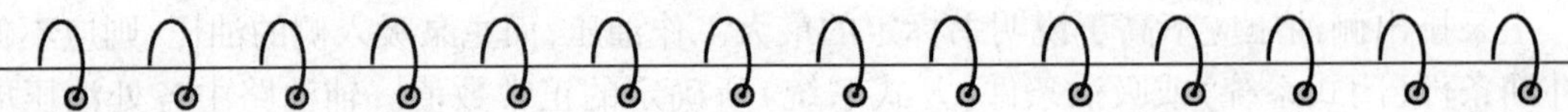

教学目标

◎ **能力目标**:能正确分析并操作液压锚机与绞缆机。

◎ **知识目标**:(1)熟悉锚机与绞缆机的功用、分类和特点;(2)掌握液压锚机的工作原理;(3)熟悉液压舱口盖典型实例。

◎ **情感目标**:(1)严谨细实的工作态度;(2)良好的职业道德意识;(3)创新的意识和创新精神;(4)优良的学风和团队协作精神。

【任务引入】

为能克服船舶停泊时,作用在船体上的水流力、风力和船舶纵倾、横倾时所产生的惯性力,以保持船位不变,需设置锚设备;为停靠码头、系带浮筒、旁靠他船和进出船坞等,需设置系缆设备。其中,广泛应用的主要的动力设备就是液压锚机和绞缆机。那么,如何正确分析并操作液压锚机与绞缆机呢?

【任务分析】

液压锚机与绞缆机作为船舶液压机械的重要组成部分,有其独特的工作环境和条件,因此,我国船检规范对其有基本的要求,为掌握液压锚机与绞缆机分析与操作能力,需要熟悉液压锚机与绞缆机的相关知识。

【相关知识】

一、锚机概述

为能克服船舶停泊时,作用在船体上的水流力、风力和船舶纵倾、横倾时所产生的惯性力,以保持船位不变,就需设置锚设备;此外,锚设备还可帮助安全离靠码头,或使船舶紧急制动。锚设备及其在船首的布置如图3-53所示。锚设备主要由锚1、锚链5、止链器3和锚机6等所组成,利用锚机收放锚和锚链,即可起锚或抛锚。

根据锚机所用动力的不同,目前所用的锚机主要是电动锚机和液压锚机。按链轮轴轴线布置的不同可分为卧式锚机和立式锚机。

锚机应满足以下基本要求:

(1)必须由独立的原动机或电动机驱动。对于液压锚机,其液压管路如果与其他的甲板机械的管路连接时,应保证锚机的正常工作不受影响。

(2)在船上试验时,锚机应能以平均速度不小于9m/min将1只锚从水深82.5m处(3节锚链入水)拉起至27.5 m处(1节锚链入水)。

(3)在满足以上规定的平均速度和工作负载时,应能连续工作30min;应能在过载拉力(不小于工作负载的1.5倍)作用下连续工作2min,此时不对速度提出要求。

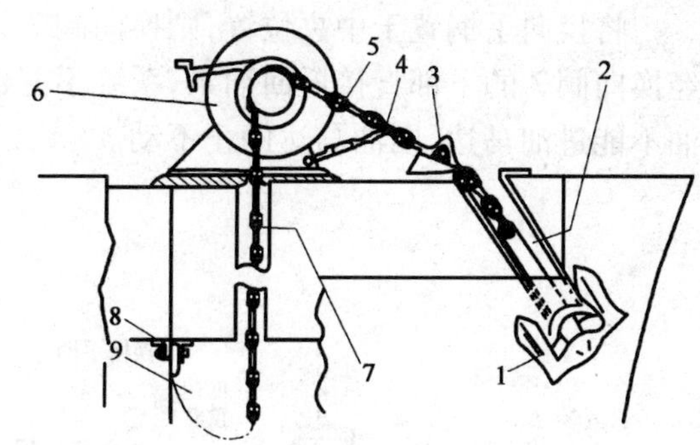

图3-53　锚设备在船首的布置

1-锚;2-锚链筒;3-止链器;4-制链钩;5-锚链;6-锚机;7-锚链管;8-弃锚器;9-锚链舱

(4)链轮与驱动轴之间应装有离合器,离合器应有可靠的锁紧装置;链轮或卷筒应装有可靠的制动器,制动器刹紧后应能承受锚链断裂负荷45%的静拉力;锚链必须装设有效的止链器。止链器应能承受相当于锚链的试验负荷。

二、绞缆机的作用及基本要求

系缆设备是船舶为停靠码头、系带浮筒、旁靠他船和进出船坞等所使用的机械设备,由系缆索、带缆桩、导缆孔(或导缆钳)、绞缆机,以及绳车、碰垫等所组成。利用绞缆机收绞缆索,即可使船舶系靠。在船首,系缆卷筒通常和锚机一起,用同一动力驱动,并可以通过离合器啮合或脱开;有的起货机也同时带有系缆卷筒;在船尾则大多设置独立的绞缆机。

对绞缆机的基本要求是:应能保证船舶在受到6级风以下作用时(风向垂直于船体中心线)仍能系住船舶。其拉力大小应该根据船舶的尺寸,按《钢质海船入级与建造规范》所推荐的数字选取。绞缆速度一般为15~30m/min,最大可达50m/min,达到额定拉力时速度取下限值。绞缆机按所用动力的不同可分为电动绞缆机和液压绞缆机。

【任务实施】

一、液压锚机的操作

液压锚机由动力和工作机构两部分组成,下面主要分析其动力部分。图3-54所示为一阀控型闭式液压锚机系统原理图。

液压泵1采用双作用定量叶片泵,最大工作压力为6.86MPa。油泵设有安全阀3,泵吸入侧设有磁性滤油器9。

液压马达4采用双作用叶片式二级变量油马达,结构与双作用叶片泵类似,也是由定子、转子和叶片等所组成的。在转子上均匀分布的8个叶片槽中设置有叶片,为使叶片能紧贴在定子的内表面上,在转子端面的弧形四槽中,每两个叶片之间,设有矩形截面的弧形推杆。工作时,叶片在压力油的作用下,带动转子在定子中转动。由于转子是用键与轴相连,所以,当转子转动时,即可直接带动锚链轮回转,从而完成起锚或抛锚任务。

控制阀具有两个阀腔:一个是换向阀腔,内装换向阀7和单向阀8,用以控制油马达的正转、反转或停转;同时,它又是一个开式过渡滑阀,可通过并联节流,对油马达进行节流调速。另一个是换档阀腔,内装换档阀,通过换档阀即可控制油马达的低速或高速工况。

将换向手柄置于中央位置,则换向阀7处于中位,并打开旁通孔,于是自油泵来的压力油经换向阀7的下部直接返回油泵,系统不能建立起足够的油压,单向阀8处在关闭状态,压力油不能进油马达,则油马达停止不动。

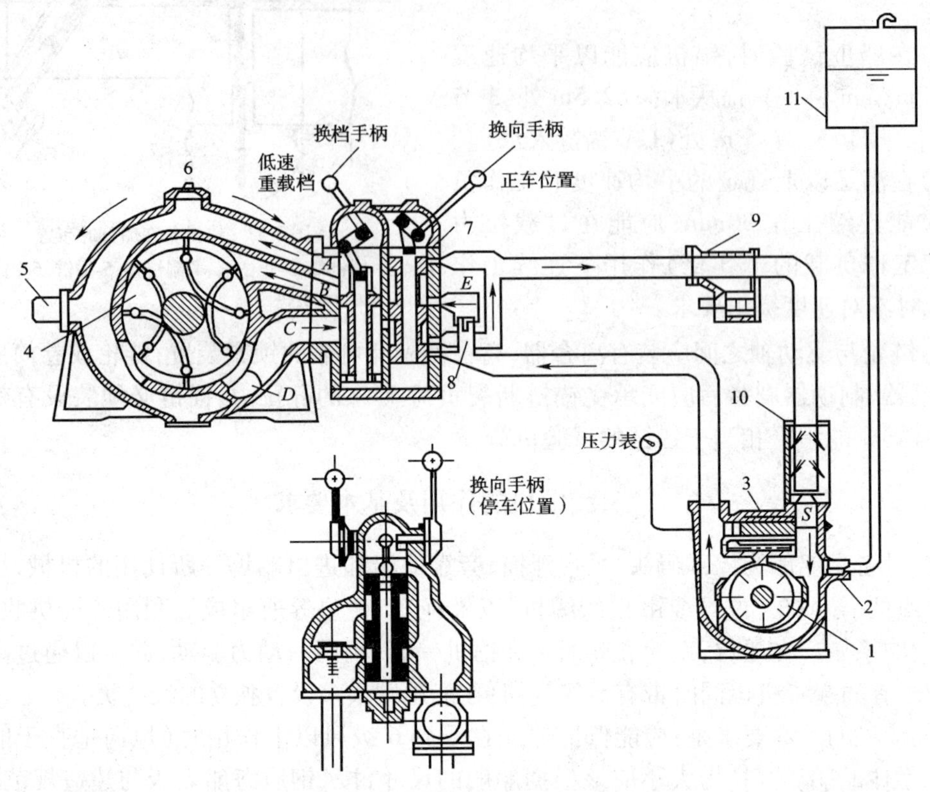

图3-54 阀控型闭式液压锚机系统原理图

1-液压泵;2-补油阀;3-液压泵安全阀;4-液压马达;5-液压马达安全阀;6-放气阀;7-换向阀;8-单向阀;9-磁性滤油器;10-回油滤油器;11-重力油箱

将换向手柄向后扳(起锚),这时换向阀7上移,逐渐将旁通孔遮蔽,于是油泵的排油压力升高,油就会顶开单向阀8,经换向阀腔和换档阀腔进油马达,进行起锚,这时油马达的两个腔室同时工作,故为重载低速工况。假如扳动换档阀手柄,使换档阀关闭油道 B,则压力油将仅能从油道 A 进油马达,而油道 B 则与口油口相通,亦即油马达只有一个腔室工作,此时即为轻载高速工况。这时,最大输出拉力仅为重载工况的1/2,但速度却较前者增加一倍。显然,改变换向手柄的操纵角度,控制压力油进入油马达的流量,则可对油马达进行节流调速。

将换向手柄向前扳(抛锚),这时换向阀7下移,于是,自油泵来的压力油,就会经油道C进入油马达,使油马达反向转动,进行抛锚。图示情况为重载低速工况。同理,若通过换档手柄使换档阀上移,则油道 B 与 C 相通,油马达就会获得轻载高速工况。并同样可通过控制换向手柄的操纵角度而使油马达实现节流调速。

重力油箱11中的液压油依靠重力产生的静压保持油泵的吸入压力,并对系统进行补油。这种锚机的限速除闭式系统本身能再生限速(向油泵反馈能量)外,靠控制换向手柄节流也可进行能耗限速。起、抛锚过程将换向手柄回中则可进行液压制动,液压马达安全阀5即相当于制动溢流阀。此外,还设有手动的刹车手柄,借以控制锚链轮旁的带式机械制动器。

该阀控型闭式液压锚机操作要领如表3-9所示。

阀控型闭式液压锚机操作要领 表 3-9

工况		换档手柄	换向手柄	油液流向	使用注意事项
低速档	正车(起锚)	左位	右位	泵出口→单向阀 8→换向阀 7→换档阀→油口 *A*、*B*→油口 *C*→→换档阀→换向阀 7→磁性滤器→滤网→泵进口	拔锚破土或入水锚链长、负载大时用;锚将就位时用
	倒车(放锚)	左位	左位	泵出口→单向阀 8→换向阀 7→换档阀→油口 *C*→油口 *A*、*B*→换档阀→换向阀 7→磁性滤器→滤网→泵进口	控制入水锚链长度时用;停车前用
	停车	中位	中位	泵出口→单向阀 8→换向阀 7 油路被滤器封闭	液压制动和停车时用
高速档	正车(起锚)	右位	右位	泵出口→单向阀 8→换向阀 7→换档阀→马达油口 *A*→马达油口 *B*、*C*、*D*(马达油口 *B* 与 *C* 相通,自我循环,使该作用失效;*A* 口进油,*D* 口回油,故马达仅按单作用工作,扭矩减少一半,转速提高一倍)→换档阀→换向阀 7→磁性滤器→滤网→泵进口	常在收系锚链时或系缆时用,不可在拔锚破土或重负载时用,否则会造成高压,导致安全阀起跳,甚至油管爆裂
	倒车(放锚)	右位	左位	泵出口→单向阀 8→换向阀 7→换档阀→马达进出口 *B*、*C*、*D*(由于油口 *B* 与 *C* 相通,自我循环,油仅从 *D* 口进入,故马达呈单作用,扭矩减少一半,转速提高一倍)→马达油口 *A*→换档阀→磁性滤器→滤网→泵进口	放缆初期和系缆时用
	停车	中位	中位	泵出口→单向阀 8→换向阀 7 油路被滤器封闭	液压制动时用

二、液压绞缆机

普通绞缆机在停泊期间需视潮汐的涨落和船舶吃水的变化相应调整缆绳的松紧,操作时很难保证各根缆绳受力均匀,倘使一根缆绳因过载而拉断,则其他几根受力更大;特别是巨型油船和散装船的缆绳很粗,更增加了操作上的困难。为了克服上述缺点,在许多船舶上采用了自动保持缆绳张力恒定(或在一定范围内)的绞缆机,简称自动绞缆机。液压自动绞缆机的形式很多,但其工作原理基本相同。因为油马达的输出扭矩是由马达的每转排量和工作油压决定的,故对定量油马达而言,只要能自动控制马达输入油液的工作压力,就能控制油马达的扭矩,即自动地调整系缆张力。具体可分为以下两大类。

1. 阀控型自动绞缆机

这种系统如图 3-55 所示,采用定量油泵 7,用溢流阀 3 来控制油马达 4 收缆进油侧的工作油压。由于系泊期间油泵的排油仅需补充马达和系统的漏泄,而多余的排油都要经溢流阀溢回油箱,为减轻功率的消耗和油液的发热,常在停泊时改用流量小的辅泵供油,或如图所示借蓄能器 1 维持供油压力,而用压力继电器 9 根据蓄能器压力控制主泵 7 间断工作。

2. 泵控型自动绞缆机

在这种系统中,主泵采用限压式变量泵。如图 3-56 所示,采用压力继电器 7 控制电磁二位二通换向阀 4 对普通变量泵 6 进行二级变量控制,以使主泵在达到所要求的工作压力时就能改以小流量工作。这虽可省去辅泵,但存在主泵价格较高和系泊期间工作时间长,磨损较大的缺点。

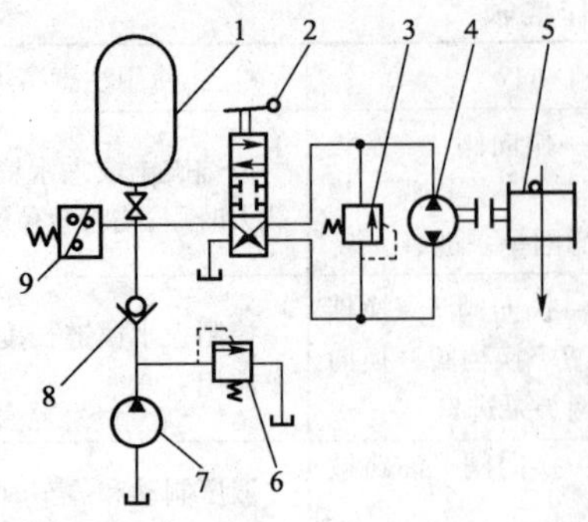

图 3-55　带蓄能器的定量泵式自动统统机工作原理图
1-蓄能器;2-换向阀;3-溢流阀;4-油马达;5-卷筒;6-溢流阀;7-油泵;8-单向阀;9-压力继电器

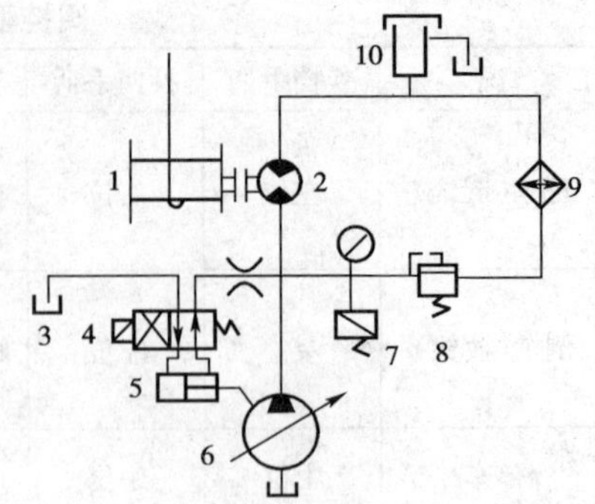

图 3-56　带压力继电器的变量泵式自动系缆机原理图
1-卷筒;2-油马达;3-油箱;4-电磁换向阀;5-变量机构油缸;6-油泵;7-压力;8-溢流阀;9-冷却器;10-膨胀油箱

【知识链接与技能拓展】

一、电 动 锚 机

图 3-57 所示为电动锚机,主要由电动机 1、传动机构和锚链轮 4 等组成。锚机通常还带有绞缆卷筒 5,当用于绞缆时可借手柄 7 使锚链轮的牙嵌式离合器 6 处于脱开状态。浅水抛锚可脱开离合器靠锚链自重进行,用刹车手柄 2 调节刹车带松紧控制抛锚速度。深水抛锚为了控制抛锚速度,可将离合器合上,由于减速齿轮箱中的蜗轮蜗杆机构有自锁作用,抛锚速度可由原动机转速来控制。

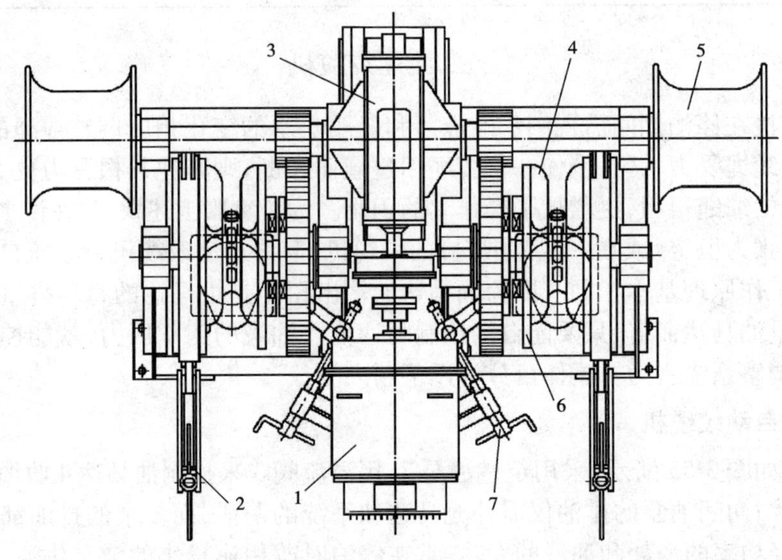

图 3-57　电动锚机
1-电动机;2-刹车手柄;3-减速器;4-锚链轮;5-卷筒;6-离合器;7-离合器手柄

二、液压舱口盖启闭装置

1. 舱口盖启闭装置的功用与类型

舱口盖启闭装置的功用是迅速安全地开启和关闭舱口盖,以便保持货物舱水密和便于装

卸货作业。舱口盖启闭装置按动力分有电动式和液压式;按启闭方式分有滚动式、平移式和折叠式等,如图3-58所示。滚动式和平移式的液压执行机构一般布置在舱口围外,故万一液压油管破裂时,不易污染货物,而折叠类的执行机构一般在舱口围内易发生污染,且检修位置小,不方便。舱口盖除了利用专门装置启闭外,也有利用起货设备进行启闭的。

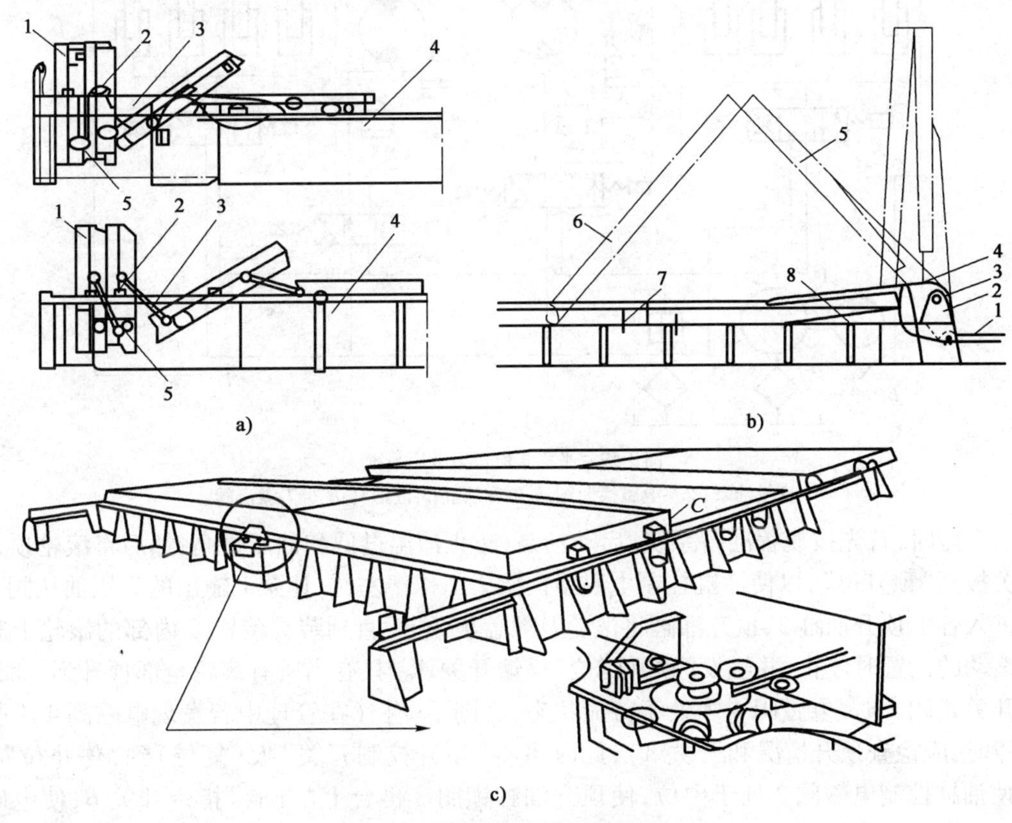

图3-58　舱口盖启闭装置的类型

a)滚动式;b)折叠式;c)平移式

a)1-舱口盖;2-导向滚轮;3-导板;4-舱围板;5-行走滚轮;b)1-油缸;2-杠杆臂;3-支点;4-舱口固定装置;5-后舱盖;6-前舱盖;7-夹紧装置;8-斜面板

舱口盖液压启闭装置的液压系统根据启闭方式不同有的属于单向负载类的,有的属于双向负载类的,但总体而言与液压起货机的系统大同小异,但相对简单。

2. 对舱口盖及其自闭装置的基本要求

(1)启闭迅速:这就要求舱口盖结构合理,负载轻,阻力小,启闭装置应有足够的功率。

(2)安全平稳:舱口盖的启闭常在装卸货期间,甲板上人员较多,故保证启闭的安全平稳很重要。

(3)防止污染:液压启闭装置要采取有效措施,防止漏油造成污染事故和货物受损。

(4)保证水密:上紧舱口盖,应保证水密,防止海水、雨水造成货损甚至危及船舶安全。

(5)管用简便:管理和操作使用应简单方便。

(6)收存方便:舱盖板应便于开启后收存。

3. 舱口盖液压启闭装置实例

下面以图3-58所示的平移式舱口盖启闭装置为例,介绍其液压系统的工作原理。

平移式舱口盖主要用于散货船露天甲板的舱口，开启迅速方便，密封良好，不易污染，检修方便，但开启收存时水平占位大。其液压系统如图 3-59 所示。

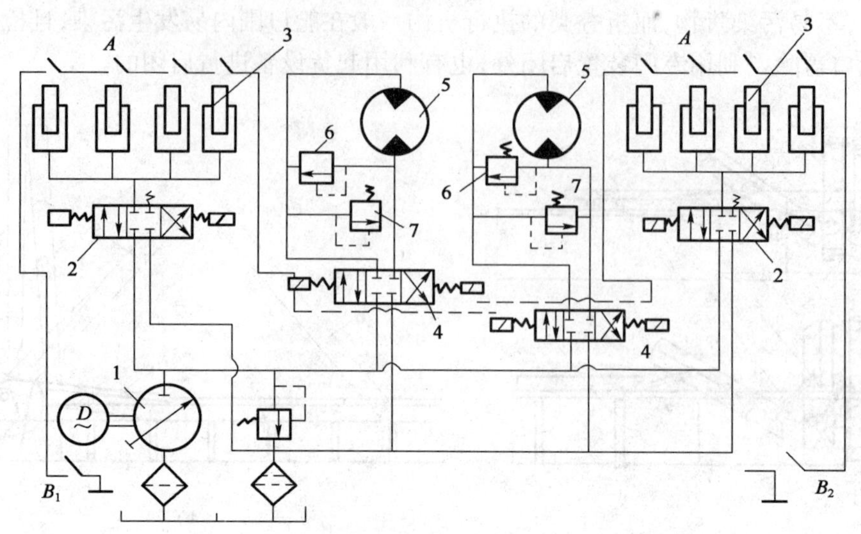

图 3-59 平移式舱口盖液压系统

1-变量油泵；2、4-电磁换向阀；3-顶升油缸；5-液压马达；6、7-溢流阀

当开舱时，首先按规程准备系统、启动油泵，防止油温过低和油压过高；然后将滚轮顶升控制开关扳到“顶升位”，以使油缸控制电磁换向阀 2 工作于左位，让泵 1 输出的高压油从阀 2 的左位进入各个顶升油缸 3，顶升油缸将滚轮及舱盖板顶起，直到装在装置 C 内部的滚轮上升到可以滚动的位置时停止，并触发“顶升到位”反馈开关 A。只有当所有滚轮全部顶升到位时，即每个开关 A 闭合时，电磁阀 4 才处于待命状态，否则不受控（在管理中若发现电磁阀 4 不受控的故障时，应检查顶升情况和开关 A）；此时可将“顶升控制开关”扳（复位）到“停止位”（断电），使油缸控制电磁阀 2 处于中位，使顶升油缸锁闭。再合上“开舱”指令开关 B，使电磁换向阀 4 工作于左位，让油进入并驱动液压马达，相应的回油经阀 4 回油箱；液压马达带动相应的齿轮齿条（或钢索）将舱盖板拉向两侧。当舱盖板开启到位时，应及时松开“开舱”指令开关 B_1 手柄，使之复位，断开电路，以使阀 4 回中，停止液压马达转动，并及时停泵。开舱期间一般让顶升油缸锁闭在顶起状态，即让阀 2 保持在中位，以防杂物落入放置滚轮的凹穴。

当关舱时，重新启动液压泵 1，将滚轮顶升控制开关从“停止位”扳到“顶升位”，以使油缸控制电磁换向阀 2 工作于左位，确保将顶升油缸 3 全部顶起，开关 A 全部闭合。合上“关舱”指令开关 B_2，电磁换向阀 4 工作于右位，液压马达反向进回油，从而反转，将各舱盖板拉向关闭位置。当关舱到位时，应及时松开“关舱”指令开关 B_2 手柄，使之复位，断开电路，以使阀 4 回到中位，停止液压马达转动。然后将“顶升控制开关”扳到“下降位”，以使油缸控制电磁换向阀 2 工作于右位，顶升油缸 3 下降并将其中的油泄回油箱，舱口盖的滚轮开关 A 全部断开，此时，可将“顶升控制开关”扳（复位）至“停止位”。舱口盖的滚轮随着顶升油缸下降而落入凹穴，依靠舱口盖的自重，将本身的密封橡皮压紧，保持水密。

思考与练习

1. 简述阀控型闭式液压锚机的操作要点。

2. 阀控型自动绞缆机是如何工作的？

3. 锚机、绞缆机应满足哪些基本要求?

4. 简述平移式舱口盖液压系统工作原理。

任务8 液压起货机的操作

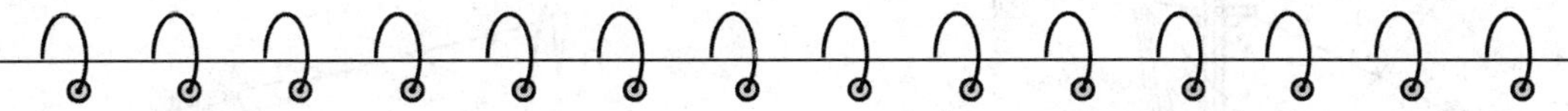

教学目标

◎ **能力目标**:能正确操作并分析液压起货机。

◎ **知识目标**:(1)熟悉液压起货机的类型和特点;(2)掌握液压起货机的工作原理;(3)熟悉对船舶起货机的基本技术要求。

◎ **情感目标**:(1)严谨细实的工作态度;(2)良好的职业道德意识;(3)创新的意识和创新精神;(4)优良的学风和团队协作精神。

【任务引入】

船舶载运货物的装卸虽可用港口的起货设备来进行,但并非所有港口都具有足够的吊货机械,同时也需考虑船舶在开阔水面过驳及吊运物料、备件等的需要,因此,在一般干货船上仍需安装起货机。对大多数的杂货船、散货船等来说,船上起货机的可靠性和工作效率对缩短港泊时间、加快周转、降低运输成本都具有重要意义。目前,船舶上多配备液压起货机,因此,液压起货机的操作、分析就是个重要的课题。

【任务分析】

液压起货机作为液压甲板机械的一种,其既有液压机械的共性,又有其独特的一面,船检规范又对其性能有要求。因此,首先需要熟悉液压起货机的相关知识。

【相关知识】

一、船用起货机的主要类型

船用起货机按所用动力分,主要有蒸汽起货机、电动起货机和液压起货机;按起货重量分,主要有轻型起货机(10t 以下)和重型起货机(10t 及以上);按结构和作业方式分,主要有单吊杆起货机、双吊杆起货机和回转式起货机(即克令吊)。克令吊按其自身能否移动又可分为定置式和位移式。其中,定置式又分为单克令吊、孪克令吊(可分舱、同舱同时作业或重货合吊)和双关节克令吊(专吊集装箱)。

双吊杆起货机如图 3-60 所示。作业时吊杆位置不动,一根吊杆 3 放在货舱口上方,另一根 4 则伸出舷外。两根吊货索 7、8 各由一部绞车 1、2 控制,均与吊货钩相连。由两人配合操作两部绞车,相应收、放两根吊货索,即可自船舱和码头起卸货物。

单吊杆起货机有三部绞车,如图 3-61 所示。回转绞车 2 装有绕绳方向相反的两个卷筒,分别卷绕着两根支索 4,绞车转动时两根支索分别卷起或放出,从而使吊杆 5 回转。吊杆的俯仰(变幅)则由变幅绞车 3 控制顶牵索 6 的收、放来实现。吊钩则由另一台起吊绞车 1 控制。单吊杆起货机只需一人操作;作业前准备工作较简单,且可随时调整作业范围,能两舷轮流装卸;而且在吊杆受力相同的条件下,工作负载大约为前者的 2 倍。缺点是吊杆在作业中需要回转，每吊周期比双吊杆长；货物在空中易摆动，落点定位不容易准确。目前这种吊杆最大负荷可达40t，回转角度约为65°。如果改变支索边滑轮在舷墙上的安装位置，则吊杆的回转角度还可进一步增加到90°左右。专门设计的重型吊杆最大起重能力已超过600t，而双吊杆多用于负载小于5t的场合。

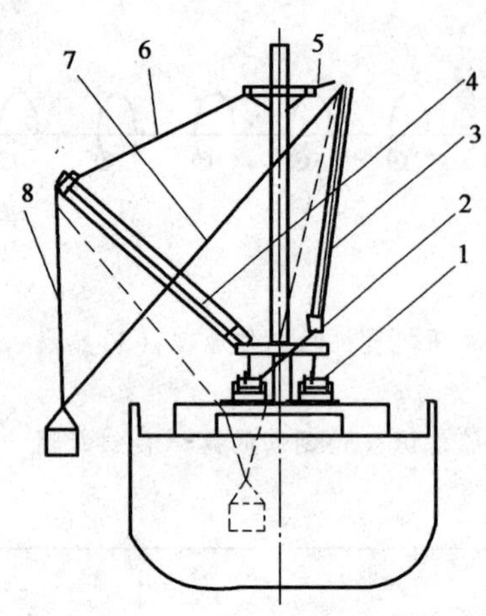

图3-60 双吊杆起货机

1、2-绞车；3、4-吊杆；5、6-顶牵索；7、8-吊索

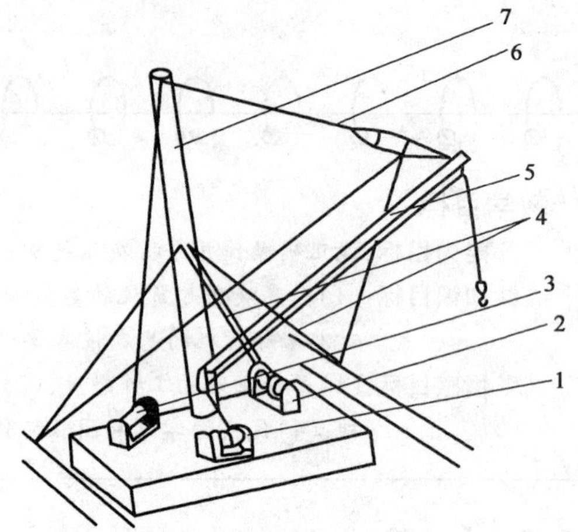

图3-61 单吊杆式起货机

1、2、3-起吊、回转、变幅绞车；4-支索；5-吊杆；6-变幅索；7-起货柱

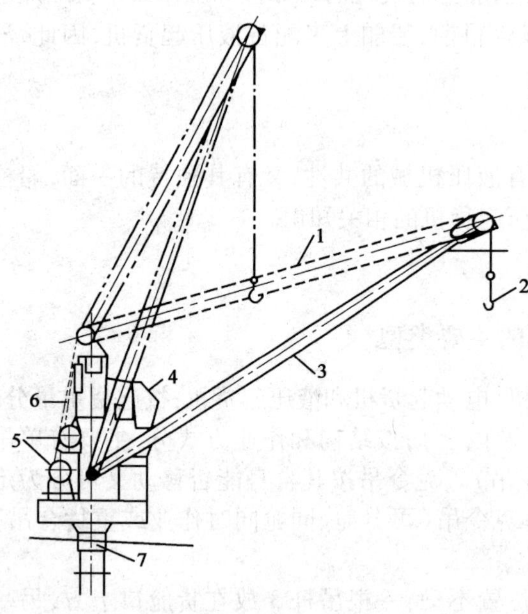

图3-62 单克令吊

1-钢丝绳；2-吊货钩；3-吊臂；4-操纵室；5-油马达；6-回转柱；7-立柱

单克令吊如图3-62所示。其工作情况与单吊杆起货机类似，不过操纵室和起吊马达、变幅马达、回转马达，以及吊臂和索具等已被组装在共同的回转座台上。图中示出的起吊马达和变幅马达5分别卷动钢丝绳控制吊货钩2和吊臂3；另一立式布置的回转马达则控制一个小齿轮在与立柱7相连的固定平台的大齿轮（内齿圈）上转动，从而带动整个回转座台360°回转。

与吊杆式相比，克令吊具有占用甲板面积少，操作灵活，可360°旋转。能为前、后舱服务，装卸效率较高，能准确地把货物放到货舱的指定地点，并能迅速地投入工作等优点；但它结构复杂，管理要求高，价格约比吊杆式起货机贵30%～40%。一般认为当船舶经常到港和起重量超过5t时，采用克令吊是合适的。目前，船用克令吊工作负载多在25t左右，最大的已发展到60t。

二、对船的起货机的基本要求

1. 技术要求

（1）能以额定的起货速度吊起额定负荷。

(2)能依操作者的要求,方便灵敏地起、落货物。

(3)能依据起吊货轻重、空钩或货物着地等不同情况,在较广的范围内调节运行速度。

(4)不论在起货或落货过程中,都能根据需要随时停止,并握持货重,即能可靠地制动。

上述各项基本要求实际上规定了任何起货机都必须具有足够的功率;必须具有正、反转换向工作的能力;必须能够调速和限速;并需相应设置常闭式制动设备和某种机械性的固锁装置,以便有效制动和锁紧,从而确保安全。

2. 试验要求

按规定的试验负荷试验,最低为1.1倍安全工作负荷;吊杆放在规定仰角位置,吊臂放在最大臂幅位置;重物悬挂时间不少于5min。

满速起升:工作角度变幅;最低设计幅度下按设计极限角度回转;制动;慢速全程行走。

回转式起货机吊臂的不同臂幅在相应不同的试验负荷下试验,如表3-10所示。

克令吊的试验负荷 表3-10

安全工作负荷 SWL(t)	试验负荷 SWL(t)	安全工作负荷 SWL(t)	试验负荷 SWL(t)
≤20	1.25×SWL	>50	1.1×SWL
20<SWL≤50	SWL+5		

双吊杆起货机要检查两根吊货索的净空高度、吊索夹角和保险稳索位置。

对超负荷保护装置、超力矩保护装置进行动作试验,校核负荷指示器。

【任务实施】

一、阀控型开式起货机构液压系统分析

图3-63所示为采用定量泵和定量油马达的阀控型开式起货机液压系统。其主要工作特点如下。

1. 换向和调速

这种系统采用定量泵1,如要求油马达改变转向,使重物起升或下降,就必须手动操纵换向阀3,改换油马达主油管的进油和回油的方向。换向操作切忌过猛,否则,因起货机惯性较大,在起、停、换向时就会产生较大的液压冲击。虽然系统中设有安全阀2,但其开启后有一定滞后,仍可能造成管路、密封和仪表的损坏。

当液压系统由定量泵和油缸(或定量油马达)组成时,要调节油缸活塞移动速度(或油马达的转速),必须改变管路中油液的流量(节流调速)。为了操纵方便,一般都用换向阀兼作流量控制阀。根据换向阀结构型式不同,利用换向阀进行节流调速可分为串联节流调速、并联节流调速、溢流节流调速。

由于采用节流调速法,油泵排出的多余油液必须重返油箱,并使供至执行机构的油液经过节流,故功率损失不可避免,并导致油液发热。因此,这种调速方法仅适用于功率不大及调速要求不高的系统。

2. 限速和制动

起货机在起升、下降或停止时始终存在由重力产生的单向静载荷,在下降过程中,重力实际成了油马达的驱动力矩。因此,下降时的限速和停止时的锁紧是这种液压系统必须考虑的特殊问题。下面介绍几种常见的限速方法。

(1)用单向节流阀限速

如图 3-63 所示,在下降工况的回油管路上用单向节流阀代替远控平衡阀 4。在起升工况时它能让压力油自由通过,而在下降工况时能对回油进行节流。这时,回油量因重力形成的油马达排出压力 p_b 有限而受到限制。要想加快下降速度,须增加换向阀向右的位移以增加油马达的进油压力 p_a,从而提高油马达回油压力 p_b 和流量。显然,这种限速方法在轻载下降或油温降低时,要想达到一定的下降速度就得加大 p_a,以致油泵的功率增加,经济性差。仅适用于重力载荷变化不大以及功率较小或工作不频繁的阀控型开式系统。

(2)用平衡阀限速

平衡阀是一种内泄式单向顺序阀,有直控和远控之分,图 3-64 所示为一种远控平衡阀。压力油来自 c 口(起升工况)时,可顶开单向阀 1,通往 b 口;而当压力油来自 b 口(下降工况)时,单向阀不开。只有当远控油口 a 的控制油压作用在控制活塞 6 的底部,克服弹簧 2、3 的张力(为 3.5 ~5.5MPa,不可调,有的做成可调式)将主阀 4 顶起,b 口的油才能经主阀通往 c 口。漏到主阀上方的油可经内泄油口 d 泄往 c 口。主阀中部的节流口可使主阀开启过程中通流面积逐渐增大,而主阀阀套 5 下部的锥形阀座可使主阀关闭严密。主阀设双弹簧可防止阀芯产生共振。控制活塞 6 上的阻尼孔 e 使该活塞移动时受到阻尼作用,也可减少主阀发生振动的可能性。

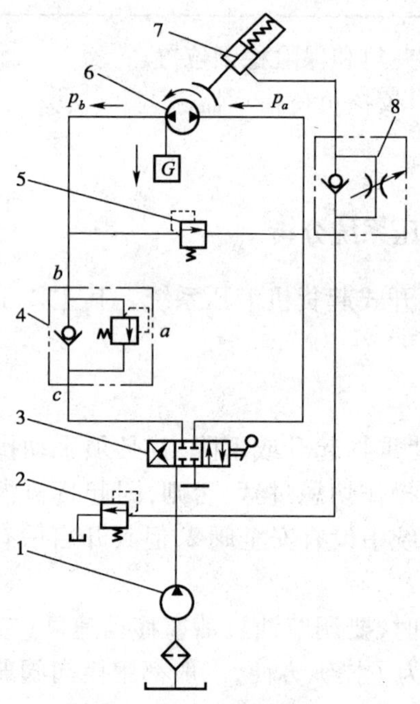

图 3-63　用远控平衡阀限速的开式系统

1-定量泵;2-安全阀;3-手动换向阀;4-远控平衡阀;5-制动阀;6-油马达;7-制动器;8-单向节流阀

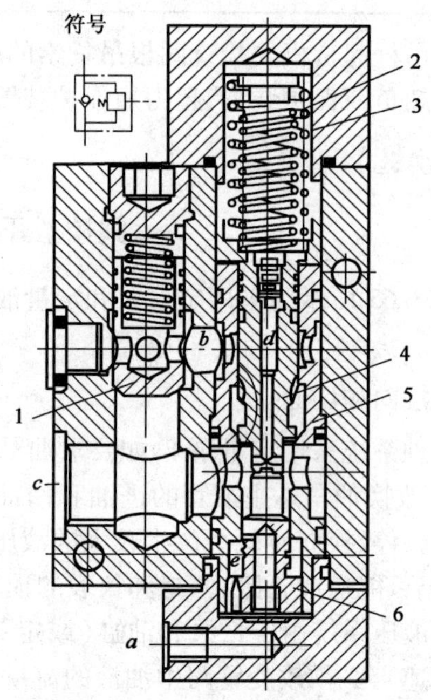

图 3-64　远控平衡阀

1-单向阀;2、3- 主阀弹簧;4-主阀;5-主阀阀套;6-控制活塞

因此,重物下降时油马达的回油流量不可能大于由换向阀 3 控制的进油流量,否则 p_a 立即降低,平衡阀关闭。于是,重物下降速度由换向阀的开度来控制。

开式系统无论采用什么方案限制重物下降速度,都是在油马达(油缸)的回油管上进行节流。这会导致节流损失和增加油液发热,称为能耗限速。

起货类机的开式液压系统中,油马达(油缸)下降工况时的进油管路无论在起升、下降或制动、锁紧时都不会承受太高的油压力。而下降工况的回油管路在油马达(油缸)出口到限速阀件之间这段，在任何工况都承受较高油压。因此，平衡阀和单向节流阀等限速阀件在下降工况回油管上必须尽量靠近油马达（油缸），以免两者之间的油管破漏而使重物坠落。

开式液压系统的制动是通过换向阀回中来实现的。这时油马达的两根主油管被封闭，回油压力迅速升高，实现液压制动。若对油缸锁紧的要求较严，就必须在紧靠单向节流阀的管路上加装液控单向阀4，下降时它靠进油压力 p_a 开启，换向阀回中后进油压力迅速降低，阀4即能严密关闭，将油路锁闭。

用油马达作执行机构的液压系统，油马达内部一般都有漏泄，无法实现液压锁紧，必须为油马达加设机械制动器。机构制动器又分即时抱闸和延时抱闸两种。延时抱闸制动器只是在换向阀回中而油马达靠液压制动停转后才起锁紧作用，在停转前的减速过程中基本上不参与制动工作，这样可避免制动器磨损太快。为此，在图3-63所示系统中，要求在机械制动器7的管路上，装设单向节流阀8。当换向阀离开中位时，油泵所排压力油经阀8自由通入制动器油缸，克服弹簧力，使制动器立即松闸；而换向阀回中时，制动器油缸的泄油必须经过阀8节流，从而延迟抱闸。有时为缩短制动时间，减少重物下滑距离，即使系统能实现液压制动，也希望使用即时抱闸制动器，在油马达完全停住之前就抱闸，以帮助减速。为此，可将此单向节流阀8取消。

如起货机运动部分惯性较大，在下降工况中突然进行液压制动时（如换向阀回中太快），油马达（油缸）回油管路压力急剧升高，有可能导致事故。为此，系统中设有作为制动阀用的溢流阀（图3-63中的5），制动时用它限制制动油压。为了缩短制动时间，制动阀的整定压力可以比安全阀2高5% ~10%。

3. 限压保护

除了制动阀在下降工况制动时起限压保护作用外，在油泵出口还装有作为安全阀的溢流阀（图3-63中的2），以防超负荷工作时油泵排出压力过高而使电动机过载或损坏装置。

二、液压起货机操作

1. 启动

（1）先将油泵变量机构调至零位，开启系统各阀。

（2）夏季启动液压起货机应先启动冷却系统，确保正常供水、供风。

（3）检查油箱油位是否正常。

（4）手动盘车，检查油泵有无卡阻现象，有无妨碍运转的外物。

（5）启动油泵，手动操纵起货机，轻载工作。

（6）逐渐加大起货机工作负荷。

2. 运行及停止

（1）检查油箱油位、油温、油压是否在正常范围内。

（2）检查油泵有无异常振动与噪声。

（3）检查系统各元件有无泄漏现象。

（4）检查执行机构运动速度与操纵手柄位置及油泵变量机构位置是否相符。

（5）停用时把起货机吊杆或吊臂放到停用位置。

（6）通过操纵手柄将起货机油泵排量调至零位。

（7）切断电源停止油泵运转，停止冷却水泵，关闭冷却水系统各阀（或关闭风门）。

3. 系统加油

(1)开启系统各放气阀、旁通阀及其他各阀。

(2)使用油泵经过滤器将工作油加入补油箱循环油箱,使之达到最高油位。

(3)启动主油泵以小流量向系统充油,在此过程中应注意油箱油位,防止油泵吸空。

(4)使起货机以小负荷运转,并打开高压侧放气旋塞,有整股油流流出后关闭,改变起货机运转方向,开启放气旋塞,有整股油流流出后关闭。

(5)反复进行第4步操作,直至无气体放出为止。

【知识链接与技能拓展】

泵控型闭式起重机液压系统

采用变向变量泵作主油泵的泵控型液压系统,一般都是闭式(或半闭式)系统。图3-65所示为起货机所用的一种泵控型闭式(半闭式)液压系统。其工作情况如下:

1. 换向和调速

系统采用变向变量泵作主油泵,它是通过改变油泵的吸排方向(即油马达进、回油方向)改变转向。由于变向变量泵在改变排油方向的过程中,流量总是先逐渐减小为零,然后再向反方向逐渐增大,故液压冲击小,工作平稳。

泵控型系统调速采用改变主油泵流量的办法(容积调速)。如不计容积损失,则可认为闭式系统油泵流量全部通过马达,改变油泵排量,油马达转速随之而变,并实现无级调速。容积调速不产生额外的节流损失,比节流调速经济性好,油液发热少。

2. 限速和制动

起货机采用泵控型闭式系统时,其限制重物下降速度的方法与开式系统有本质的不同。重物下降时,油马达由重力造成的转矩驱动,实际按油泵工况运行,其排油供入油泵(而不是回油箱)驱动泵回转,使油泵进油压力大于其排油压力,工况相当于油马达。这时油泵不仅不消耗电能,反而能从压力油的输入中得到液压能。如果同轴带有其他油泵,则可驱动其回转,不然则油泵转速可能超过电动机转速,使电动机呈发电机工况而向电网反馈电能。

调节变量泵的排量 q_P,能控制油马达转速。这种限速方法在重物下降时能回收重物的位能,称为再生限速,经济性优于能耗限速。

如果是阀控型闭式系统,虽然也可以实现再生限速,在重物下降时回收一部分能量,而不必像开式系统那样在回油路上设平衡阀或单向节流阀,但因 q_P 不可调,如需要进一步控制下降速度,仍需要操纵换向阀进行节流,辅以能耗限速。

在闭式系统中,当变量油泵回到中位时,q_P 为零,油马达转速 n_M 也应为零,原则上可实现液压制动。然而,当油泵变量机构采用机械式操纵机构时,各传动杆件间难免有间隙,并出现传动误差,以致在操纵手柄回中时变量泵往往不能刚好回到中位,这样油马达就会停不住。为了解决油泵不能可靠回中的问题,在系统中装设一个中位阀11;并在制动器8的控制油路中设有正好与图3-65所示系统相反的单向节流阀7,使之成为即时抱闸制动器。每当油泵操纵手柄回到中位时,二位三通电磁阀6断电,中位阀控制油泄入油箱,在弹簧作用下中位阀使主油路旁通,主泵的卸荷便有了保证。而当操纵手柄离开中位时,电磁阀6通电,控制油通过阀6后,一路去推动中位阀,使主油路旁通管隔断,另一路经阀7的节流进入制动器油缸。这里的节流作用是为了减缓进油流量，让中位阀先隔断，待主油路建立起油压后再松闸，以免重物发生瞬间下坠。

电磁阀6还能在意外失电时动作，使主油路经中位阀旁通而制动器抱闸，以防货物坠落。

为防止万一中位阀失灵不能隔断油路，或手柄回中后制动器失灵不能抱闸，从而发生坠货事故，系统中设了单向节流阀10。如果发生上述情况，油马达回油必须通过阀节流10才能旁通，限制重物坠落速度，节流阀10在下降工况手柄回中时还能使油马达回油背压提高，产生一定程度的液压制动，以减轻制动器的磨损。

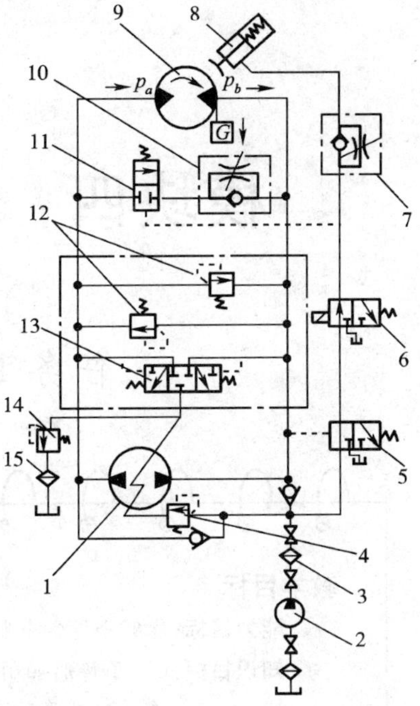

3. 限压保护

无论在起升或下降时，只有油马达在起升工况的进油管路(图中右边主油管)才承受高压，而下降工况的进油管路始终只承受低压。为防止超载导致油压过高，原则上只要求在高压管路上设置安全阀，但为了防止意外，本系统仍设了双向安全阀12。

采用泵控型闭式系统，如油泵遥控系统不是机械式，能保证回中可靠，则可不设中位阀，并能实现液压制动，这时安全阀可兼作制动阀。

图3-65　泵控式定量液压马达起升液压系统
1-主液压泵；2-辅泵；3-细滤油器；4-溢流阀；5-失压保护阀；6-电磁阀；7、10-单向节流阀；8-制动器；9-油马达；11-中位阀；12-安全阀；13-低压选择阀；14-背压阀；15-冷却器

4. 失压保护

起货机的泵控型闭式系统中，油泵与油马达之间的高压管路较长，万一这段管路破损或泵突然失压，可能发生重物坠落事故。因此在制动器的控制油路上设有失压保护阀5。它是一个液动二位三通阀，由高压管路中的压力油控制。当泵突然失压或高压油管破裂时，失压保护阀5被弹簧推向左位，使制动器油缸泄油抱闸。

5. 补油和散热

为补偿油液外漏，必须向低压侧管路补油，保证低压管路中不致出现真空。此外，油液在闭式系统中循环，发热在所难免，还必须考虑如何散热，以免油温过高。

工作频繁和负载较大的起货机，采用闭式系统油液发热比较严重，故常在工作时使一部分油液连续泄放，经冷却器回到油箱，同时不断地向系统低压管路补油，这种系统称为半闭式系统。系统中装设了低压选择阀13，工作时，它在两根主管路油压差的作用下推向一端，低压侧管路中的部分油液能经背压阀14和冷却器15泄回油箱，而冷却油则由辅泵2经滤器3和单向阀不断补入低压侧。系统的补油压力由辅泵溢流阀4调定，一般为0.6～1.0MPa，此值比背压阀14的调定值约高0.10～0.20MPa。辅泵流量一般为主泵流量的20%～30%。

思考与练习

1. 操作液压起货机通常应注意哪些问题？
2. 试分析阀控型开式起货机构液压系统工作过程？
3. 泵控型闭式与阀控型开式起货机构液压系统有何不同？
4. 对船舶起货机的基本要求有哪些？

模块四　船舶制冷与空调装置

任务1　认识制冷与空调系统

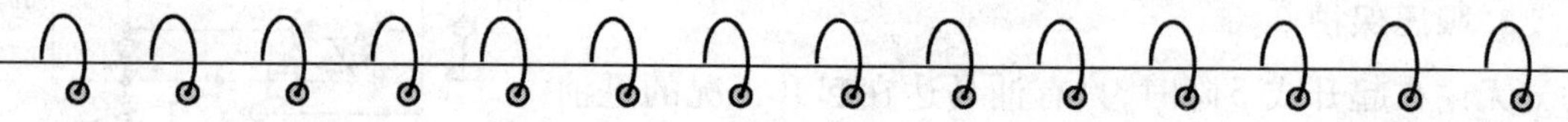

教学目标

◎ **能力目标**：能够分析各个制冷参数变化对制冷工况的影响。

◎ **知识目标**：(1)了解船舶制冷在船舶中的应用；(2)了解船舶常有制冷剂和冷冻机油的性质；(3)熟悉蒸汽压缩式制冷循环的基本原理和组成。

◎ **情感目标**：(1)严谨细实的工作态度；(2)良好的职业道德意识；(3)创新的意识和创新精神；(4)优良的学风和团队协作精神。

【任务引入】

我们知道，要想制冷，可以利用液体汽化吸热制冷，例如 CO_2 灭火器喷射时，其汽化温度可达 -78.5℃。那么如何将汽化后的气体重新变成液体呢？使得整个制冷过程组成一个循环，而不是直接将汽化完的制冷剂直接排放到大气中去？

【任务分析】

由工程热力学知识，我们知道要将气体重新变成液体，方法有冷凝、压缩、冷凝并压缩三种方法。那么在常用的蒸汽压缩制冷系统中，如何将气态制冷剂重新变成液体，如何将制冷过程完美循环，我们还需要学习一些制冷相关知识。

【相关知识】

一、热力参数

1. 压力

压力即工质垂直作用物体表面的作用力。表压力和当地大气压力之和称绝对压力。单位为 Pa，$1kgf/cm^2 = 0.1MPa = 10^5Pa$。

2. 温度

温度是表示物体冷热程度的物理量。工程上采用有摄氏温度(℃)或绝对温度(K)。摄氏温度 t 和绝对温度 T 之间的关系：$T = t + 273.15$。

3. 比容

在工程热力学中每单位质量的工质所占的容积称为比容，用符号 v 表示，单位为 m^3/kg。

比容的倒数，即单位容积中工质的质量称密度，用ρ表示，单位为kg/m^3。

4. 热量

热量简称为热，指由于温度差而转移的能量。在温度不同的物体间，热量总是由高温物体向低温物体传递。热量传递是能量转移的一种方式。热量的单位可用焦耳(J)。非法定计算单位中的1大卡是指1kg纯水在标准大气压下，温度由19.5℃升高至20.5℃时所需的热量。1大卡等于4 186.8J。

5. 比热

比热是单位质量的物质温度升高或降低1℃所吸收或放出的热量。工程上比热常用符号c表示，单位为kJ/kg·K。

二、制 冷 术 语

1. 蒸发温度

在一定压力下，液体制冷剂在蒸发器中汽化时的温度。

2. 蒸发压力

制冷剂液体在蒸发器中汽化时的压力，即蒸发温度下的饱和压力。在蒸汽压缩式制冷装置中，往往把蒸发压力视为压缩机的吸气压力。

3. 过热度

相同压力下的过热蒸汽温度与饱和蒸汽温度的差值为过热度。实际制冷循环中，为确保压缩机不产生“液击”，压缩机吸入的气态制冷剂具有一定的过热度。

4. 显热

工质的相态不改变而使其温度升降所加入或移除的热量，称为显热。如液体过冷和过热过程中放出的热量均为显热。

5. 汽化潜热

在一定温度下，每千克的饱和液体汽化为干饱和蒸汽所需加入的热量称为汽化潜热，每千克的干饱和蒸汽冷凝为饱和液体需移出的热量称为凝结潜热。

实际制冷循环中，蒸发和冷凝过程吸收和放出的热量均为潜热。在汽化或液化过程中，工质的温度不变，只是相态发生了变化。

常见的几种制冷剂其汽化潜热随压力的升高而有所下降。

6. 吸气压力

压缩机进口处气体制冷剂的压力，可近似看作蒸发压力。

7. 排气压力

压缩机排出口的气压，可近似看作冷凝压力。

8. 冷凝温度

气体冷剂在冷凝器中发热冷凝的温度，即对应于冷凝压力下的饱和温度。冷凝温度随冷凝压力升高而升高。

9. 过冷度

相同压力下，冷剂温度与膨胀阀前液体制冷剂的温度之差。即饱和温度和过冷温度之差。实际制冷循环中，适当提高过冷度往往可提高制冷量。

【任务实施】

一、蒸汽压缩式的原理

图 4-1 所示为蒸汽压缩式制冷工作原理图。蒸汽压缩式制冷是选择在常压时沸点很低的液体作制冷剂，经膨胀阀（或其他节流元件）节流进入蒸发器盘管，在较低的蒸发压力（相应的蒸发温度也低）下吸热汽化，从而实现制冷。压缩机将蒸发器产生的制冷剂低压过热蒸汽不断抽出，压送到冷凝器中去。冷凝器中的冷凝压力及相应的冷凝温度较高，这样就可利用环境介质（舷外水或空气）使制冷剂的高压过热蒸汽冷却、冷凝并降温成过冷液体，然后再经膨胀阀等焓节流送入蒸发器，连续不断地制冷。压缩机、冷凝器、膨胀阀（节流元件）和蒸发器组成压缩式制冷装置的基本部件。

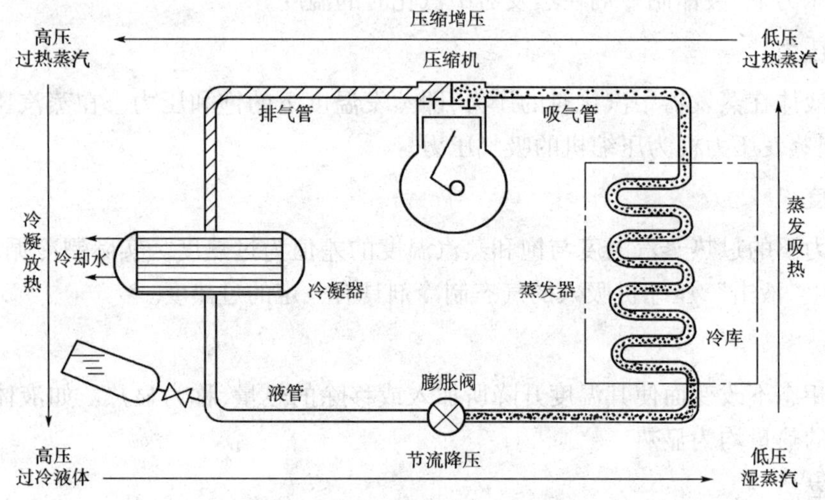

图 4-1　蒸汽压缩式制冷原理图

在压缩制冷循环中，从膨胀阀至压缩机吸口为系统的低压部分，制冷剂在蒸发器中流动因流阻而蒸发压力和温度略有降低，干度和焓值因吸热而不断增加，在出口略有过热。在蒸发器至压缩机的吸气管中制冷剂压力略降，管外要包隔热层，减少制冷剂温度和过热度因吸热而增高。从压缩机排出口到膨胀阀进口为系统的高压部分。压缩机至冷凝器的排气管无需隔热，冷凝器一般无明显压降，但制冷剂在冷凝器至膨胀阀的液管中却要避免吸热降压过多，防止过冷度提前消失闪发汽化。在此循环中，冷剂在蒸发器中所吸收的热量加上压缩冷剂气体耗功所转换成的热量，经冷凝器传给冷却介质带走。

二、性能参数的影响

根据常用的温度范围制定出名义工况，作为比较压缩机性能的基准。我国制定的有机制冷剂压缩机的三种名义工况表 4-1 所示。该标准另外还定出了考察压缩机的强度和电动机工作的“最大压差工况”和“最大负荷工况”。

我国旧标准所定的“标准工况”和“空调工况”如表 4-2 所示。

有机制冷剂压缩机的名义工况 表 4-1

类型	吸入压力饱和温度	吸入温度	排出压力饱和温度	环境温度
高温	7.2℃/45°F	18.3℃/65°F	54.4℃/130°F(高 p_k)	35℃/95°F
			48.9℃/120°F(低 p_k)	
中温	-6.7℃/20°F		48.9℃/120°F	
低温	-31.7℃/-25°F		40.6℃/105°F	

注:表中工况制冷剂的过冷度为0℃。

活塞式制冷压缩机的标准工况和空调工况 表 4-2

工况	制冷剂	蒸发温度(℃)	吸气温度(℃)	冷凝温度(℃)	过冷温度(℃)
标准工况	R22	-15	15	30	25
	R717		-10		
空调工况	R22	5	15	40	35
	R717		-10		

决定制冷工况的主要温度条件如下(其中影响最大的是冷凝温度和蒸发温度)。

(1)冷凝温度 t_k:对应于冷凝压力的饱和温度。压缩机排出压力通常近似等于冷凝压力,其对应的饱和温度可近似看作是冷凝温度。

冷凝压力的大小是由压缩机的质量流量与冷凝器单位时间冷凝量的动态平衡关系所决定。压缩机吸气压力高,质量流量增大,则冷凝压力会升高;而冷凝器换热能力差(取决于冷却介质的温度、流量和传热面积、传热系数),或冷凝器中聚集了不凝性气体,冷凝压力也会升高。调节冷凝压力的办法主要是调节冷却介质的流量。

(2)蒸发温度 t_o:对应于蒸发器中蒸发压力的饱和温度。由于吸气管压降不大,故压缩机吸入压力可近似地看作是蒸发压力。

蒸发压力的大小是由蒸发器的蒸发量(单位时间产气量)和压缩机质量流量间的动态平衡关系所决定。如果被冷却介质温度降低、蒸发器供液不足或传热不良(例如结霜厚、风机风速低),则蒸发量减少,蒸发压力就降低;反之,若蒸发器蒸发量大,则蒸发压力就高。另一方面压缩机质量流量变化也会影响蒸发压力。容量可调的压缩机可通过调节质量流量(例如增减工作缸数)来调节蒸发压力。

(3)供液过冷度:膨胀阀前冷剂温度低于其压力所对应的饱和温度之差。实际装置靠增加冷凝器换热面积来提高过冷度,所能达到的过冷度一般仅 3~5℃,故液管因流阻及管路上行导致的压降不宜超过 40~70kPa,否则冷剂可能因过冷度消失而提前闪气,使制冷量降低。提高过冷度常需另外采用设备和措施,详见“回热循环”和“直接蒸发式过冷循环”。

(4)吸气过热度:压缩机进口的冷剂温度高于吸入压力所对应的饱和温度之差,它取决于向蒸发器的冷剂供液量和冷剂在蒸发器和吸气管的换热量。

吸气过热度太高会使排气温度和滑油温度过高。如果压缩机吸气的过热是冷剂离开蒸发器后在吸气管中从周围环境吸热造成,则冷剂的单位制冷量实际并未增加,故装置的制冷量和制冷系数会下降,这称为“有害过热”。

温度条件对制冷影响见表 4-3(q_o为单位制冷量;w_o为单位压缩功;λ 为输气系数;G 为质量流量)。其中,如 p_k 太低会使膨胀阀流量不足;蒸发压力降低,反而使制冷量和制冷系数减小。

工况对压缩制冷的影响 表 4-3

温度条件变化	制冷量 Q_o	轴功率 P_e	制冷系数 ε
冷凝温度↑	↓(因为 q_o↓、λ↓)	↑(因为 w_o↑ > G↓)	↓(因为 w_o↑、q_o↓)
蒸发温度↓	↓(因为 v_1↑使 G↓)	当 p_k/p_o > 3 左右时↓(因为 G↓ > w_o↑)	↓(因为 w_o↑、q_o↓)
供液过冷度↑	↑(因为 q_o↑)	不变	↑(因为 q_o↑、w_o不变)
吸气过热订↑	R22:不变(因为 q_o↑ = G↓) NH_3:↓(因为 q_o↑ < G↓)	↓(因为 G↓ > w_o↑)	R22:稍↓ NH_3↓(因为 q_o↑ < w_o↓)

三、回热循环及蒸发式过冷循环

1. 回热循环

回热循环式指从冷凝器中凝结的冷剂液体与刚离开蒸发器的冷剂蒸气换热,使前者进一步过冷,后者进一步过热,这样的循环称为回热循环。图 4-2 所示为采用回热器的制冷装置。

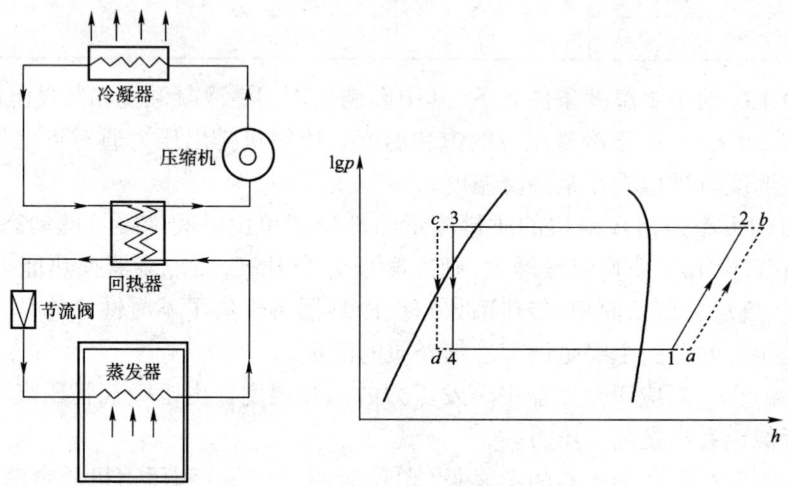

图 4-2 采用回热器的制冷装置

回热器是用来实现、回热循环的气液换热器。通常做成冷剂液体在盘管内流过,而气体在盘管外的壳体中逆向流过。回热循环对制冷量、轴功率和制冷系数的影响同增加吸气过热度的影响完全一样。

若制冷装置液管的压降较大,为防止"闪气"可采用回热循环;这同时还可以减少吸气管的有害过热和降低压缩机吸入液体的可能性(这些不是主要的,也可用加强吸气管隔热和设气液分离器的办法解决)。R22 制冷装置采用回热循环不能提高 Q_0、ε;而有的 R22 制冷装置所用工况的排气温度较高,采用回热循环会使吸、排气和滑油的温度更加偏高,会增加吸气预热损失,并降低滑油密封、润滑性能和使用寿命,因而不宜采用回热循环。

2. 蒸发式过冷循环

蒸发式过冷循环是指从冷凝器出来少量液态制冷剂节流降压进入过冷器蒸发吸热,使其余大部分液态制冷剂过冷,产生的制冷剂蒸气被压缩机吸走,这样的循环称为蒸发式过冷循环,图 4-3 所示为采用蒸发式过冷器的制冷装置。

有的 R22 制冷装置液管压降较大,需提高液体过冷度,又要防止吸、排气和滑油温度过高,可采用蒸发式过冷循环。活塞式压缩机制冷装置采用蒸发式过冷器与不用过冷器相比,理论上单位制冷量不变,单位压缩功和制冷系数也不变。

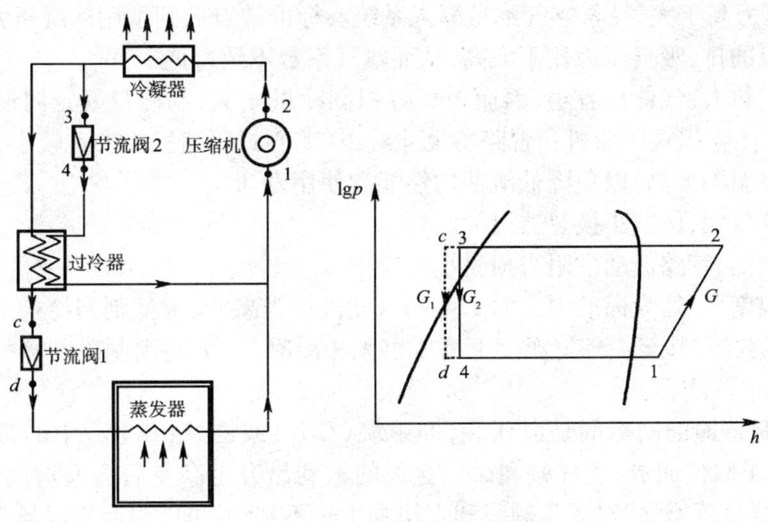

图 4-3 采用蒸发式过冷器的制冷装置

【知识链接与技能拓展】

一、制冷系统的冷藏条件

冷库保存食品的条件主要有以下方面：

(1)温度。低温可以抑制(不能杀灭)微生物的活动，并抑制水果、蔬菜的呼吸作用，延缓其成熟。长航线船低温库库温以 -18 ~ -20℃为宜；短航线船控制在 -10 ~ -12℃较为经济。高温库中菜库温度多保持在 0 ~5℃，粮库可选 15℃左右。

(2)湿度。相对湿度过低会使食品干缩，过高又使冷藏食物容易繁殖霉菌(对冷冻食物影响不大)。因此，高温库适宜的相对湿度为 85% ~90%，低温库可保持在 90% ~95%。一般冷库在降温过程中能保持适宜的湿度，不需专门调节。

(3)二氧化碳和氧气的浓度。适当减少 O_2 和增加 CO_2 的浓度，能抑制水果、蔬菜呼吸作用，减少水分的散失，储藏期可比普通冷藏库延长 0.5 ~1 倍。菜、果库一般控制在 CO_2 浓度 5% ~8%、O_2 浓度 2% ~5% 为宜。果蔬类冷藏舱或冷藏集装箱的换气次数(指更换相当多少个舱室容积的新鲜空气量)以每昼夜 2 ~4 次为宜。船上菜库每天开门存取食品，一般无需特意换气，但库内应通风良好。

(4)臭氧浓度。臭氧(O_3)气体除能杀菌外，还可抑制水果的呼吸作用，防止其过快成熟，此外还有除臭作用。但会使奶制品和油脂类食物的脂肪氧化，故在船上多用于菜库。

臭氧发生器是利用金属电极间高压放电，使空气的氧气转变成臭氧。臭氧在空气中密度较大，故臭氧发生器宜装设在冷库高处，有利臭氧散播。臭氧浓度超过 1.5 ppm 时会刺激人的呼吸道粘膜并使人头疼，进冷库前应停止臭氧发生器的工作。

二、制 冷 剂

1. 制冷剂的热力性质和热物理性质的要求

(1)冷凝压力不太高，对设备和管路耐压要求不高。

(2)标准沸点(在标准大气压时)比所需的蒸发温度(比要达到的冷却温度低 5 ~10℃)

低,可使蒸发压力高于大气压,空气不易漏入系统。标准沸点低则常用冷凝压力较高。

(3)压缩机的排、吸气压力比不太高,从而输气系数不致过低。

(4)汽化潜热大,气体比容小,因而单位容积制冷量 q_v 大,制冷量既定时制冷剂的容积流量便能较小,可使容积式压缩机和管路的尺寸减小(离心式压缩机要求 q_v 较小)。

(5)压缩终温不太高,以免降低滑油的性能和使用寿命。

(6)热导率较大,可减小换热器尺寸。

(7)粘度较低,管路流动的阻力损失小。

(8)临界温度 t_c(约为标准沸点的 1.4~1.6 倍)适当高。t_c 太低则制冷剂节流降压的闪发损失大,制冷系数低,甚至在环境温度下高压也无法冷凝。t_c 太高则制冷剂蒸气在既定蒸发压力的比容较大,q_v 较低。

目前用得最普遍的制冷剂是卤代烃,即甲烷(CH_4)或乙烷(C_2H_6)中的氢原子被卤素氟(F)、氯(Cl)原子取代而成,统称氟利昂。含氯的氟利昂升至高空后会大量损耗臭氧,而使到达地面的紫外线显著增强,对人类健康和农作物生长不利,并可能引起气候异常。分解臭氧的能力用"臭氧耗损潜值"(ODP)来衡量。

CFCS 表示不含氢的氯氟烃,ODP 值高,例如曾广泛使用的 R12(二氟二氯甲烷 CCl_2F_2)已禁用;HCFCS 表示含氢氯氟烃,ODP 值较低,至 2020 年(发展中国家 2030 年)要禁用;HFCS 表示无氯的含氢氟化烃,ODP = 0,未限制使用。

2. 常用制冷剂

制冷剂是在制冷装置内完成热功转换的媒介物。船舶上常用的制冷剂有以下几种:

1)R22(二氟一氯甲烷 $CHClF_2$)

R22 在船舶上使用很广泛,特别是在某些氯氟烃(CFC)被禁止使用的今天,在尚未确定更适合船舶制冷装置使用的新型制冷剂之前,R22 就成为主要的过渡性制冷剂。欧共体提议 2014 年禁用,我国定为 2040 年禁用。

(1)R22 无毒、无味、不燃不爆、热稳定性好,但和火焰(800℃以上)接触时会分解产生卤代烃气体和微量有毒光气及一氧化碳气体;

(2)R22 工作压力适中,标准沸点为 -40.8℃;

(3)R22 在 -15℃时的蒸发压力为 0.295MPa,+30℃时冷凝压力为 1.19MPa,属中压中温制冷剂;

(4)R22 微溶于水,在系统中含水较多时会发生冰塞。为减轻腐蚀,含水量应限制在 60~80mg/kg;

(5)R22 属于条件性溶油的制冷剂,即在高于 +8℃与油的互溶性强,而在低于 +8℃处则溶油能力会下降,致使在蒸发器中回油比较困难;

(6)R22 的电绝缘性较差,但渗透性强,故对装置的气密性要求高,需要时可用卤素检漏灯或电子检漏灯检漏;

(7)R22 对天然橡胶有侵蚀作用,一般用氯丁橡胶或丁基橡胶作密封材料。

2)R12(二氟二氯甲烷 CCl_2F_2)

R12 是 20 世纪 30 年代问世后甚为风行的冷剂。但它破坏大气臭氧层,对地球也有温室效应。从 1996 年起已被禁用(发展中国家可推迟 10 年)。R12 与 R22 的主要差别有以下几点:

(1)溶水性差,且溶水能力随温度下降而下降。在低温工况下游离水极易在膨胀阀等狭窄处发生"冰塞";

(2)在使用的温度范围内与润滑油相互易溶(蒸气也能溶油);

(3)电绝缘性较好。

3)R134a(四氟甲烷 CH_2FCF_3)

R134a 不含氯原子,其臭氧耗减潜能值(ODP)为零,全球变暖潜能值(GWP)为 0.26,也比 R12(GWP 为 3)小得多。

(1)R134a 标准沸点为 -26.5℃,-15℃时蒸发压力为 0.146MPa,+30℃时冷凝压力 0.771MPa。在相同工作参数下压缩机排气终温与 R12 相近,所以压缩机气缸无需用水冷却。

(2)R134a 宜采用不吸附 R134a 的合成泡沸石作为干燥剂。R134a 对普通橡胶有更强的易膨胀湿润特性,密封材料宜采用丁腈橡胶、氯化橡胶。R134a 本身无润滑作用。因此对润滑油的润滑性要求更高。

(3)R134a 不含 Cl 元素,不能用卤素灯检漏,只能用电子检漏灯检漏。

4)R717

氨的理化性质与氟利昂有较大的差别。

(1)有毒,并有强烈的刺激性臭味。当空气中达到一定的浓度时对人有危险,也可引起燃烧和爆炸,氨与食品接触会使其品味变差;

(2)与水能大量互溶,不会发生"冰塞";

(3)纯氨不腐蚀铁、铜等金属,但氨中含有水分时会腐蚀锌、铜及铜合金(磷青铜除外);

(4)微溶于油;

(5)氨水呈碱性,可使酚酞试纸变红色;

(6)放热系数比氟利昂大,密度、粘度比氟利昂小;

(7)单位容积制冷量比 R12 大 60%左右,且价格便宜,目前主要用于一些水产品加工船和冷藏船。

思考与练习

1. 试述压缩制冷装置的基本组成和工作原理。
2. 什么是蒸发温度和冷凝温度?他们的大小有哪些因素决定?
3. 用什么方法可十分简易地判断钢瓶中的冷剂是 R717、R12 还是 R22?
4. 在压缩制冷系统中,对制冷剂有哪些要求?

任务 2　制冷压缩机的拆装

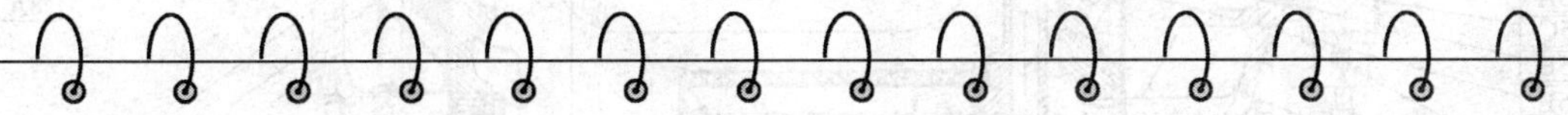

教学目标

◎ **能力目标**:能正确拆装和检修制冷压缩机。

◎ **知识目标**:(1)熟悉常见制冷压缩机的结构及性能特点;(2)掌握制冷压缩机的拆装步骤及维修要点;(3)熟悉常见制冷压缩机的能量调节方法。

◎ **情感目标**:(1)严谨细实的工作态度;(2)良好的职业道德意识;(3)创新的意识和创新精神;(4)优良的学风和团队协作精神。

【任务引入】

制冷压缩机是制冷装置中最关键的“主机”,对制冷装置的制冷量,性能系数和使用寿命有决定性的影响。那么,现在普遍使用的制冷压缩机类型有哪些?结构如何?又是怎样影响制冷工况的?

【任务分析】

制冷压缩机有活塞式、回转式、离心式等类型,用的比较广泛的是活塞式制冷压缩机,因为其制造、管理和维修的经验都比较成熟。学习的重点就是要掌握活塞式制冷压缩机内部各个部件的作用,并且掌握其拆装和维修要点,以及该装置对制冷工况的影响。

【相关知识】

开启式活塞制冷压缩机

较大的压缩机采用开启式活塞,即曲轴通过轴封伸出机体由原动机驱动。图 4-4 所示为 CMO28 型开启式制冷压缩机结构图。

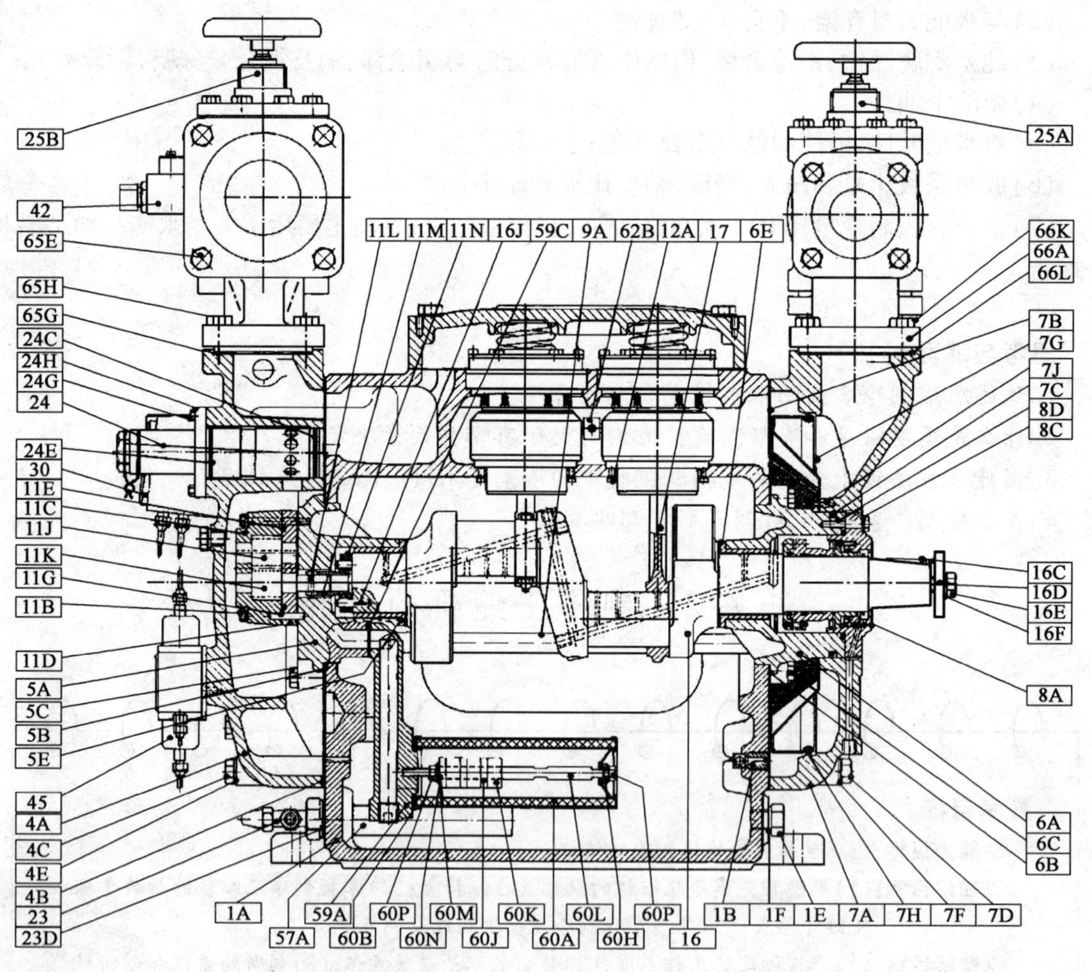

a)

图 4-4

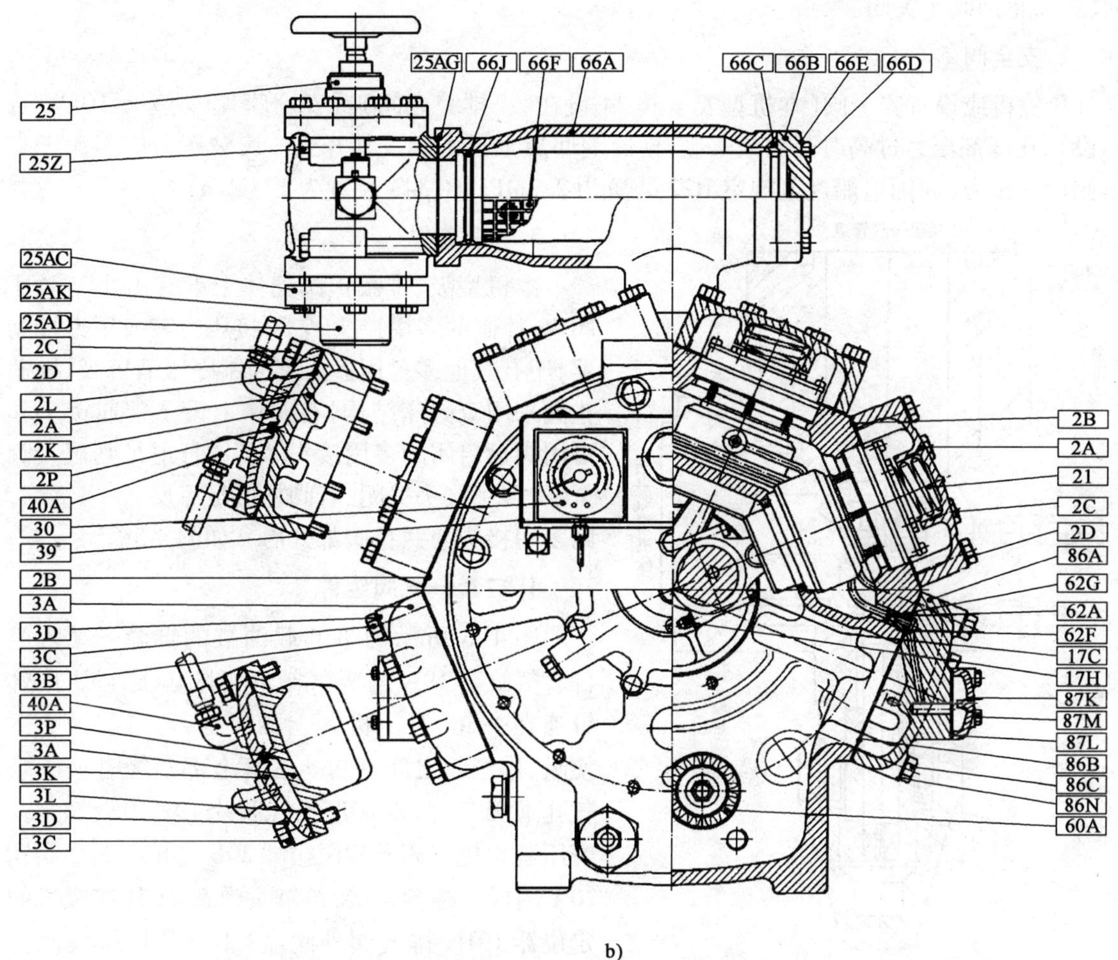

b)

图 4-4 CMO28 型开启式活塞制冷压缩机

1A-机体;1B-止回阀;1E-螺塞;2A-缸盖;3A、86A-侧盖;4A、7A-端盖;5A、6A-轴承盖;5E、6E-主轴承;7G-吸气滤器;8A-轴封盖;9A-油管;11-滑油泵;12A-螺钉;16-曲轴;16J-销钉;17-连杆;21-缸头弹簧;23-加油阀;24-安全阀;25A-吸入截止阀;25B-排出截止阀;30-吸气和滑油压力表;42-多用接头的截止阀;45-油压差控制器;57A-电加热器;60A-滤油筒;60J-铁环;60K-磁铁;62A-控制油管;62B-油管接头;66F-吸气滤网;87K-控制油室盖

1. 本体结构

机体 1A 的上隔板与缸盖 2A 之间形成排气腔,下隔板以下是曲轴箱,上、下隔板之间形成吸气腔。曲轴 16 有两个互成 180°的曲拐,八缸机每个曲柄销上配有四套连杆活塞,从轴向看气缸成扇形布置(六缸机呈 W 型;四缸机呈 V 型),相邻气缸中心线夹角 45°,轴向每两缸成一列。曲轴出轴端有机械轴封,我国国标规定轴封处油渗漏应不超过 0.5mL/h。曲轴另一端带齿轮滑油泵 11。吸气腔最低处有与曲轴箱相通的吸气回油孔,其作用如下:

(1)让吸气从系统中带回的滑油流回曲轴箱;

(2)让经活塞环漏入曲轴箱的冷剂经此孔进入吸气腔被抽走;

(3)在必要时能用压缩机本身抽空曲轴箱,回收油中溶解的冷剂或拆修后抽空曲轴箱内空气。

本机型回油孔上设有止回阀 1B,万一发生“奔油”能使之关闭,而抽吸曲轴箱内气体时压

差较小，止回阀不关闭。

2. 安全阀

压缩机应设有安全阀（本机型安全阀24设在吸、排腔之间）或安全膜片（功率≤10kW可不设），在冷剂压力过高时开启或爆破，使冷剂回流至吸入侧。其开启或爆破压力应不大于高压侧设计压力（我国造船规范规定R22装置为2.2MPa，R134a装置为1.4MPa）。

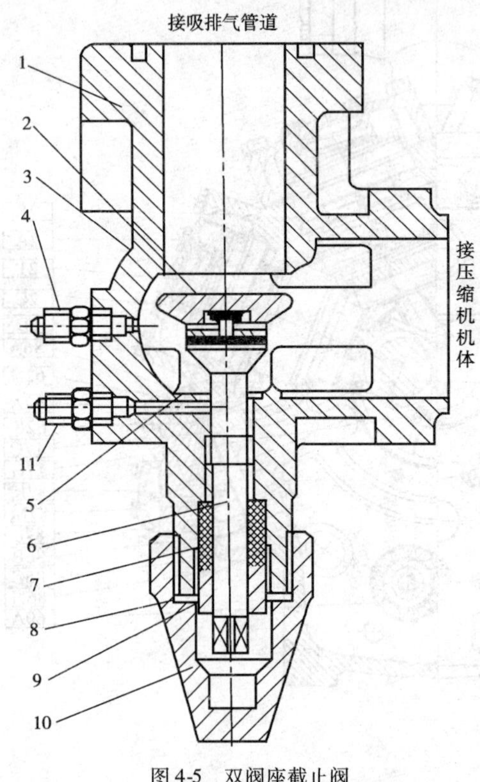

图4-5 双阀座截止阀

1-阀体；2-阀盘；3-主阀座；4-常通接头；5-阀座；6-阀杆；7-填料；8-垫片；9-填料压盖；10-阀罩；11-多用通道

3. 多用接头

本机型吸、排截止阀壳体上设有由小型截止阀42控制的多用接头，它可接压力表或压力控制器，还有其他多种用途。有的制冷压缩机吸、排截止阀采用双阀座结构，在阀体上设了常通接头和可用阀盘启闭的多用接头。将阀杆退足则截止阀全开，多用接头关闭；若阀杆退足后反旋一、二圈，则多用接头与截止阀都开启。如图4-5所示。

4. 缸套—气阀组件

图4-6所示为带卸载油缸的缸套—气阀组件。气缸套19A与吸气阀升程限位器19H用螺钉连在一起，置于机体上隔板上，通过垫片19K使吸、排气腔之间密封。缸套上部凸缘有一圈吸气孔通吸气腔，由环形吸气阀片19F用吸气阀弹簧压紧。排气阀升程限位器20B与排气阀内阀座20A用埋头螺栓连接，被缸头弹簧21压在吸气阀定位器19H（排气阀外阀座）上。环形排气阀片20C由弹簧压在19H和20A构成的阀座上。活塞在上止点时缸内的余隙高度应符合说明书要求，本机型定为0.8~1.2mm，靠缸套垫片19K来调整。

筒状活塞18有一道密封环和一道刮油环。为减轻重量，高速制冷压缩机活塞常由铝合金制成。由于铝合金活塞的热胀系数比钢制的活塞销大，故冷态时二者是过盈配合。拆装活塞销时应先将活塞在热油中或铁板上加热至70℃左右。

较大的活塞式压缩机排气阀升程限位器能被顶起，亦称“假盖”。当吸入过多液态冷剂或滑油发生液击时，缸内压力迅速超过排气腔压力，能克服弹簧21的张力将排气阀连同其内阀座20A和升程限位器20B一同顶起，以免连杆轴承和主轴承受过大的冲击负荷。

5. 油压卸载机构

本机型采用吸气回流式。缸套下部外围设有卸载油缸12E，用锁紧环12J将其与油缸底12C装成一体，用螺钉将其固定在缸体下隔板上。当油缸内无油压时，卸载活塞12D被底部的16个弹簧12F顶起，推动卸载环和6根顶杆19B顶开吸气阀片19F，则该缸因吸气回流而无效工作，从而卸载。若自带滑油泵排出的压力油通入油缸，则会克服弹簧12F的张力将活塞12D压下，在弹簧19C作用下卸载环和顶杆落下，吸气阀片便可自由动作，该缸即能正常工作而加载。

6. 润滑系统

曲轴箱内的滑油通过纸质滤油筒 60A 及内设磁性滤器，由滑油泵 11 吸入。然后排至机械轴封油腔，同时经曲轴和连杆的油孔去润滑主轴承和连杆大、小端轴承（活塞与气缸壁靠飞溅润滑）；另外，再由设在该侧盖上的三通电磁阀（图中未示）控制，通至每对气缸的卸载油缸。侧盖 86A 上还设有油压调节阀（图中未示），多余的油顶开调节阀泄入曲轴箱。压缩机一端设有指示吸入压力和油压的压力表 30 及油压差控制器 45。

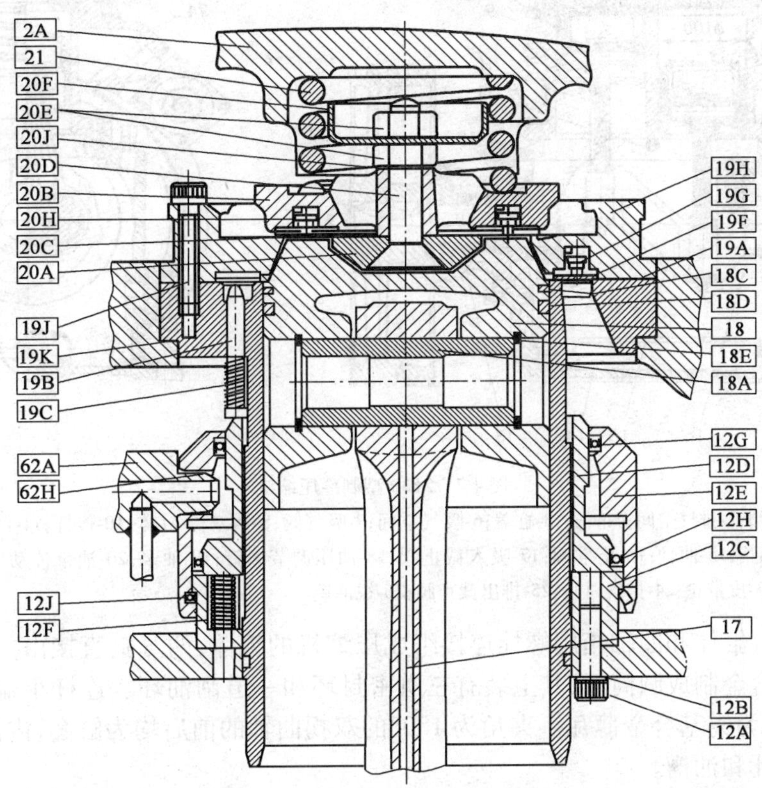

图 4-6 带卸载油缸的缸套—气阀组件

2A-缸盖；12A-螺钉；12B-弹簧垫圈；12C-卸载油缸底；12D-卸载活塞；12E-卸载油缸；12F-弹簧；12G、12H-油封；12J-锁紧环；17-连杆；18-活塞；18A-活塞销；18C-密封环；18D-刮油环；18E-卡环；19A-气缸套；19B-卸载顶杆；19C-卸载环弹簧；19F-吸气阀片；19G-吸气阀弹簧；19H-吸气阀升程限位器；19J-螺钉；19K-垫片；20A-排气阀内阀座；20B-排气阀升程限位器；20C-排气阀片；20D-螺栓；20F-弹簧导向元件；20H-排气阀弹簧；21-缸头弹簧；62A-卸载油管；62H-O 形密封圈

功率 <5kW 的压缩机采用飞溅润滑或离心式润滑。后者是用曲轴自由端设的甩油盘将油甩入曲轴端部的油槽，再经曲轴中心的钻孔，由轴旋转产生的离心力吸入，供至各摩擦面。

曲轴箱中压力越高、温度越低，则氟利昂在滑油中的溶解度越大，启动时容易“奔油”。压缩机曲轴箱内可根据需要设电加热器，长期停用后启动应提前 6～8 h 通电加热滑油，让溶于油中的氟利昂逸出；压缩机运行中断电停止加热，暂停时自动通电加热，可使油中溶解的氟利昂尽量少，避免启动时“奔油”。

【任务实施】

目前，国内外广泛使用的活塞式制冷压缩机种类很多，但就基本结构而言大同小异。这里以比较典型的国产 2F-10 型压缩机为例，讲解制冷压缩机的拆装和维修要点。

一、结 构 概 述

图 4-7 所示是 2F-10 型活塞式制冷压缩机的总体结构。

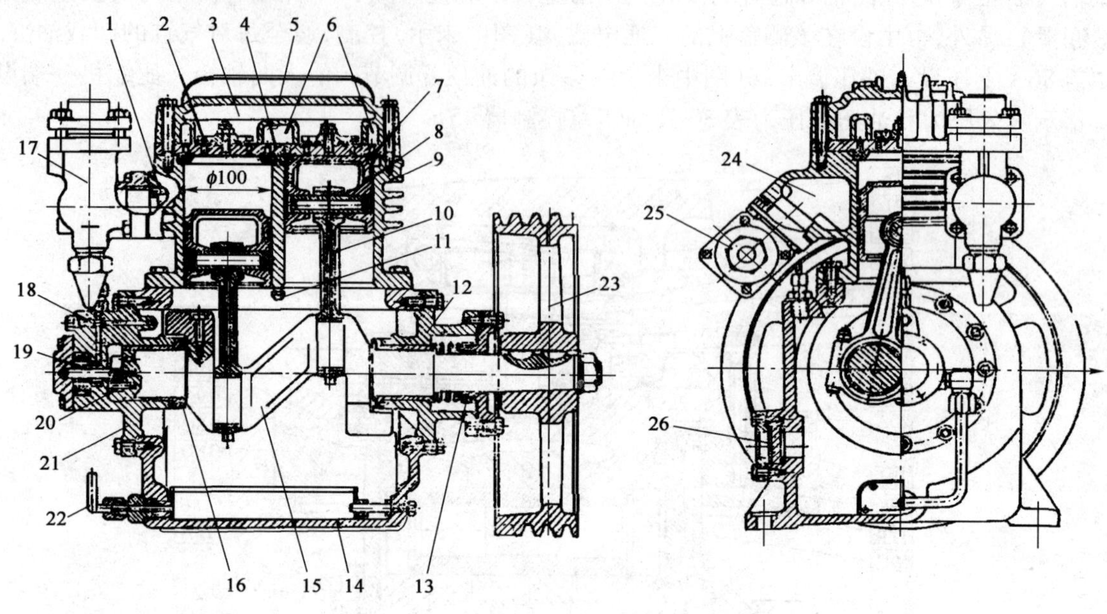

图 4-7　2F10 型制冷压缩机

1-吸气滤网;2-排气阀;3-排气空间;4-阀板;5-缸盖;6-吸气空间;7-吸气阀;8-活塞;9-缸体;10-连杆;11-回油嘴;12-前主轴承座;13-轴封;14-曲柄箱;15-曲轴;16-止推圈;17-吸入截止阀;18-油压调节螺钉;19-油泵;20-油泵传动销;21-后主轴承座;22-滑油泵吸入管;23-皮带轮;24-排气总管;25-排出截止阀;26-视油镜

压缩机的气缸体和曲轴箱用螺栓连接组成压缩机的机体,两气缸直接由气缸体镗出。活塞采用压铸铝合金制成圆筒形,其上装有三道密封环和一道刮油环。连杆小端采用磷青铜作衬套,大端轴承为锡基合金薄瓦。夹角为 180°的双拐曲轴的前后均为缸套,内浇巴氏合金,并在其中开有油孔和油槽。

气阀部分是在气缸体顶部装有两个气缸共用的阀板,气缸盖的内侧铸有气道,将阀板以上的腔室分隔成吸气和排气两个空间。吸、排气阀片采用环形片状,在阀体上分别装有六个相同的规格的圆柱形弹簧。在吸、排阀片上分别罩有环状的吸、排气阀片限位器,用以限制阀片的升程(吸排气阀片的升程分别为 1.2mm 和 1.5mm)。

压缩机采用单向机械轴封机构,利用石墨和铸铁作轴向密封,橡胶圈箍于轴上做径向密封。此种结构拆装方便,运转可靠。

在压缩机的一侧装有示油镜,用来观察曲轴箱内油面的高度。

压缩机的润滑靠油泵获得,油泵装在压缩机后端,用传动件和曲轴相连。油泵的油压可借油泵上侧的油压调节阀进行调节。润滑油经过曲轴箱内的油滤器后,被转子泵吸入,压出的润滑油沿曲轴和连杆中的油路分别送至各个轴承和轴封。

压缩机的曲轴由电动机通过三角皮带减速驱动。

二、拆　　卸

1. 注意事项

在拆卸前,应先把压缩机内的制冷剂全部抽送到储液器内,其具体步骤如下:

(1)关闭压缩机的吸入截止阀,使低压继电器触头闭合,利用压缩机本身将曲柄箱和吸气腔抽成真空。但在操作时必须防止产生“油击”的危险。如果听到了油击声,应立即停车。然后在瞬时启动二三次,直至油击声消失后,再让压缩机继续运转,并在曲柄箱内达到稳定的真空状态后停压缩机,关闭排出截止阀。

(2)如果曲柄箱达不到应有的真空状态,则表明吸气阀片漏气或损坏。如果能够达到真空要求,但停机后低压压力又迅速回升,则表明排气阀片漏气或轴封泄露或滑油分离器回油阀失灵。如果出现上述两种情况,则只能在将曲柄箱压力尽量抽低后,立即停掉压缩机并随即关闭排出截止阀。

(3)把吸入截止阀稍开一点,让低压压力回升到0MPa或稍高一点,随即关闭,以使机内外压力基本平衡。

(4)切断压缩机电源,挂上“设备检修,禁止合闸”的警示牌,此后即可进行拆卸。

(5)拆卸时要注意零部件的相对位置,并做上记号,妥善存放。管接头均应及时包扎封口。

(6)压缩机精密度要求高,在拆卸过程中必须谨慎细致。

2. 拆卸步骤

(1)先将传动皮带拆下;

(2)拆下压缩机曲轴端皮带轮;

(3)拆下气缸盖,取下阀板;

(4)拆下气缸体;

(5)拆下活塞连杆组件;

(6)拆下机械轴封;

(7)拆下滑油泵;

(8)拆下后轴承座;

(9)轻轻取出曲轴;

(10)最后拆下前轴承座。

拆卸的各零部件要仔细放妥,对所用结合面和精密件清洗完毕后应及时干燥,并用冷冻机油油封。若放置时间较长,应涂防锈油油封。机体内各部件如图4-8所示。

三、检　　查

1. 气阀组件

(1)阀片

在压缩机全面检修时,吸、排气阀片一般要全部更换。若条件不具备,允许继续使用,但阀片必须状态良好,不得有裂纹、划痕等损伤。更换新阀片后,应先用1 200号金刚砂在平台上研磨,再用绿油研磨,使阀片平整,光洁。然后装在阀座上,用煤油进行渗漏试验,以检查密封性。

(2)气阀弹簧

检查时发现弹簧弹性衰落或断裂、变形,应予以更换。装新弹簧时,必须正位。

(3)阀座

检查时发现密封面有划痕时,应进行研磨。当缺陷严重研磨又无法消除时,应更换。若一时无备件,可经磨床磨削后在研磨使用。多次研磨使阀座阀圈变低,安装后会影响“余隙”时,可以用增减缸体和曲轴箱之间或缸体与阀板之间垫片厚度的方法予以调整。

2. 汽缸、活塞及活塞环

汽缸套如有局部拉痕或损伤,可用细油石磨光。当汽缸套磨损至圆度和圆柱度超过极限时,应进行修理换换新。

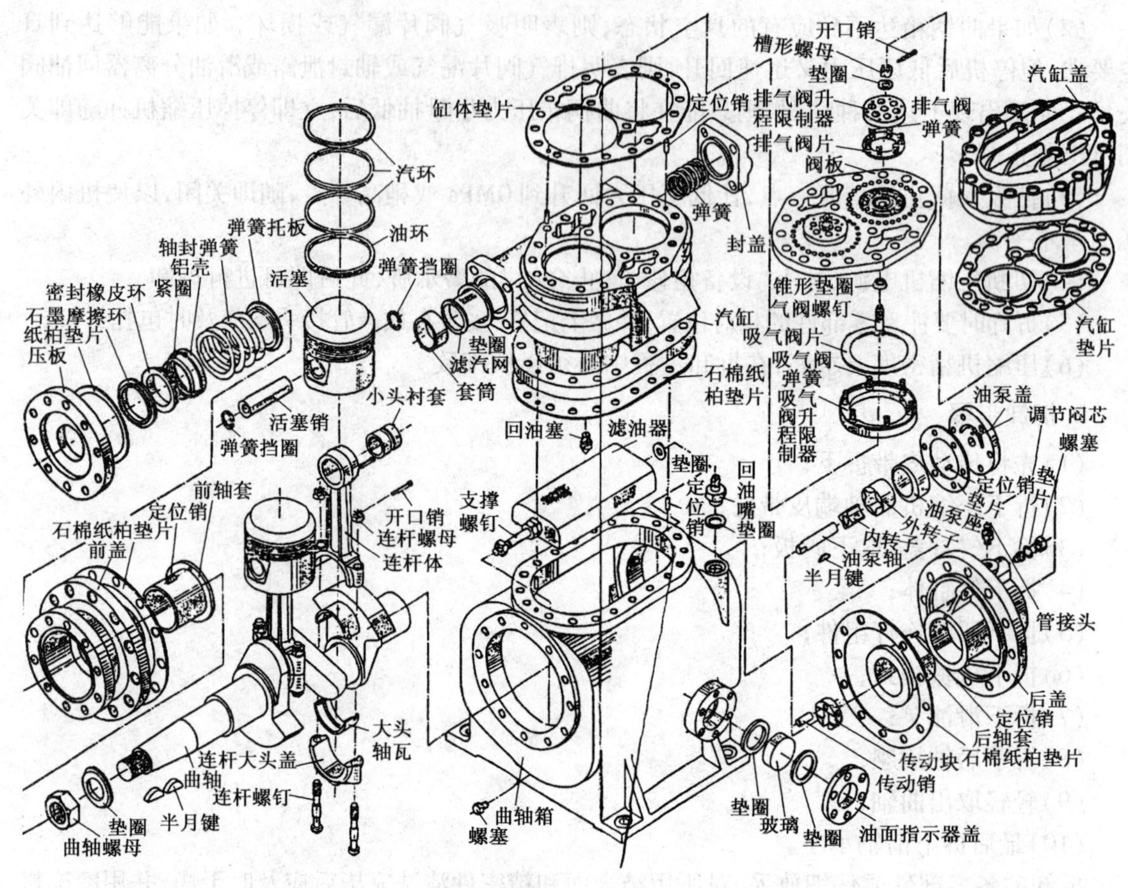

图 4-8　2F10 型制冷压缩机装配图

活塞外表面的拉毛、划痕等应用油石磨光。当有严重磨损出现沟槽时,应予以更换。

活塞气密封环和油密封环表面有裂纹、变形、拉痕,或搭口间隙过大,失去弹性,则均应更换。

新活塞环和缸壁之间的贴合情况,应采用光照法检查,环与环槽的配合情况可测其天地间隙来判断。

3. 曲轴与连杆

严格检查曲轴轴颈状态,测量轴颈的圆度和圆柱度,一般不超过 0.05mm。

活塞销和连杆小端衬套均属于易损件,检修时,如发现活塞销磨损量超过 0.15mm,或衬套内径磨损量达到 0.10mm 时,则应换新。大端轴承出现严重拉痕、单边磨损及白合金辗堆、脱壳或烧损,应予以更换。更换新轴瓦,应按照配合间隙要求,必要时可局部刮研,使其接触面均匀良好。另外压缩机曲轴两端主轴承的轴瓦同样要状态良好,装配时要严格控制间隙。

4. 轴封

如轴封工作正常,可不必拆开检查,因为拆开后很难恢复原来的密封状态,反而会发生漏泄。在压缩机拆卸解体检修时,轴封部件虽然工作正常,但一经拆开后就必须对密封环表面进行研磨。若拆卸前已发现漏泄,拆装后应检查动、静密封环,其摩擦面上不允许有划痕,裂纹或严重磨损,否则应更换。新轴封在开始运转时,允许有少量漏泄,磨合一段时间后,漏油量应逐渐减少。正常情况下,漏泄量每小时不得超过10滴。漏泄严重时,便应拆开研磨密封环,更换橡皮圈。

5. 油泵

当油量正常,油温为40~70℃时油泵仍能保持规定油压,全面检修时只拆开作外观质量检查和清洗,即可装复使用。但若转子等零部件有裂纹、间隙过大、吸不上油或保持不了规定油压,则应修理换更换滑油泵。油泵装复时,必须注意泵盖方向,以保证正常的供油。此外,在检修油泵的同时也应彻底清洗油泵吸排管,使其油路畅通。

6. 主要零部件装配间隙

压缩机零部件间隙大小的选择与零部件工作位置、条件、选用材质、转速等因素有关。良好的配合间隙对设备正常运转有重要影响。表4-4给出了国产压缩机的主要装配间隙。仅供参考。

压缩机装配间隙　　表4-4

装配间隙(mm)　型号 部位		2F-10	8FS-10	8FS-7
活塞与气缸间隙	上部	0.4~0.5	0.40~0.50	0.14~0.20
	下部	0.18~0.25	0.18~0.25	
活塞环及刮油环搭口间隙		0.4~0.6	0.4~0.6	0.2~0.35
活塞环的天地间隙		0.025~0.06	0.025~0.06	0.03~0.06
活塞顶部间隙		0.5~0.75	1.0~1.5	0.5~0.15
连杆大端轴承与曲柄销径向间隙		0.05~0.07	0.06~0.12	0.075~0.12
连杆小端轴承与活塞销径向间隙		0.01~0.03	0.02~0.04	0.015~0.03
吸气阀升程		1.2±0.2	2.22~1.92	1.1~1.15
排气阀升程		1.5±0.2	1.72~1.40	1.1~1.15

四、装　复

1. 装配基本要点

(1)装配前应将所有零部件用煤油或轻柴油清洗干净,并将各孔道用压缩空气疏通。

(2)装配时应该按一定组装工艺和顺序进行,尽可能使用专用工具。零件必须装配到位。

(3)对所有零部件的配合面(特别是各动密封面)应先涂上压缩机润滑油在组装,装好后及时盘车试车,以免卡死。

(4)所有结合面的密封纸垫应先浸油再使用。所有紧固件均应旋紧,对重要紧固件应装上开口销或其他保险。

(5)密封件必须装配紧密,不产生泄漏。

2. 部件装配

(1)活塞连杆组

把活塞放在温度为80～100℃的油中加热2～3min后取出。将连杆小头放于活塞两销座中间，三孔对直，然后，将活塞销推进三孔中，并装上弹簧挡圈。活塞冷却后，活塞销和活塞销孔为不大的过盈配合。装活塞环时，先装油环，再装气环，活塞连杆组装配完毕。

(2)阀板组

将排汽阀片、弹簧和升程限制器依次装上阀板。最后用开口销锁紧槽形螺母，阀板组装配完毕。

3. 整机装配

(1)装曲轴箱

把曲轴箱放上装配台，拧上出油接头及回油接头。在滤油器上装上支撑螺钉、密封橡皮垫圈，并将滤油器整个由上面插进曲轴箱底部的孔道中，转动支撑螺钉使滤油器夹紧不动，然后，旋紧支撑螺钉上的锁紧螺母，以防松开。在曲轴箱侧面，装上油面指示器。

(2)装前盖

把前轴套推进前盖轴承孔中。当轴套止推面与前盖端面接近时，要转动轴套，使其凸缘上的定位孔对准端面上的定位销，并继续向前推到贴紧为止。定位销是用以防止轴套的转动。在前盖的密封面上覆上涂油石棉纸箔，并把整个前盖推进曲轴箱的前盖孔中。旋紧螺栓时要对称均匀地分几次上紧，即不要一次旋紧。这样做的目的是使密封面受压均匀，防止前盖变形。对其他盖板也应如此操作。

(3)装曲轴

将曲轴掉头放置。在曲轴的前后轴颈上涂上冷冻机油，并把它从后盖孔塞进曲轴箱推入前轴承，直到推足为止。盘动一下曲轴，看是否灵活。若不灵活，要检查原因，并加以纠正。

(4)装后盖和润滑油泵

在曲轴后轴颈端的偏心孔上装上传动销和油泵传动块。在后盖轴承孔中推入后轴套后，再把涂油的石棉纸箔覆上密封面。并把整个后盖推入曲轴箱的后盖孔中。注意，要把后盖上油压调节孔转到朝上位置后，再用螺栓均匀分次旋紧，每旋紧一次，都应盘动曲轴，检查是否有过松过紧现象，发现问题要及时纠正。

在后盖的油泵内腔里，装入转子泵的内外转子，再装垫片和泵盖，并用螺栓旋紧。注意在旋紧泵盖螺栓时应转动曲轴，以防有卡住现象。

(5)装活塞连杆组

在曲轴曲柄销上涂上一层冷冻机油，拆开活塞连杆组的连杆大头盖，并将这两半合在曲柄销上。装上连杆螺栓和螺母，并把它分次均匀旋紧。转动一下连杆，若是松紧合适，转动灵活，可用开口销将螺母锁紧。注意装连杆大头盖时，应核对大头边上的记号，不可装错。

(6)装汽缸

在两个活塞连杆组都装上曲轴后，接下来就可装汽缸。先将吸汽阀的升程限制器压入汽缸上的相应环槽中。在曲轴箱汽缸体的密封面上插好定位销，覆上涂油石棉纸箔，将每只活塞上的三根汽环的切口相互错开120°，盘动曲轴使两曲拐处于一高一低的位置，然后，便可把汽缸向曲轴箱上装。两只活塞一先一后地塞入汽缸，汽缸壁下端的60°扩口是供套上活塞时使塞环能自行收缩而滑进汽缸。两只活塞塞进汽缸后，便可对准两个定位销，使汽缸体和曲轴箱合上，并用螺栓分次均匀旋紧，其间，要经常转动曲轴，检查是否是过紧或卡住等现象。

(7)装阀板组及汽缸盖

往吸汽阀升程限制器的弹簧座内放置吸汽阀弹簧，再在其上放上吸汽阀片。汽缸顶面上覆以涂油石棉纸箔(厚0.5mm),合上阀板组,再覆纸箔再合上气缸盖。其中,要注意区别高低压方向,分次均匀旋紧气缸螺栓后,要盘动曲轴,检查是否有卡住现象。

(8)装轴封

向密封橡皮环套上紧圈和钢壳,依次往前轴颈上套入托板、轴封弹簧、密封橡皮环和石墨摩擦环。在前盖端面覆上涂油纸箔,在石墨环磨合面上涂冷冻机油,然后将压板盖上,并推进去作弹力试验:即推进后就松手,若石墨环与压板在弹簧力的作用下能慢慢地向外弹出,则是安装正确,若弹不出,则说明紧圈箍得太紧,若弹出很快,则是紧圈太松。后面两种情况都会招致轴封泄漏,应更换紧圈,使达到第一种情况,才能把压板固紧并转动曲轴,检查安装是否正常。

石墨摩擦环与压板的摩擦面应先研磨光洁。

(9)装吸汽过滤网、截止阀

吸汽腔的一端装涂油纸箔并将封盖盖上,用螺栓旋紧。将整台压缩机掉头,从吸汽腔的另一端装入弹簧、垫圈、滤汽网和套筒,在密封面上贴涂油纸箔,然后装上吸汽截止阀。再在排汽腔出口处装排汽截止阀。

(10)其他

装回油嘴、弯头并用油管连接起来。在油压调节孔内装调节阀芯和螺塞。

加冷冻机油。在加油孔处加冷冻机油直至油面升到指示器的半高处,装配工作基本结束。

五、试　　车

压缩机拆卸、检修、装复完毕之后,必须进行试车,以检查压缩机各运动部件的运转情况,了解压缩机的工作性能,评定其检修或装配质量。

1. 整体的检查

装配工作完成后,应对装配的准确性和完整性进行彻底地检查。检查无误后应对压缩机的曲轴箱加注冷冻机油。

2. 压缩机磨合

当更换压缩机曲轴总成的重要零件,如轴承、气缸衬套或活塞环时,压缩机应以空气为工质磨合8h。在磨合时,气缸头的盖不应盖上,排出阀应拆下,并在吸入阀关闭的情况下起动。气缸盖应以防水布保护起来,以防止杂质进入。同时必须用以金属保护罩来防止滑油飞溅。

3. 使用前机组的起动

压缩机磨合结束时应按规定放出脏油,再清洗曲轴油池和滤网,重新注入冷冻机油,然后将压缩机接入制冷系统。若系统未经拆解,可以不做系统压力真空试验,只作压缩机的压力真空试验,最后进行制冷装置试运转。试运转满意后,便可投入正常运转。

【知识链接与技能拓展】

一、活塞制冷压缩机的性能曲线

制冷压缩机的性能曲线是由实验求得的制冷量 Q_0轴功率 P_e与工况条件(t_k、t_0)的函数关系曲线。图4-9所示为810F制冷压缩机的性能曲线。由图可见,若蒸发温度 t_0不变,冷凝温度 t_k升高则 Q_0减少,而 P_e增大。若 t_k不变,随着 t_0的升高,则 Q_0增大;而工作时压缩机压力比大多大于3,P_e一般也增大,但当 t_0升高使压力比低到一定程度后,则 P_e会降低。有了性能曲

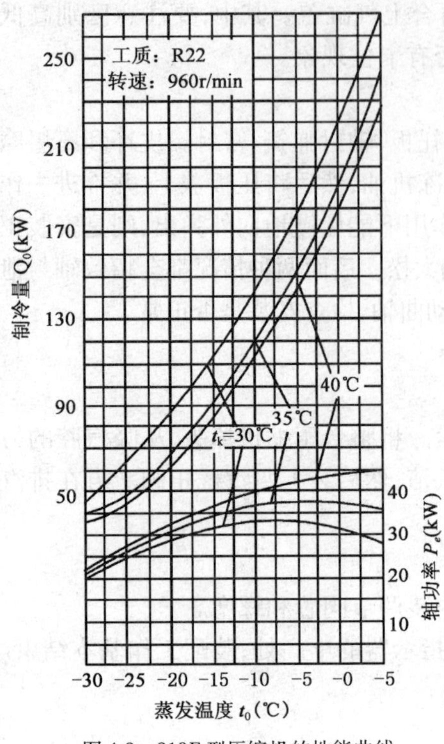

图 4-9　810F 型压缩机的性能曲线

线，就可方便地查得压缩机在不同工况的制冷量和轴功率。

二、活塞制冷压缩机的能量调节

较大的压缩机带负荷启动对电网冲击大，而且需选配大功率电动机，正常运转后电机又会因不能满负荷工作而效率较低。另外，制冷装置的热负荷变化较大，热负荷较低时压缩机的制冷量如不能相应减小，吸入压力和蒸发温度就会太低，不仅影响运行的经济性，压缩机还可能因低压控制器断电而停车，以致起停频繁。国标规定缸径≥70mm、缸数≥4 的活塞式制冷压缩机气缸应设制冷量调节机构和卸载启动机构，它们通常是同一套机构。压缩机的制冷量调节就是输气量（即容量，原译称能量）调节。容量调节一般都以吸入压力为被调参数，它测取方便，反应较快。吸入压力增高表明压缩机的制冷量（输气量）不能满足热负荷的要求，应该增大；反之，吸入压力降低则需要减小压缩机的输气量。容量自动调节机构的动力可采用滑油泵的排出压力或压缩机排气压力，或直接用电磁线圈的电磁力。

活塞式制冷压缩机容量调节方法可有以下几类：

(1)吸气节流法：控制顶杆升程以限制吸气阀的开度，或另设吸气节流阀，经济性较差，仅用于双缸压缩机。

(2)排气回流法：使压缩机排气侧的高压气体有控制地节流回到低压侧，这不要求压缩机本身有容量调节机构，但比吸气节流更不经济。

(3)变速调节法：改变压缩机的转速来改变其输气量。经济性最好；但变频调速器较贵，而且活塞压缩机低速运转润滑困难，多用于涡旋式压缩机。

(4)吸气回流法：用顶杆将调节缸的吸气阀片强行全开。

(5)截断吸气法：将调节缸的吸气通道关闭。

后两种方法被调缸空转而不输气，耗功很低，故经济性较好。

三、船用螺杆式制冷压缩机的工作原理与结构

船用螺杆式制冷压缩机多是双螺杆压缩机，设在气缸体内的主动转子是螺旋齿形凸起的阳转子，工作时它压缩的气体，间接驱动与之啮合的螺旋齿槽凹进的阴转子反向旋转，两转子的齿数比多为 4 : 6、5 : 6 或 5 : 7。两转子的每一对相通的齿槽和与螺杆贴合的缸壁及两头端盖间形成的容积称基元容积，其容积和位置随螺杆转动而变。在吸气端盖偏上方有占据大部分圆弧的轴向吸气口，而缸壁上部有凹进的三角形径向吸气口；转子另一头排气端盖的斜下方有较小的轴向排气口（有容量调节滑阀时其代替缸壁处开有径向排气口）。

转子转动时，吸气端两转子的齿分别从对方的齿槽中逐渐退出，形成的基元容积与吸气口相通，随转子转动而容积不断增大，吸入气体；当基元容积与吸气口脱离时吸气结束，转子另外

的齿开始挤进彼此的齿槽，使该基元容积不断缩小，其中气体被压缩；当该基元容积和排气口相通时，压缩结束，排气，直至排尽。工作中转子啮合线两侧相继形成的基元容积，都要经历吸气、压缩、排气三个过程，使气体的压送连续不断。基元容积压缩终了压力常可能与排气管压力不等，发生欠压缩或过压缩。

双螺杆式压缩机的转子之间及转子与气缸壁之间都有微小间隙，运转时不会直接摩擦，但会发生气体漏泄。螺杆压缩机对气体中含有液体不敏感，通常工作时向转子啮合部位喷油，作用是：

(1)保证良好的润滑和气密；

(2)冷却被压缩的气体，降低排气温度和防止机件变形；

(3)减轻噪声。

但喷油式压缩机喷油量较大，系统需增设体积较大的油分离器和油冷却器，使机组变得庞大笨重。后开发的喷液式螺杆压缩机在排气温度过高时，将冷剂液体在适当部位（与滑油混合或分开）喷入啮合的转子，吸收压缩热并冷却滑油。喷液的润滑和密封效果不如喷油，故不能完全代替喷油；但冷却效果很好，可使喷油量显著减少。喷液不影响螺杆压缩机的吸气量，制冷量降低小于5%，轴功率增加不大于5% ~7%，但可以减小油分离器的体积，并取消油冷却器，使系统显著简化。

四、螺杆式制冷压缩机的容量调节方法和性能特点

1. 螺杆式压缩机的容量调节机构

螺杆式制冷压缩机常用吸气回流式容量调节机构，它们也能用于卸载启动。

(1)滑阀容量调节机构：如图4-10所示，在转子啮合部位下方设有与两螺杆外圆柱面贴合的滑阀3，控制由压缩机滑油系统提供的压力油进、出活塞4两侧的方向，可改变滑阀轴向位置。若滑阀向排气口7方向左移，打开回气口5，当基元容积开始减小时其中气体便从回气口回流，即压缩开始的位置后移，螺杆有效工作长度缩短，输气量减少。控制方法不同，可实现有级调节或10% ~100%范围的无级调节。回气口开启不多时，输气量下降梯度很大，然后随滑阀后移按比例下降。输气量减小不大于50%时，功率几乎成比例降低；输气量减至小于50%时，功率因存在摩擦扭矩而降低变慢，性能系数（单位轴功率制冷量）降低。

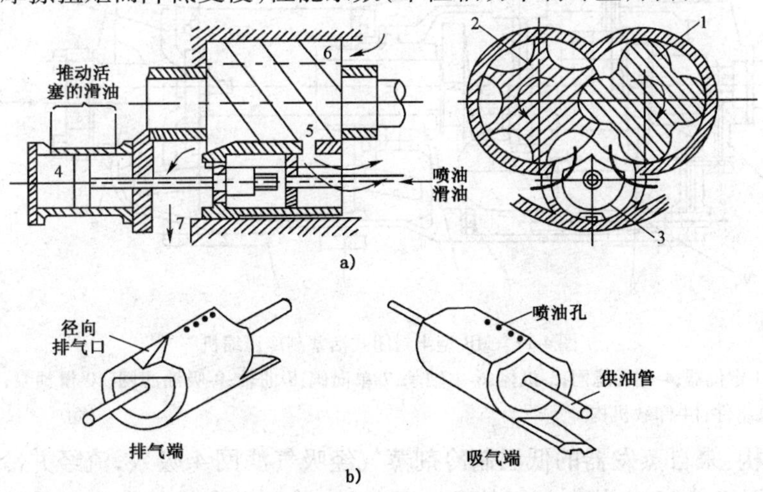

图4-10　螺杆式压缩机的滑阀容量调节机构

1-阳转子；2-阴转子；3-容量调节滑阀；4-油压活塞；5-回气口；6-吸气口；7-排气口

(2)柱塞阀容量调节机构:小型螺杆压缩机多在气缸体上沿螺杆轴向开设旁通通道,在轴向特定位置设有柱塞阀,由电磁阀控制靠滑油泵的油压驱动启闭,进行有级容量调节。

2. 螺杆式制冷压缩机的特点

(1)无往复运动惯性力,工作平稳,又没有气阀,因而可采用较高转速(常用3 000～4 400r/min),所以单位制冷量的尺寸小、重量轻。

(2)无气阀、活塞环等易损件,磨损轻微,故运行可靠,检修周期可长达30 000～50 000h。

(3)无余隙容积,吸气阻力和预热损失小,而且对吸气带液体不敏感,可喷油或喷液冷却和改善密封性,故高压力比时仍可采用单级压缩,输气系数仍较高,排气温度≤100℃。

(4)性能系数一般不及往复式,尤其在高压力比以及冷凝压力改变而发生欠压缩或过压缩时,能量损失更严重。

此外,螺杆式压缩机的转子加工难度大,价格较高。

五、半封闭式活塞制冷压缩机的结构特点

我国国标规定缸径≤70mm的制冷压缩机采用半封闭式——与电动机共用一根主轴,装在同一机体内,没有轴封,制冷剂泄漏少;但有可拆卸的缸盖、端盖以便换修气阀、油泵等易损件。其电动机可由吸入的制冷剂气体冷却,所用绝缘材料等必须耐油、耐制冷剂。

图4-11所示为MR型半封闭式活塞制冷压缩机,有四缸V型和六缸W型两种。

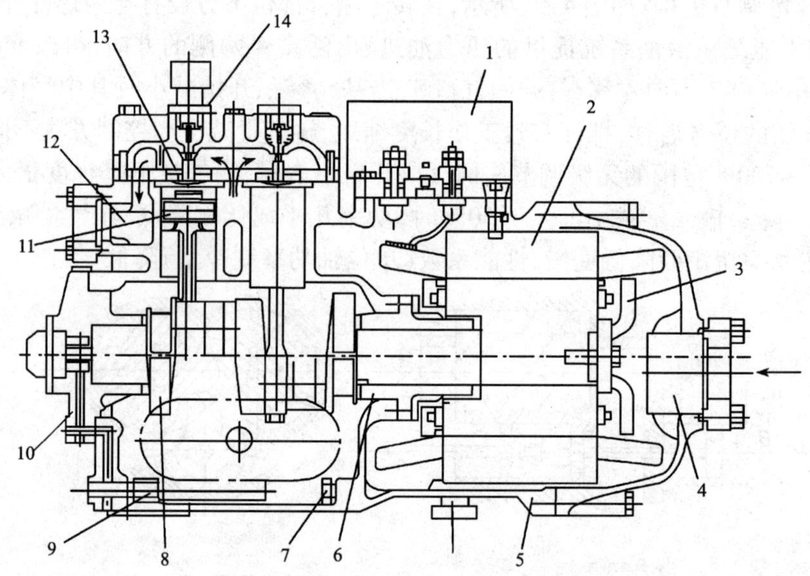

图4-11　MR型半封闭式活塞制冷压缩机

1-接线箱;2-电动机;3-定位器;4-吸气滤网;5-机体;6-主轴承;7-单向阀;8-曲轴;9-吸油滤网;10-滑油泵;11-活塞连杆组件;12-排气管接头;13-阀组件;14-卸载机构

(1)本体结构:来自蒸发器的低温制冷剂蒸气经吸气滤网4吸入,流经并冷却内置电动机2。两块圆形的阀组件13安装在阀板的两缸顶部处,分别设有排气和吸气簧片阀。排气经排气管接12排出。曲轴带的滑油泵10经吸油滤网9吸油,提供压力润滑。有平衡管通过曲轴

中的钻孔使机体 5 的曲轴箱和电机室相通，使两者压力保持平衡，以便吸气带回的滑油能迅速经单向阀 7 返回曲轴箱。曲轴箱内另设有 180W 的滑油电加热器。本机型设有电磁阀控制的吸气回流式气动卸载机构 14。

(2) 喷液冷却装置：用于蒸发温度 t_0 较高的工况（例如空调）时，吸入的冷剂质量流量大，冷却效果好，所配电动机的名义功率可比开启式小 1/3 ~ 1/2。但用于蒸发温度 t_0 较低的工况（例如伙食冷库）时，冷剂的质量流量减少了 90% 以上，吸气流过电机后的吸气过热度必然增加较多；再加上这种工况压力比高（尤其夏天冷凝压力高），所以排气温度容易过高。压缩机运转后冷剂喷液管上的喷液电磁阀开启，当包扎在排气管上的感温包感受的排气温度过高时，感温包压力便控制膨胀阀开启，向半封闭压缩机的吸气腔喷入液态冷剂，使排气温度和油温降低。感温包也可设在曲轴箱内，用喷液来控制滑油温度。

用于低蒸发温度的半封闭式压缩机吸气可不流经电机而直接进吸气腔，这样可降低排气温度，提高输气系数。为了能适用于高、低蒸发温度的不同工况，有的半封闭式压缩机设有两个可改接换用的吸气口。

思考与练习

1. 活塞式制冷压缩机中，吸气腔最低处与曲轴箱相通的吸气回油孔有什么作用？
2. 简述双阀座截止阀的工作原理。在正常工作情况下，阀芯处于什么位置？
3. 简述制冷压缩机的拆装步骤。其维修要点有哪些？
4. 冷凝温度、蒸发温度变化，对制冷压缩机的轴功率和制冷量有什么影响？

任务 3　制冷装置的安装与调试

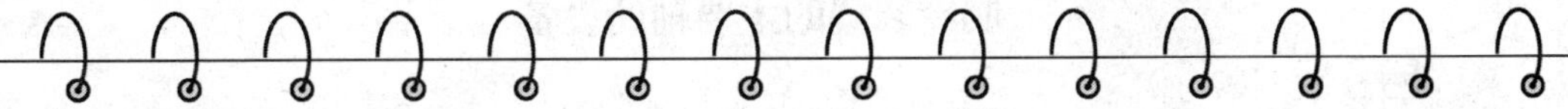

教学目标

◎ **能力目标**：掌握制冷装置安装与调试要点。

◎ **知识目标**：(1) 熟悉制冷装置中各个部件组成的作用；(2) 掌握制冷装置中各个部件的调试要点；(3) 掌握新接受收的制冷装置检查内容与要点。

◎ **情感目标**：(1) 严谨细实的工作态度；(2) 良好的职业道德意识；(3) 创新的意识和创新精神；(4) 优良的学风和团队协作精神。

【任务引入】

实际应用的压缩式制冷装置，除压缩机、冷凝器、蒸发器、膨胀阀等基本部件外，还包括许多辅助设备和自动化元件。图 4-12 所示为船舶伙食冷库氟利昂制冷装置的典型系统简图，学生要掌握的就是整个制冷系统的安装与调试。

【任务分析】

要正确熟悉压缩式制冷装置的安装与调试，就要首先了解压缩式制冷有哪些部件组成，各个部件的作用与安装要点。然后才是对整个安装好的制冷系统进行调试和验收。

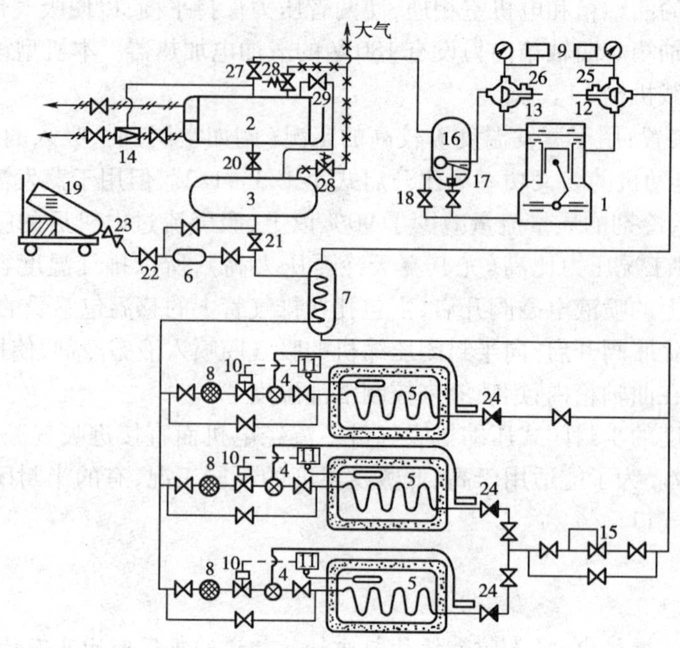

图 4-12 船舶伙食冷库氟利昂制冷装置的典型系统简图

1 -压缩机;2-冷凝器;3-储液器;4-热力膨胀阀;5-蒸发器;6-干燥器;7-回热器;8-手动膨胀阀;9-压力继电器;10-电磁阀;11-温度继电器;12-吸入截止阀;13-排出截止阀;14-水量调节阀;15-蒸发压力调节阀;16-滑油分离器;17-浮球式自动回油阀;18-手动回油阀;19-冷剂钢瓶;20-冷凝器出液阀;21-储液器出液阀;22-充剂阀;23-冷剂钢瓶阀;24-单向阀;25、26-多用通道;27-冷凝器进口;28-安全阀;29-平衡管

【相关知识】

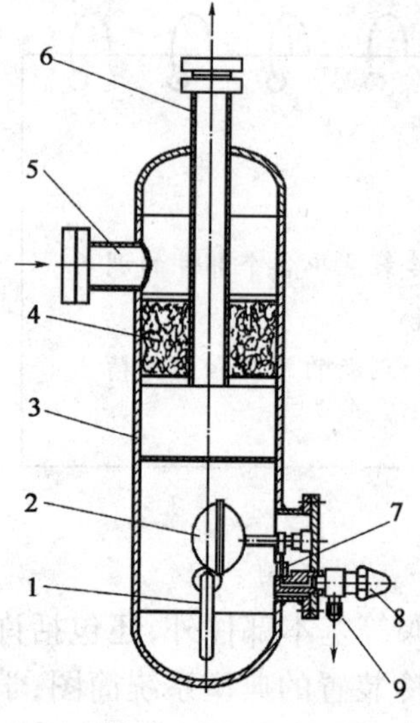

图 4-13 滑油分离器

1-手动回油管;2-浮球;3-壳体;4-滤网;5-进气管;6-出气管;7-自动回油阀;8-自动回油管截止阀;9-自动回油管接头

一、制冷装置的主要辅助设备

1. 滑油分离器

装在压缩机排出端,分离排气带出的大部分滑油,使之直接返回活塞式压缩机的曲轴箱(半封闭式回至吸气管)。图 4-13 所示为滑油分离器结构图。虽然工作正常时滑油能随冷剂返回压缩机,但油进蒸发器太多会使蒸发压力下降,制冷量降低。小型伙食冷库或空调制冷装置管路不长,有时可省去。

氟利昂制冷装置滑油分离器多采用过滤式,滑油被金属滤网分离,返回压缩机的方法有两种:

(1)由浮球阀控制;

(2)由电磁阀控制,电磁阀靠延时继电器控制在压缩机启动 20~30min 后开启,以免刚启动时分出的油不多,气态冷剂向压缩机回流;而压缩机停车时电磁阀同步关闭。回油还要经过带阻尼孔的节流元件以控制回油速度。

2. 冷凝器

将压缩机排出的气态制冷剂冷凝成液态,供系统循环使用。船舶制冷的冷凝器几乎都是卧式壳管式。如图 4-14 所示的卧式壳管式冷凝器，端盖内装有防蚀锌棒，或内表面涂有防蚀涂层。冷凝器上通常装有：

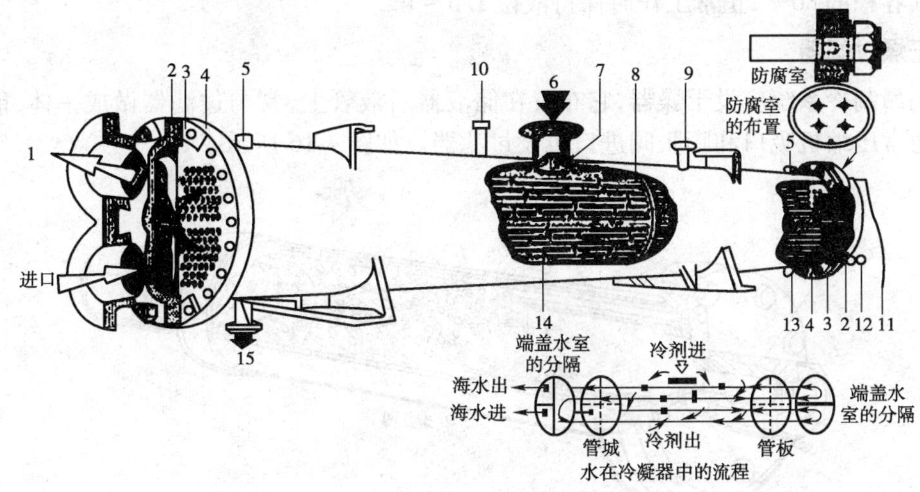

图 4-14　卧式壳管式冷凝器

1-海水出口；2-端盖；3-垫片；4-管板；5-放空气阀接头；6-气态制冷剂进口；7-挡气板；8-管架；9-平衡管接头；10-安全阀接头；11-水室放气旋塞；12-水室放水旋塞；13-泄放阀接头；14-冷却管；15-液态制冷剂出口

(1)安全阀(或膜)：装在冷凝器顶部，通至甲板安全地点排往大气。其爆破或开启压力应不大于设计压力(但应比压缩机的安全阀高)，容量＜100L 的压力容器可用熔点约 65℃的易熔塞来代替。

(2)放气阀：装在冷凝器顶部靠一端处，用来泄放不凝性气体。

(3)平衡管：从冷凝器顶部引出与后面的储液器相通，使彼此压力平衡，便于冷剂液体流入后者；如连接两者的管路短而粗时可省去。

(4)水室放气旋塞和放水旋塞：装在端盖最高及最低处，分别用来泄放水腔空气和检修前放空存水，或冬季停用时放水防冻。此外，冷凝器兼储液器时下部还装有液位镜或液位计。

3. 储液器

装在冷凝器后用来储存液态冷剂(图 4-15)，其作用是：

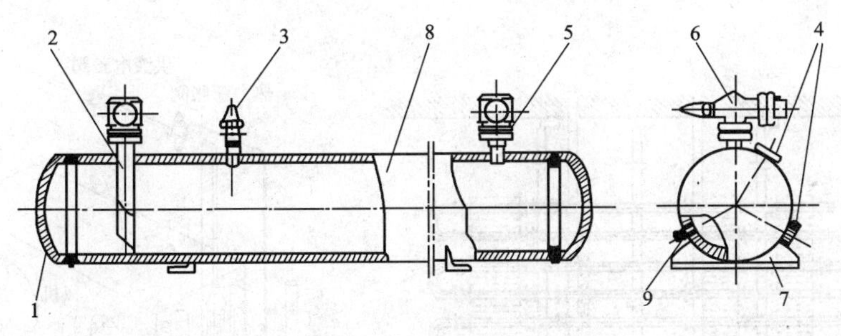

图 4-15　储液器

1-封头；2-出液管；3-压力表阀；4-观察镜；5-进液管；6-出液阀；7-支座；8-壳体；9-易熔塞

(1)提供存放冷剂的空间。热负荷减小时可防止冷凝器中液位太高；热负荷增大或系统冷剂有漏失时，可防止膨胀阀供液不足。

(2)必要时收存系统中的冷剂，减少漏失。小型装置以冷凝器兼之。

储液器通常设有液位观察镜和安全阀（或易熔塞）。大小应保证系统全部制冷剂存入后不超过其容积的80%，正常工作时保持液位1/3～1/2。

4. 干燥过滤器

氟利昂制冷系统应设干燥器，它布置在储液器后液管上，常与过滤器做成一体，能旁通并关断。通常压缩机吸口和膨胀阀进口也设过滤器。如图4-16所示。

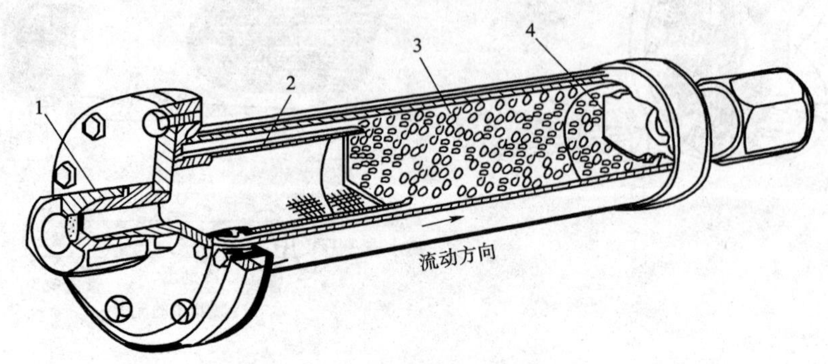

图4-16　干燥过滤器

1-进液管；2-滤网；3-干燥剂；4-出液口

吸收性干燥剂（无水氯化钙、氧化钙等）能将水吸收成结晶水或与水发生化学反应，吸水能力强，价格低，但吸水后易成糊状，只宜临时用。氟利昂制冷装置一般用吸附性干燥剂，靠内部细孔吸水，常用的是硅胶，呈块状树脂样，不会吸附滑油和氟利昂。硅胶吸足水分后会变色，加热到140～160℃并保持3～4h可再生，多次再生便不宜再用。分子筛吸水强，但较贵，初用前活化和吸足水后再生都要加热到450～550℃保持6h，再冷却2h。R134a和常用的混合冷剂只能用分子筛为干燥剂。

干燥器在充冷剂或换油、拆修压缩机等操作后一段时间内，以及系统中出现冰塞时接入系统使用。正常运行后可以旁通，以免液态冷剂压降太大而闪气，并减少干燥剂污染或产生粉末进系统的可能。

5. 蒸发器

船舶制冷装置蒸发器大多用直接冷却式，有两种形式，如图4-17所示，a)为冷却排管，b)为冷风机。

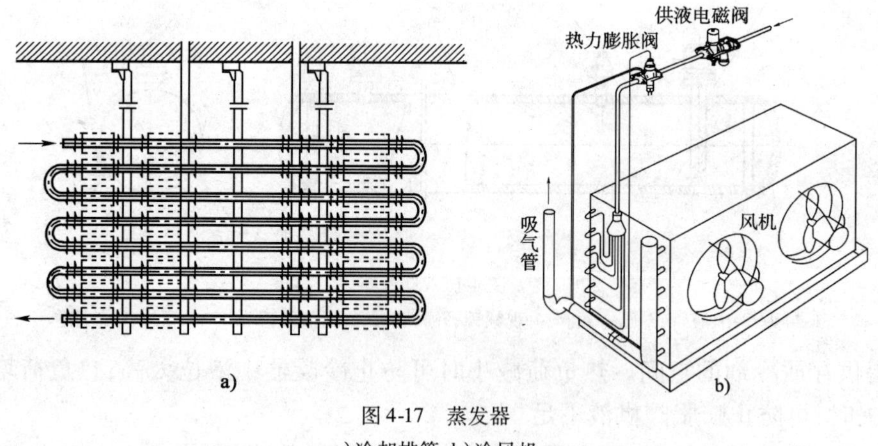

图4-17　蒸发器

a)冷却排管；b)冷风机

(1)冷却排管:上面进液,下面回气,以便滑油返回压缩机。它靠自然对流,传热系数很小。

(2)冷风机:冷剂湿蒸气先进入垂直安装的分液器,然后均匀进入许多并联的蛇形肋片铜管,管外有风机送风,传热系数是冷却排管的 4 ~ 6 倍,故尺寸紧凑,充冷剂少,安装方便,便于自动控制电热融霜,而且库内的空气循环好,必要时还可利用融霜电加热器来加热空气。目前船舶高温冷库几乎全用冷风机,新船低温库大多也用冷风机。缺点是风机使热负荷增大,食物水分丧失快,蓄冷能力也小,故低温库仍有用冷却排管的。

6. 气液分离器

不用回热循环的系统在压缩机吸气管上装设,防止未蒸发完的液态冷剂或滑油大量返回压缩机发生液击。它采用重力分离法,液体会落到分离器底部。液态冷剂蒸发成雾状和过多的滑油可经 U 形管的许多小孔被吸走。因小孔总面积不足吸气管通流面积的 10%,故不会过多吸入液体,如图 4-18 所示。

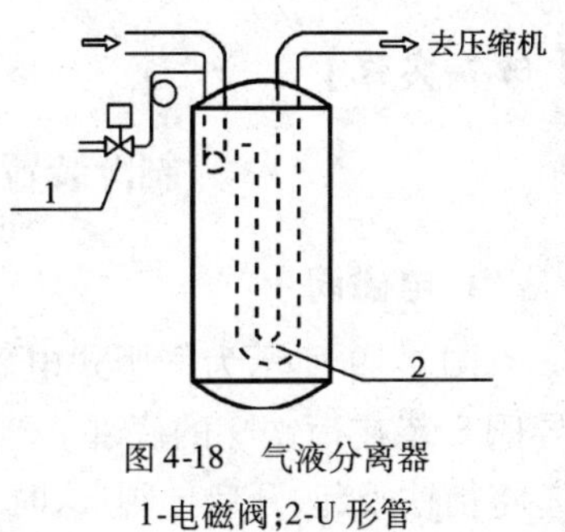

图 4-18　气液分离器

1-电磁阀;2-U 形管

二、制冷装置主要自动化控制元件

1. 热力膨胀阀

起节流降压作用,并能自动调节冷剂流量,使蒸发器出口的冷剂过热度保持适当,既能避免蒸发器因冷剂供应不足而制冷量降低,又能防压缩机吸入湿蒸气。

2. 电磁阀

供液电磁阀装在膨胀阀前,由冷库温度控制器控制,决定向蒸发器供冷剂与否。此外,压缩机容量调节、油分离器回油、半封闭式压缩机喷液等也有用到电磁阀的。

3. 温度控制器

常用来控制供液电磁阀通电与否,将冷库的库温保持在给定范围。也有用温度控制器直接控制压缩机起停的,当一台压缩机为多库工作时,各库温度控制器可并联控制压缩机。温度控制器也可用于其他需要的场合,如融霜保护等。

4. 压力控制器

高压控制器感受压缩机排出压力,当其高于调定值时,即切断压缩机控制电路停车。低压控制器以压缩机吸入压力为信号,控制压缩机起停,既可使压缩机根据制冷的需要自动间断地工作,又可当吸入压力过低时实现保护性停车,防止空气漏入系统。

5. 油压差控制器

是以压缩机滑油泵的排油压力与吸气压力之差为控制信号的电开关,当上述油压差低于调定值时,经过延时自动切断压缩机电路停车。

6. 蒸发压力调节阀

装在蒸发器出口管路上,亦称背压阀,能在阀前的蒸发压力变动时自动调节阀的开度,使蒸发压力大致限定于调定值。库温要求不同的库用一台压缩机时,不设背压阀则各库蒸发压力都相同,高温库的蒸发压力(温度)就可能太低,使库温很不均匀,近蒸发器的食物易冻坏;还会使高温库蒸发器结霜加重,库内湿度降低,增加食品干耗;而且高温库在制冷时低温库不易达到足够低的蒸发温度,库温难下降。故高温库蒸发器应在出口管设背压阀以保持适当高的蒸发压力和温度;同时低温库蒸发器出口应设止回阀,否则高温库热负荷较大时压缩机吸入压力较高,冷剂蒸气会倒流进入低温库蒸发器冷凝放热。

7. 冷却水量调节阀

装在冷凝器出水管上,能根据冷凝压力变化自动改变开度,调节冷却水流量,使冷凝压力保持在调定的范围内。冷却水温低若不及时调低水量,冷凝压力就可能太低,使蒸发器供液不足。

【任务实施】

一、制冷装置主要自动化部件的安装与调试(膨胀阀除外)

1. 电磁阀

图 4-19 所示为伺服式电磁阀。主阀 3 为膜片阀,中央开有导阀口 7,边上开有平衡孔 5。导阀 8 装在衔铁 9 的底部。当电磁线圈 10 通电时,电磁力克服重力、弹簧力和工质进出口压差将衔铁吸起,开启导阀;这时主阀上方经导阀口与主阀的出口端相通,压力迅速下降,于是主阀膜片在下方和上方的工质压差的作用下被顶开(见图中 I)。断电时衔铁落下将导阀关闭,主阀上方的压力因平衡孔沟通又逐渐升高到阀进口端的压力,主阀上方承压面积比下方大,在工质压力差的作用下主阀关闭在阀座 4 上(见图中 II)。伺服式主阀只有在进出口工质具有一定压差时才能开启。通径小(流量小)的电磁阀用直动式,即导阀相当于主阀,直接靠电磁力开启。

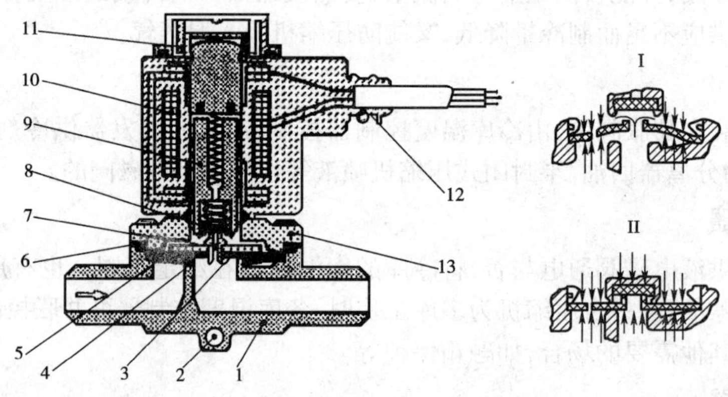

图 4-19 EVR10 型伺服式电磁阀

1-阀体;2-安装孔;3-主阀;4-主阀座;5-平衡孔;6-阀座垫片;7-导阀口;8-导阀;9-衔铁;10-电磁线圈;11-顶罩;12-电线接头;13-阀盖

电磁阀必须线圈向上直立安装在水平管路上,冷剂流向不能装反,否则会常开。选用时应注意通径(所适用流量)和适用的介质、温度、电制(电流、电压),以及允许的工作压力和压差。

2. 温度控制器

图 4-20 所示为温度控制器。感温包 6 的压力作用在波纹管 9 内。当温度升高至调定上限时,温包压力克服主弹簧 7 张力使主杠杆 3 顺时针偏转,拨动翻转元件 5 并使静触头 12 在与动触头 11 断开的同时与动触头 10 接通。当温包压力随感受温度降低时,主杠杆在弹簧作用下逆时针偏转,至调定下限时克服幅差弹簧 8 的拉力,拨动元件 5 翻转,并使静触头 12 与动触头 10 断开,与动触头 11 接通。显然,供液电磁阀的控制电路应与接线柱 A、C 相接。

转动主调螺杆 1 可调节温度上限(不受幅差弹簧 8 影响),温度下限同时改变。转动幅差调节螺杆 2 则只改变温度下限,即改变温度上、下限之差(称幅差或差动值)。

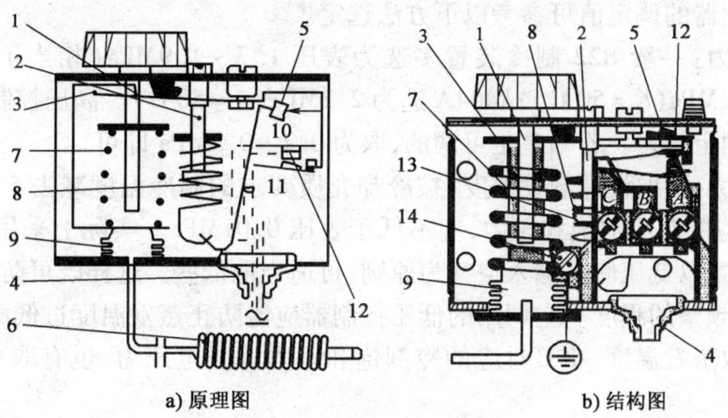

图 4-20 KP 型温度控制器

1-主调螺杆;2-幅差调节螺杆;3-主杠杆;4-进线孔;5-翻转元件;6-感温包;7-主弹簧;8-幅差弹簧;9-波纹管;10、11-动触头;12-静触头;13-接线柱;14-接地柱

温度控制器的温包有蒸气式和吸附式。蒸气式(充部分低沸点液体)温包必须放在比温控器主体和毛细管温度低的地方,这样可防止温包中"液面迁移",导致温包压力不由温包温度所决定。吸附式温包内有固体吸附剂和能被吸附的气体,温度越低吸附剂的吸附能力越强,则气体压力越低,其温包置放处的温度不受前述限制,广泛用于融霜保护。

使用温度控制器控制库温时应注意以下几点:

(1)温包应放在空气流通和能代表库温处。如蒸发器是冷风机则温包应放在回风区,不宜直接被出风吹到或太靠近库门。

(2)采用蒸气式温包的控制器本体不能放在环境温度比温包所控温度更低处,毛细管也不应接触比被控库温更低的温度。

(3)控制器标示的控制温度仅供调试参考,调定时应以实际库温为准。

(4)更换温度控制器时应注意其适用温度范围,不要搞错接线方式。

3. 压力控制器

图 4-21 所示为组合式高低压控制器。左半部为低压控制器,其工作原理与图 4-20 所示温度控制器相同,只是低压接头 8 直接通压缩机吸气而已。当吸入压力达到上限时,A、C 通电,控制压缩机启动;而吸入压力降至下限时,A、C 断电,压缩机停车。右半部为高压控制器,接头 9 通压缩机排出口。当排出压力达到调定上限时,克服高压主弹簧张力,通过摇臂 16 等使 A、C 所控触头断电停车。制冷用的高压控制器通常有自锁机构,断开后需按复位按钮(图中未示)解除自锁,才能在排出压力降低后重新启动压缩机。

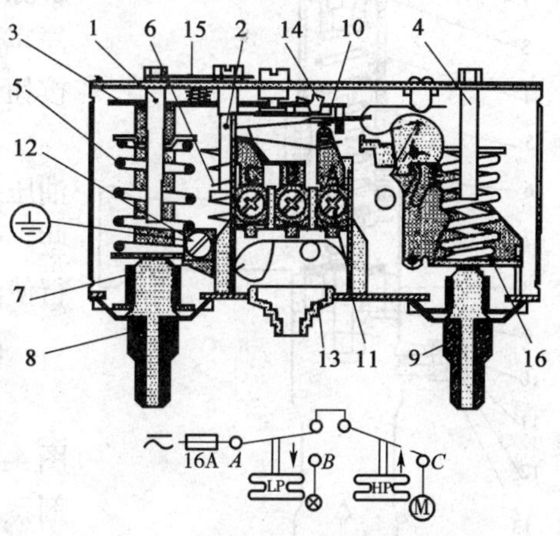

图 4-21 KP15 型高低压控制器

1-低压主调螺杆;2-低压幅差螺杆;3-主杠杆;4-高压调节螺杆;5-低压主弹簧;6-低压幅差弹簧;7-低压波纹管;8-低压接头;9-高压接头;10-电开关触头;11-接线柱;12-接地柱;13-进线孔;14-翻转元件;15-锁定板;16-摇臂

转动主调螺杆 1 可调节低压上限,低压下限同时改变。转动幅差调节螺杆 2 则只改变低压下限,即可改变低压下限与上限之幅差。

高、低压控制器的调定值可参考以下方法选定。

高压断电压力:一般 R22 制冷装置多选为表压 1.7 ~ 1.9MPa(相当于 $t_k = 46 \sim 51$℃);R134a 可选为 1.2MPa($t_k = 50$℃);R404A 选为 2.2MPa($t_k = 50$℃)。高压控制器一般采用手动复位,通常做成固定幅差。若幅差是可调的,取为 0.2 ~ 0.3MPa 即可。

低压断电压力:可取设计蒸发温度(被冷却介质要求的制冷温度减去 5 ~ 10℃传热温差)再减 5℃后所对应的制冷剂饱和压力,应不低于表压 0.01MPa。实际上采用直接冷却方式的伙食冷库制冷装置以低压侧不漏入空气为原则,可适当取低些。这样既可防止出现真空,又可减轻压缩机起停频繁的程度。空调用的低压控制器应能防止蒸发温度过低而管壁结霜使空冷器通风不畅,常取蒸发温度 -3℃对应的冷剂饱和压力为断电压力,也有取更低温度的(肋片不结霜即可)。

低压通电压力:适当增大幅差可减轻压缩机起停频繁,但低压通电压力所对应的冷剂饱和温度应适当低于库温上限,否则供液电磁阀开后吸入压力仍不能迅速达到闭合压力。调节幅差对 R22 来说一般为 0.1 ~ 0.2MPa。

4. 油压差控制器

启动期间油泵排油压力与吸气压力(即曲轴箱压力)之差低于调定值,在主弹簧作用下油压差开关闭合,作用于延时开关的电加热器通电。在既定延时时间内若油压升高超过了调定压力和固定幅差之和,则主杠杆克服主弹簧张力偏转,使电加热器断电,压缩机正常工作。若在延时时间内油压达不到足够高,或正常工作中油压因故降到调定值以下的时间超过了既定的延时时间,则电加热器会使金属片弯曲,导致延时开关开启,压缩机停车,同时油压故障灯亮。压缩机停车的同时曲轴箱电加热器接通,以免油温降低而溶入更多的冷剂,再启动时"奔油"。

延时开关一旦断电停车即被自锁,必须扳动复位按钮解除自锁才能使之重新闭合,否则无法再启动压缩机。在停车后应等 2min 左右,让金属片冷却复原后,才能按复位按钮使延时开关闭合,以备重新启动。

改变弹簧张力可改变油压差调定值。开启式压缩机最低油压差一般大于 0.1 ~ 0.15MPa,设有油压卸载机构的应取高些。为了检验油压差控制器能否正常工作,可扳动试验扳手强行使油压差开关闭合,观察压缩机是否经过延时后停车。

5. 蒸发压力调节阀

蒸发压力调节阀按工作原理可分为直动式和伺服式。图 4-22 所示为直动式蒸发压力调节阀。由蒸发器来的冷剂蒸气从阀的进口流入,克服弹簧 4 的张力,推动阀盘 7 上移。蒸发压力 p_0 稍有增大,则阀开大,可避免 p_0 明显升高;而当 p_0 降到调定值,阀就关闭。平衡波纹管 6 既能防止冷剂漏泄,又能产生与阀出口侧冷剂作用在阀盘背面压力相等而方向相反的平衡力,避免出口压力对阀的开度产生影响。阻尼器 9 可减轻阀在调节过程中产生的振荡。

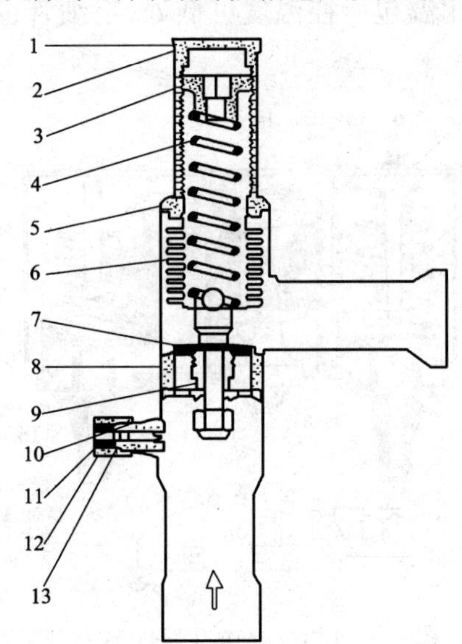

图 4-22 KVP 型蒸发压力调节阀

1-保护盖;2-垫片;3-调节螺钉;4-主弹簧;5-阀体;6-平衡波纹管;7-阀盘;8-阀座;9-阻尼器;10-压力表接头;11-帽罩;12-垫片;13-单向阀

直动式蒸发压力调节阀是比例调节元件，不能使蒸发压力（温度）完全恒定，只将其控制在一定范围内。蒸发器管路口径较大的可选用带先导阀的伺服式，其调压偏差很小。

蒸发压力的调整是通过调节螺钉3改变主弹簧4的张力来实现的。先按要求保持的库温减去设计传热温差（一般5～10℃）确定蒸发温度，再求其对应的饱和压力即为要求的蒸发压力。

6. 冷却水量调节阀

冷却水量调节阀装在冷凝器的进水管上。船舶伙食冷库冷凝器的冷却水管口径（流量）不大，大多选用直动式。冷凝器的冷剂气体压力直接通至波纹管外控制阀的开度，当冷凝压力低于调定值时，阀在弹簧作用下关闭。转动调节手轮1则上弹簧座上下移动，可改变弹簧的张力，调节冷凝压力。

二、热力膨胀阀的安装与调试

1. 选用

若蒸发器进出口压降较小，相应的蒸发温度降（$t_0 - t_0'$）小于1℃，可选用内平衡式膨胀阀。冷剂的蒸发温度越低，同样压降对应的蒸发温度降越大，故同样的蒸发器，可能用于高温库可配用内平衡式膨胀阀，而用于低温库时则需配用外平衡式。用冷风机为蒸发器时，其分液器和分液管的压降都比较大，一般多选用外平衡式膨胀阀。该用外平衡式若用内平衡式，必然使阀的开度变小，蒸发器出口过热度太大，使制冷量降低；反之并无不良影响，只是外平衡式阀相对要贵些，且有加装平衡管的麻烦。

2. 安装

（1）阀体直立装在蒸发器进口的水平管上，尽量靠近蒸发器，进、出口不要接错。如离蒸发器较远，二者间管路应适当加粗，在冷库外面的管路应包隔热材料。

（2）蒸发器出口的管路若上行，通常设有集油弯。温包应装在集油弯上游的水平段，不应靠近质量较大的阀或其他金属件，以便能灵敏地感受冷剂的温度。

（3）外平衡式热力膨胀阀的温包应置于平衡管的接点之前，以免万一有少量液态冷剂漏入平衡管时影响温包感受的过热度。平衡管应从蒸发器出口管的顶部引出，以免管底部有液体或积油时影响引出的压力。

（4）管径小于21mm时，温包放在水平管的顶部；管径大于21mm时，考虑到管顶部蒸气可能已过热而下部仍含液滴，而管底部又可能积油，温包应放在管子的侧面或侧下方，管径越大越向下放，但不宜低到离管底45°以下。温包处的毛细管应向上，以免液体从温包中流出。

（5）应清除放温包处的管壁外部的油漆和铁锈，并涂以银粉漆。温包应与管壁贴紧，用薄钢片夹箍固定，外面妥善地包以隔热材料，使其两端超出温包适当长度。

（6）应防止以下情况：毛细管被压扁不能正常工作；温包或毛细管漏泄使阀无法开启；温包脱开蒸发器出口管使阀开度过大。外平衡式平衡管结霜则表明阀内密封不良，有制冷剂从阀后漏入平衡管，绕过蒸发器直接流到出口，会导致压缩机吸入液体。

3. 调试

膨胀阀应调到使蒸发器出口保持最小稳定过热度，考虑到装置启动或热负荷变化较快时阀动作有滞后，最小稳定过热度以3～6℃为宜，有回热器时可稍许减小。过热度太小压缩机可能会吸入湿蒸气，吸入管和缸头会结霜，可能使滑油温度太低，严重时可能吸入液体发生液击；若调节不当过热度太大，则蒸发器后部过热段太长，制冷量会降低。

调节膨胀阀主弹簧的张力可改变蒸发器出口过热度。当蒸发器出口装有温度表和压力表时,温度表读数与压力所对应的饱和温度(蒸发温度)之差即为过热度。但一般装置只在压缩机吸口有温度表和压力表,多库共用一台压缩机时最好依次使各库单独工作,用吸气过热度来推断其膨胀阀调节合适否。如果吸气管上没有温度表,便只能按管壁结霜或结露的情况来粗略估计过热温度:伙食冷库和低温冷藏舱制冷装置装有回热器时,吸气管应手感发凉而常应结露;无回热器时,吸气管应冰冷粘手或结均匀薄霜。低温库蒸发器表面应结均匀薄霜;高温库蒸发器和空调制冷装置吸气管应发凉并结露。

调试热力膨胀阀时应注意:

(1)热力膨胀阀的调试应在装置运转且工况基本稳定时进行。调试前应检查验证:冷剂应充足;冷凝压力应在合适范围;阀状况良好并安装正确;阀及管路没有堵塞;蒸发器结霜不太厚;蒸发器若为冷风机则应通风良好。

(2)热力膨胀阀每次调节量不宜过大,以转动调节螺杆 1/4 ~ 1/2 转为宜。调后反应较慢,要等 15 ~ 30min 才能看出效果,故每次调节应间隔 30min 以上。调好后轻易别再乱动。

三、气密试验、抽空及冷库温度回升试验

1. 气密试验

一般用氮气或干空气试验,严禁使用氧气等危险性气体。我国海船规范规定货物冷藏的制冷装置气密试验压力为设计压力(低压侧 1.7MPa,高压侧 22MPa),伙食冷库和空调制冷装置可参照执行。试验要点如下:

(1)注意低压侧的蒸发压力调节阀、低压控制器等适用的最高压力,隔离旁通不能承受试验压力的元件。将高压侧的安全阀与其后段管路脱开,用盲板堵死阀出口。

(2)关闭压缩机吸、排截止阀和所有通大气的阀以及油分离器回油阀;开启热力膨胀阀的旁通阀和正常工作时应开启的其他各阀。

(3)将装试验用气的钢瓶经减压阀接到系统管路上(例如通过充剂阀),然后开钢瓶阀向系统充气到 0.3 ~ 0.5MPa,检查系统若有漏泄应予消除;若没有即进一步加压至要求的试验压力。关闭供液电磁阀前截止阀将系统高、低压侧分隔,分别加压至不同的设计压力。

(4)仔细地对系统各处查漏。可关冷凝器冷却水,开启水室泄水旋塞泄水,在旋塞口查漏,发现漏气应拆下冷凝器端盖检查。查漏可用皂液法,也可先在系统中充表压 0.07 ~ 0.1MPa的氟利昂再用检漏灯查。如果压缩机内压力升高,则表明其吸入或排出截止阀漏。

(5)查漏结束后从冷凝器放气阀将高压系统压力适当放低,然后取下安全阀出口盲板检查安全阀漏否。气密试验合格后,放尽试验用气体。

2. 抽空系统

气密试验后应将残存气体的压力尽量抽低并保持,使系统中的水分在高真空下蒸发,反复抽气以除去水分。抽空最好用独立的真空泵,其吸气管可接充剂阀或其他适当部位。为防止突然断电泵内滑油和外界空气倒灌,可在泵吸入管上装随真空泵电机起停同时启闭的电磁阀。

没有合适的真空泵时,可用活塞式制冷压缩机本机来抽空,操作要点如下:

(1)稍开压缩机吸入阀,关闭排出阀,利用排出多用接头供抽空时排气;关闭系统中通大气各阀(如充剂阀、放气阀等);开启系统中其余各阀(包括旁通阀)。

(2)放尽冷凝器中冷却水,如能利用电热融霜加热器或其他方法对系统适当加温,将有利于加速其中水分蒸发。环境温度低于 5℃不宜进行抽空除水。

(3)将压缩机盘车几转,排气口应有气体排出。将压缩机置于"手动"位(低压控制器触头被旁通)启动。有容量调节时使压缩机以最小流量工作。

慢慢开大吸入阀,防止排气压力过高。注意排气和滑油温度不要过高,调低油压控制器断电值(滑油与吸入压力差≥0.027MPa)。抽空应间断进行。

(4)共需多少时间取决系统大小和水分多少。当系统真空度稳定、排气口无气排出时,关压缩机吸入阀,用手按住排出多用接头,迅速将其关闭后再停机。用真空泵抽气应先关其通系统阀再停泵。氟利昂制冷系统为进一步减少残留水蒸气和其他气体,停抽后可从充剂阀充入适量氟利昂,使真空度降到0.04MPa,然后启动压缩机再抽空一次。

螺杆式压缩机若是靠吸、排气压差润滑,不允许用本机抽空。

3. 冷库温度回升试验

冷库应空载、关闭库门、堵住泄水口,用制冷装置将库温降至设计温度,然后保温运行至少12h(总试验时间不少于24h以使隔热结构充分冷却),然后停压缩机,连续6h每小时记录一次温度回升值。参照对冷藏舱的要求,如6h冷库平均温度总回升值不超过试验开始时与外界大气温差的24%即为合格。

除新船或冷库大修后应做温度回升试验外,最好每年在适当时候做一次。如果不合格,若非库门、泄水口等关闭不严,则可能是舱壁隔热结构损坏、受潮等原因。

【知识链接与技能拓展】

热力膨胀阀的结构与原理

图4-23所示为热力膨胀阀典型结构图。

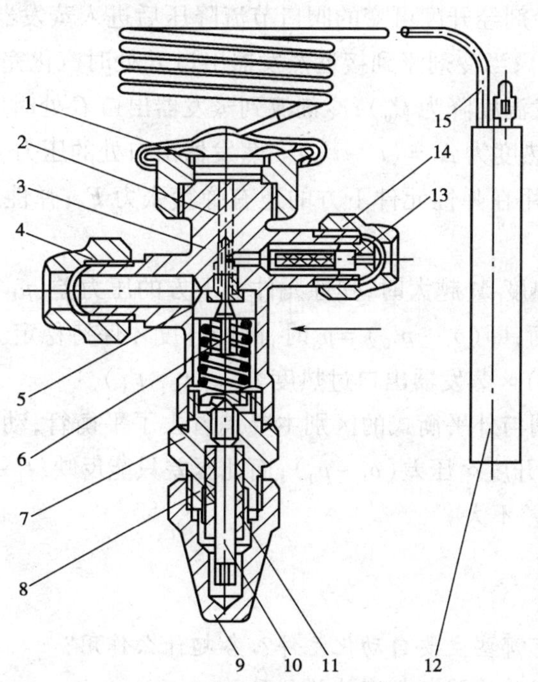

图4-23　热力膨胀阀典型结构图

1-膜片;2-顶杆;3-阀体;4-螺母;5-阀座;6-针阀;7-调节杆座;8-填料;9-冒罩;10-调节杆;11-填料;12-感温包;13-过滤器;14-螺母;15-传压管

图 4-24 所示为外平衡式热力膨胀阀的工作原理。

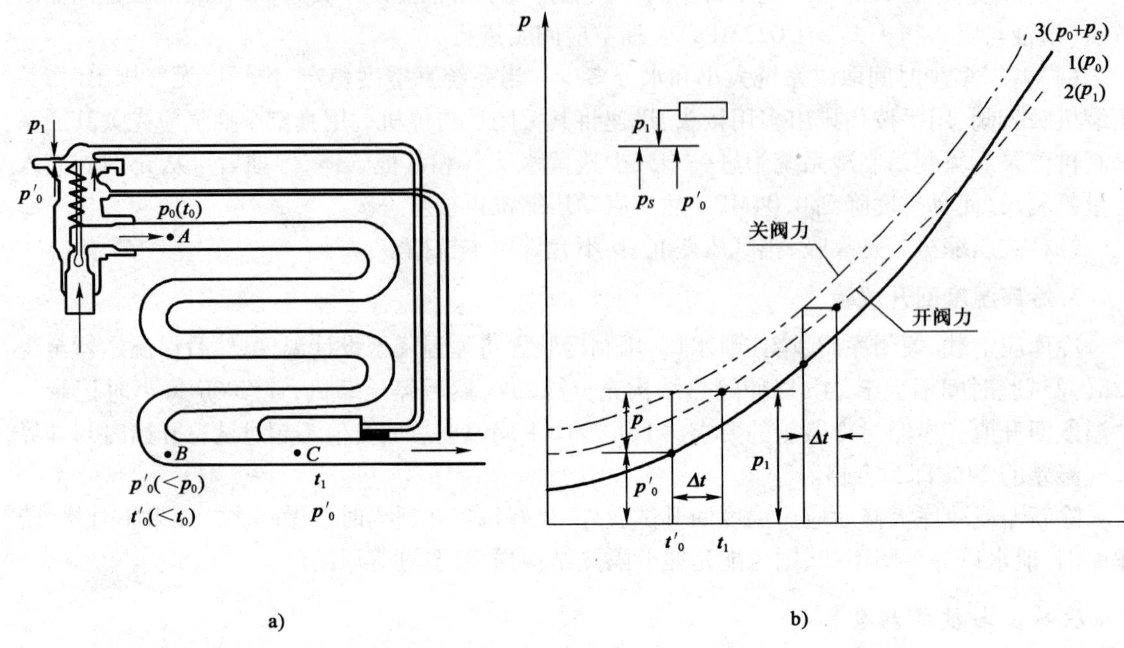

图 4-24　外平衡式热力膨胀阀的工作原理图

a)工作简图;b)压力与温度关系曲线

供入膨胀阀的液态冷剂经开度可变的阀口节流降压后进入蒸发器,在进口 A 处蒸发压力为 p_0(相应蒸发温度为 t_0);当冷剂流到接近蒸发器出口 B 处时汽化完毕,成为干饱和蒸汽,这时压力降为 p'_0(相应蒸发温度降为 t'_0);冷剂流到蒸发器出口 C 处时成为过热蒸汽,压力仍近似为 p'_0,温度升为 t_1,过热度为 $\Delta t=(t_1-t'_0)$。蒸发器出口处的压力 p'_0 被平衡管引至动力头弹性元件的下方,同时作用在弹性元件下方的还有弹簧张力 F_S;弹性元件上方作用的是温包压力 p_1。

当蒸发器出口的过热度 Δt 越大时,弹性元件上下方的压力差$(p_1-p'_0)$越大,直至与单位面积的弹簧张力 p_S 相平衡,即$(p_1-p'_0)=p_S$时,阀的开度才保持稳定。即:阀的开度∝弹性元件上下气体压差$(p_1-p'_0)$∝蒸发器出口过热度 $\Delta t=(t_1-t'_0)$。

内平衡式热力膨胀阀与外平衡式的区别主要是省去了平衡管,动力头的下方承受的是蒸发器进口处压力 p_0,阀的开度∝压差(p_1-p_0),而此压差只能反映(t_1-t_0),不能反映蒸发器出口过热度$(t_1-t'_0)$,但误差不大。

思考与练习

1. 氟利昂制冷装置有哪些主要自动化元件?各起什么作用?
2. 简述制冷装置气密的步骤与抽空试验的目的。
3. 如何正确安装和调试热力膨胀阀?
4. 使用氟利昂检漏灯检漏时应注意哪些事项?

任务4 制冷装置的操作管理

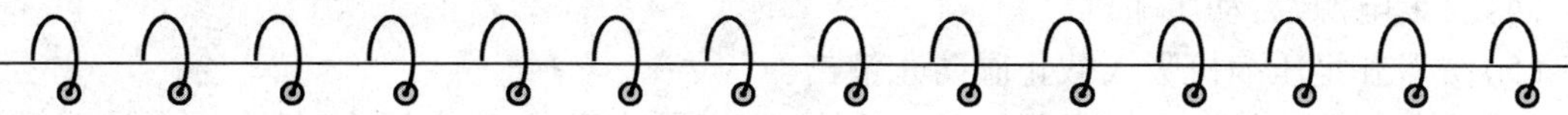

教学目标

◎ **能力目标**:能正确对制冷系统进行日常操作管理。

◎ **知识目标**:(1)熟悉制冷系统充加与取出冷剂操作;(2)熟悉制冷系统充加冷冻机油操作;(3)掌握制冷系统检漏方法与制冷系统融霜方法。

◎ **情感目标**:(1)严谨细实的工作态度;(2)良好的职业道德意识;(3)创新的意识和创新精神;(4)优良的学风和团队协作精神。

【任务引入】

设备的正常运转,很大程度上决定于对设备的正常操作管理。那么制冷系统有哪些操作管理要点呢?

【任务分析】

对于制冷系统,其正常的操作管理,最简单的应该就是制冷设备的正常起停,以及制冷设备运行中对冷剂、冷冻机油、蒸发器等的管理。

【相关知识】

对冷冻机油的要求

冷冻机油的作用是润滑、密封、冷却,有的还用来控制卸载和容量调节机构。它应满足的主要要求如下:

(1)为了使被带入蒸发器的冷冻机油能被带回压缩机,其倾点应低于最低蒸发温度。

(2)闪点应比最高排气温度高15~30℃,以免结焦变质。

(3)应根据蒸发温度和排气温度选用适当的粘度。粘度过低则活塞环与缸壁间的油膜容易被气体吹掉。氟利昂易溶于油而使油粘度降低,故所用冷冻机油粘度应适当高些。

(4)含水要少,以免腐蚀金属和在低温通道处“冰塞”。

(5)化学稳定性和与所用橡胶、分子筛等材料的相容性要好。

(6)用于封闭式和半封闭式压缩机时电绝缘性要好。

制冷工况和所用冷剂不同,则选用的冷冻机油也不同。R134a不溶于矿物油或合成烃油,使用它或含同样性质组分的混合工质冷剂时,应选用脂类油或聚醚油。

【任务实施】

一、制冷系统的起停操作

(1)检查压缩机曲轴箱油位在刻度线之间,检查储液器中冷剂液位(在全部回收状态下应为3/4左右)。

(2)正确开启冷库冷却水泵的阀门,启动冷却水,确认循环良好,并检查制冷系统管路上各个阀件是否在正确位置。

(3)开启储液器出口阀,压缩机的排出截止阀,稍开吸入截止阀,手动盘压缩机确认运行无障碍。检查油压表、高低压表各接头是否正常。

(4)合上电源,启动压缩机。

(5)缓慢开足压缩机吸入截止阀防止液击。

(6)检查压缩机是否有异常的振动与噪声,观察滑油压力、吸入压力、排出压力是否正常。

(7)观察制冷效果是否正常,观察蒸发器后端(压缩机吸入管),如是高温库应有结露现象,如是低温库应有结霜现象。

(8)等上述工况均正常后把手柄转为自动。

(9)长期停用:先关闭储液器出口阀,等压缩机运行至低压停车(必要时短接低压继电器),以回收系统冷剂。

二、制冷剂的充取与检漏

在充加冷剂前,首先应判断制冷系统是否冷剂少了。这可以从制冷效果、吸排压力、蒸发器后端结霜结露情况判断,但主要的还是观看储液器液位,并且还要判断所添加的冷剂是否与系统中冷剂是否同一种。这可以在冷剂钢瓶上接上压力表,然后测得环境温度,查表即可得知该制冷剂的种类。

1. 充加冷剂

充加冷剂的一般步骤如下:

(1)将制冷剂钢瓶向下斜置于磅秤上或倒挂于吊秤下(有的制冷剂钢瓶出口由钢管通瓶底,则充剂时应该正放),用接管连接钢瓶出口阀和系统充剂阀,接后者的螺帽拧紧前,先微开钢瓶阀用制冷剂吹除接管中空气,如任务 3 中的图 4-12,阀 22 便是充剂阀。

(2)开足冷凝器冷却水。

(3)初次充制冷剂可关闭干燥器后面的阀和旁通阀,从充剂阀直接向储液器转移制冷剂。

(4)平时补充制冷剂时为加快速度,也可以用这种方法(使钢瓶温度和压力高于储液器即可)。

(5)正常补充制冷剂时为避免充注过量,一般是通过压缩机进行:关储液器出口阀和干燥器的旁通阀,开干燥器出口阀,启动压缩机,制冷剂经系统充入并经冷凝器冷凝后储存于储液器中。

(6)充剂过程如发现低压管路结霜融化,吸入压力降低,干燥器、充剂接管和钢瓶结霜,过一会儿又融化,则说明钢瓶中制冷剂已用完。

(7)若制冷剂全部收入储液器中,液位接近 80% 时充注量即为合适(正常工作储液器液位约 1/2 ~1/3 高)。

这时可关闭钢瓶出口阀,继续抽吸至钢瓶出口接管结霜,待结霜又消失后,表明接管中液态制冷剂已收回,可关充剂阀、开出液阀运行。

没有充剂阀的小型装置,可将钢瓶接在压缩机吸入端的合适部位充剂。此时钢瓶阀不要开得太大,以压缩机保持适当的吸气过热度为宜。开启式活塞压缩机充剂过程如听到液击声,应立即关小钢瓶阀,减慢充剂速度,如图 4-25 所示。

2. 取出制冷剂

如果系统中充剂过多,液态制冷剂可能过多浸没冷凝器冷却水管,会使冷凝压力升高,这就需要取出部分制冷剂。有时装置要大修或长期停用，可能需要取出全部制冷剂。

图4-26所示为冷剂的回收图，8处是利用充剂阀回收冷剂，3处是利用压缩机排出多用接头回收冷剂。

取出部分制冷剂可在装置运行时进行，方法如下：

(1)将未满的冷剂钢瓶瓶口向上放在磅秤上或挂在吊秤上，用接管连接充剂阀与钢瓶出口阀，拧紧接管前先用瓶中或系统中的冷剂吹除管中空气。有条件则可将钢瓶放在冰水中，或用水连续冷却。

(2)开钢瓶阀、充剂阀，关小冷凝器冷却水进口阀，保持较高的冷凝压力，液态冷剂便会进钢瓶。随着冷剂加入钢瓶压力会升高，钢瓶重量不再增加表明制冷剂已不能再进入，这时可暂时关闭储液器出液阀，让压缩机经系统抽吸钢瓶中气态制冷剂，以使钢瓶降压降温，然后再开储液器出液阀继续向钢瓶转移制冷剂。

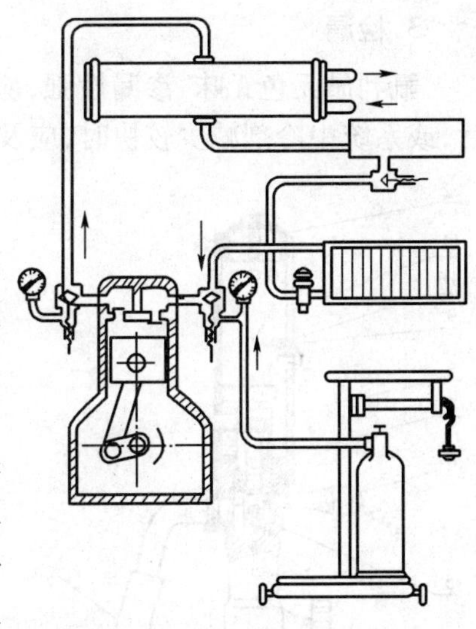

图4-25　利用多用通道充加冷剂

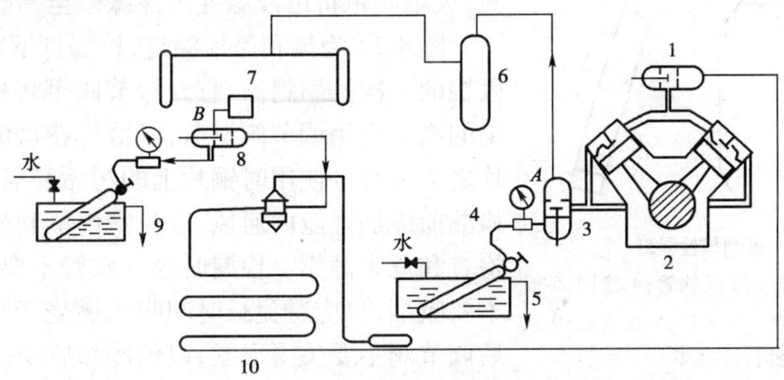

图4-26　冷剂的回收图

1-吸入双阀座截止阀;2-制冷压缩机;3-排出双阀座截止阀;4-软管;5、9-冷却水出水管; 6-冷凝器;7-储液器;8-充剂阀;10-蒸发器

(3)当系统已取出要求的冷剂量，或钢瓶充注量接近其最大充注量时(装到最大充注量的80%~90%即可)，即关充注阀停止充注；然后加热接管使其中制冷剂尽量进钢瓶，最后关钢瓶阀、拆接管。

若要全抽出系统中的残存制冷剂，当系统中存留的制冷剂不多、压力较低时，可改用以下方法：

(1)将压缩机排出多用接头与钢瓶连接，或在排气压力表接头上装一“T”形接头，使其一端接钢瓶，另一端接压力表。

(2)开钢瓶阀、压缩机的吸、排阀和系统中的各截止阀，手动强开蒸发压力调节阀或使之旁通。

(3)然后“手动”启动压缩机以最小容量抽气，并调低油压控制器断电值。

(4)缓缓关小压缩机的排出阀，并用冰水冷却钢瓶，使冷剂充入钢瓶并液化。密切注视压力表防止排压过高。

(5)当排出阀全关，吸入压力降至表压为零时停机。关钢瓶阀和排出多用接头，然后拆除钢瓶。

3. 检漏

氟利昂无色无味，渗漏性强，应定期对装置检漏。制冷装置初次投入使用或拆卸检修之后，或系统中冷剂减少较快时，应及时检漏。漏泄主要发生在系统中各设备的连接处、阀杆填料处和压缩机轴封等部位，必要时冷凝器和安全阀也要检查。

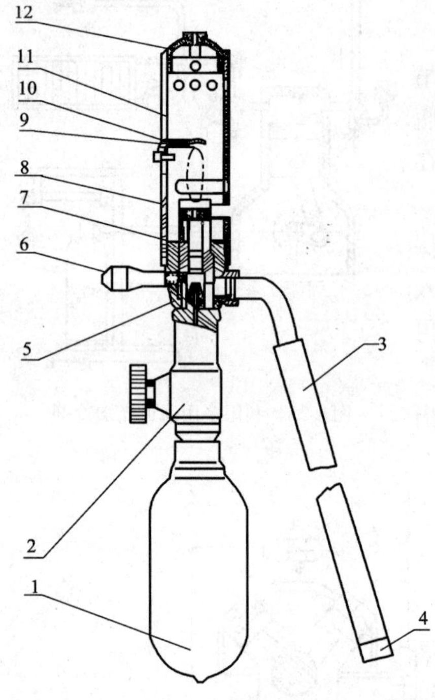

图 4-27　氟利昂检漏灯

1-丙烷筒；2-调节阀；3-吸气软管；4-滤网；5-喷嘴；6-燃烧筒止动螺钉；7-火口；8-点火孔；9-火焰；10-铜片；11-燃烧筒；12-顶罩

氟利昂装置常用检漏方法有以下几种：

(1)皂液检漏：不适用温度低于0℃处，对低压管路和微漏也不太有效。

(2)油迹示漏：氟利昂与滑油互溶，原来清洁的装置某处出现油迹则表明该处有漏。

(3)检漏灯检漏：空气不含氟利昂时检漏灯火焰呈淡蓝色，空气中含氯元素的氟利昂超过5%～10%并与炽热的铜接触，氟利昂会分解出氯与铜发生化学反应，生成的化合物使火焰变绿。空气中含氯氟利昂浓度增大，火焰颜色将由浅绿变为深绿以至亮蓝，甚至熄灭。

图4-27为氟利昂检漏灯，检漏灯下部装有盛丁烷或丙烷的一次性燃料筒，打开调节阀可将检漏灯点燃。火焰的高度可用调节阀调节，以恰好在检漏灯上部所装铜片之下为宜。使用时铜片上的污垢和氧化物必须擦净。检漏前应加强舱内通风，以免室内氟利昂浓度太大干扰检查和危害健康。检漏时吸气软管不要移动太快，并且不要吸烟，也应避免长时间吸入燃烧产物。检漏灯用完后调节阀不要关得太紧，以免冷却后咬死。

(4)电子检漏仪检漏：利用使气体电离后测其导电性的原理工作。这种检漏仪对卤素的检漏灵敏度很高，反应速度快，重量轻，携带方便。

三、冷冻机油的管理

1. 换油

当滑油老化、污浊、变黑或粘度下降15%以上时应换油。活塞式制冷压缩机换油步骤如下：

(1)关吸入阀，启动压缩机将曲轴箱抽成真空，以收回溶解在滑油中的冷剂，然后停机，关排出阀。

(2)用放油旋塞放空脏油，拆除侧盖清洁曲轴箱，再将侧盖和放油旋塞装复。

(3)从曲轴箱的加油接头或旋塞(或从吸入压力表接头)加油，至油位达液位镜4/5高(运行中油位约1/2高)。

(4)使排出多用或常通接头通大气，开机将曲轴箱中空气抽出，直至曲轴箱真空稳定，关上述排气口，停机，开吸、排截止阀，即可恢复压缩机工作。

氟利昂压缩机通常不必经常加油。压缩机启动后曲轴箱油位会有所下降，但不久被排气带到系统中的滑油又会返回曲轴箱，油位便基本稳定。氟利昂压缩机曲轴箱中滑油减少较快的原因有：

(1)压缩机“奔油”严重，吸气带走油过多。

(2)气缸、活塞环磨损严重，或刮油环装倒、断裂。

(3)油分离器不能有效地分油或正常回油。

(4)吸气管设计、安装不合适，不能保证回油。

(5)装置制冷量小，冷剂循环量太小，流速不足以将滑油带回压缩机。

(6)所选滑油倾点过高。

(7)排气温度过高使滑油分解、结炭。

(8)系统漏泄严重使滑油损失太多，新加冷剂会溶解一定量的滑油。

2. 补油

方法因压缩机结构而异，活塞式压缩机常用补油方法有：

(1)油泵吸入端有油三通阀，可在运行中补油：用软管一端接在油三通阀的外接口，另一端插入油桶内；先将三通阀转至放油位驱除接管内空气，再将三通阀转至加油位，油泵即自行吸油；至油位镜油位达半高时，将三通阀转至由曲轴箱吸油。

(2)曲轴箱有带阀加油接头，也可在运行中补油：关小压缩机吸入阀，先将曲轴箱抽成真空，然后再开加油接头的阀吸入要加的滑油。

(3)曲轴箱只有加油旋塞，必须停机补油：在开机时关小吸入截止阀，使曲轴箱内压力下降到零(表压)，然后停机并关吸、排气阀，再拆下加油旋塞用漏斗加油。

(4)无加油接头和旋塞的小型压缩机，从吸入压力表接头停机加油：将吸入压力表接头接可用手捏住的软管，把其吸口插入油桶液面下，稍松手吹除管内空气；然后捏住管开机，将曲轴箱抽成较高真空后停机，松手滑油即会被吸入；重复多次至油加够。图4-28就是利用吸入多用通道充加冷冻机油的示意图。

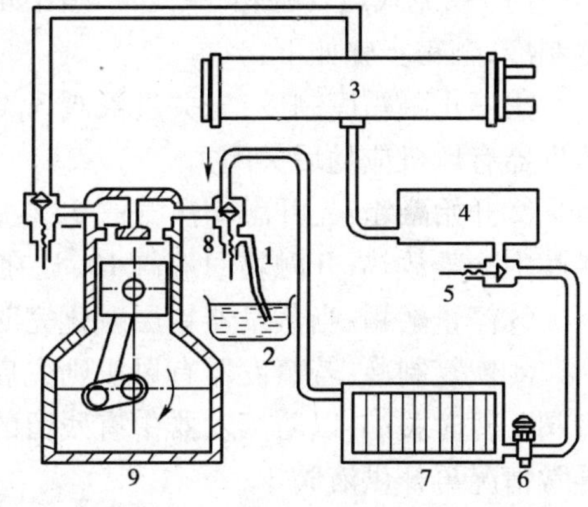

图4-28 充加冷冻机油

1-吸油软管；2-油池；3-冷凝器；4-储液器；5-出液阀；6-热力膨胀阀；7-蒸发器；8-吸入双阀座截止阀；9-制冷压缩机

【知识链接与技能拓展】

蒸发器融霜管理

若蒸发器外壁温度低于0℃，空气中的水蒸气就会在其表面结霜。霜层的热导率低，蒸发器结霜后吸热能力显著变差，蒸发量减少，蒸发压力和蒸发温度就会降低，导致装置制冷量减小，性能系数下降；冷风机霜层较厚还会堵塞肋片间通道，使通风量减少。蒸发器霜层达到一定厚度(超过3mm)应融霜。

高温库(例如菜库)若需融霜，只需停止供入冷剂，库内温度高于0℃即可自然融霜。低温库融霜的方法有淋水冲霜、电热融霜和热气融霜等。船上用得最普遍的是电热融霜，冷藏舱和用盘管蒸发器的装置还采用热气融霜。

1. 电热融霜

用电加热器加热蒸发器融霜，仅适用于冷风机。这种方法无需增设管系，容易自动控制，操作简单，广泛用于伙食冷库；缺点是耗电多。

电热融霜需在冷风机翅片管间和风扇、泄水盘、泄水处设电加热器。一般都采用融霜定时器自动控制每天融霜的次数和融霜的启、停时间，一般 1 次/24h，冷库刚进货或夏天库外湿度高而开门频繁可 2 次/24h。融霜时间一般 20～30min。

达到调定融霜时间，定时器使融霜库的风机断电停转、供液电磁阀断电关闭，各融霜电加热器通电。到调定融霜结束时间，定时开关使加热停止，开供液电磁阀和启动风机。若融霜结束时间未到而霜已融完，蒸发器内的温度和压力会迅速升高，为此可在冷风机出口管路上接融霜保护压力继电器，当蒸发器内压力升至较高(例如为制冷剂 3℃左右的饱和蒸气压力)时，提前中断加热器供电；也可设融霜温度控制器，在其感受的蒸发器翅片间的温度升至调定值时提前使融霜电加热器断电。

2. 热气融霜

让某些冷库制冷，将压缩机排出的温度较高的冷剂蒸气引入要融霜的蒸发器冷凝放热而融霜。这比电热融霜节能，对蒸发盘管和冷风机都适用，但操作较麻烦，不便于自动化。热气融霜按热气流向有两种方式：

(1)顺流式热气融霜，系统原理图如图 4-29 所示。若 1 号蒸发器需要融霜，可让 2 号蒸发器制冷，融霜步骤如下：

①停止融霜库制冷：先关进液阀 3，估计蒸发器中剩余冷剂大部分抽空后，关回气阀 8；若蒸发器有风机应随后关闭。

②开始融霜：先开融霜热气阀 5，然后关冷凝器进口阀 1，让压缩机排气进入融霜蒸发器，在其中冷凝放热；开融霜回液阀 10，让在蒸发器中凝结的冷剂回到冷凝器。

③停止融霜：当蒸发器霜层融化完时，开冷凝器进口阀 1，再关热气阀 5 和融霜回液阀 10。

④恢复制冷：若蒸发器有风机则先启动，慢慢地开启回气阀 8，如压缩机进口结霜，则立即将阀 8 暂时关小，以防蒸发器中有残留的冷剂液体被吸入压缩机，造成液击；回气阀开足后无异常情况再开供液阀 3。

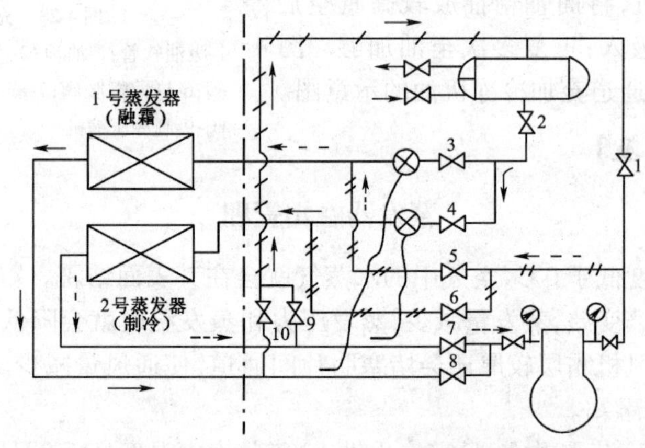

图 4-29　顺流式热气融霜系统原理图

1-冷凝器进口阀；2-冷凝器出口阀；3、4-供液阀；5、6-融霜热气阀；7、8-回气阀；9、10-融霜回液阀

顺流式热气融霜的特点如下：

①融霜热气管通到膨胀阀后，其流向与正常工作时冷剂流向相同。因为膨胀阀一般都靠近蒸发器进口，故这种方式对蒸发器离冰机间较远的冷藏舱制冷装置来说，热气管太长，不宜采用。

②冷剂融霜后凝结的液体不允许被吸回压缩机，因此必须设回液管。

当冷凝器位置较低时，融霜回液管可如图4-29所示接到冷凝器进口，这样融霜蒸发器与冷凝器串联，融霜后期霜层不多时也不必担心排气压力过高，操作比较安全；但若冷凝器位置较高，为避免融霜时冷剂凝液聚集在蒸发器内，回液管必须通至冷凝器出口管。这样，融霜蒸发器是与冷凝器并联，融霜后期霜层不多则排气压力可能过高，应注意适当开启冷凝器进口阀分流。

(2)逆流式热气融霜，系统原理图如图4-30所示。这种系统的特点如下：

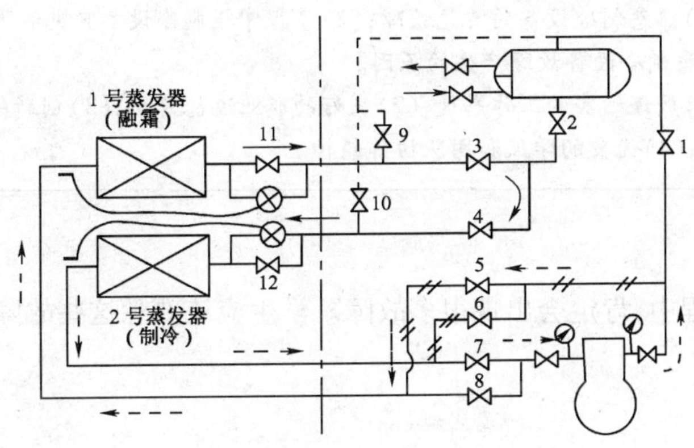

图4-30　逆流式热气融霜系统原理图

1-冷凝器进口阀；2-冷凝器出口阀；3、4-供液阀；5、6-融霜热气阀；7、8-回气阀；9、10-融霜回液阀；11、12-热力膨胀阀旁通阀

①融霜热气管接到蒸发器后吸气管上的吸气阀前，融霜热气在蒸发器中的流向与正常工作时冷剂的流向相反。吸气阀就在冰机间，故膨胀阀离冰机间较远的冷藏舱制冷装置也可以适用。其融霜操作步骤和要领与顺流式相同，差别仅在于融霜期间要开启膨胀阀的旁通阀(有的冷藏舱为简化操作，采用单向阀)让冷剂流过。

②可以不设融霜回液管，让热气融霜的凝液逆向流过该库供液阀，向工作库供液。但这样融霜蒸发器和冷凝器即成并联，融霜后期融霜蒸发器的结霜大部分已融化，压缩机的排气会因冷却不好而排压过高；这时必须适当开启冷凝器进、出口阀帮助冷凝。所以当冷凝器是低位时，有的逆流式热气融霜系统也加设回液管，通至冷凝器进口(见图中虚线所示)与之串联，以求融霜后期操作简便安全。

热气融霜的速度在很大程度上取决于工作库冷剂蒸发量的大小。故融霜宜在其他工作库热负荷较大时进行。有的也采取启用空库、开启高温库库门等办法增加工作库热负荷。

思考与练习

1. 制冷系统对冷冻机油有哪些要求？

2. 如何判断制冷系统中冷剂少了？如果冷剂少了，如何添加冷剂？

3. 如何判断制冷系统中冷冻机油少了？如果少了，有几种充加冷冻机油的方法？分别怎么进行？

4. 简述制冷系统中融霜的方法。

任务5 制冷装置的检修

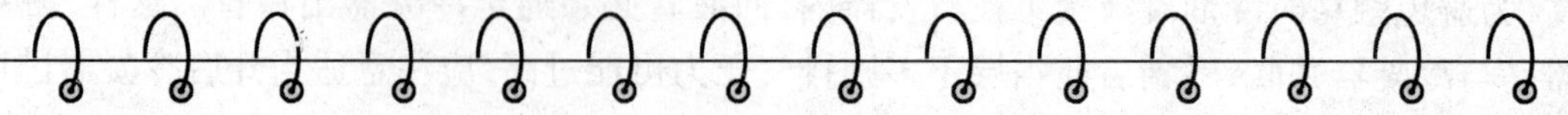

教学目标

◎ **能力目标**:掌握对制冷设备装置检修的要点。

◎ **知识目标**:(1)熟悉制冷设备的常见故障;(2)掌握掌握制冷设备常见故障检修要点;(3)熟悉制冷设备故障产生的原因。

◎ **情感目标**:(1)严谨细实的工作态度;(2)良好的职业道德意识;(3)创新的意识和创新精神;(4)优良的学风和团队协作精神。

【任务引入】

制冷设备运转过程中,肯定会出现很多故障。学生应该熟悉这些故障的检修要点,以使设备能正常运转。

【任务分析】

制冷设备的故障有许多形式,每种故障可能由各种不同的原因导致,应该学会全面分析和鉴别故障原因,以免面临故障时不会正确分析,盲目地胡捅乱试。本节介绍制冷设备常见故障的分析和处理方法。

【相关知识】

冰塞现象

系统中氟利昂含水较多时,若节流降压后温度降到0℃以下,水的溶解度显著降低,即会析出而结冰,在流道狭窄处形成"冰塞"。膨胀阀是通道狭窄的节流元件,最易发生冰塞。有时液管滤器脏堵,或膨胀阀前后的阀开度不足等,也可能节流而导致冰塞。

当冰塞尚未完全堵死通道时,蒸发器冷剂流量减少,出口过热度增加,压缩机吸入压力下降,直至低压控制器使压缩机停车;停车后冰塞处的冰部分融化,压缩机吸入压力回升而重新启动。反复起停冰塞加重,停车时间愈加延长,再启动时间更缩短,无法正常工作。

用下述方法可判断冰塞的部位:关膨胀阀前的截止阀;清除该阀后可能冰塞的管道和阀件外面的霜层;突然开启上述截止阀,冰塞处流道狭窄产生节流降压,其后面管道必然结霜。

冰塞以预防为主:及时更换失效的干燥剂;拆修元件和日常操作时要防止湿气和水分进入系统;在充冷剂和拆修元件后,要用干燥器吸收可能进入系统的水分。

【任务实施】

一、消除冰塞现象的方法

消除冰塞的办法有以下几种:

(1)拆下冰塞元件(膨胀阀、滤器等)用纯酒精清洗,再用压缩空气吹干后装复。

(2)热水化冰：换新干燥剂后，在不便拆卸的冰塞处外敷毛巾，浇热水使冰融化，然后启动压缩机，让水分随着冷剂流动并被干燥剂吸收。采用这种方法需要耐心地反复化冰。

(3)用"解冻剂"除冰塞：用类似充冷剂的方法向系统中充入一定数量"解冻剂"，使其随冷剂在系统中循环，它能溶解冰，并和水一起被干燥剂吸收。"解冻剂"不允许含甲醇之类会对金属起有害作用的物质。

(4)用干燥气体吹除水分：系统大量进水时上述方法都不适用，这时只能将系统中的冷剂收入钢瓶以备送岸处理，然后用氮气或二氧化碳气吹扫系统，最后用抽空除水法使系统干燥。千万不能直接用压缩空气瓶中的空气吹扫温度较低的冷库管路，因为气瓶中的压缩空气含水较多，遇冷会凝露。

膨胀阀和液管上的滤器有时会脏堵，其症状与冰塞相似，也会引起冷剂流量不足、吸入压力降低、吸气过热度增加和压缩机起停频繁。但"脏堵"的症状比较稳定，停机较长时间情况也无改善，用毛巾热敷也不解决问题，只能拆下脏堵元件清洗。

若采用的滑油倾点太高还可能发生油堵，其现象与冰塞类似，可用加热堵塞处的方法暂时解除，彻底解决的办法是应换成倾点合适的冷冻机油。

二、排气压力或排气温度过高

排气压力过高会使压缩机的输气系数减小，装置的制冷量和制冷系数降低；还会使排气和滑油温度升高；严重时高压控制器会停车。原因通常是：

(1)排气截止阀没开足；

(2)冷却水进水温度高；

(3)系统中不凝性气体太多；

(4)冷凝器冷凝能力不足：如果冷却水进出温差大于设计值(一般是 3 ~ 5℃)，则表明冷却水量不足；若该温差在设计范围内，则说明冷却水吸热差，若非不凝性气体太多，则可能是冷却管脏污或堵塞、端盖分水筋锈坏或垫片损坏使冷却水短路、液态冷剂浸没冷却管太多、水侧聚气形成气塞，或冷凝器设计换热能力不足。

排气温度过高会导致滑油温度过高，还会导致排油温度过高，使滑油的密封、润滑性能变差，使用寿命缩短。通常 R22 制冷压缩机排气温度应小于 120℃，滑油温度应小于 70℃(开启式)或 80℃(半封闭式)。排气温度过高的原因无非是：

(1)排气压力高；

(2)吸气过热度高；

(3)吸、排气压差太大；

(4)排气阀或压缩机高、低压分隔处(缸头垫片、安全阀等)漏气。

三、吸气压力过低

吸气压力过低会使制冷量和制冷系数降低，严重时还会使冷库温度未达下限、电磁阀未关而低压控制器即停车。当蒸发器传热温差($t_r - t_0$)远远大于设计值(通常为 5 ~ 10℃)时，则表明吸气压力(蒸发压力)太低。这无非是两种情况：

第一种情况是吸气过热度高：低温库蒸发器后部霜层融化，吸气温度升高。这是因为供给蒸发器的液态冷剂不足，冷剂的蒸发量太小，属于这方面的原因可能是：

(1)系统中冷剂不足；

(2)冷凝压力过低:寒冷水域冷却水流量太大;

(3)低压管路冰塞、脏堵、油堵,电磁阀未开或液管上的阀门未开足;

(4)膨胀阀安装不当、调节过紧或温包充剂漏失;

(5)进入系统的滑油过多。

第二种情况是吸气过热度不大,吸气压力低是因为蒸发器换热能力差。属于这方面的原因可能是:

(1)蒸发器结霜过厚;

(2)冷风机叶轮装反、反转、停转或转速下降;

(3)蒸发压力调节阀调得太紧,使蒸发温度过高;

(4)蒸发器设计制冷量不足,或部分并联蒸发器被停用。

四、压缩机运转不停,制冷效果仍达不到要求

冷藏舱或空调制冷装置的压缩机一般都有容量调节装置,使用期间通常不停。伙食冷库制冷装置一般设计每天工作不超过16~20h。如果压缩机长时间运转仍不能将库温或空调舱室温度降到设计温度,则表明制冷效果达不到要求,原因无非是装置热负荷太大或制冷量不足,这可分两种情况:或是压缩机吸气压力过低,接近低压控制器调定的下限,使制冷量减小,分析和鉴别方法见前述;或是压缩机吸入压力较高,接近低压控制器调定的上限,这是因为热负荷过大或压缩机输气量减小,原因主要有:

(1)冷库隔热太差;

(2)内部漏泄严重;

(3)压缩机容量调节机构有故障;

(4)气缸余隙太大;

(5)压缩机转速下降。

此外,排气压力太高则输气系数减小,也会使输气量有所降低。

五、压缩机启停频繁

不设容量调节的伙食冰机,一般每小时启停不超过4次为宜。频繁启停会影响设备和电路的可靠性,还可能使油压差控制器的加热元件或电路过载热保护元件过热而停车,以致压缩机不能再自动启动。如果库温未达要求而频繁启停,势必影响制冷效果。这有几种情况:

第一种情况是供液电磁阀启闭频繁,导致低压控制器使压缩机启停频繁(温度控制器启闭频繁)。属于这方面的原因是:

(1)冷库隔热差;

(2)温度控制器温包安装不当,例如装在冷风机出风口或离库门太近而门又关不严。

第二种情况是电磁阀仍开着,低压控制器使压缩机频繁启停。这表明库温未达下限,压缩机吸入压力过早达到低压控制器下限,停车时后仍有冷剂进入蒸发器,吸入压力势必不久又升到上限,压缩机因此频繁启停。属于这方面的原因是:

(1)压缩机输气量太大:选型太大、转速太高或容量调节未能减载;

(2)低压控制器下限调得太高或幅差太小;

(3)工作时吸入压力低至停车值。

第三种情况是尽管电磁阀全部关闭,低压控制器仍使压缩机频繁启停,这是因为高、低压端之间存在较严重的内漏。

六、压缩机启动不久就停或无法启动

根据压缩机控制电路可以找出压缩机的电机停转和无法启动的原因。

第一种情况是高压控制器断电(未手动复位则无法启动),主要原因有:

(1)压缩机排出截止阀未开;

(2)冷凝器冷却水中断或充剂太满(无储液器);

(3)高压控制器上限调得太低。

第二种情况是低压控制器断电,主要原因有:

(1)低压控制器下限调得太高;

(2)液管或低压管路中冷剂流量甚少或中断。例如冷剂严重缺少、出液阀或某处截止阀未开、电磁阀断电、膨胀阀温包充剂泄漏以及管路严重堵塞等。

第三种情况是油压差控制器断电(未手动复位则无法启动),主要原因有:

(1)曲轴箱缺油或“奔油”;

(2)吸油滤器堵塞;

(3)油压调节阀过松或严重漏泄;

(4)油泵磨损严重或运动件、传动件损坏;

(5)轴承间隙过大或油路中某处严重漏泄;

(6)压缩机频繁启动以致油压差控制器中双金属片弯曲使触头断开。

第四种情况是过电流继电器断电(未手动复位则无法启动),主要原因有:

(1)压缩机因咬缸、轴承烧毁或安装间隙过紧等原因而盘车过重;

(2)启动过于频繁;

(3)电路电压过低。

其他情况还有:

(1)融霜定时器正在融霜期间;

(2)有的装置有电机过热保护继电器,若起作用能使电机停电;

(3)有的电路冷却水泵、风机未能正常工作时有联锁开关使压缩机不能通电;

(4)电动机或电路发生故障。

【知识链接与技能拓展】

不凝气体的危害及其检查与排除

制冷系统存在不凝性气体会妨碍传热,使排气压力和温度升高,增加压缩机功耗,降低制冷量,滑油使用寿命缩短。冷凝器比压缩机高可通过其放气阀放气;若比压缩机低则可从排出阀多用接头(或排出压力表接头)放气。

放空气应在压缩机停车时进行,方法如下:

(1)关储液器出液阀。

(2)开机把系统中的冷剂连同不凝性气体一起排入冷凝器中,然后停机。

(3)继续向冷凝器供冷却水,使冷剂充分冷凝,直至冷凝器压力不再下降。这时空气聚集在高处。

(4)开放气阀,让气体流出几秒钟即关,稍停再重复。至冷凝器中的压力接近水温所对应的冷剂饱和压力即结束放气。如果压力降得太低然后又渐渐回升,则表明放掉的是冷剂。

思考与练习

1. 什么是冰塞现象?有哪些方法可以消除冰塞现象?
2. 压缩机运转不停,制冷效果仍达不到要求常见的原因有哪些?
3. 制冷系统启停频繁的原因有哪些?
4. 制冷系统不凝气体危害有哪些?如何确定制冷系统中有不凝性气体,排除方法有哪些?

任务6　空调装置的安装与管理

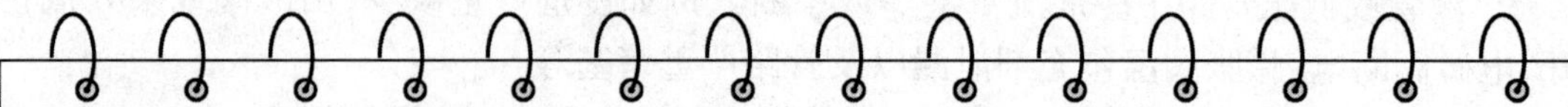

教学目标

◎ **能力目标**:掌握空调装置安装与管理要点。

◎ **知识目标**:(1)熟悉空调装置的主要类型;(2)熟悉空调装置的组成;(3)掌握空调装置的管理要点。

◎ **情感目标**:(1)严谨细实的工作态度;(2)良好的职业道德意识;(3)创新的意识和创新精神;(4)优良的学风和团队协作精神。

【任务引入】

船舶航行于各个海域,气候条件复杂多变。为了能在舱室内创造适宜的人工气候,以便为船上人员提供舒适的工作和生活环境,现代船舶大都设有空气调节装置(简称空调)。那么空调装置安装管理要点是什么呢?空调装置有哪些种类?平常所说的中央空调器又由哪些主要部件组成?船舶空调装置的使用管理要点有哪些?

【任务分析】

要掌握空调装置的安装与管理,那么首先应该了解空调装置主要有哪些部件组成,以及每个部件的作用是什么?这样才能更好地学会船舶空调装置的安装和管理。

【相关知识】

船舶空调系统的主要类型

单独调节各空调舱室温度有两种方法:改变布风器风门开度以改变送风量,即变量调节;也可在布风器中设换热器或采用双风管系统改变送风温度,即变质调节。变量调节可能使新鲜空气供给不足;而且影响室温均匀;还可能影响风管中的风压,干扰其他舱室的送风量;故调节性能不如变质调节好。

集中式和半集中式船舶空调装置的空调系统主要有以下几种形式:

1. 集中式单风管系统

图4-31所示为完全集中式单风管空调系统,送风由中央空调器统一处理,然后通过单风

管送到各个舱室。各舱室个别调节就只能靠改变布风器风门的开度,即变量调节。这种系统简单,初装费低,货船用得很普遍。但因用变量调节,调节幅度不宜过大,否则难以保证舱室的新风供给量和室内空气参数均匀,还会干扰其他舱室的送风量。

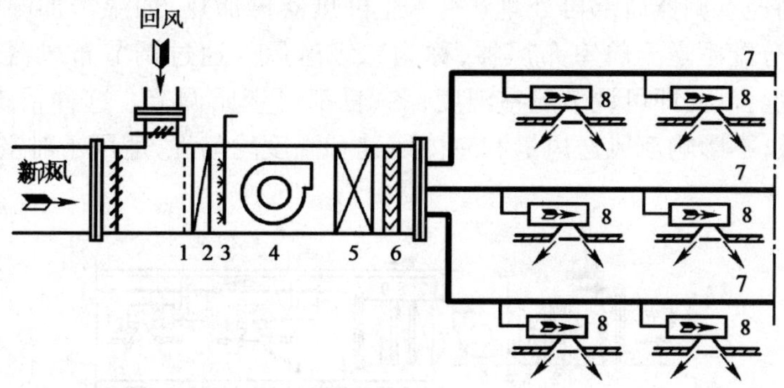

图 4-31　完全集中式单风管空调系统

1-过滤器;2-加热器;3-加湿器;4-风机;5-冷却器;6-挡水器;7-风管;8-布风器

2. 分区再热式单风管系统

将中央空调器处理后的空气,由设在空调器分配室的分区隔离室内或主风管内的再热器进行再加热,然后再用单风管送至各空调舱室。这种系统冬季采用较小的送风温差,对失热量小的舱室可少进行或不进行再加热,故舱室所需变量调节幅度明显减小。这种系统允许将热湿比相差较大的舱室列入同一空调区。

3. 末端再处理式单风管系统

除在中央空调器中对送风作统一处理外,还在各舱室的布风器内末端设换热器。具体的有两种形式:一种是布风器内末端设电加热器。冬季气温大于5℃时,只需靠调节电加热器改变舱室的送风温度;当气温小于5℃时,空调器先将送风加热到能满足热损失较小的舱室对室温的要求即可,热损失大的舱室可用电加热器补充进行变质调节。夏季则只能做变量调节。这种方法设备费用增加不多,管理也较简单,适合常在高纬度海域航行的货船。另外一种是布风器内末端设水换热器,对送风进行再加热或再冷却,这种系统冬夏都能实现变质调节。图4-32 所示为末端水换热式单风管空调系统。

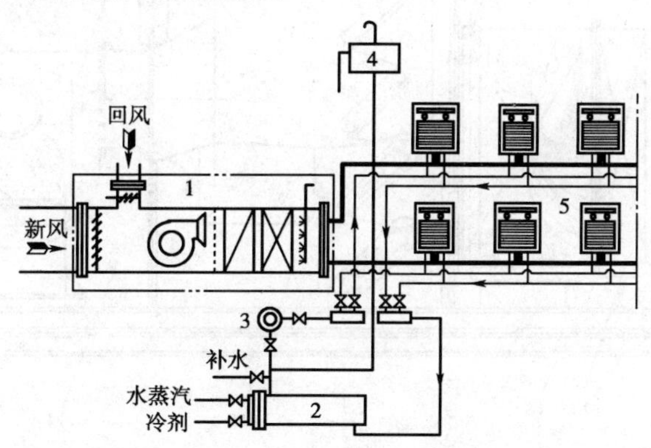

图 4-32　末端水换热式单风管空调系统

1-集中空调器;2-换热器;3-水循环泵;4-膨胀水箱;5-带末端水换热器的布风器

4. 双风管系统

图 4-33 所示为双风管空调系统，能向舱室同时送温度不同的两种空气：进风经空调器前部预处理（冬季经预热器加热；夏季即自然风）后，即经中间分配室送至舱室布风器，称为一级送风；其余空气则经空调器后部再处理（冬季经再热器再加热、加湿器加湿；夏季经冷却器冷却除湿）后，经后分配室送至舱室布风器，称为二级送风。通过调节布风器两个风门的开度，改变两种送风的混合比，即可调节舱室温度，冬、夏都可变质调节。这种系统虽然重量和尺寸稍大，但调节灵敏，不影响新风送风量和室内风速和温度均匀性，适用于对空调要求高的客船。

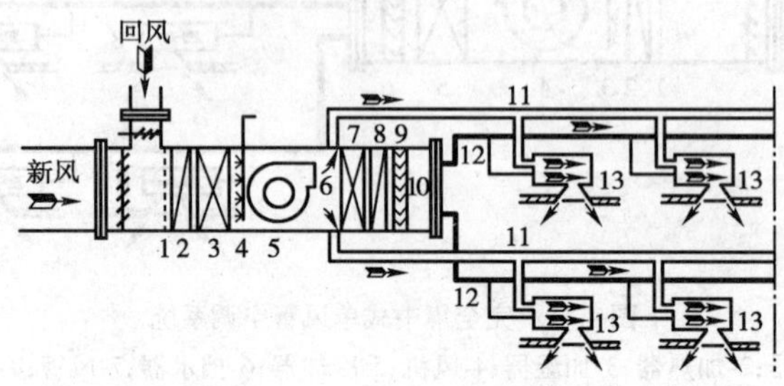

图 4-33　双风管空调系统

1-过滤器；2-预热器；3-预冷器；4-加湿器；5-风机；6-中间分配室；7-再冷器；8-再热器；9-挡水器；10-后分配室；11-一级送风管；12-二级送风管；13-布风器

【任务实施】

一、中央空调器组成

图 4-34 所示为单风管系统的中央空调器。

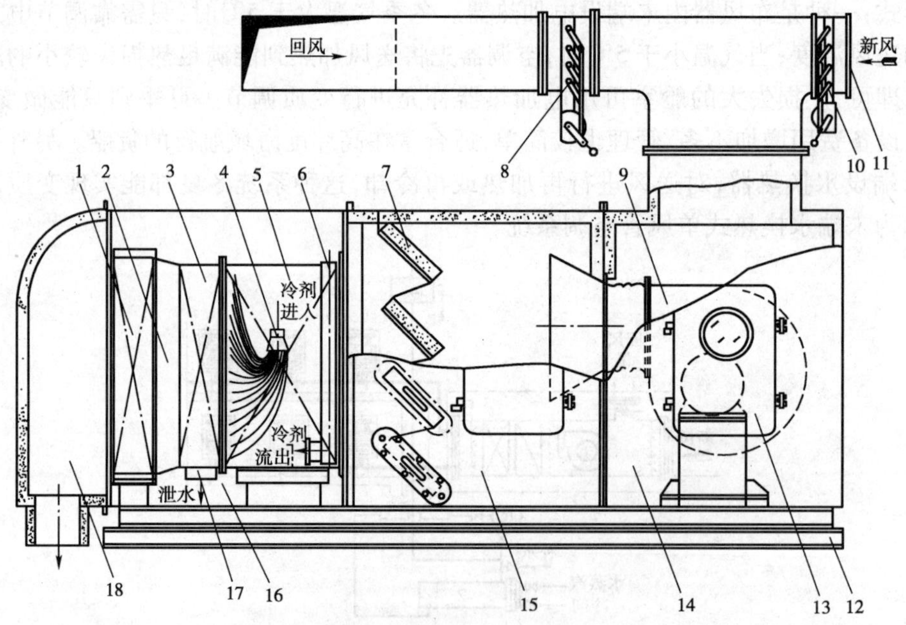

图 4-34　单风管系统的中央空调器

1-加热器；2-加湿器；3-挡水器；4-冷剂分液器；5-冷却器；6-冷剂回气集管 7-过滤器；8-回风调风门；9-风机；10-新风调风门；11-新风进口；12-底座；13-检查门；14-进风混合室；15-消音室；16-空气处理室；17-承水盘；18-送风分配室

1. 空气的吸入、过滤和消音

被吸入的新风量和回风量可用手动调风门调节。新风流量和总风量之比称为新风比，设计时确定为30% ~60%。目前通风机大多采用效率较高、噪声较低的后弯叶片离心式，少数尺寸和功率较小的装置采用前弯叶片离心式。空气经风机后风压每提高1kPa温升约1℃，为了在降温工况时有利于降低送风温度，并提高空气冷却器的传热温差和冷剂蒸发温度，可把风机设在空气冷却器之前，为压出式。目前中央空调器风速不高(12 ~16m/s)，风压较低(全风压≤2.5kPa)，空气流经风机的温升大多不超过2℃，故风机常设在空冷器后，为吸入式，这样空气能比较均匀地流过换热面，换热效果更好。有的空调器风机设有低速档，供自然通风工况采用全新风时(送风量较低)用。

空调器中的空气滤器用于滤除空气中的灰尘。简单的可采用板式；为了增大空气通流面积常采用袋式或抽屉式。过滤材料常采用粗孔泡沫塑料或尼龙纤维等，应便于取出清洗。

风机出口有消音室，利用其造成风道截面积突然增大，可使气流的低频噪声得以消减；风机所产生的高频噪声，则可在空调器内壁贴多孔吸声材料或直接采用多孔板来吸收。

2. 空气的加热和加湿

当外界气温低于20 ~15℃时，可使空调装置按采暖工况运行。冬季外界空气相对湿度虽高，但因温度低，含湿量并不高。将这样的空气加热后往往还需要加湿。减小新风比可使空调加热器的热负荷和加湿器的加湿量减小。

采暖工况要用空调器的空气加热器和加湿器对送风进行加热和加湿。空气可用电、蒸汽或热水加热。除间接冷却式空调系统在采暖工况利用同一换热器以热水加热外，船用集中式空调器多使用表压≤0.7MPa的饱和蒸汽加热。加湿多用蒸汽，喷汽量无需太多，基本上不影响气温，可看作是等温加湿；也有喷水加湿的，水雾蒸发后气温会有所降低，是等焓加湿。加湿器多放在加热器后，此处空气温度较高，相对湿度较小，喷入的蒸汽(或水)容易被空气吸收；同时还可防止加湿器在进风温度太低时冻结。但气温高吸湿能力强，应防止加湿过多造成舱内温度较低的壁面结露。

3. 空气的冷却和除湿

夏季外界气温高于23 ~25℃时，应使空调装置按降温工况运行；对空调要求较高的客船在气温高于15℃就启动降温工况。降温工况靠空调器中的空气冷却器和挡水器来对送风进行冷却和除湿。空调器的全热负荷包括显热负荷和潜热负荷。不仅舱外气温高、舱室显热负荷较大时空调器的显热负荷会增大，而且舱室湿负荷较大或舱外空气的含湿量较大，也会使空调器因除湿负担加重而潜热负荷增加。减小新风比可使空调器的全热负荷减小。

空气冷却器按管中流过的是冷剂还是载冷剂而分为直接蒸发式和间接冷却式。空冷器的管壁温度一般都低于空气露点，在冷却空气的同时也能除湿。管壁温度越低，除湿能力越大。空调装置冷剂的蒸发温度一般多设计为5 ~10℃，空冷器管壁温度通常比管内介质高2 ~4℃，故空调压缩机的低压控制器常调节成最低蒸发温度≥ -3℃左右，使管壁温度不致低于0℃而结霜。只要空冷器肋片不结霜就不致堵塞风道，故有些空调装置允许低压控制器控制的最低蒸发温度低至 -6℃甚至更低。采用间接冷却方式如载冷剂用淡水，则温度一般保持4 ~7℃，最低不小于2 ~4℃，以防冻结。

为防止凝水被携入空调器后部和风管引起金属锈蚀，空冷器后常设挡水器。它通常由许多靠近平行设置的曲折薄钢板组成，空气流过其间的曲折缝隙时气流方向不断改变，携带的水滴就会碰撞到曲板上，然后向下流到承水盘泄走。曲板的出口端常弯成挡水沟，风速过大可能挡不住水。有的空调器将加热器放在空气冷却器后兼起挡水作用，取消了挡水器。

空冷器和挡水器外壁流下的凝水汇集在底部承水盘中，须用泄水管排走。为避免凝水泄空使气流从空冷器底部绕过，有的在泄水管上设足够高度的水封管，也有的在泄水管上设塑料的单向球阀。后者泄水口相对泄水管的高度必须适当，以保证吸入式空调器的承水盘在负压时和泄水口反向倾斜3°时承水盘中水位产生的静压能将球阀顶开泄水，又不至于承水盘中的凝水放空。

二、空调装置的使用管理

1. 做好日常管理工作

及时检查空气滤器的阻力。清洁的滤器前后的风压差≤100Pa（10mmH_2O）。阻力过低说明滤层破损，应检查换新；若阻力上升到初始压降的2.5倍左右，则应清洗。皮带传动的风机应及时检查调整皮带的松紧，太松会打滑而使皮带磨损，太紧会降低轴承寿命。有的风机轴承需要定期更换润滑油（脂），而有的轴承是封闭的，无需加换润滑剂。此外，还应注意检查和维护自动调节设备工作正常。

2. 保持合适的新风比

在满足新鲜空气需要的前提下，采用较低的新风比可以节省空调耗能。以下情况可以临时改变新风比：

（1）春、秋季单纯通风工况可用全新风；

（2）外界空气特别热湿或寒冷，可适当减少新风比，以保持舒适的温、湿度；

（3）外界空气特别污浊时可暂时减小新风比，甚至短时间封闭循环。

3. 防止外界空气进入走廊

开空调时走廊通外界的门应关闭，避免外界空气进入走廊，增加舱室热负荷和恶化回风条件。

4. 采暖工况注意

启用空调应先使加热器工作，再开通风机，最后再开加湿阀（蒸汽加热应预热泄放凝水）。停用时先关加湿阀，0.5min后停风机，以免留在空调器和风管中的已加湿空气在金属壁面结露，导致腐蚀。

手动加湿应谨慎调节加湿阀开度，注意控制空调器出口相对湿度。外界气温高应关小加湿阀，气温在5~8℃以上无需加湿；外界气温降低需适当开大加湿阀。

5. 降温工况注意

启动空调应先开风机，后启动制冷装置，不允许关闭太多布风器，否则压缩机可能吸进湿蒸汽，容易造成液击。

活塞式制冷压缩机启动时应慢慢开启吸入阀，听到液击声立即关小吸入阀，以后再逐渐开大。启动初期应让压缩机按较低容量工作，以后再逐渐调至满负荷。停用时应抽空系统，将冷剂回收至储液器中。螺杆式制冷压缩机对湿压缩不敏感,启动时无需担心液击,停用时不抽空系统。

【知识链接与技能拓展】

布风器

布风器是用来向舱室送风的设备。它应满足以下要求：

(1)能使送风与室内空气很好地混合,使室温均匀性好；

(2)能保持人活动区内风速适宜；

(3)能单独进行调节；

(4)阻力和噪声较小；

(5)结构紧凑,外形美观,价格低廉。

船舶空调布风器普遍采用顶式,它装在天花板上,不占用舱室地面。布风器按送风诱导作用强弱有直布式和诱导式。诱导式送风从喷嘴喷出,有较强的诱导室内空气与之混合的作用,可采用较大的送风温差;但要求风压高,噪声大,现已很少用。

直布式布风器是一种直接将风送入舱室的一种布风器,如图 4-35 所示。其送风不经喷嘴,其风管通入处设有容积较大、内贴吸声材料的消音箱,出口做成有利于送风气流扩散的形状,风不直接吹到人身上。送风管中设有挡板,由船厂按设计要求调试分配各舱室风量;布风器本身有调节风量的旋钮,由室内人员按需要调节。直布式布风器的出口风速较低,一般为2～4m/s,送风与室内空气混合较慢,故送风温差不宜过大,夏季一般不超过 10℃左右。其价格较低,送风阻力小,噪声也低。

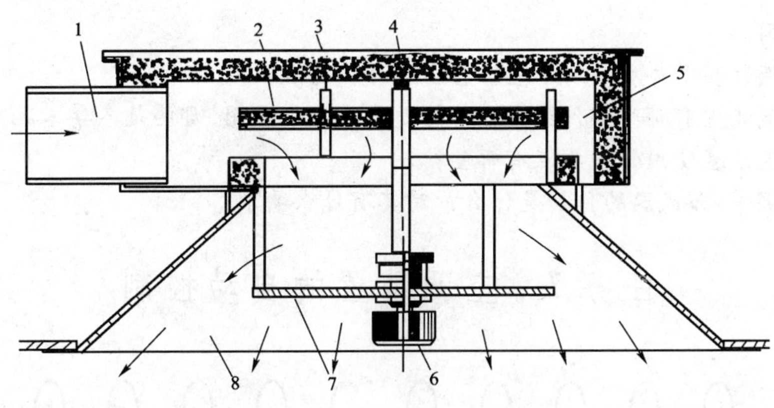

图 4-35　直布式布风器

1-进风管;2-调节风门;3-风门导杆;4-调节螺杆;5-消音箱;6-风门调节旋钮;7-挡风板;8-出风口

末端再热式空调系统布风器如图 4-36 所示。其消音箱中设有电加热器。即使用调节旋钮完全关闭风门时,布风器仍应向舱内输送最小风量,以利加热器散热。加热器的电路与空调器风机连锁,消音箱内还设有控制电加热器接通与切断的温度控制器和安全保护用的温度开关,万一温度控制器失灵风温升高,则温度开关会自动切断加热电源(需手动复位)。有的末端电加热布风器的加热电阻有调温旋钮,还有的在房间里另设控制电加热器开关的温度控制器。

双风管空调系统布风器由两根送风管分别送入两种温度不同的风,在消音室中混合,然后从挡风板周围吹出。可通过一个调节旋钮联动操纵两根送风管的风门,使之分别开大与关小,调节舱室空气温度;也可分设两个调节旋钮分别调节两种送风的风量,调节幅度更大。

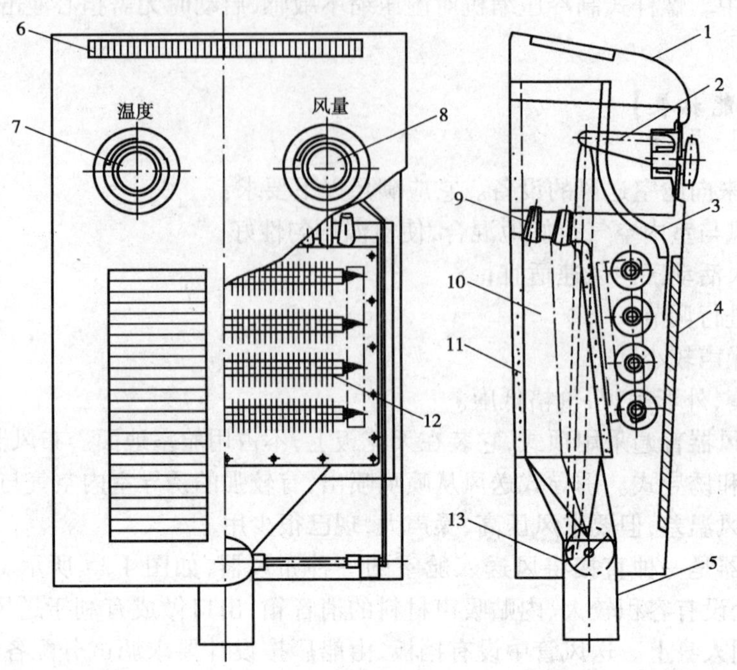

图 4-36　末端再热式布风器

1-空调舱室；2-蒸发器（空气制冷）；3-制冷压缩机；4-冷凝器；5-热力膨胀阀；6-风机；7-通风机；8-冷却器；9-蒸发器（冷媒水制冷）；10-冷媒水水泵

思考与练习

1. 船舶空调装置主要类型有哪些？各自有什么特点？
2. 中央空调装置有哪些部件组成？哪些是夏季工况应用，哪些是冬季工况应用？
3. 船舶空调装置使用管理要点有哪些？
4. 船舶空调中，布风器的作用是什么？对其有什么要求？

任务 7　空调装置的自动控制

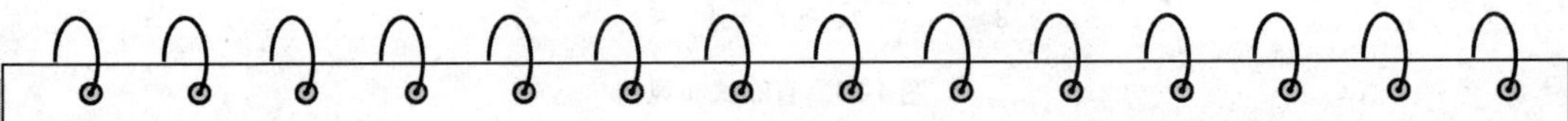

教学目标

◎ **能力目标**：能够掌握对船舶空调装置自动控制的内容和方法。

◎ **知识目标**：（1）熟悉空调装置的设计参数；（2）掌握对空调装置温度自动控制的方法；（3）掌握对空调装置湿度自动控制的方法。

◎ **情感目标**：（1）严谨细实的工作态度；（2）良好的职业道德意识；（3）创新的意识和创新精神；（4）优良的学风和团队协作精神。

【任务引入】

船舶航行于各个海域，气候条件复杂多变。为了能在舱室内创造适宜的人工气候，以遍为船上人员提供舒适的工作和生活环境，现代船舶大都设有空气调节装置（简称空调）。那么我们对空调装置的要求有什么？各种要求又是怎么实现自动控制的呢？

【任务分析】

船舶空调装置大多是满足人们对工作和生活环境舒适和卫生的要求，属于舒适性空调。很显然，对空调的装置的基本要求，无非是温度、湿度、清新程度，气流速度和噪声等要求。而对空调装置的自动控制，最主要的是温度和湿度的控制，其他项目的自动控制都是比较简单。那么船舶空调装置自动控制的重点就是该装置在冬、夏季温度和湿度的自动控制。

【相关知识】

一、湿空气的参数

湿空气的参数主要如下：

（1）温度、水蒸气饱和分压力；

（2）含湿量（每千克干空气所含水蒸气克数）、水蒸气分压力、露点（降温至相对湿度达100%时的温度）；

（3）相对湿度：空气的水蒸气分压力与气温所对应的水蒸气饱和压力之比（%）；

（4）湿空气的焓（单位质量湿空气所含有的总热量）、湿球温度（感温元件外包湿纱布置于通风良好处测得的温度，即同焓值的空气在饱和状态的温度）。湿球温度比露点温度高，比干球温度（气温）低。同组参数知其一即可查出其余的，知道两个不同组的参数湿空气的状态即可确定。

船舶空调系统一般采用集中式空调（中央空调），图4-37为船舶空调装置示意图：通风机吸入外界“新风”的同时也从通走廊的吸口吸入部分“回风”，混合后由中央空调器处理达到要求的温度和湿度，然后用风管分送到各舱室的布风器；舱室中的空气则通过房门下部格栅流入卫生间及走廊，走廊中的空气部分作为回风又被空调器吸入，其余排往舱外。有的空调系统能将集中处理后送往各舱室的空气进行分区处理或舱室单独处理，称为半集中式。某些特殊舱室（例如机舱集控室）因热负荷与一般舱室相差太大，需单独设专用的空调器，称为独立式空调。

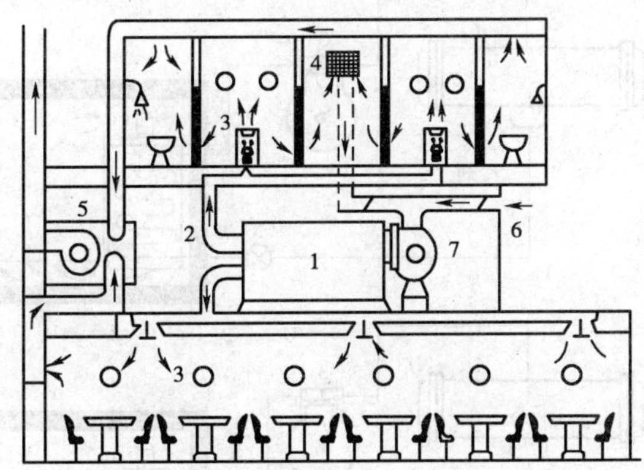

图4-37 船舶空调装置示意图

1-中央空调器；2-主风管；3-布风器；4-回风吸口；5-排风机；6-新风吸口；7-通风机

可能产生不卫生或有味气体的舱室（例如厕所、浴室、医务室、病房、公共活动舱室、餐厅、厨房等）应由排风机将空气排至舱外，以保持舱内负压。这些舱室的进风由空调舱室的空气流入（例如船员舱室卫生间），或以通风机直接送入（例如厨房），或靠空调送风系统送风（例如餐厅、公共活动舱室、医务室、病房）。

二、船舶空调设计参数

舱外空气不超过设计条件时,室内空气以下方面应符合要求:

1. 温度

国标规定无限航区船舶空调设计的舱外条件是:冬季 -20℃;夏季 +35℃,相对湿度70%;空调舱室的设计标准是:冬季舱内温度为22℃;夏季舱内温度为27℃;舱内中间空间各处温差不超过2℃;此外,舱内外温差不宜超过6~10℃。

2. 湿度

冬季设计值通常取50%,实际可控制在30%~40%范围内,以减少加湿蒸汽或淡水耗量,并防止与室外低温空气接触的舱壁结露。夏季湿度可按50% ±5%设计,实际保持在40%~60%范围内即可。

3. 清新程度

如果只为满足人呼吸氧气的需要,新鲜空气的最低供给量每人2.4m^3/h即可;然而要符合卫生要求,国家标准规定每人所需新鲜空气量(m^3/h)是:28(船员舱室)、20~25(办公室)、30(娱乐室);或不小于空调总风量的40%(有限航区)~50%(无限航区)。

4. 气流速度

以0.15~0.20m/s为宜,最大不大于0.35m/s。

三、空气冷却器的类型

空气冷却器简称空冷器,是夏季降温工况对温度自动控制的重要部件。该装置根据冷却介质不同,又分为直接蒸发式和间接冷却式,图4-38所示是直接与间接式空气冷却器示意图。前者是将冷剂的蒸发温度控制在一定范围内,后者则是控制流经空冷器的载冷剂的流量,通常都不能完全阻止送风温度随外界空气温、湿度的增减而升降,室内温度也会因送风温度和显热负荷的增减而升降,降温工况时这种室温浮动是合乎要求的。

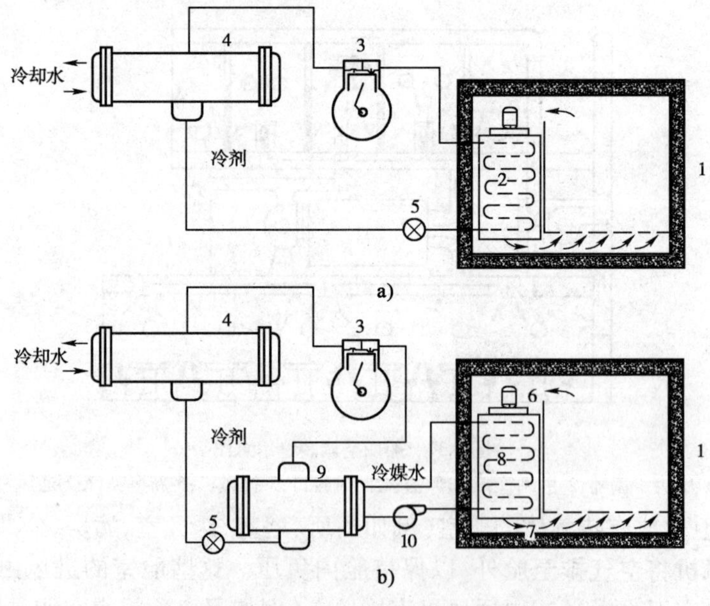

图4-38 直接与间接式空气冷却器示意图

【任务实施】

一、降温工况的自动控制

降温工况用空气冷却器对空调装置送风进行冷却、除湿，当送风进入舱室后，按舱室的热湿比升温增湿，吸收热负荷和湿负荷，使室内保持合适的空气参数。

降温工况只要能保持空气冷却器中足够低的冷剂增发温度或载冷剂温度，即保持足够低的空气冷却器壁温度，便有足够的除湿效果，能使一般舱室的相对湿度保持在合适的范围内，故降温工况通常都不对送风湿度再作专门调节。

1. 直接蒸发式空气冷却器的温度调节

采用直接蒸发式空冷器的空调制冷装置，用带容量调节的制冷压缩机自动调节排气量，使蒸发压力、蒸发温度保持在一定范围内。鉴于每个热力膨胀阀适用的制冷量范围有限，故热负荷变动大的空调制冷装置有的一个空冷器配两组电磁阀和膨胀阀，必要时切换使用，使投入工作的膨胀阀的容量与装置的制冷量相适应。新船空调装置有采用电子膨胀阀的，其适用的制冷量范围大得多，因此只需用一个膨胀阀即可与容量可调的制冷压缩机匹配。图 4-39 所示为空调制冷装置制冷量调节简图。

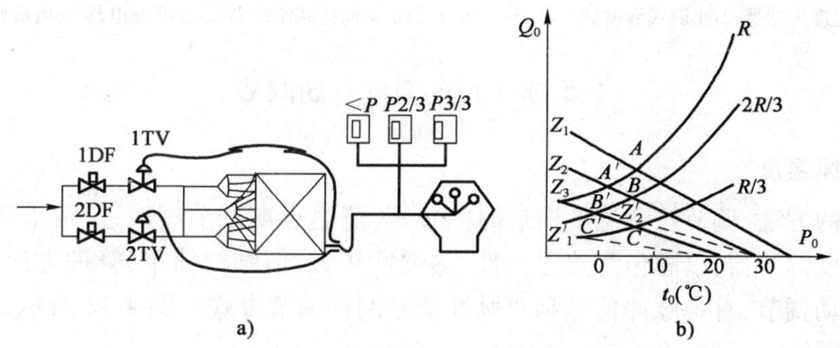

图 4-39　空调制冷装置制冷量调节简图

a）制冷装置低压管路简图；b）性能曲线及工况变化

为避免室温太低，大多数空调装置采用控制回风（或典型舱室）温度的温度控制器和供液电磁阀进行双位调节。回风（或典型舱室）温度太低时，温度控制器就自动关闭供液电磁阀，制冷装置停止工作。图 4-40 所示为降温工况舱室温度的自动控制原理图。

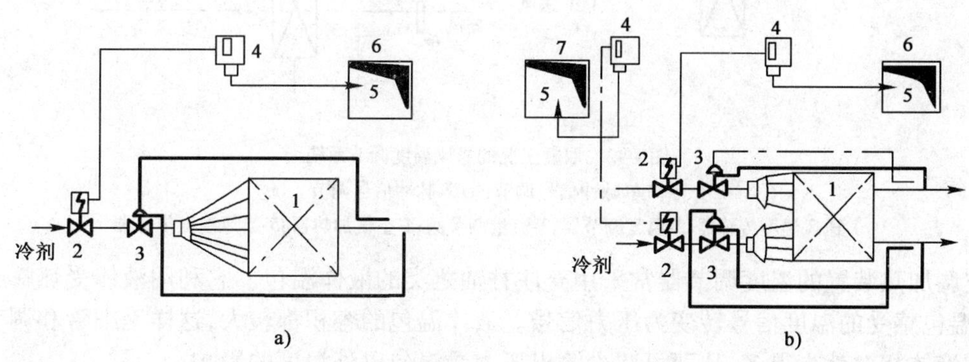

图 4-40　降温工况舱室温度的自动控制原理图

1-空冷器；2-电磁阀；3-热力膨胀阀；4-温度继电器；5-温度继电器温包；6-回风管；7-新风管

2. 间接冷却式空气冷却器的温度控制

间接冷却式空气冷却器根据回风或典型舱室温度自动调节载冷剂流量，从而调节空气冷却器的换热量，以控制空调舱室温度。它既可以采用比例调节，也可以采用双位调节。根据回风或典型舱室温度进行自动调节滞后时间长，动态偏差较大。也可以将感温元件放在空调器的分配室内，控制送风温度，但这显然不宜使用双位调节。图4-41所示为间接冷却空冷器载冷剂流量调节方法。

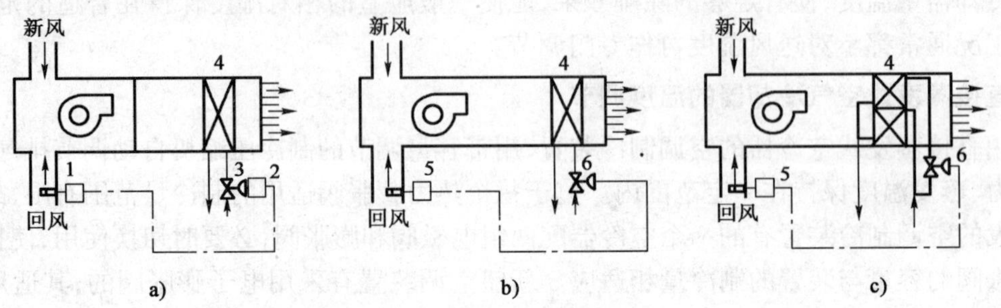

图4-41　间接冷却空冷器载冷剂流量调节方法

a)用三通分流阀的比例调节；b)用电磁阀的双位调节；c)空冷器的分组调节

1-温度传感器；2-比例式温度调节器；3-三通分流阀；4-间接式空冷器；5-温度继电器；6-电磁阀

二、取暖工况的温度自动调节

1. 控制送风温度

这是常用的方法，调节舱室温度滞后时间较短，测温点离调节阀较近，可采用比较简单的直接作用式温度调节器，以温包为感温元件，热惯性较大，但结构简单，管理方便，广泛用于舒适性空调的自动调节，有单脉冲信号和双脉冲信号两种调节方式。图4-42所示为取暖工况的送风温度调节系统。

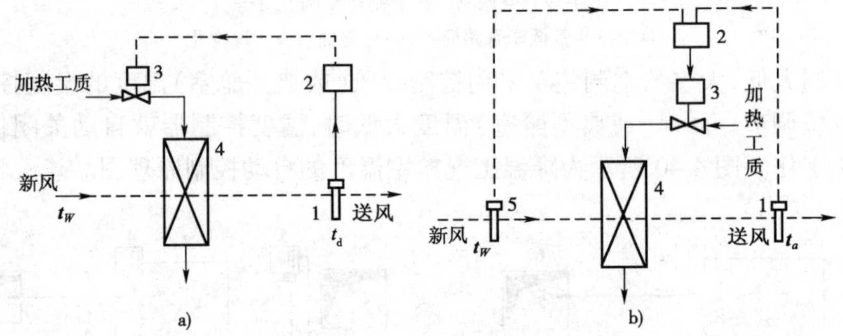

图4-42　取暖工况的送风温度调节系统

a)单脉冲信号调节；b)双脉冲信号调节

1-送风温度传感器；2-温度调节器；3-流量调节阀；4-空气加热器；5-新风温度传感器

空调加热装置的温度调节器常采用充注甘油之类的液体温包。它利用液体受热膨胀的特性，将温包感受的温度信号转变为压力信号。液体温包的容积都较大，这样毛细管和调节器本体中的液体相对就少得多，从而可减少输出压力受温包以外温度的影响。

单脉冲送风温度调节的感温元件放在空调器出口的分配室内感受送风温度，根据它与调节器调定值的偏差发出信号，对加热工质调节阀的开度进行比例调节，使送风温度大致稳定。但外界气候变化使舱室显热负荷变化，仅控制送风温度不变室温仍有较大波动。

双脉冲送风温度调节有两个感温元件，分别感受新风温度和送风温度，两个信号送入调节器综合后再输出调节信号，控制加热工质调节阀。这种系统在室外气温降低时相应提高送风温度，可使室温变动减小甚至不变。图4-43所示为双脉冲直接作用式温度调节器。

双脉冲温度调节中送风温度的补偿量 Δt_s 与室外气温（新风温度）的变化量 Δt_w 之比称为温度补偿率，用 K_T 表示，它表示新风温度每降低（或升高）1℃时送风温度的升高（或降低）量，即 $K_T=\Delta t_s/\Delta t_w$。单风管系统的温度补偿率 K_T 为0.60～0.75，隔热差的舱室要求温度补偿率高；双风管系统由于需要将两种温度的送风混合，二级送风的温度补偿率较高。

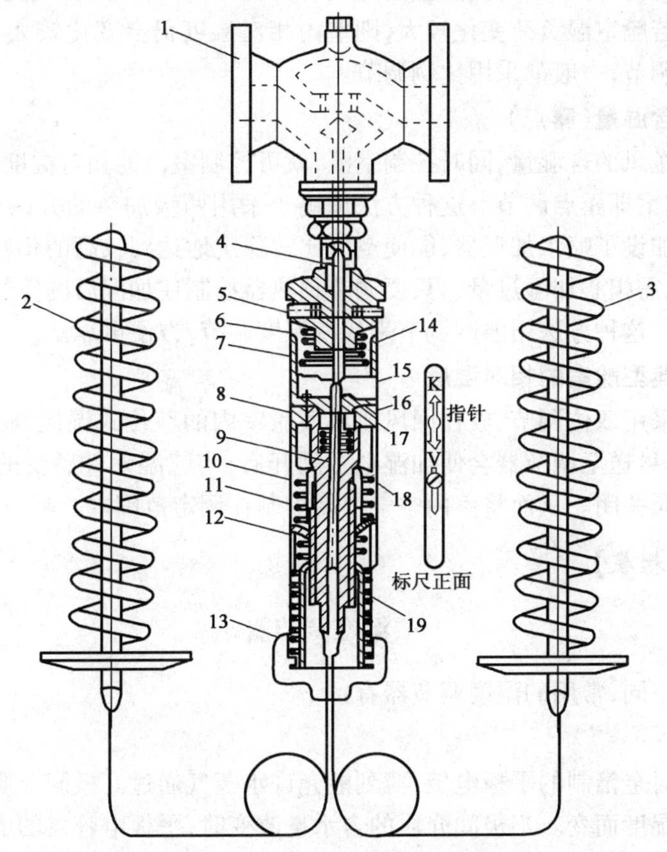

图4-43　双脉冲直接作用式温度调节器

1-调节阀；2-新风温包；3-送风温包；4-顶杆；5-按钮；6-调节阀填料箱；7-弹簧；8-液缸填料；9-柱塞；10-螺纹管隔环；11-液缸；12-螺旋管；13-调节旋钮；14-筒体；15-标尺；16-标尺指针；17-液缸导向螺钉；18-标尺固定螺钉；19-超压保护弹簧

2. 控制典型舱室或回风的温度

将感温元件直接放在所选的典型舱室内，不一定能使其他舱室都满意；而且测量点往往离调节阀较远，不便于采用直接作用式调节器。故有回风的集中式空调装置可将感温元件置于回风口，用回风温度代表各舱室温度的平均值。这种调节方案的调节滞后时间较长，动态偏差也较大；但舒适性空调的要求不高，在采用单脉冲调节器时仍不失为一种可行方案，它可以采用直接作用式调节器。

舒适性空调对温度控制的精度要求不高，一般多采用比例调节。

三、取暖工况的湿度自动调节

采暖工况可根据送风温度手动调节加湿阀的开度来控制送风相对湿度,即能大致控制舱室的相对湿度。加湿管路还常设有与风机连锁启闭的电磁阀。常用方案如下:

1. 控制送风的相对湿度

感湿元件放在空调器出口的分配室内感受送风相对湿度,然后将信号送至比例式湿度调节器。当送风的相对湿度高于或低于调定值时,使加湿阀相应关小或开大,将送风的相对湿度控制在调定范围内。

这种方案只要根据送风温度选取合适的相对湿度调定值即可大致调定送风含湿量,只要送风量和舱室的湿负荷不变,就可控制室内空气的含湿量,从而在室温变化不大时保持室内相对湿度合适。不过若舱室湿负荷变化较大,则室内相对湿度仍会变化较大。控制送风湿度的方法不能采用双位调节,一般都采用比例调节。

2. 控制送风的含湿量(露点)

如能直接控制送风的含湿量,同时控制室温,就可控制室内的相对湿度。因为含湿量可由露点确定,故这种方案即露点调节。这种方法适用于采用两级加热的分区再热系统和双风管系统。在预热器后加设了喷水加湿器,能使空气比较稳定地达到较高的相对湿度,未被吸收的水由泄水管泄走,无需担心加湿过量。只要调节预热器控制住加湿后的空气温度,即可控制送风的含湿量和露点。这种方法用温度调节来代替湿度调节,方便可靠。

3. 控制回风或典型舱室的相对湿度

这种方案大多采用双位调节,放在回风或典型舱室内的双位式湿度调节器测知湿度已降到要求的下限时,信号送至调节器会使加湿电磁阀开启;当感湿元件感受的湿度达到上限时,调节器又会使电磁阀关闭。从而将室内空气湿度控制在调定范围内。

【知识链接与技能拓展】

一、湿度调节器

根据感湿元件不同,常用的湿度调节器有:

1. 电容式

感湿元件是一对金箔制的平板电极,薄到能允许水蒸气通过。极间介质是聚合物薄膜,其含水量随空气相对湿度而变。当极间介质的含水量改变时,平板电容器的电容量变化,由检测电路转换成直流电压,对加湿阀进行双位或比例控制。图 4-44 所示为电容式湿度调节器原理图。电容式感湿元件精度较高、体积小、量程宽、反应快,性能稳定,使用寿命长,无需维护,被认为是理想的测量相对湿度的方法,但价格较贵。

2. 电阻式

感湿元件是平行缠有两根银丝的绝缘圆柱体,外涂含氯化锂的涂料。当空气相对湿度变化时,氯化锂涂料的含水量改变,导电性随之改变,通过元件的电流就成比例地变化,经晶体管放大器放大后对加湿电磁阀进行双位控制。

氯化锂的电阻值除与含水量有关外,还与温度有关。湿度调节器上设有可改变晶体管放大器中电位器电阻值的调节旋钮,可按当时的环境温度调节旋钮的位置。图 4-45 所示为氯化锂电动湿度调节器。

氯化锂感湿元件反应快，精度高，但日久涂料会脏污或剥落，需定期清洁和更换。

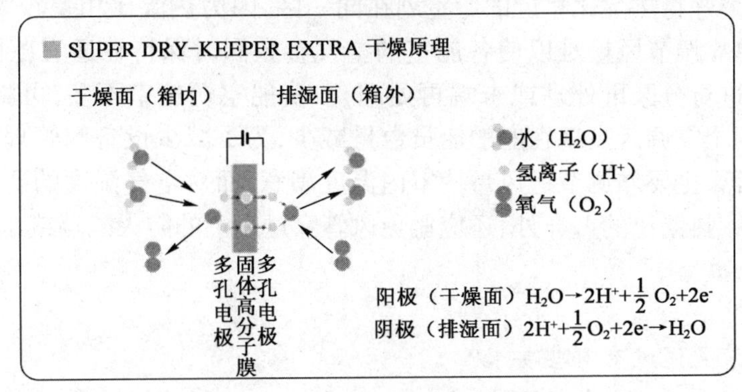

图4-44　电容式湿度调节器原理图

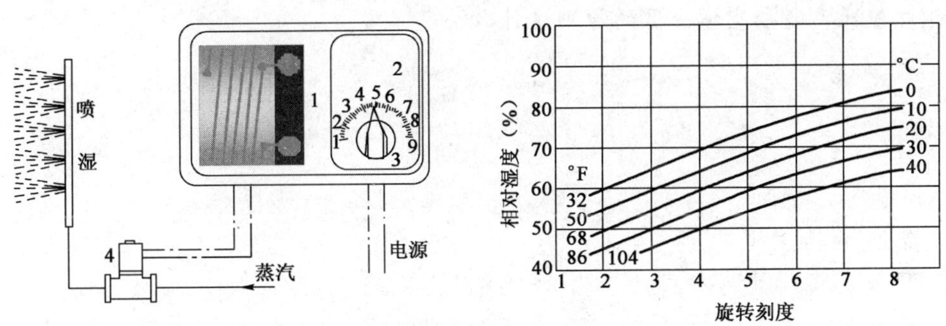

图4-45　氯化锂电动湿度调节器

1-感湿元件；2-晶体管放大器；3-调节旋钮；4-调试电磁阀

3. 毛发（或尼龙薄膜）式

感湿元件采用脱脂毛发或尼龙薄膜，在一定的拉力作用下长度会随相对湿度的升降而增减，位移信号可转换成电动调节器的电信号，也可通过喷嘴挡板机构转换为气动调节器的气压信号。

毛发或尼龙薄膜的电动调节器简单价廉，无需特别维护，量程和精度能满足舒适性空调要求；但灵敏度差，而且毛发或尼龙薄膜用久易塑性变形和老化，零值和终值常需调整。

此外，还有利用干、湿球温差反映相对湿度的湿度调节器。它需要经常保持湿感温元件外面所套的湿纱布浸水、清洁和通风，维护较麻烦，船上较少采用。

二、送风量和空调分区

单位时间内加入舱室能引起室温变化的热量称为显热负荷，所增加的水蒸气量称为舱室的湿负荷，湿负荷使舱室空气含湿量增加的同时也使空气焓值增加，可折算成潜热负荷。舱室的显热负荷和潜热负荷之和称为全热负荷。舱室的全热负荷和湿负荷之比称为舱室的热湿比。不同舱室的热负荷和湿负荷可能不同，热湿比也可能不同。

集中式和半集中式空调不断向空调舱室内送入经过处理的空气，同时使室内空气排出，带走热量和湿量，以维持适宜的室内空气的温、湿度。根据热、湿平衡求出的送风量一般都超过必需的新鲜空气量，因而可以采用部分回风（其温度和含湿量比新风更接近舱室的要求），以减少空调器的热负荷。当外界气候条件很差，空调的热负荷超过设计值，而送风量又已达到设计限度时，要保持舱室空气条件适宜，只能暂时减少新风量、增大回风量。

中央空调器送风量不宜过大，故空调舱室较多的船都分为若干空调区，各自设置独立的空调器和送风系统。最好将热湿比相近的舱室划在同一区，因为热湿比相差较大的舱室若采用同样参数的送风，单靠调节风量难以使各舱室的空气参数同时保持在适宜范围之内（指不再对不同舱室的送风进行分区再处理或末端再处理）。货船空调舱室不多，可将热负荷差别较大的左、右舷分为两个空调区。现在船舶船员数量减少，为了减少设备和管理工作，不少新船只设一个中央空调器，主要靠调节送风量使室内温度满意，而对空气湿度的要求则比较宽松。客船空调分区除照顾热湿比的差异外，还应避免风管穿过船上的防火隔墙或水密隔墙。

思考与练习

1. 对船舶空调装置送风有哪些要求？
2. 船舶空调装置自动控制包括哪些？
3. 在夏季对船舶空调参数控制时，湿度是否需要专门设装置控制？
4. 何谓热湿比？货船空调分区的原则是什么？

模块五　海水淡化装置

任务1　认识海水淡化装置

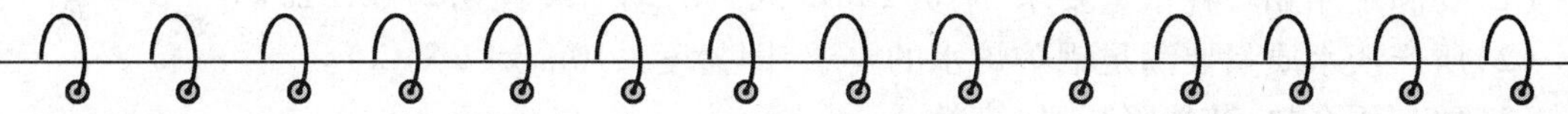

教学目标

◎ **能力目标**:掌握真空沸腾式海水淡化装置的组成及工作原理。

◎ **知识目标**:(1)熟悉海水淡化的方法和特点;(2)熟悉对船舶海水淡化装置的要求;(3)掌握影响淡化装置真空度、产水量、盐度、结垢的因素。

◎ **情感目标**:(1)严谨细实的工作态度;(2)良好的职业道德意识;(3)创新的意识和创新精神;(4)优良的学风和团队协作精神。

【任务引入】

船舶海水淡化装置(又称造水机)是提高船舶续航能力、增加货运量所需的机电设备,一般地说,远洋船舶均配备海水淡化装置以适应长航线的需要。在这样的船舶上,海水淡化装置能否正常工作,对船舶营运就显得十分重要。为了管理好海水淡化装置,有必要全面认识其组成和工作情况。

【任务分析】

要做好船舶海水淡化装置的安装、使用、保养等工作,必须熟悉船舶海水淡化装置的相关知识,掌握其基本组成、原理及工作特点。

【相关知识】

一、海水淡化装置概述

船舶营运过程中,每天都需要消耗大量的淡水,为了减少淡水舱容,特别是长航线的远洋船和长作业时间的工程船,往往需要装备海水淡化装置(又称造水机)。

淡水含盐量在1 000mg/L以下。海水平均含盐量约为35g/L。其中NaCl和$MgCl_2$分别占总含盐量的77.7%和10.9%。含盐量越大导电性越好,故可用导电性来检测其含盐量。

船上淡水主要用作柴油主机冷却水、锅炉补给水、洗涤和饮用水等。柴油机冷却水只要是淡水即可。洗涤水要求氯离子浓度不大于200mg/L(Cl^-)[1mg/L(NaCl) = 0.606mg/L(Cl^-)]、硬度不大于7毫克当量/L。饮用水必须不含有害健康的杂质、病菌和异味,含盐量不大于500~1 000mg/L,氯离子浓度不大于250~500mg/L(Cl^-),pH值为6.5~8.5。

造水机生产的淡水所含矿物质太少，也不能杀灭病菌，故作为饮用水时应经过矿化和杀菌处理。所产淡水含盐量以锅炉补给水标准为依据。我国船用锅炉给水标准规定补给水的含盐量应小于10mg/L(NaCl)。

海水淡化的方法主要有蒸馏法、电渗析法、反渗透法和冷冻法等。目前，除某些缺少热能的作业船和潜艇采用电渗析法外，一般船舶都采用蒸馏式海水淡化装置。蒸馏式海水淡化装置可分为真空沸腾式和真空闪发式。前者海水加热和蒸发均在同一个高真空的蒸发中进行；后者海水先在加热器中被加热，再经喷雾器减压喷到真空的蒸发器中，使部分海水迅速闪发成汽。真空闪发式海水淡化装置能显著减轻受热面结垢，但造价高，耗热量大，船舶上已很少用。

二、船舶海水淡化装置的要求

(1)要满足船舶日耗水量要求，乘员250L/人·d，动力装置0.2～0.3L/kW·d。

(2)所产淡水质量要满足锅炉炉水的要求，即盐度≤10mg/L(NaCl)。

(3)要利用余热，节能降耗，提高效益。

(4)装置可靠，重量轻，便于管理。

【任务实施】

一、船用蒸馏式海水淡化装置工作原理

蒸馏法淡化海水是利用盐分几乎不溶于低压水蒸气的特性，使海水加热汽化，然后将所产生的水蒸气重新冷凝，获得含盐量很少的淡水(即蒸馏水)。目前的船用蒸馏式海水淡化装置真空度皆大于80%，沸点不高于60℃，可利用柴油机的缸套冷却水作加热介质，以舷外海水作冷却介质使产生的蒸汽冷凝。另外，保持较低的加热温度能使蒸发器换热面上的结垢减少并便于清除。

图5-1所示为带竖管蒸发器的真空沸腾式海水淡化装置。蒸馏器1的下部是竖管式蒸发器。造水机海水泵2所排海水中的一小部分，经给水调节阀3供入蒸发器，在竖管内向上流

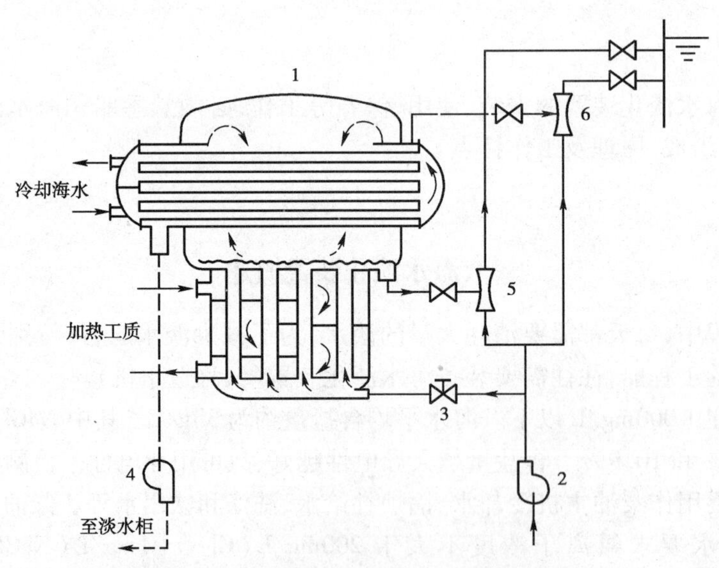

图5-1 真空沸腾式海水淡化装置原理图

1-蒸馏器；2-造水机海水泵；3-给水调节阀；4-凝水泵；5-排盐泵；6-真空泵

过。加热介质(缸套水)从竖管外流过,对海水加热。竖管内海水达到沸点后即开始汽化,流出竖管后蒸汽从水中逸出(称为二次蒸汽,以区别于某些造水机用来加热的蒸汽),绕过横置在蒸馏器上方的管壳式冷凝器两侧的汽水分离器,从冷凝器壳体上部的开口进入。供冷却用的海水在冷凝器管内流过,管外的蒸汽被冷凝为淡水。凝水聚集在冷凝器底部,由凝水泵4抽出送往淡水柜。在蒸发器内,因部分汽化而浓缩了的海水称为盐水,由排盐泵5不断排出舷外(称为排盐)。当给水量 W_0 等于产水量 W 和排盐量 W_B 之和时,蒸馏器内的水位就能够维持稳定。

给水量 W_0 与产水量 W 之比称为给水倍率 μ。

真空度的建立和维持有赖于真空泵。真空泵6和排盐泵5一般采用水喷射泵,其工作水由造水机海水泵2提供。

二、影响淡水产量的因素

蒸馏式海水淡化装置产水量,实际就是蒸发量,主要取决于加热水向海水传热量的大小。传热量与蒸发器的传热系数、换热面积、加热水的平均温度,海水的沸点及进水温度等有关。从管理角度来看,造成淡水产量降低的原因有:

(1)换热面脏污结垢,使蒸发器传热系数减小。

(2)加热侧发生“气塞”,里面的气体会影响加热介质流动而妨碍换热。

(3)真空度不足,这会导致海水的沸点提高。

(4)加热水流量不足或温度太低,以致加热水的平均温度降低。

(5)给水量太大(给水倍率太大)或给水温度降低,会使海水达到沸腾部分的面积相应减小,蒸发量降低,更多的热量耗于预热或被盐水带走。

(6)给水量太小,如果蒸发器换热管上部出现“雾状流动”,则换热量会减少,产水量会降低,只要给水量不是太小,蒸发器内的水位应能达到上管板的位置。

(7)凝水回流电磁阀关闭不严,使一部分所产淡水漏回蒸馏器。

在日常管理中,对产水量影响最大的,是能否建立和保持合适的真空度;造水机使用日久后产水量会逐渐减少,则往往是因加热面脏污和结垢所致。

三、真空度的建立和保持

船用真空蒸馏式海水淡化装置大多将真空度维持在90%~94%,蒸发温度为45~35℃。现在也有的海水淡化装置将真空度设计为80%~90%,相应蒸发温度为60~45℃。真空度太低,则沸点增高,产水量就会减少,甚至停产;而真空度过高,则沸点过低,又会导致沸腾过于剧烈,使二次蒸汽携带水珠量增加。

装置中的真空度是怎样建立和保持的呢?在装置启用通入给水后,首先用真空泵将蒸馏器中的空气抽除,以建立起工作所需的真空度。然后通入加热介质,当海水开始汽化时,冷凝器就必须投入工作,以使所产生的二次蒸汽能够及时冷凝,并用凝水泵将凝结的淡水不断地抽出。这时真空泵仍应有效地工作,才能维持稳定的真空度。因为海水中溶有的不凝性气体,当海水蒸发时会释放出来,同时,经装置的不严密处也会漏入空气,所以只有靠真空泵不断地抽吸才能维持已经建立的真空度。

根据以上分析可知,使蒸馏器内保持足够真空度的条件是:

(1)有足以与蒸发量相适应的冷凝能力。如果冷凝器换热能力下降(冷却水温度升高或流量不足、冷却水侧“气塞”、冷凝器换热面脏污、凝水水位过高使冷凝器换热面面积减小等)

则会使真空度降低；在各种影响因素中最主要的是冷却海水的温度。

（2）真空泵应具有足够的抽气能力。水射真空泵的工作水压过低或工作水温过高，排出背压过高（$>8mH_2O$），喷嘴磨损、堵塞、安装不当，吸入止回阀卡死等都能使真空泵的抽气能力下降。

（3）蒸馏装置要有良好的气密性。

四、影响蒸馏装置加热面结垢的因素

蒸馏装置中水垢的主要成分是碳酸钙（$CaCO_3$）、氢氧化镁（$Mg(OH)_2$）和硫酸钙（$CaSO_4$）。硫酸钙（$CaSO_4$）水垢是难以消除的硬垢，导热能力比不含硫酸钙的水垢低90%。氢氧化镁垢特别是它的干垢也较难清除。

蒸馏装置加热面水垢生成的速度和成分取决于：

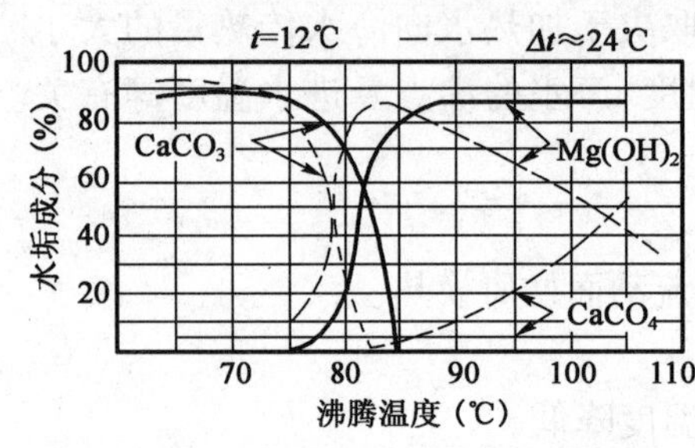

图5-2　水垢成分与加热温度和传热温差的关系

（1）海水的沸点。装置的真空度越低，海水的沸点越高，则难溶盐的溶解度下降越多，水垢生成的速度就越快。海水温度的高低还决定了水垢的成分。当水温不太高时，水垢的主要成分是 $CaCO_3$，$Mg(OH)_2$ 主要呈泥渣沉淀；当水温超过75℃时，$Mg(OH)_2$ 水垢的比例就迅速增加；当水温超过82～83℃时，$Mg(OH)_2$ 水垢就会取代 $CaCO_3$ 而成为水垢的主要成分。因此，蒸馏装置不加防垢剂时一般不允许盐水温度超过75℃。如图5-2所示。

（2）盐水的含盐量。在盐水含盐量达到海水的1.5倍时 $CaSO_4$ 才开始析出，而在达到3倍时将会大量析出。

盐水含盐量是由给水倍率来控制的。给水倍率越大，海水浓缩率就越小，要使海水浓缩率 <1.5，给水倍率应大于3。但增大给水倍率同时排盐泵和海水泵流量增加，使装置的热损失和耗电量增加，导致产水量降低。一般适宜的给水倍率3～4，海水浓缩率1.5～1.3，不会生成 $CaSO_4$ 水垢。

（3）传热温差。如果加热介质的温度过高；加热温差过大，则加热面附近的海水就会因汽化而浓缩严重，以致结垢量增加，易生成 $Mg(OH)_2$ 和 $CaSO_4$ 水垢。

当水温不太高时，水垢的主要成分是 $CaCO_3$，$Mg(OH)_2$ 主要呈泥渣沉淀；当水温超过75℃时，$Mg(OH)_2$ 垢的比例就迅速增加；当水温超过82～83℃时，$Mg(OH)_2$ 垢就会取代 $CaCO_3$ 而成为水垢的主要成分。因此，蒸馏装置不加防垢剂时一般不允许盐水温度超过75℃。必须控制加热工质温度，以使传热温差在一定范围内，一般为20～15℃。

五、影响所产淡水含盐量的因素

（1）装置的负荷（蒸发量）过大，沸腾过于剧烈。这可能是加热介质的流量过大、温度过高，或真空度过高。这时应减小冷却水流量或稍开真空破坏阀。

（2）蒸发器水位太高。竖管式蒸发器内水位以达到上管板为宜。蒸发器如设有水位计，这时水位计水位因不含气泡，约在半高处。水位过高应减小给水量。

（3）盐水含盐量太大。这时，应保证足够的排盐量和给水倍率。

（4）冷凝器漏泄，使冷却海水漏入凝水侧。

【知识链接与技能拓展】

海水淡化其他方法

1. 电渗析法

电渗析法又称换膜电渗析法。电渗析法是将具有选择透过性的阳膜(正离子交换膜)与阴膜(负离子交换膜)交替排列,组成多个相对独立的隔室海水被淡化,而相邻隔室海水浓缩,淡水与浓缩水得以分离。电渗析法不仅可以淡化海水,而且可以作为水质处理的手段,以便污水再利用。这种方法可以用在船舶(尤其是一些缺少热能的作业船或潜艇),也越来越多地应用于化工、医药、食品等行业的浓缩、分离与提纯。

2. 反渗透法

反渗透法又称超过滤法。它是利用只允许溶剂透过,不允许溶质透过的半透膜,将海水与淡水分开的。在通常情况下,淡水通过半透膜扩散到海水一侧,从而使海水一侧的液面逐渐升高,直至一定的高度才停止,此过程为渗透。海水一侧高出的水柱静压称为渗透压。如果对海水一侧施加一大于海水渗透压的外压,那么海水中的纯水将反渗透到淡水中。反渗透法的最大优点是节能,其能耗仅为电渗析法的1/2,蒸馏法的1/40。

3. 冷冻法

冷冻法是根据一定浓度范围的盐溶液,在其降温至冰点时,就会析出水冰冰晶来实现海水淡化。因此,只要取出冰晶,用淡水洗去晶体表面及其间隙之内的残留海水,然后将其融化,就可获得淡水。

思考与练习

1. 海水淡化一般有哪些方法?简述其基本原理。
2. 船用蒸馏式海水淡化装置由哪几部分组成?试说明其工作原理。
3. 船用蒸馏式海水淡化装置真空度如何建立和保持?
4. 影响淡水产量的因素有哪些?

任务2　海水淡化装置的试验与操作

教学目标

◎ **能力目标**:能正确进行海水淡化装置的试验、运行与操作。

◎ **知识目标**:(1)熟悉实际海水淡化装置的组成;(2)掌握典型海水淡化装置的工作原理。

◎ **情感目标**:(1)严谨细实的工作态度;(2)良好的职业道德意识;(3)创新的意识和创新精神;(4)优良的学风和团队协作精神。

【任务引入】

海水淡化装置投入使用前应进行必要的检查、试验,针对具体的装置有通用的操作套路,在装置运行过程中应对相应参数进行有效控制。那么在其工作过程中,具体应如何做呢?

【任务分析】

海水淡化装置的试验、运行与操作是其日常管理的重要内容，为做好这些工作，需要结合典型海水淡化装置实例进行，为此先熟悉典型装置的组成和工作等相关知识。

【相关知识】

海水淡化装置的组成和工作

图 5-3 所示为带竖管蒸发器的真空沸腾式海水淡化装置的系统实例。这种海水淡化装置在远洋船上使用较早，现仍广泛使用。图 5-4 所示为该装置所用蒸馏器的结构图。

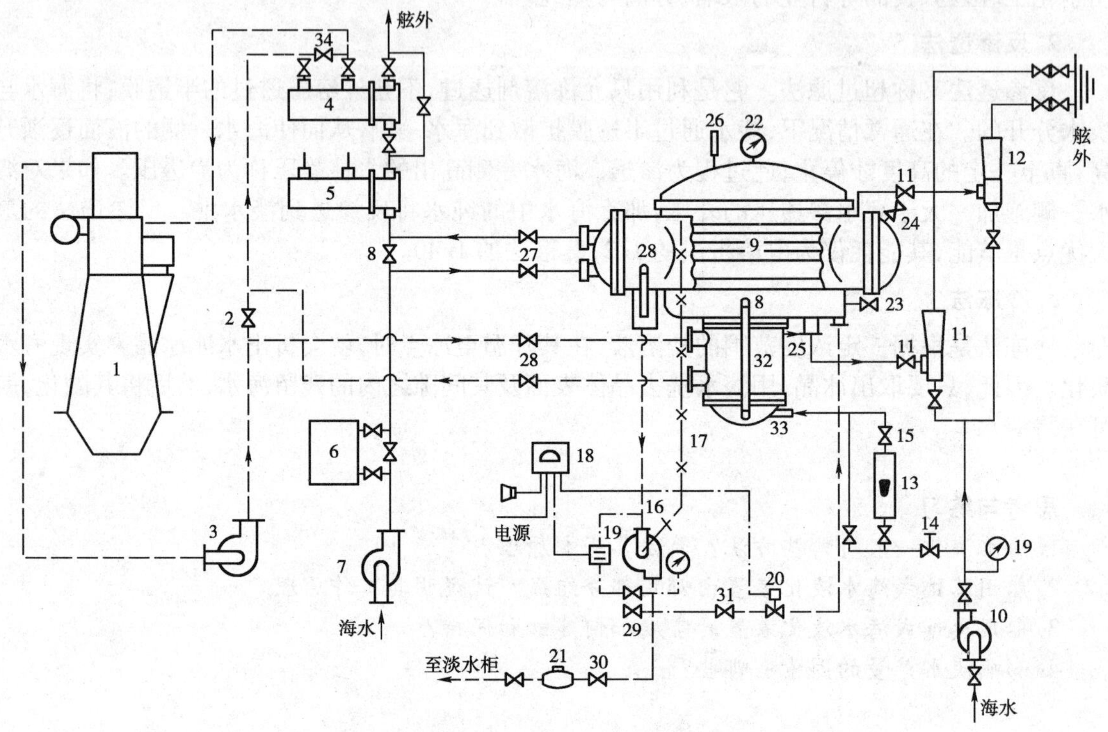

图 5-3　带竖管蒸发器的真空沸腾式海水淡化装置系统原理图

1-主柴油机；2-热水调节阀；3-主机缸套水泵；4-主机缸套水冷却器；5-主机滑油冷却器；6-主机空气冷却器；7-主海水泵；8-海水调节阀；9-蒸馏器；10-造水机海水泵；11-排盐泵；12-真空泵；13-浮子式给水流量计；14-减压阀；15-级水调节阀；16-凝水泵；17-凝水泵平衡管；18-盐度计；19-盐度传感器；20-回流电磁阀；21-凝水流量计；22-真空压力表；23-真空破坏阀；24、25-放气旋塞；26-蒸发温度计；27-冷却水进、出口阀；28-加热淡水进、出口阀；29-取样阀；30-凝水排出阀；31-止回阀；32-水位计；33-泄水阀；34-旁通阀

蒸馏器壳体由钢板焊接而成。在竖管式蒸发器管板的上方设有拱形的汽水分离挡板 20，飞溅的盐水在碰撞挡板后即会返落下来，而蒸汽则绕过挡板继续向上；再通过波纹板汽水分离器 13，除去二次蒸汽所夹带的大部分水珠后，从上部进入壳管式冷凝器。凝水经出口 33 被凝水泵抽走，而不凝性气体则经空气抽出口 15 由水射真空泵抽除。喷射泵除喷嘴采用不锈钢外，其余部分均用锰黄铜制造。为防止海水腐蚀，蒸发器和冷凝器的管子与管板均采用锡黄铜或铝黄铜制造，并在壳体内相应的海水空间设置了防蚀锌板 3、9、19 等。此外，某些国外生产的蒸馏器，在其壳体的内表面涂有塑料防蚀保护层。这种涂层不耐高温，操作时务必注意。如有破损，可用环氧树脂修补。

蒸馏器壳体上的接头29以及33、34分别用来安装盐水水位计和凝水水位计，接头26用来安装真空表。壳体的接头1处还装有温度表，运行中可以以工作温度所对应的饱和压力来校校真空表读数。壳体中部的接头27上装有真空破坏阀，当蒸馏器中真空度过高时，可稍开此阀放入少量空气，以保持合适的真空度，避免盐水沸腾过剧而影响产水质量。另外，在以蒸汽为加热介质的蒸馏器壳体上还装有安全阀，以防用蒸汽加热时不慎导致蒸馏器内压力过高。整个装置配有供水、加热、冷却、排盐、抽气和凝水(淡水)等系统。现将各系统的工作情况根据图5-3加以说明。

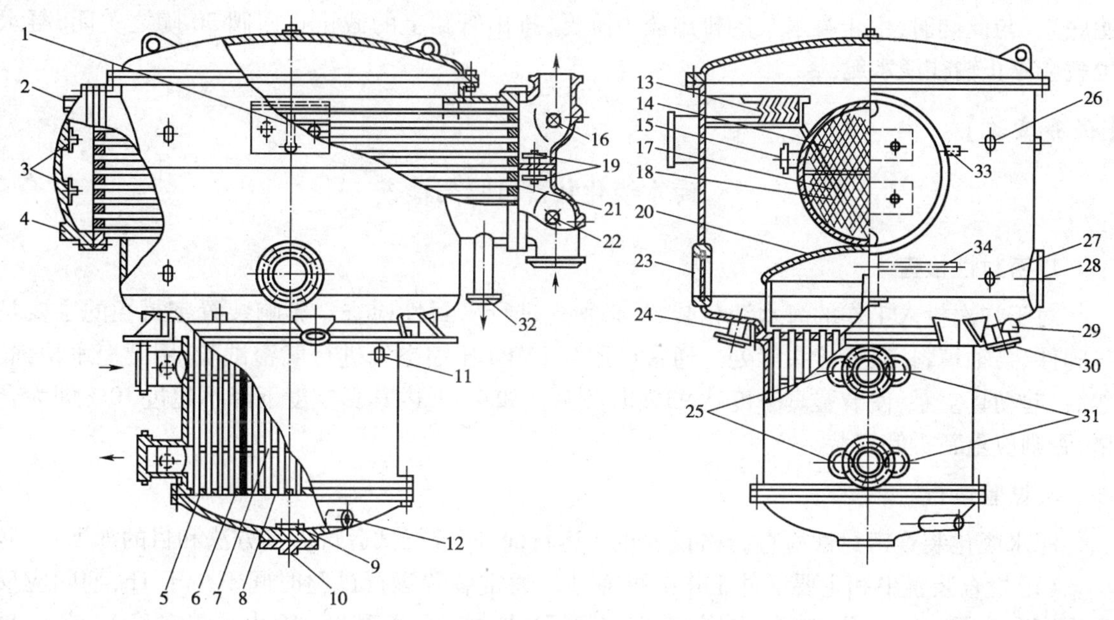

图5-4 带竖管蒸发器的真空沸腾式蒸发器

1、16、22、31-温度计坐标；2、11-放气旋塞接头；3、9、19-防蚀锌板；4-放水旋塞；5-蒸发器传热管；6-隔水板的定位套管；7-隔水板；8-管板；10-泄水阀接头；12-给水进口；13-汽水分离器；14-冷凝器管束；15-空气抽出口；17-挡板；18-空气冷却管束；20-汽水分离挡板；21-冷凝器管板；23、28-观察窗；24-排盐口；25-压力表接头；26-真空表接头；27-真空破坏阀接头；29-盐水水位计接头；30-不合格凝水回流口；32-水出口；33、34-凝水水位计接头

海水自舷外由海水泵10吸入，其中一小部分经减压阀14和给水流量计13进入蒸发器，供生产淡水用，其流量由给水调节阀15调节；其余海水则用作喷射式真空泵12和排盐泵11的工作水。工作水水压一般不应低于0.35~0.4MPa。为防止喷射泵因某些原因(如海水泵扬程下降或喷射泵出口背压过高)而失去抽力，致使海水经抽吸管倒灌入蒸发器和冷凝器中，在喷射泵的抽吸管上都装有止回阀31。此外，在喷射泵的排出管上也设有止回阀，用以在泵停止工作时防止海水倒灌。

加热介质一般由主机缸套冷却水系统引来。其流量由加热水调节阀2调节。冷凝器的冷却水系统大多与主机的冷却海水系统串联，冷却水量由调节阀8调节。

装置所产淡水由凝水泵16抽出，经淡水流量计21排入淡水舱柜。由于凝水泵是从真空度较高的冷凝器中抽水，因此泵的安装位置一般较低，以造成必要的流注高度。为防止空气漏入泵内，泵的轴封处设有水封环。当凝水泵内积有气体时会发生“气塞”，故有的凝水泵还在吸入口上装有通冷凝器汽空间的平衡管17，以使泵内积存的气体能及时排入冷凝器，从而防止失吸。

为了测定所产淡水的含盐量，在凝水泵的排、吸口间装有回流管，并在管上安装盐度传感器19（也可装在凝水泵排出管上）。盐度传感器实际上只是一对测量电极，并用导线与盐度计相连接。由于水的电阻系数随含盐量的增加而降低，所以当凝水的含盐量改变时，盐度计反映的电阻值也就随之改变，于是由盐度计测量电路中的毫伏表（或毫安表）所测得的电量也就随之改变。为方便起见，盐度计指示仪表的刻度都直接标示出相应的含盐量，单位是 ppm。当凝水的含盐量超过盐度计所调定的报警值时，报警系统就会发出声、光报警，同时使回流电磁阀20通电开启，将不合格的淡水重新流回蒸馏器中（带板式换热器的真空蒸馏式造水机常排至舱底）。与此同时，由于凝水泵的排出压力降低，排出管路上的截止止回阀30随之关闭，凝水也就会停止输往淡水舱。

【任务实施】

一、海水淡化装置试验与检查

1. 密封性检查

对于初次投入工作的海水淡化装置，必须先进行密封性检查。影响装置密封性的主要是各阀件、泵轴填料函、管接头等处。通常可用0.1MPa压缩空气进行气密试验，用肥皂水检漏。然后，起动真空泵，使装置真空度达93%时关泵。如果1h内其真空度下降不超过10%即为合格，否则应重新拆卸安装。

2. 试验运行

海水淡化装置密封性检查合格投入正式运行前，应进行试运行。其方法和目的如下：

(1)检查装置中和主要部件工作的可靠性。通常装置运行试验时间不少于1h，期间应反复观察凝水泵、海水泵、喷射泵的工作是否可靠；各部分温度、压力（真空度）、流量是否正常。

(2)产水量的测定。装置均有额定的产水量，试运行期间可进一步验证产水量指标。

(3)观察淡水含盐量、自控装置工作的可靠性。主要观察盐度传感器、盐度计、控制电磁阀及报警装置工作是否可靠。

以柴油主机冷却淡水作为加热工质的海水淡化装置，一般在柴油机全负荷试验期间同时进行海水淡化装置的试运行。

二、装置的操作（参考图5-3）

1. 启用

(1)启用前的准备：检查蒸馏器真空破坏阀23、底部泄水阀33及凝水泵出口阀30、给水调节阀15和给水流量计旁通阀是否确已关闭。如加热和冷却管路设计与本例相同，可开启冷凝器冷却海水进、出阀27，将海水引入冷凝器，再开启蒸发器加热淡水进、出阀28，将主机缸套冷却水引入蒸发器；然后开启冷凝器、蒸发器的放气阀24、25，直至流出整股水流后关闭。如加热和冷却水进口为三通阀，则可在抽真空和给水后再引入加热、冷却水。

(2)抽空和给水：开启海水泵10的吸入阀、喷射泵的舷外排出阀等，起动海水泵10，将工作海水供入两个喷射泵，于是蒸馏器中开始出现真空。为保证喷射泵正常工作，工作水压力应不低于0.35～0.4MPa。当达到所要求的工作真空度时，开启给水调节阀15，并根据给水流量计13所指示的流量,调节给水调节阀15的开度,以保持适当的给水量。不设给水流量计的装置,调节给水管路节流孔板前的压力至规定值,即可保证给水流量合适。

(3)供入热水:蒸馏器中的真空度达到要求时,将通向主机淡水冷却器的旁通阀2关小,使主机冷却水在蒸发器中通过。这时由于在主机缸套水冷却系统中增加了一个“冷却器”,水温就会降低,如主机冷却水系统未设自动调温三通阀,则应适当开大主机缸套冷却器4的旁通阀34,以保持主机缸套冷却水适宜的温度。

(4)供入冷却水:开始产汽后,关小冷却海水旁通阀8,增加冷凝器的冷却水流量,保持合适的真空度。并注意通过阀2调节加热水的流量,保持适当的蒸发量,防止海水沸腾过于剧烈而使淡水含盐量过高。

(5)排出凝水:当凝水水位达到冷凝器水位计约半高时,即可起动凝水泵16,打开其出口阀30,向淡水舱供水,同时接通盐度计的电源。

2. 停用

当船舶驶近港口、河口或离岸不超过20n mile(1n mile = 10^9m,后同)时,或因海水受污染时,应使海水淡化装置停止工作。因为这些地方的海水容易受到油和细菌的污染,使所产淡水不符合卫生要求,并容易污染造水机。

装置停用的一般步骤如下:

(1)停止加热。为此,应先开大加热水调节阀2(参看图5-3),然后关闭蒸发器的热水进、出口阀28。当主机缸套水冷却器设有自动调温装置时,应同时关小其淡水旁通阀,以免进入缸套的冷却水温度升高。

(2)关闭凝水排出阀30,停止凝水泵的工作。

(3)关闭给水截止阀,停止海水泵10。

(4)停止冷凝器的海水供应。

(5)打开真空破坏阀23。如果停用时间较长,则还应将蒸馏器中的盐水经泄水阀33放空。

蒸馏器停止工作后,应注意防止加热水和海水漏入,以免引起结垢和锈蚀,甚至使蒸发器的竖管被盐垢堵塞。

三、运 行 管 理

1. 给水倍率的控制

保证给水倍率为3~4。蒸发器内部盐水水位稍高于上管板。给水倍率太大或盐水泵流量太小可能使盐水水位太高,也会使产水含盐量增大。

2. 凝水水位的控制

冷凝器凝水水位一般应维持在水位计的1/2~1/3高度。凝水水位太高,冷凝能力减少;凝水水位过低,凝水泵又会因流注吸高太小而可能产生气穴现象,甚至失吸。凝水泵不允许无水的情况下运转,否则轴封可能因发热而损坏。

3. 真空度的控制

蒸发温度35~45℃,相应真空度为94%~90%,也有些装置蒸发温度45~60℃,真空度为90%~80%。装置的真空度通过调节冷凝器的冷却水流量来控制。冷却海水温升控制在

5～6℃左右。

4. 产水量的控制

产水量靠调节进入造水机的加热淡水的流量。加热水流经蒸发器的温降约为6～9℃。

当海水温度高时，冷凝器冷凝能力下降，工作水温度升高还降低真空泵的抽气能力，使蒸馏器的真空度下降。可加大冷却水流量，以保持足够的真空度。但当冷凝器管内的水流速度超过2m/s时，会严重影响管子的使用寿命，故冷却水的流量不宜超过额定流量的130%，温升不宜小于4℃。

当海水温度较低时，为使真空度不致太高，可减小冷却水流量，或稍开真空破坏阀。蒸馏装置工作中最可能发生的干扰是海水温度变化，它直接影响到真空度。只要真空度稳定，其他各项参数，如产水量、给水量、蒸发器水位和凝水水位，就不必经常调节，故海水淡化装置工作稳定后，一般无需专人看管，而只要定期巡视即可。

【知识链接与技能拓展】

相关设备维护技能

1. 冷凝器的维护

为维持工作时有足够高的真空度，应适时拆洗冷凝器换热板。可用软刷以不高于50℃的热水刷洗。若换热板的密封垫片失效则应予以更换。如果个别换热板损坏而无备件，可以暂时将与其相邻的另一块换热板一起拆除。换热板装复后应校核板组的总厚度(蒸发器相同)，然后应让冷却海水流过试漏。必要时可对冷凝器进行水压试验，试验压力为0.6MPa，以判断其是否泄漏。

2. 蒸发器的维护

当使用日久淡水产量减少时，应对蒸发器清洗除垢。为了便于清除海水侧的水垢，需将换热板浸泡在含抑制剂的酸性溶液中用软刷刷洗。装复后应让缸套水流过检漏(此时关闭旁通阀)。若主机缸套水系统的膨胀水箱补水太频繁，怀疑造水机蒸发器漏水，应对蒸发器进行水压试验，试验压力与冷凝器相同。

3. 蒸馏器的维护

若造水装置需要停用2周以上，应用淡水清洗内部，并使内部完全干燥后密封。工作2 000h至少要开盖检查1次蒸馏器底部防腐锌块，若防腐锌块蚀耗失效则换新。汽水分离器每工作8 000h也要浸在含抑制剂的酸性溶液中刷洗。

若抽真空的喷射器工作正常，而装置要求的真空度却无法建立，则应该检查蒸馏器及整个装置的气密性。可将蒸馏器能外界各阀关闭，然后，启用海水泵，用喷射器尽可能将蒸馏器抽到工作所要求的真空度后停止抽气。如在1h内真空度下降超过10%，即表明密封性不合格。也可对蒸馏器进行水压试验，试验区压力为0.15MPa。

4. 盐度计的维护

每月应该试验1次盐度计的报警设备，盐度传感器电极每个月应拆出清洁1次，电极可用软纸或干净的布揩拭，若污垢不易清除，可先用稀氨水或汽油沾湿，切勿用硬物刮刷或砂纸打磨，以免损坏电极表面的铂铑镀层。

5. 泵及其他设备的维护

每工作约8 000h应该根据需要维护装置所用海水泵、凝水泵和喷射器。喷射器的喷嘴及过流部件磨损严重时应予以换新。

思考与练习

1. 海水淡化装置试运行如何进行?
2. 对所提供的典型海水淡化装置如何正确启动?
3. 海水淡化装置真空度如何控制?
4. 如何进行海水淡化装置的清洗除垢?

模块六　船舶辅助锅炉

任务1　锅炉的综合认识

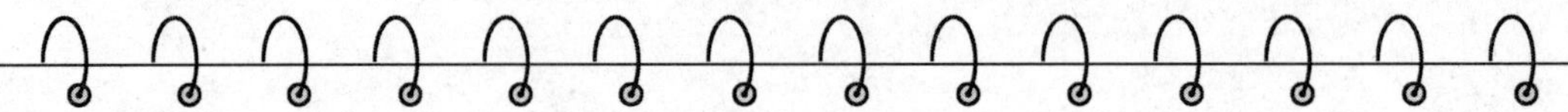

教学目标

◎ **能力目标**：(1)掌握水管锅炉与烟管锅炉结构与工作特点的比较技能；(2)熟悉废气锅炉和热油锅炉的相关操作技能。

◎ **知识目标**：(1)熟悉锅炉的功用、分类等知识；(2)掌握锅炉的基本性能参数和炉水循环原理；(3)熟悉废气锅炉和热油锅炉的相关知识。

◎ **情感目标**：(1)严谨细实的工作态度；(2)良好的职业道德意识；(3)创新的意识和创新精神；(4)优良的学风和团队协作精神。

【任务引入】

锅炉是一种加热水使之产生蒸汽的设备。锅炉的作用随着船舶主机的型式和种类的不同而有所变化。一般情况下，在蒸汽动力装置船舶中，锅炉产生过热蒸汽用以驱动轮机的锅炉称为主锅炉。在现代柴油机船舶动力装置中，锅炉产生饱和蒸汽用于加热油料的锅炉称为辅锅炉。柴油机干货船装一台压力为0.5～1.0MPa、蒸发量不超过2.5t/h的小型辅锅炉。在油船和客船上，特别是大型油船，用汽量较大，通常装两台压力不超过2MPa、蒸发量较大(20t/h以上)的辅锅炉。那么船舶锅炉是如何工作的呢？

【任务分析】

为更好地掌握船舶辅助锅炉的应用技能，需要熟悉锅炉分类、特点、性能参数等相关知识。同时，作为特殊锅炉的废气锅炉和热油锅炉，我们也需作相应的了解。

【相关知识】

一、辅锅炉的分类

辅锅炉的型式很多，大致可分类如下。

1.燃油锅炉和废气锅炉

(1)燃油锅炉的热源是燃油，考虑的重点是热能利用率的问题。

(2)废气锅炉的热源是柴油机废气，考虑的重点是柴油机背压变化量的问题。

2. 烟管锅炉、水管锅炉和联合式锅炉

(1)烟管锅炉受热面管内流动的是高温烟气,管外是循环水。

(2)水管锅炉受热面管内流动的则是水或汽水混合物,管外是烟气。

(3)联合式锅炉是指一部分受热面管子按水管锅炉方式产生蒸汽,而其余受热面管子则按烟管锅炉方式工作的辅锅炉。

目前,水管锅炉正被广泛应用。

3. 自然循环、强制循环锅炉

(1)自然循环锅炉,管内水的流动是由于工质的密度差而引起的。

(2)强制循环锅炉,管内水的流动是借助于泵而实现的。

4. 低、中、高压锅炉

这种分类依据的蒸汽工作压力是随着生产水平的发展而变化的。目前一般蒸汽工作压力在2.0MPa以下为低压锅炉;2.0~4.0MPa为中压锅炉;4.0~6.0MPa为中高压锅炉;6.0MPa以上为高压锅炉。船用辅助锅炉主要是低压锅炉。

二、辅锅炉的性能参数

1. 蒸汽参数

蒸汽参数是指锅炉产生的蒸汽质量。当锅炉供应饱和蒸汽时,蒸汽参数用蒸汽的工作压力表示,单位是MPa,锅炉一般标注名义工作压力,使用的工作压力范围上限可稍超过它,但不应超过锅炉最大许用工作压力(设计压力)。当锅炉供应过热蒸汽时,还应同时标注蒸汽温度。

蒸汽参数是燃油锅炉和废气锅炉的选择依据。

2. 蒸发量

蒸发量是指锅炉在设计状态下每小时生产的蒸汽量,用 D 表示,单位是t/h或kg/h。

蒸发量是燃油锅炉的选择依据。

3. 受热面积

受热面积包括蒸发受热面积(炉水被加热产生饱和蒸汽的面积)和附加受热面积(过热器、空气预热器和加热给水的经济器等附加设备的面积)。蒸发受热面积即是加热面积(烟侧)。受热面积是废气锅炉的选择依据。

锅炉在烟道后部可以装经济器(加热给水)和空气预热器,称为尾部受热面,它们能回收排烟的余热,减少排烟热损失,提高锅炉效率。但尾部受热面会给锅炉装置的管理工作(吹灰、防止低温腐蚀等)带来很多麻烦,故现在船用锅炉一般都不设尾部受热面。

4. 蒸发率(产汽率)

蒸发率是指单位蒸发受热面积的蒸发量,单位是kg/(m^2·h),用来评价锅炉蒸发受热面积平均传热强度。蒸发率越高,锅炉结构越紧凑。

5. 锅炉效率

锅炉效率是指从给水变为蒸汽所得到的热量与供给锅炉的热量之比。

锅炉的各种热损失包括:

(1)排烟热损失:排烟所带走的热损失。这是锅炉最大的一项热损失,其值取决于排烟的数量和温度。

(2)气体不完全燃烧热损失(亦称化学不完全燃烧热损失):烟气中未能完全燃烧的 CO、CH_4、H_2等气体未能发出的热晕。

(3)机械不完全燃烧热损失:燃油燃烧不良时形成的炭粒未完全燃烧所引起的热损失。

(4)散热损失:锅炉向四周环境散失的热量,中小型锅炉此项损失仅次于排烟损失。

6. 炉膛容积热负荷

炉膛容积热负荷是指每单位炉膛容积在单位时间内燃料燃烧放出的热量。燃油锅炉在燃油耗量和热值一定的条件下,容积热负荷越大则炉膛的相对容积越小,燃油在炉膛内燃烧停留时间越短,炉膛内的烟气平均温度也越高。容积热负荷主要是针对燃油锅炉而言的,它是影响燃烧质量、锅炉效率、锅炉可靠性和锅炉尺寸的一个重要参数。

三、炉 水 循 环

锅炉水循环指水和汽水混合物在锅炉蒸发受热面中的循环流动,分为自然循环和强制循环两种。依靠水和汽水混合物的密度差维持的循环称自然循环;依靠回路中水泵的压头维持的循环称强制循环,如图 6-1 所示。正常的水循环可以保证锅炉蒸发受热面的可靠冷却,是锅炉安全运行的基本条件之一。

自然循环是最常见的锅炉水循环方式。水管锅炉的水循环在循环回路中进行;锅壳锅炉的水循环没有确定的循环回路,在锅壳水空间内进行。

自然循环的原理可以通过图 6-2 来说明:在锅筒和集箱之间,连接有很多受热的管子和少数不受热的管子,组成封闭循环回路。为简单起见,在图 6-2 中只画出一根受热管子及一根不受热管子作为示意。受热管通常是水冷壁管,在研究水循环时称它为上升管;不受热的管子叫下降管。上升管中一部分水因受热汽化,则管内汽水混合物的密度要比下降管中水的密度小。由于上升管与下降管在锅筒与集箱间连通,上端有共同的自由水面,从水面沿上升管及下降管至集箱有共同的高度,这样就在上升管与下降管中因密度差而产生了一个压差。这个压差推动上升管中的汽水混合物向上运动,下降管中的水向下运动。由于锅水在上升管中不断受热,下降管中水与上升管中汽水混合物的密度差一直存在,所以运动也就持续不停,形成了循环。

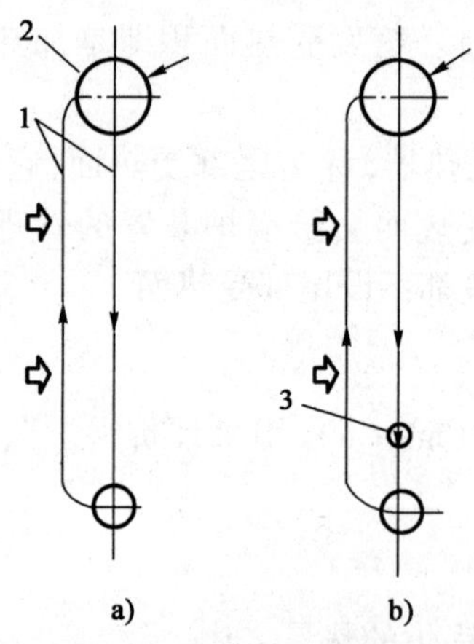

图 6-1 自然循环和强制循环

a)自然循环;b)强制循环

1-水管系统;2-锅筒;3-循环泵

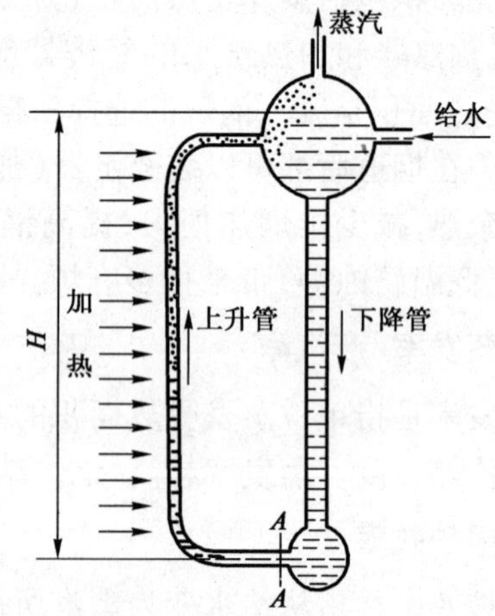

图 6-2 自然循环回路示意图

上升管/受热管：水冷壁＋前几排沸水管束；吸热多，蒸汽量大，密度小；为了增加流速，冲刷掉管内壁的气泡，一般管径较小。

下降管：后几排沸水管束/炉膛外另外管束；吸热少，蒸汽量小，密度大；为了减少阻力，管径较大。

良好的水循环是上升管循环倍率 K（入口进水量/出口蒸汽量）大于5；循环倍率的含意为：一定量的水要在循环回路中循环多少次才能完全变成水蒸气。例如，循环倍率是5，表示循环水量是上升管中产生蒸汽量的5倍，或一次循环中有1/5的循环水量变成蒸汽，也就相当于循环5次才能把全部循环水变成蒸汽。由于每个新的循环都有新补充的水参加，在稳定运行中，循环倍率维持不变。当 $K=1$ 时受热面管子最易烧坏。保证建立良好水循环的措施为：尽量避免下降管带汽；避免上升管受热不均现象严重；避免上升管流动阻力过大；尽量避免用汽量变化过大，造成下降管中闪汽与上升管中蒸汽凝结影响水循环；运行中，不进行下排污。

【任务实施】

一、辅锅炉的基本结构认识

辅锅炉的基本结构组成如下：

本体：锅（上锅筒/汽包、下锅筒/水筒、连接管）＋炉（炉胆、燃烧室、烟气通道）。

附件：安全阀、水位计、压力表、汽水分离设备。

燃烧系统：供油系统＋喷油系统＋通风系统＋配风系统＋点火系统。

汽水系统：供汽系统＋凝水系统＋给水系统＋排污系统。

1. 烟管锅炉

图6-3所示是一种比较典型的立式横烟管锅炉。锅炉整体结构为一个直立的圆筒形锅壳，由钢板卷制焊接而成。为能较好地承受内部蒸汽压力，其顶部和底部均为椭圆形封头。在锅壳中的下部设有一由钢板压成的球形炉胆，炉胆顶部靠后有一圆形出烟口，与上面的方形燃烧室相通。在燃烧室与烟箱之间设有管板，二管板之间装有数百根水平烟管，烟管与管板采用扩接或焊接相连。

炉胆和烟管将整个锅壳内部分成两个互相隔绝的空间，其里面是烟气，而外面则充满着水。燃油和空气分别由喷油嘴和鼓风机送入炉膛。油被点着后，在炉胆内燃烧，未燃完的油和烟气经出烟口向上流至燃烧室继续燃烧，然后顺烟管流至烟箱，最后从烟囱排入大气。

烟管锅炉中的炉胆、燃烧室和烟管都是蒸发受热面，只是烟管部分虽占锅炉总受热面积的90%，但其传热效果较差，传热量不到总量的一半，一般蒸发率仅为2.5～40kg/(m^2·h)，而炉胆和燃烧室仅占整个锅炉受热面的10%左右，但其传给炉水的热量却占总吸热量的一半以上。这是因为该处烟气温度约为1 300～1 400℃，炉胆受火焰直接辐射，传热十分强烈，炉壁温度较高，所以是烟管锅炉最易损坏的部位。而烟气管的传热方式以对流为主，属于对流受热面。烟气在烟管中流动时，其温度在进口处为600～700℃，流入烟箱时已降为300℃左右，以致烟气与炉水之间的温度差不很大，又由于烟气在烟管内沿纵向流动，流速也小，因此，烟气对烟管的对流换热效果不佳，为了提高传热效果，往往在烟管内增设螺旋条。

锅炉在工作时，锅壳中的水面只需比蒸发受热面高一些即可，在水面上部为汽空间。炉水吸热沸腾而汽化，在水中产生大量蒸汽气泡。蒸汽自水面逸出后，聚集在锅壳上部的汽空间中，经顶部的集汽管和蒸汽阀输出，由蒸汽管道送至各处使用。

2. 立式直水管锅炉

这种锅炉有上、下两节锅筒,直水管与上、下锅筒的管板连接组成对流管束,装有大直径的下降管,对流管束的外面圈有耐火墙,正对炉门的上面或对面装有烟箱。立式直水管锅炉结构如图6-4所示,主要由上、下锅筒,上、下管板,炉胆,喉管,直水管和下降管等受压部件组成。水管中充满炉水,烟气在各管之间横向流过,传热效果较好。

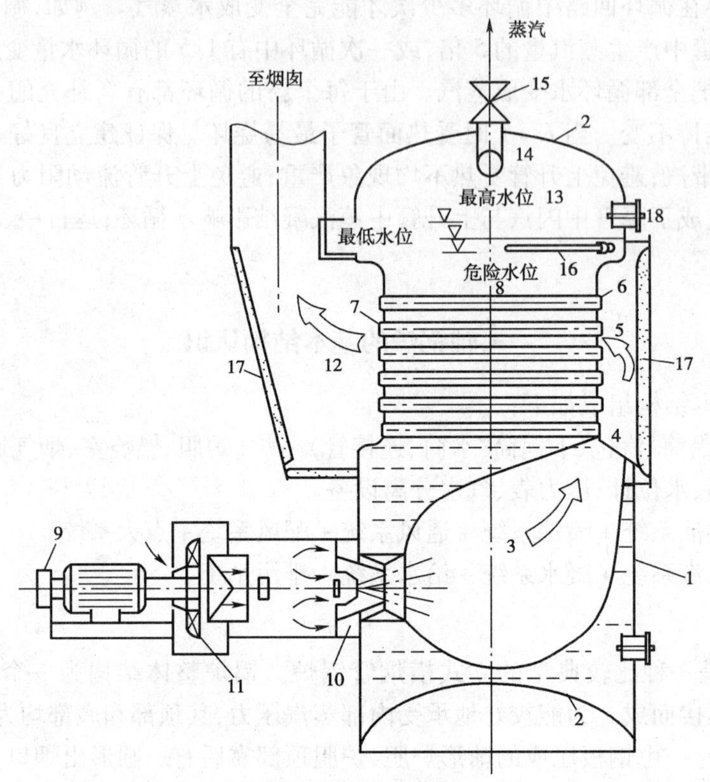

图6-3　立式横烟管锅炉

1-锅壳;2-封头;3-炉胆;4-出烟口;5-燃烧室;6-后管板;7-前管板;8-烟管;9-油泵;10-燃烧器;11-风机;12-烟箱;13-汽空间;14-集汽管;15-蒸汽阀,16-内给水管;17-检查门;18-人孔门

炉膛位于下锅筒中,前方加装一个没有受热面的小容积预燃室,供入的燃油和空气先在此处混合燃烧,再进入炉膛,使炉膛中的燃烧过程进行得更为完善,整个炉膛的热负荷更趋均匀,不会产生局部过热现象;由于预燃室中工作温度很高,在燃用劣质重油或渣油时,也能获得良好的燃烧,并且在低负荷时,也能保证较好的燃烧。此外,水管受热面的周围外壁上设有清理门,清垢方便。

立式燃油直水管锅炉体积小、产汽快、蒸发率高、锅炉水循环强劲有力、循环效率高。

3. D形水管锅炉

D形布置是常见的一种小型水管锅炉布置方式,它的基本特点是双锅筒轴线平行,双锅筒轴线与炉膛轴线平行,因而称为纵向布置方式或简称纵置式。锅炉的一侧为炉膛及水冷壁;另一侧为烟道及对流管束等受热面,整个锅炉从炉前看呈D形而得名。这种锅炉结构紧凑,整体结构弹性好,水循环可靠;效率高。但是,这种锅炉对水质要求较高。图6-5所示为D形水管锅炉的结构。主要部件有上下锅筒、对流管束、水冷壁系统(水冷壁、下降管、集箱)、省煤器等，有的锅炉也有过热器。一般上、下锅筒直径、长度相同，有的上锅筒直径稍大于下锅筒直径。二锅筒之间连接对流管束。

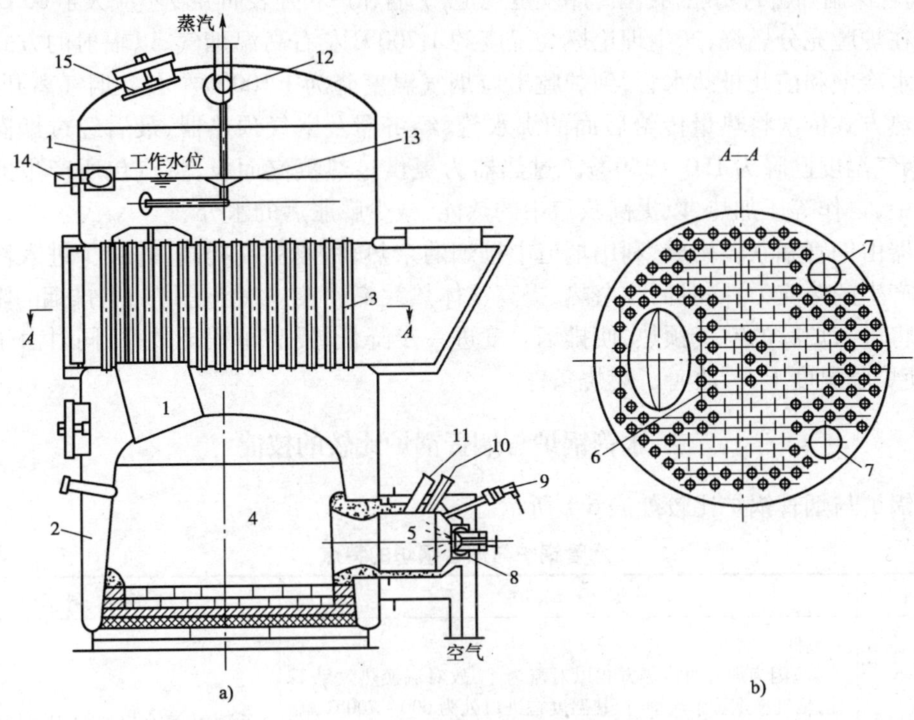

图 6-4　立式直水管锅炉

1-上锅筒；2-下锅筒；3-直立水管束；4-炉膛；5-预燃室；6-挡烟墙；7-下降水管；8-主喷油器；9-点火器；10-点火喷油器；11-火焰感受器，12-汽水分离器；13-排污漏斗，14-自动水位调节；15-人孔门

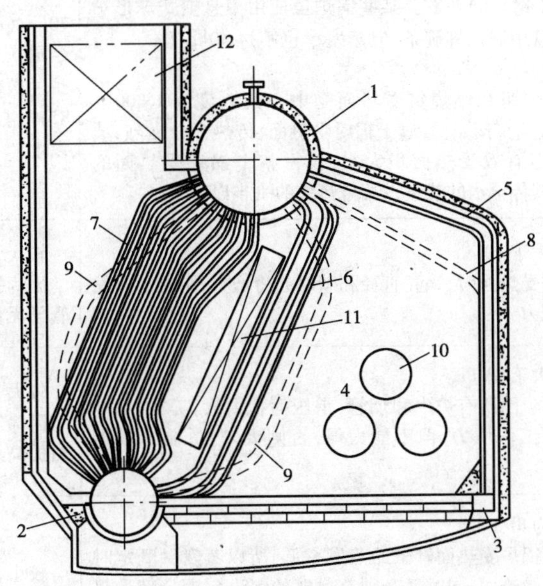

图 6-5　D 形水管锅炉

1-汽包；2-水筒；3-联箱；4-炉膛；5-水冷壁；6-前沸水管；7-后沸水管；8-联箱供水管；9-水筒供水管；10-燃烧器；11-过热器；12-经济器

汽包和水筒的材料为20G或22G焊接成型;联箱、水冷壁管排和沸水管是10G或20G钢制成;炉墙(炉膛、高温烟道处)由耐火层、隔热层、气密层组成,炉衣(低温烟道处)由隔热层和密封层组成,起着保温和密封功能,我国海船规范规定,炉墙和炉衣外表而温度不应大于60℃。

燃油在炉膛充分燃烧,产生理论燃烧温度约1 700℃左右高温烟气,以辐射的方式将热量传给炉墙水冷壁和前几排沸水管,到炉膛出口烟气温度降为1 100℃左右。烟气离开炉膛后,以对流放热方式依次将热量传给后面的沸水管、经济器及空气预热器,最后经过烟囱排入大气,此时烟气温度已降为150~350℃。过热器为提供过热蒸汽而设,将汽包所产生的蒸汽引到过热器中,再作等压加热,以提高蒸汽中的热能,减少膨胀后的水分。

经济器由钢管和联箱构成,利用烟道中排烟的余热,将水温度提高,并减少进入汽包时因温度差而产生的热应力,同时回收余热,提高整体热效率。唯一缺点是增加了排烟的阻力。空气预热器将进入炉膛的空气预热,使排烟温度进一步降低,提高了锅炉效率;同时由于空气温度提高,使炉膛温度上升,改善了燃烧条件。

二、水管锅炉与烟管锅炉比较的技能

水管锅炉与烟管锅炉比较如表6-1所示。

水管锅炉与烟管锅炉的特点 表6-1

项　　目	烟管锅炉	水管锅炉
1. 受热面的蒸发率和热效率	较低。 (1)因为烟管的传热方式以对流为主,故对流换热效果不佳;烟气在烟管中流动时,其温度在进口处为600~700℃,流入烟箱时已降为300℃左右,以致烟气与炉水之间的温差不是很大。排烟热损失较大,热效率只能达到72%左右; (2)烟管受热而占总受热面积的90%,但传热量却不到50%,致使整个锅炉的受热面蒸发率不高,一般烟管锅炉蒸发率为25kg/(m^2·h)左右。某些锅炉虽使用了悬空式球形炉胆,并在烟管中嵌入螺旋条,但蒸发率也不过40kg/(m^2·h)左右; (3)虽然炉胆和燃烧室受热面受中心处温度为1 300~1 400℃的火焰直接照射,属于辐射受热面,传热十分强烈,蒸发率甚大,但有效受热面积太小,仅占整个锅炉受热面的10%左右,其传给水的热量占总传热量的一半以上	较高。 因为由于水冷壁构成的辐射受热面所占比例大,而且烟气在沸水管束中是横向流动,流速较大,对流放热系数较大.故蒸发率较高,一般为30~50kg/(m^2·h),设计紧凑的辅锅炉可超过70kg/(m^2·h),而强制循环的水管锅炉可达90~120kg/(m^2·h)。水管锅炉的效率较高,一般辅锅炉可达80%~85%,有些带尾部受热面的可高达92%以上
2. 锅炉蒸发量	较小,不大于10t/h。 因为增加受热面时,锅壳直径和壁厚亦将增大,限制了蒸发量和工作压力	较大,最大达100t/h。 因为提高锅炉蒸发量时,增加受热面管子无任何困难
3. 锅炉工作压力	较小,不大于2MPa。 因锅筒要包围所有炉水和烟管,承压面积太大。虽增加壁厚可以提高工作压力,但不能太厚,否则太笨重,制造成本太高	较大,可高达10MPa。 因为锅筒小承压面积小,水管工作压力提高易于达到
4. 锅炉相对体积重量(单位蒸发量的重量)	较大,约为8t/t/h。 因为烟管锅炉受热面管子的蒸发率低,所以蒸发量既定时需要较大的受热面;同时又必须有厚壁的锅壳包围全部受热面,重量(包括水量)往往达蒸发量的6~8倍。因受热面管子均需为炉水所包围,锅炉的蓄水量多,为蒸发量的3~4倍,比较笨重	较小,仅为3t/t/h。 因为没有又厚又大的锅壳,蓄水量小,单位蒸发量的相对体积、重量较小

续上表

项　　目	烟 管 锅 炉	水 管 锅 炉
5. 点火升汽时间	较长，需 5 ~ 10h。 因锅炉蓄水量较大，水循环又微弱，锅炉本身结构的弹性不佳，以免热应力太大损坏锅炉	较短，小于 2 ~ 3h。 因为没有又厚又大的锅壳，蓄水最小，水循环强，锅炉本身结构的弹性佳
6. 负荷变化引起的气压波动及给水扰动引起的水位波动	较小。 因蓄水量大，故炉水蓄热量亦大，当负荷变化气压波动较小。同时因蓄水量大，故允许有较长时间不给水，管理较方便	较大。 因为蓄水量小，蓄热量也小。对水位和气压自动调节系统的要求较高，管理要求也高
7. 给水品质的要求	较低。 因为虽然炉胆部分传热强度高，其外壁的水垢容易清除；烟管间的水垢虽难以清除，但该处烟气温度低，传热差，故运行时管壁温度不高，不易结硬垢	较高。 因为管子传热强度高，管内水垢难清除
8. 在船舶上的应用	在老旧船上多用。 因为在自动化程度不高的情况下，烟管锅炉管理方便	在新造船上多用。 因为采用自动调节技术，解决了气压、水位波动快的问题，同时以海水淡化装置所产蒸馏水为锅炉补给水，化学除垢要求高的问题也不难解决

【知识链接与技能拓展】

一、废气锅炉结构

1. 废气烟管锅炉

一般大型低速增压二冲程柴油机的排气温度为 250 ~ 380℃，四冲程中速柴油机的排气温度可达 400℃，具有大量余热可以回收，因此在机舱顶部柴油机排气管中安装了废气锅炉，同时还可以起到柴油机排气消音作用。由于装设废气锅炉后会增加主机的背压而引起功率下降，所以废气锅炉在实际选用上，应与主机匹配。

图 6-6 所示为立式烟管废气锅炉的结构，它是我国海船上普遍使用的一种废气锅炉。

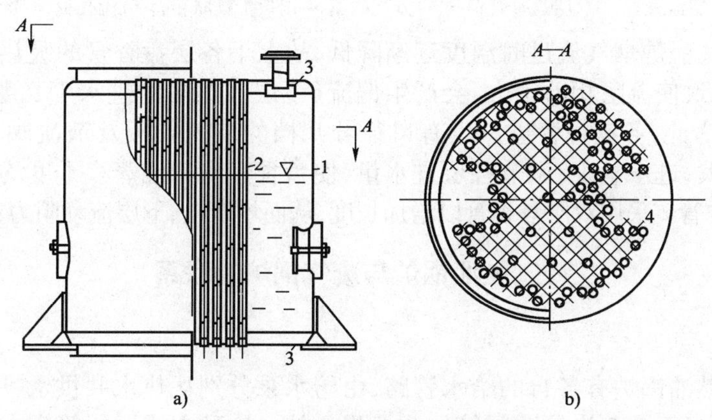

图 6-6　立式烟管废气锅炉

1-锅壳；2-烟管；3-封头；4-牵头

由图 6-6 可见，在圆筒形锅壳中贯穿着数百根烟管，锅筒两端的封头兼作管板。为了使封头不致外凸变形和减少烟管所承受的拉力，在管群中用少量厚壁管子与封头采取牵条管。锅炉的上下两端还装有出口和进口联箱,供柴油机排气。

2. 废气水管锅炉(强制循环盘香管式锅炉)

图 6-7 所示为强制循环盘香管式废气锅炉的结构。整台锅炉由许多水平放置的盘香管组成,每一根盘香管的进出口分别与两个直立的联箱相连。柴油机排气在管子外侧流过,炉水由专门的循环水泵从汽水分离筒吸入,压送到进口分配联箱,由此再送至各盘香管,水在管内被加热,然后进入出口汇集联箱,汇集后流回汽冰分离筒进行汽水分离。这种锅炉的优点是盘香管中的水是强迫流动,蒸发率大,并且可以在一定的空间内布置较多的受热面,因而体积紧凑,但是其受热面管内的水垢清除比较困难;循环水泵因水的温度较高其工作可靠性较差。

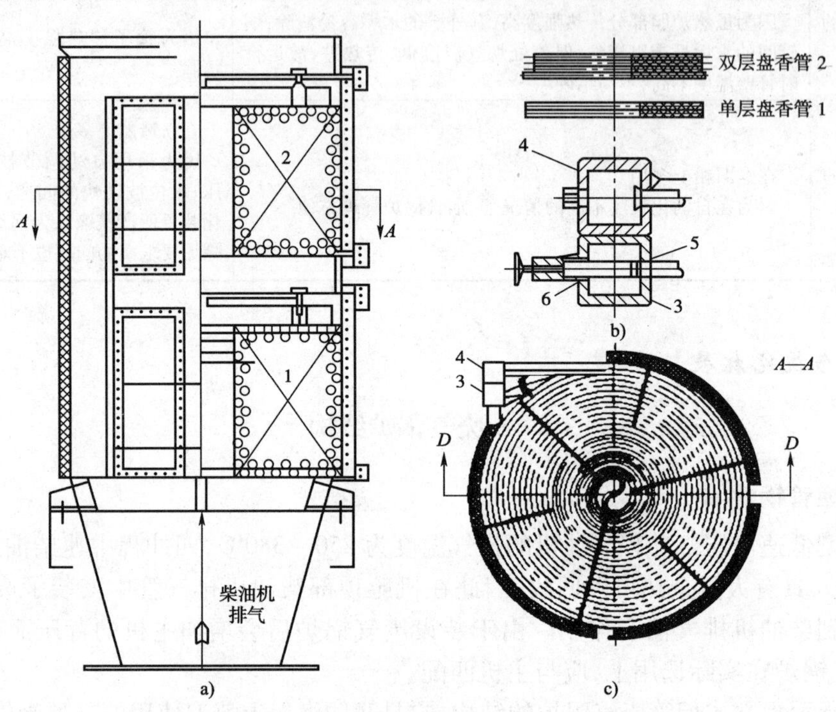

图 6-7 强制循环盘香管式废气锅炉结构

1-单层盘香管;2-双层盘香管;3-进口分配联箱;4-出口汇集联箱;5-节流孔板;6-节流阀

盘香管式废气锅炉烟气流过时温度逐渐降低,故上下各层盘香管的吸热量相差甚大,炉水的汽化程度不同,致使流阻相差很大,会产生偏流(下层吸热多的进水少),甚至发生水力脉动(进水量脉动)。为此,各盘香管进口设有口径分几档的节流孔板及节流阀,使靠上层的盘香管进口节流程度大,进水量少,调节各层进水量,使盘香管出口湿蒸汽干度均为 0.1 左右为宜。

图中上层盘香管 2 采用双层盘香管以增加长度,从而均衡上、下层流动阻力和出口蒸汽干度。

二、燃油锅炉与废气锅炉的联系

1. 二者独立

废气锅炉与燃油锅炉有各自的给水管路,由给水泵分别从热水井供水,所产生的蒸汽由各自的蒸汽管道输出,至总蒸汽分配阀箱处才汇集一处。这种方式运行管理方便,应用较多。不过当废气锅炉水位调节系统失灵时,因其位置较高,航行时的管理就比较麻烦。如图 6-8a)所示。

2. 废气锅炉为燃油锅炉的一个附加受热面

在这种情况下给水仅送至燃油锅炉,废气锅炉炉水由强制循环水泵抽自燃油锅炉的炉水,加热蒸发后，再将汽水混合物压回燃油锅炉。经汽水分离后，蒸汽由燃油锅炉的蒸汽管输出。这种废气锅炉是强制循环式。当废气锅炉的蒸发量满足不了航行用汽需求时，可与燃油锅炉合作向外供汽，油船即采用此法。这种废气锅炉的水位不需调节，但须多设一台或两台热水循环泵。如图 6-8b）所示。

3. 组合式锅炉

组合式锅炉是将废气锅炉与燃油锅炉合为一体，其只能安放在机舱顶部，因此要求有可靠的远距离水位指示和完善的自动调节设备。目前我国远洋船舶上应用的组合式锅炉大致有两种。其中图 6-9a）为联合式，它既可在航行或停泊时分别用废气或燃油作热源，又可在航行中仅靠排气余热，蒸发量不足时同时以燃油和废气作热源。图 6-9b）为交替式，不能同时以燃油和废气作热源使用。

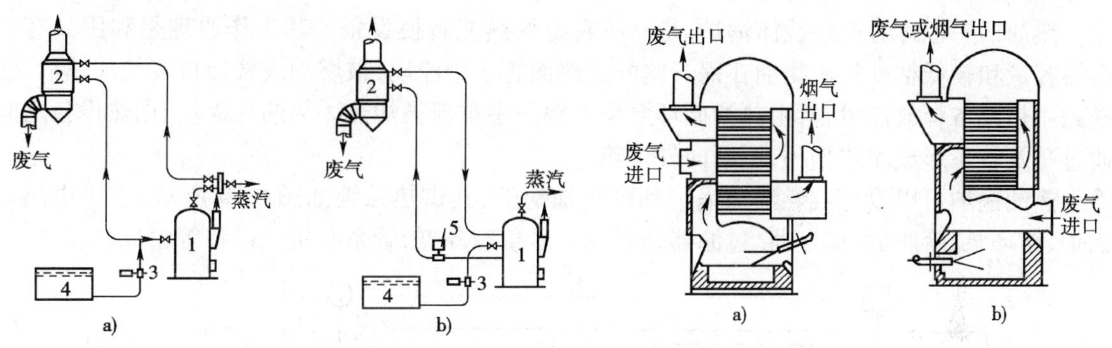

图 6-8　废气锅炉和燃油锅炉的联系

1-燃油锅炉；2-废气锅炉；3-给水泵；4-热水井；5-热水循环泵

图 6-9　组合式锅炉

三、废气锅炉蒸发量调节的技能

废气锅炉通常只产生饱和蒸汽，其蒸发量取决于主机的排气量和排气温度，亦即主机的功率。在正常航行时，主机功率是稳定的，而船舶对蒸汽的需要量却随着航区和季节的不同而变化，因此对废气锅炉的蒸发量就需加以调节。在远洋船舶上常用的方法是：

1. 烟气旁通法

在废气锅炉进出口间加设一个旁通烟道，并在废气锅炉入口和旁通烟道入口处安装开、闭相互联动的两个调节挡板。当汽压升高时，手动或用伺服电机转动挡板使排气经旁通烟道的流量增加，限制汽压上升；反之当汽压降低时，改变挡板开度使通过废气锅炉的排气流量增加，限制汽压下降。

2. 改变有效受热面积法

为了适应不同蒸发量的需要，立式烟管废气锅炉可以选择不同的工作水位以改变有效受热面积。盘香管式则往往在进口联箱上将盘香管分为 2 ~ 3 组，需减少蒸发量时可停止向上面 1 ~ 2 组供水，只让下盘香管工作。废气锅炉的换热管都是焊接的，而且柴油机排气温度通常远低于碳钢允许工作温度（450℃），清洁的废气锅炉即使没有水，柴油机排气流过也无妨。虽然如此，但还是应尽量避免“空炉”运行，以防万一受热面积灰着火烧坏管子。若因管子漏水或给水系统故障不得已要“空炉”工作，应注意以下事项：

（1）换热管表面须先除灰；

（2）当循环水泵停、循环阀关，随即开启废气锅炉的空气阀和泄放阀；

(3)柴油机排气温度不能超过 450℃；

(4)若是换热管漏水,到港后应尽快修复。重新运行前应检查各附件,它们的垫片可能因高温而失效;

(5)重新充水前应先让锅炉温度降至不超过给水温度 50℃。

3. 多余蒸汽溢放法

当未能及时改变废气锅炉蒸发量以致供大于求使蒸汽压力偏高时,废气锅炉的多余蒸汽可通过蒸汽压力调节阀向冷凝器泄放。

四、热油锅炉及管理技能

1. 热油锅炉原理

热油锅炉也称有机热载体锅炉,是一种新型的热能转换设备。其工作原理是利用具有较高热容量和较低粘度的矿物油在锅炉内的受热面管子中流动,被燃油或柴油机废气加热后,输送到用热设备释放热量,再由热油循环泵泵入锅炉中重新被加热。热油在锅炉、用热设备之间通过泵及管系形成闭式循环,不断向外供热。

热油锅炉可以设计成燃油辅锅炉和废气辅锅炉,其供热系统如图 6-10 所示,主要由热油锅炉、循环泵、膨胀器、储存器、过滤器、氮气器、紧急冷却器、管系和用热设备等组成。

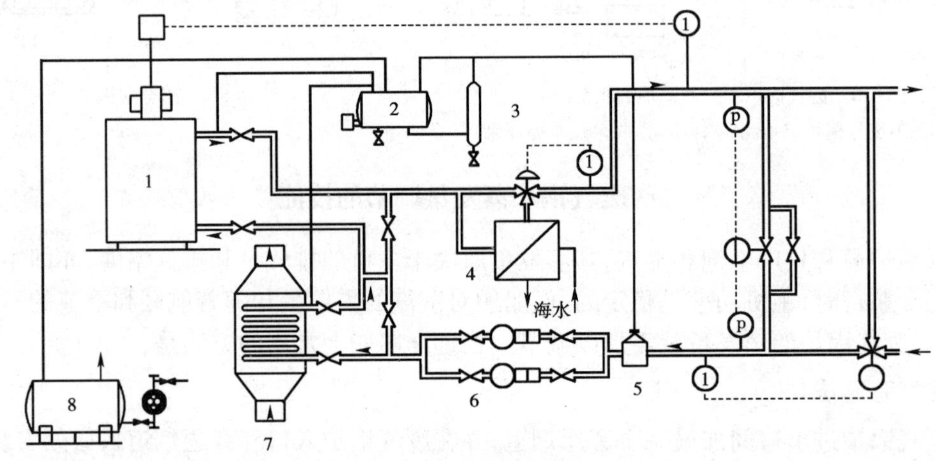

图 6-10　热油锅炉供热系统原理

1-燃油热油锅炉;2-膨胀器;3-氮气器;4-紧急冷却器;5-油气分离器;6-循环泵;7-废气热油锅炉;8-储存器

热油废气锅炉和热油燃油锅炉平行安装,形式和组合锅炉相似。热油首先吸收主机废气的热量,如果废热不能满足船舶加热所需时,热油燃油辅锅炉自动点燃。系统中油液随温度变化而发生的体积变化由膨胀器调节,膨胀器的调节容积应不小于热油容积变化量的 1.3 倍,膨胀器内油温不得超过 70℃,膨胀器为闭式时,膨胀气体由氮气器提供,氮气可防止油液氧化变质;需放净系统油液时可由存储器接纳存储;为避免油过热设有紧急冷却器。热油循环泵的工作条件恶劣(温度高),其运行状态需要连续监测,并使备用泵随时可用。热油泵启动阶段的温升以 50℃/h 为宜。油泵的吸口设有过滤器,滤去高温下形成的聚合物和残渣。热油锅炉在启动过程中,随着油温升高,可能存在的其他气体、少量水汽和油气会逐渐析出,这些气体会产生热阻和流阻,设油气分离器加以分离。在启动时应通过反复打开排气阀排除这些气体。突然停电时或其他原因油液不能循环供热时,为防止热油停留在锅炉中高温裂解与氧化,应将热油紧急冷却到150℃以下,再送入储存器中储存。

热油锅炉系统与强制循环水管锅炉相比具有以下特点:

(1)以矿物油代替了水,油在常压下的蒸馏点比水的蒸发温度高得多,可达320℃。因此可以实现在低压下始终以液态循环对外供热,无相态变换损失。所以热油锅炉工作压力低(一般不高于1MPa),供热系统热效率较高。

(2)油传热均匀,导热系数较高(100℃时约为水蒸气的3.8倍)。

(3)油的热稳定性好,基本上无腐蚀作用,化验和处理工作很少。

2. 热油锅炉操作管理的技能

1)热力油的更换

(1)将系统中旧油排放干净;

(2)用专用清洗油彻底清洗系统,并更换过滤装置;

(3)系统找漏;

(4)检查注油泵,确认正常;

(5)注油:打开注油阀门和所有管路上的排气阀门,膨胀柜油位达到规定液位的1/4即可停止注油和关闭各排气阀。注意,应使用新热力油,收集的泄漏热力油通常混有灰尘和水分,绝不能添加再用;

(6)启动循环泵排尽空气:锅炉管的进口和出口的位置都较低且管内存有空气,必须启动循环泵冷态运行(从膨胀柜透气阀)排尽空气,使系统充满热力油;

(7)彻底清除杂质:循环泵运行,每隔1~3h检查过滤器,清除滤渣,直至无明显滤渣滤出为止。

2)冷炉初次升温

(1)启动辅锅炉,断续点火,逐步升温。循环的热力油温度:90℃前,升温速度不超过5℃/h,以便系统中的水分及轻组分逸出;90~95℃之间,保温约2~4h,定时排出空气,直至无气体排出为止;100~110℃之间,以不高于10℃/h速度升温;110~130℃之间,需保温约5~6h;130~180℃之间,需保温约2~3h,定时排出空气,直至无气体排出为止,无异常情况再升温到197℃;

(2)视膨胀柜出气情况,适时关闭膨胀柜透气阀;

(3)检查过滤器,清除滤渣;

(4)膨胀柜加注热力油至正常液位:考虑为系统留有足够的补充油,又不至于因大量漏泄而损失,且膨胀柜设有高位报警和低位报警,液位最好不超过膨胀柜高度的40%;

(5)将锅炉改成自动模式运行。

3)日常运行检查

(1)检查膨胀柜(含液位)、燃烧器、过滤器和循环泵等的运转情况;

(2)保持充足循环流量:欲调整供热量,只可适当打开旁通阀或降低炉温,切不可减少热力油循环流量;

(3)注意燃烧器进出口热力油压差,保持热油系统通畅;

(4)定期取样检查热力油:通过看(油样颜色、是否乳化、有否杂质等)、闻(油样是否有异味)、摸(用手摸冷却后油样,检查是否有异物)和试(取样送厂家化验)的方法,与新油比对。

4)热力油的化验

热力油采样化验,应每季度一次,最长不超过6个月。平时发生油质异常,必须立即取样化验,根据化验结果决定是否换油。

矿物型热力油油品报废的参考指标:粘度超过原技术指标15%以上;闪点超过原技术指标20%以上;残碳超过1.5%以上;酸值超过0.5mg KOH/g以上。

5)停炉

短时间停炉,只停燃烧器,循环泵保持运转;

长时间停炉,则应先停燃烧器,循环泵需保持运转,至油温低于100℃才可停止。

思考与练习

1. 锅炉自然水循环是如何进行的?
2. 试比较烟管锅炉与水管锅炉的特点。
3. 如何调节废气锅炉的蒸发量?
4. 试分析烟管锅炉受热面的蒸发率和热效率较低的原因。

任务2 辅助锅炉附件的拆装与操作

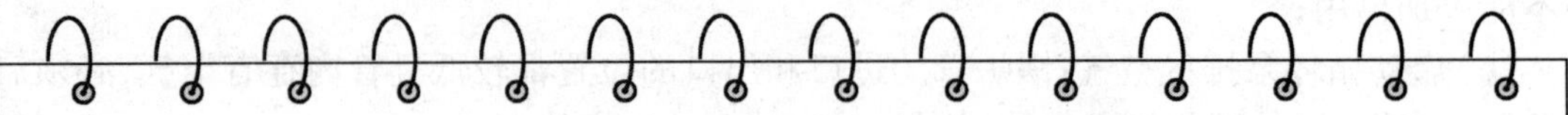

教学目标

◎ **能力目标**:(1)掌握水位计、安全阀的拆装技能;(2)掌握水位计、安全阀的操作技能。

◎ **知识目标**:(1)掌握水位计、安全阀的相关知识;(2)熟悉其他附件的相关知识。

◎ **情感目标**:(1)严谨细实的工作态度;(2)良好的职业道德意识;(3)创新的意识和创新精神;(4)优良的学风和团队协作精神。

【任务引入】

水位计、安全阀是锅炉中最主要的附件,其在工作中经常出现水位计通锅炉的接管被炉水中的污物堵塞;温度剧变或剧震等都可使玻璃破损、安全阀泄漏等故障,那么,如何排除这些故障呢?

【任务分析】

水位计、安全阀的故障原因很多,有安装方面的,又有管理方面的,通过拆装和修理可以排除这些故障,当然,为更好地掌握水位计、安全阀的拆装与检修和操作能力,需要熟悉水位计、安全阀等的相关知识。

【相关知识】

一、水 位 计

水位计是用来显示锅炉内真实水位的仪表,是锅炉的重要附件之一。操作人员可以通过水位计观察并相应调节水位,防止发生锅炉缺水或满水事故,进而避免由水位不正常造成的受热面损坏及其他事故,保证锅炉安全运行。

锅炉上至少装有两只水位计,分别布置在左、右两侧。在船舶摇摆和倾斜时,可通过比较两只水位计中的水位来判断锅炉内的水位情况。一只水位计损坏应加强水位监视，并尽快伺机换新；若两只水位计均已损坏，锅炉应立即熄火。

1. 关于水位的规定

每台锅炉都规定有最高工作水位、最低工作水位和最低危险水位。规定如下：

(1)水管锅炉最低工作水位应高出最高受热面不少于100mm(汽包下降管视为受热面)；

(2)横烟管锅炉应高出燃烧室或烟管顶部不少于75mm，多回程的可适当减少；

(3)竖烟管锅炉应不低于1/2烟管高度；

(4)混合式锅炉应高出热水管不小于50mm；

(5)当船舶横倾4°时，最低工作水位应仍能符合上述要求。

锅炉隔热层外表面在与水位计相邻处应设置最高受热面标志。

2. 水位计的结构

水位计是按照连通器内液位高度相等的原理装设的。水位计的水连管和汽连管分别与锅筒的水空间和汽空间相连，水位计和锅筒构成连通器，水位计显示的水位即是锅筒内的水位。

锅炉上常用的水位计，有玻璃管式和玻璃板式两种。

(1)玻璃管式水位计

玻璃管式水位计的构造如图6-11所示。它由玻璃管、汽连管、水连管、汽旋塞、水旋塞、放水旋塞等部分组成。汽连管和水连管通过法兰或螺纹连接在锅筒的水位计管接头上。玻璃管由耐热玻璃制作，直径一般有15mm、20mm两种。玻璃管式水位计结构简单，价格低廉，在低压小型锅炉上应用得十分广泛。但玻璃管的耐压能力有限，仅用于低压锅炉(<0.78MPa)。

为防止玻璃管破碎喷水伤人，玻璃管外通常装设有耐热的玻璃防护罩。并在水连通管与玻璃管连接处装有止回阀。水连管和汽连管上分别装有常开的水旋塞和汽旋塞，底部装有常闭的冲洗阀。

(2)玻璃板式水位计

玻璃板式水位计与玻璃管式水位计的区别在于用玻璃板代替了玻璃管，并且有安装玻璃板的金属框盒和压盖。玻璃板由耐热、耐压的玻璃平板制作，玻璃平板一侧沿纵向刻有三棱形沟槽。装置时，将玻璃平板嵌在金属框盒中，刻有沟槽的一面朝内，玻璃平板与框盒间垫有石棉橡胶板，同时用螺栓将压盖紧压在框盒中，使框盒、玻璃板、压盖三者严密配合以防泄漏。玻璃板上的纵向沟槽可以有效地防止玻璃板横向断裂，并有助于水位显示。因为由于光线在沟槽中的折射，水位表中的蒸汽部分呈银白色，水的部分呈暗黑色，汽水界限非常明显，水位清晰可见。

玻璃板式水位表与玻璃管式水位表相比，能耐受更高的压力和温度，不易泄漏。但结构较为复杂，多用于中高压锅炉(≥0.78MPa)，如图6-12所示。

(3)二色水位计

二色水位计是利用炉水与蒸汽对光线的折射不同而设计的，由灯泡、红绿玻璃及聚光镜、外壳与水位玻璃板所构成。两块水位玻璃板互相倾斜装置，水位计中的蒸汽部分绿色光被折射，所以自外部观测时呈现红色；炉水部分红色光被折射，其表现为绿色，如图6-13所示。

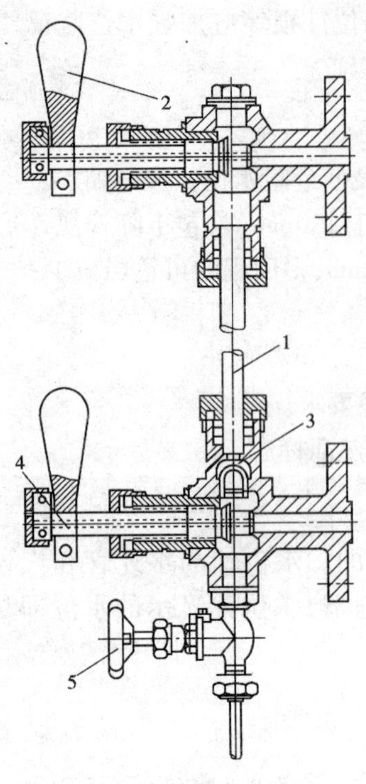

图 6-11 玻璃管式水位计

1-玻璃管;2-通汽阀;3-止回阀;4-通水阀;5-冲洗阀

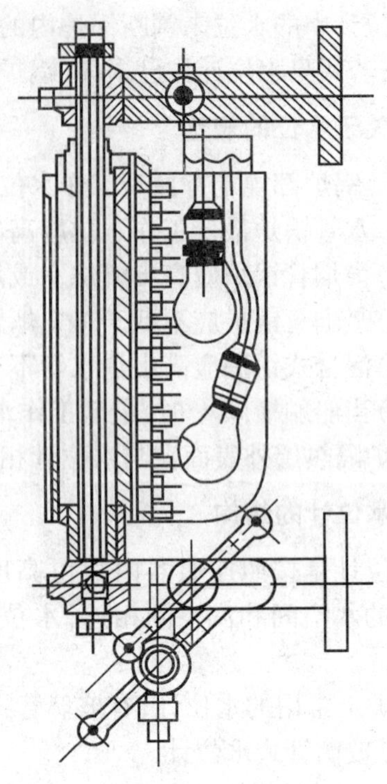

图 6-12 玻璃板式水位计

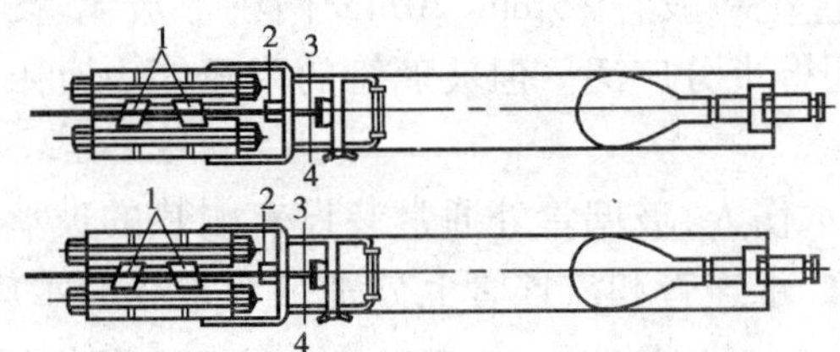

图 6-13 二色水位计

1-玻璃板;2-集光镜;3-红色滤镜;4-绿色滤镜

二、安 全 阀

安全阀的作用为了防止锅炉内压力过高而发生危险,在某一适当压力时开启放出适量的蒸汽,降低锅炉压力,并存另一适当压力时再行关闭。因为船用锅炉是在摇摆不定的情况下使用,所以安全阀都采用弹簧压力式。

1. 对安全阀的要求

根据我国海船规范要求,对锅炉安全阀的要求主要是:

(1)每台锅炉本体上应装设两个安全阀,通常组装在一个阀体内。蒸发量小于 1t/h 的辅锅炉可仅装一只。装有过热器的锅炉,过热器上亦应至少装一只安全阀。

(2)锅炉安全阀的开启压力可为大于实际允许工作压力的 5%,但不应超过锅炉设计压力。过热器安全阀的开启压力应低于锅炉安全阀的开启压力。

(3)安全阀开启后应能通畅地排出蒸汽,以保证在蒸汽阀关闭和炉内充分燃烧的情况下,烟管锅炉在 15min 内,水管锅炉在 7min 内汽压的升高值应不超过锅炉设计压力的 10%。所以安全阀不但应有足够大的直径,而且开启后应该稳定且具有较大的提升量。安全阀排气管的通路面积,对升程在安全阀直径的1/4以上者,应不小于安全阀总面积的2倍,对其他安全阀应不小于1.1倍。

(4)安全阀要动作准确,并保持严密不漏。

安全阀都是经过船舶检验局调定后铅封的(4个),除非经船检局特许,不能随意重调。

2. 安全阀的结构

常用的锅炉安全阀是两阀共一体的结构(一进汽口二出汽口),由阀座、阀盘、调节弹簧、唇边、调节圈、套筒等组成,如图6-14所示。

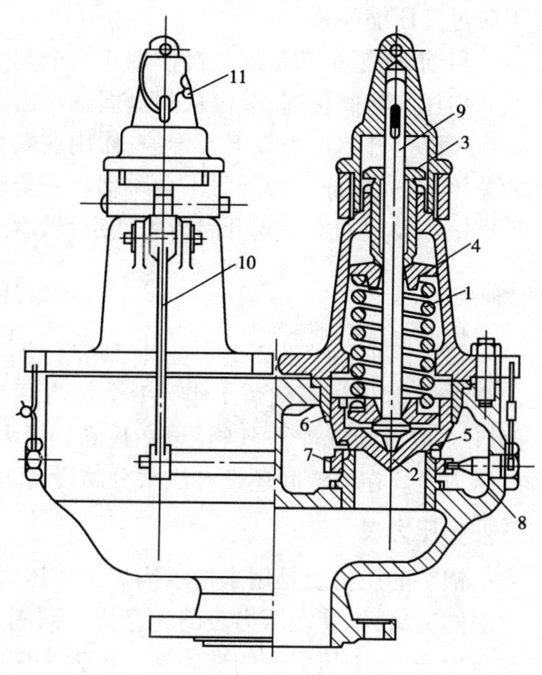

图6-14 安全阀

1-弹簧;2-阀盘;3-调节螺钉;4-弹簧压板;5-唇边;6-套筒 7-调节圈;8-调节圈固定螺钉;9-阀杆;10-手动强开杠杆;11-铅封

安全阀阀体是由两只安全阀组装而成的。弹簧1压紧阀盘2,转动调节螺钉3可调节弹簧压板4的位置,从而改变弹簧的张力以调整安全阀的开启压力。安全阀阀盘2的外缘直径加大形成唇边5,它的作用是使阀能急速开启,并且维持升程的固定。当汽压达到开启压力后,蒸汽作用在阀盘上将阀抬起,蒸汽从阀盘周围溢出,如果没有唇边,汽压稍一降低阀盘很快又关闭,然后由于汽压回升阀又开启,这样阀盘将上下不停地跳动。当阀盘有一圈唇边后,就可使阀盘在开启后得到一个附加的上顶力,从而增加了阀盘的升程,阀也不会很快关闭。阀盘上方设有带密封圈的套筒6,阀开启后阀上方不会受蒸汽压力作用。

唇边解决了开启稳定问题,但由于开启后阀盘的蒸汽作用面积已大于开启前的面积,所以即使当锅炉汽压恢复至额定汽压时,阀盘也不能立即关闭,只有当汽压继续下降,直到作用在阀盘和唇边上的蒸汽上顶力小于弹簧向下的作用力时,安全阀才能自动关闭。亦即安全阀的关闭压力要低于开启压力,这一压力差值称为降低量。

阀座上装有调节圈7,调节圈升高时,阀开启后唇边外沿蒸汽通流面积减小,作用在唇边上的附加上顶力就大,从而使阀的升程和关闭时的压力降低量加大;反之,调节圈下移时,唇边外沿蒸汽流通面积加大,则阀开启的升程和关阀时的压力降低量减小。因此,通过转动调节圈,改变其位置,可获得开启既稳定,降低量又不太大的工况。一般锅炉安全阀的最小降低量约为额定工作压力的2%。

安全阀顶部有手动强开杠杆10,并有钢丝绳通至机舱底层和上甲板,必要时可强开安全阀(为便于开启,汽压应不小于85%调定开阀压力)。安全阀与逸汽管间设膨胀装置和泄水口。

平时每月检查一次安全阀阀盘有否漏汽:检查逸汽管有否发热,松开泄放螺塞看是否有水流出;同时清洁手动强开装置所有活动部位并加润滑脂。安全阀每年应升高汽压做开启试验一次。两个安全阀开启试验应逐个进行,故另一个安全阀应先锁闭(应设法顶紧阀杆顶部,而不应过度压缩弹簧)。

目前,辅锅炉都是用直接作用式安全阀。阀盘外缘装有提升盘,当作用在阀盘上的汽压达到开启压力将阀抬起,蒸汽从阀盘周围溢出,有提升盘则阀开后蒸汽作用面积大于开启前,只有汽压降至开启压力以下若干值、作用在阀盘和提升盘上的蒸汽压力小于弹簧张力时,安全阀才关闭,这就保证了阀开后不会跳动。安全阀关闭汽压低于开启汽压的差值称为启闭压差,可根据锅炉设定的安全阀开启压力选定,然后选配底面积合适的提升盘。

三、其 他 附 件

每台锅炉除了设2组水位计、2个安全阀外,一般还装有以下附件:2组给水阀(蒸发量小于1t/h的辅锅炉可仅装1组)、1个蒸汽阀(亦称停汽阀)、1个表面排污阀、1~2个底部排污阀、1个取样阀、1个空气阀(设在最高处通大气用,通径一般为10~15mm)以及测取蒸汽压力的压力表。在汽空间还设有汽水分离设备。

1. 压力表

锅炉的压力表是用来指示锅炉工作压力的仪表。压力表的传压细管由装在锅炉顶部的压力表阀引出,细管在压力表前先盘绕一圆圈,使管中充满冷凝水,形成水封,以防热蒸汽直接进入压力表,影响压力表的准确性。压力表应在表盘上画一红线以指示其额定的工作压力。压力表在使用期内,应每年校验一次。

2. 汽水分离设备

如果由汽包引出的饱和蒸汽带水过多,就会产生不利影响。蒸汽携带的炉水含有的盐分,可能腐蚀汽、水管路和设备;若饱和蒸汽用于驱动蒸汽辅机,带水过多也会引起机械的水击;对于装有过热器的锅炉,如蒸汽带水会在过热器中汽化,水中的盐分沉积在过热器的内壁上,会使过热器管子烧环。因此必须设法控制蒸汽携水量。

影响蒸汽携水的主要因素是汽水分离高度、蒸汽用量和炉水盐度。锅炉临界盐度如表6-2所示。

锅 炉 临 界 盐 度 表6-2

锅炉工作压力(MPa)	≤1	1~2.5	2.5~4.9	4.9~6
临界盐度(mg/L)(NaCl)	1 000	700	400	350

控制蒸汽携水量除了要在管理上控制水位高度、蒸汽用量和炉水盐度外,还需在结构上装设一些汽水分离设备。辅锅炉对蒸汽品质要求不高,一般采用比较简单的汽水分离设备,常用的有水下孔板、集汽管和蒸汽的出孔板。

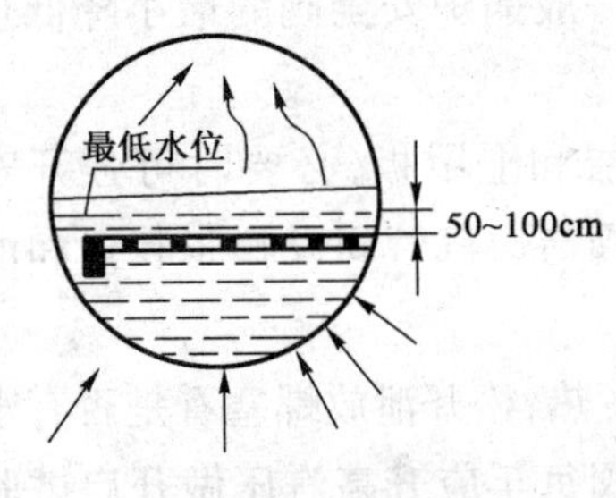

图6-15 水下孔板

(1)水下孔板:其结构如图6-15所示。当汽水混合物由水空间引入汽包时,可利用水下孔板来均衡蒸发平面负荷。水下孔板使蒸汽在上升过程中受到一定的阻力,孔板放置在汽包水空间,一般在最低水位以下50~100mm,通过孔板的蒸汽流速为3~4m/s。为避免蒸汽带入下降管中,孔板距下降管进口的距离应大于300~500mm。

(2)集汽管:聚集在汽包顶部的蒸汽一般通过集汽管引出,其结构如图6-16所示。

集汽管1沿汽包纵向布置，顶部开有许多进汽缺口4，两端封死。饱和蒸汽出汽口3可以集于中部或一端。为了沿汽包长度方向均匀地收集蒸汽，进汽缺口离出汽口较远处较密，近处较稀。有的集汽管两侧装有波形百叶窗式挡汽板2，以增加汽水分离作用。

(3)蒸汽的出孔板(抽气孔板)：其结构如图6-17所示。当锅炉蒸发量较大时，不仅需要沿锅筒长度均匀收集蒸汽，而且应沿锅筒截面圆周均匀抽汽。为此，可在锅筒顶部装设蒸汽出口孔板，它不仅可使抽汽速度趋于均匀，还可适当降低蒸汽流速。

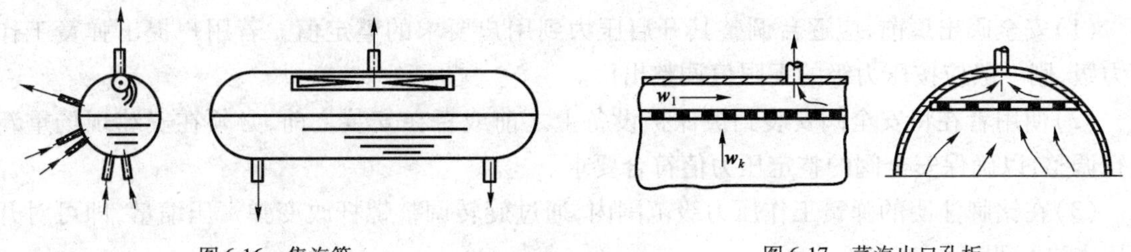

图6-16　集汽管　　　　图6-17　蒸汽出口孔板

蒸汽出口孔板的开孔直径约为10mm，各开孔中心距不宜大于50mm，否则抽汽不均。出口孔板与蒸汽引出管的垂直距离约为10mm，孔板四周应与锅筒密封，以免蒸汽短路。

【任务实施】

一、水位计冲洗的技能

由于水位计中汽、水的流动甚弱，水位计通锅炉的接管容易被炉水中的污物堵塞，因此不能显示真实水位，必须及时冲洗。

正常情况下，通常每4h至少冲洗一次水位计。

冲洗水位计的操作步骤如表6-3所示(三阀四过程八步骤)。

水位计的冲洗步骤　　　　表6-3

阀　门	通　汽　阀	通　水　阀	冲　洗　阀
正常状态	开	开	关
A 汽冲	(听到汽流声后)3关	2关	1开
B 水冲		4开(听到水流声后)、5关	
C 叫水		7开(慢开，水位达到最高位)	6关
D 显示	8开(水位恢复正常)		

为防止玻璃骤然变热而破裂，水位计冲洗时应注意通水阀和通汽阀同时关闭的时间要尽量短。另外，换新玻璃管(板)时，应先稍开一点通汽阀，暖一下玻璃，再开大通水阀和通汽阀。

二、水位计安装的技能

水位计玻璃因炉水腐蚀而变薄，安装时有内应力，温度剧变或剧震等都可使玻璃破损。

安装新玻璃管时，先使下侧的金属轻轻接触玻璃管，后装上侧，同时应注意不要将插入玻璃管处的填料压盖拧得过紧，否则玻璃管容易被挤碎。

安装新玻璃板时，玻璃板与金属框架之间的接触面应研得很平，保证充分贴合，在上紧框架螺栓时,要交叉均匀拧紧,升压后再紧一次,不然玻璃板将会因挠曲变形产生较大的内应力,受热后容易碎裂。

三、安全阀开启压力的调整

安全阀是为了防止锅炉内压力过高而发生蒸汽爆炸危险而设置的一个重要的限压装置,非经船检局特许,不能随意重调。

(1)安全阀出厂前,应逐台调整其开启压力到用户要求的整定值。若用户提出弹簧工作压力级,则一般应按压力级的下限值调整出厂。

(2)使用者在将安全阀安装到被保护设备上之前或者在安装之前,必须在安装现场重新进行调整,以确保安全阀的整定压力值符合要求。

(3)在铭牌注明的弹簧工作压力级范围内,通过旋转调整螺杆改变弹簧压缩量,即可对开启压力进行调节。

(4)在旋转调整螺杆之前,应使阀进口压力降低到开启压力的90%以下,以防止旋转调整螺杆时阀瓣被带动旋转,以致损伤密封面。

(5)为保证开启压力值准确,应使调整时的介质条件,如介质种类、温度等尽可能接近实际运行条件。介质种类改变,特别是当介质聚积态不同时(例如从液相变为气相),开启压力常有所变化。工作温度升高时,开启压力一般有所降低。故在常温下调整而用于高温时,常温下的整定压力值应略高于要求的开启压力值。高到什么程度与阀门结构和材质选用都有关系,应以制造厂的说明为根据。

(6)常规安全阀用于固定附加背压的场合,当在检验后调整开启压力时(此时背压为大气压),其整定值应为要求的开启压力值减去附加背压值。

四、安全阀排放压力和回座压力的调整

(1)调整阀门排放压力和回座压力,必须进行阀门达到全开启高度的动作试验,因此,只有在大容量的试验装置上或者在安全阀安装到被保护设备上之后才可能进行。其调整方法依阀门结构不同而不同。

(2)对于带反冲盘和阀座调节圈的结构,是利用阀座调节圈来进行调节。拧下调节圈固定螺钉,从露出的螺孔伸入一根细铁棍之类的工具,即可拨动调节圈上的轮齿,使调节圈左右转动。当使调节圈向左作逆时针方向旋转时,其位置升高,排放压力和回座压力都将有所降低。反之,当使调节圈向右作顺时针方向旋转时,其位置降低,排放压力和回座压力都将有所升高。每一次调整时,调节圈转动的幅度不宜过大(一般转动数齿即可)。每次调整后都应将固定螺钉拧上,使其端部位于调节圈两齿之间的凹槽内,既能防止调节圈转动,又不对调节圈产生径向压力。为了安全起见,在拨动调节圈之前,应使安全阀进口压力适当降低(一般应低于开启压力的90%),以防止在调整时阀门突然开启,造成事故。

(3)对于具有上、下调节圈(导向套和阀座上各有一个调节圈)的结构,其调整要复杂一些。阀座调节圈用来改变阀瓣与调节圈之间通道的大小,从而改变阀门初始开启时压力在阀瓣与调节圈之间腔室内积聚程度的大小。当升高阀座调节圈时,压力积聚的程度增大,从而使阀门比例开启的阶段减小而较快地达到突然地急速开启。因此,升高阀座调节圈能使排放压

力有所降低。应当注意的是，阀座调节圈亦不可升高到过分接近阀瓣。那样，密封面处的泄漏就可能导致阀门过早地突然开启，但由于此时介质压力还不足以将阀瓣保持在开启位置，阀瓣随即又关闭，于是阀门发生频跳。阀座调节圈主要用来缩小阀门比例，开启的阶段和调节排放压力，同时也对回座压力有所影响。

上调节圈用来改变流动介质在阀瓣下侧反射后折转的角度，从而改变流体作用力的大小，以此来调节回座压力。升高上调节圈时，折转角减小，流体作用力随之减小，从而使回座压力增高。反之，当降低上调节圈时，回座压力降低。当然，上调节圈在改变回座压力的同时，也影响到排放压力，即升高上调节圈使排放压力有所升高，降低上调节圈使排放压力有所降低，但其影响程度不如回座压力那样明显。

安全阀调整完毕，应加以铅封，以防止随便改变已调整好的状况。

【知识链接与技能拓展】

给水阀拆装的技能

1. 拆卸

(1)拆除阀盖螺钉；

(2)将阀盖与阀体脱开。如阀盖与阀体配合过紧，可用螺钉刀在四周缝隙内撬动，并旋下阀杆，阀盖就易顶起；

(3)松开填料压盖螺母和手轮螺母；

(4)拆下阀杆、阀盘；

(5)取出填料函中的填料；

(6)所有拆下的零部件要认真清洗，以备检查。

2. 检查

(1)有裂纹、密封面磨损、腐蚀、划伤严重、螺纹损坏时应换新；

(2)阀盘和阀座配合密封面出现轻微的麻点、划痕等时，可用研磨或先光车后研磨；

(3)阀盘采用平板研磨方法；阀座采用假阀盘配合研磨方法。

3. 装复

(1)密封垫床必须换新；

(2)更换新填料时，尺寸和质量要符合要求；

(3)填料压盖上紧要适宜，一般手能转动手轮；

(4)在阀盘处于开启(或能开启)状态下，将阀盖和阀杆的组合件装入阀体中；

(5)螺栓应对角逐次均匀上紧。

思考与练习

1. 如何进行水位计的冲洗？

2. 锅炉水位计中的水位有哪几种情况不能反映锅炉水位？

3. 试述对安全阀的要求。

4. 为什么锅炉水位计要左右各安装一只？

任务3　辅助锅炉燃烧设备与系统操作

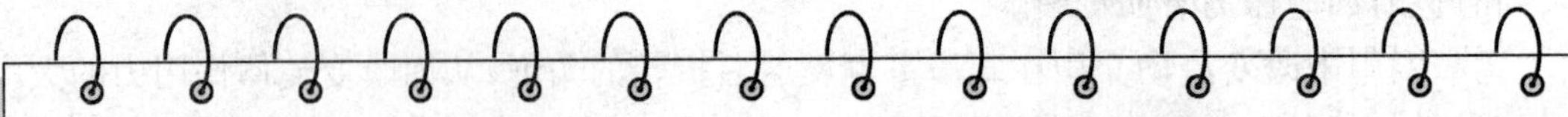

教学目标

◎ **能力目标**：(1)掌握燃烧器拆装的技能；(2)掌握主要故障排除的技能。

◎ **知识目标**：(1)明确保证燃烧良好的因素；(2)掌握燃烧设备与系统相关知识。

◎ **情感目标**：(1)严谨细实的工作态度；(2)良好的职业道德意识；(3)创新的意识和创新精神；(4)优良的学风和团队协作精神。

【任务引入】

燃烧器是锅炉中最主要的设备之一，燃料在锅炉中燃烧并放出热量，是锅炉工作的首要环节。燃烧的好坏对锅炉的结构、工作性能，以及锅炉的安全经济运行有直接的影响。那么，如何保证锅炉良好地燃烧呢？

【任务分析】

保证锅炉良好地燃烧因素是雾化与配风。良好的雾化质量、适量和适当供风是保证锅炉良好地燃烧先决条件。要真正了解锅炉的燃烧，需要熟悉燃烧设备与系统操作的相关知识。

【相关知识】

影响燃烧质量的因素

燃油的燃烧特点及燃烧过程。燃油的沸点低于其燃点，因而燃油总是先气化，后着火燃烧。要强化油的燃烧过程，首先要强化油的气化过程，因而燃油炉中总是先把油雾化成细小的油滴（粒径约0.1～0.3mm），以增大其蒸发表面积。良好的雾化是燃油完全燃烧的首要条件。油滴受热后，气化为油蒸气，随即与一定数量的空气混合，然后着火燃烧。良好的油气—空气混合是燃油完全燃烧的又一条件。

燃油燃烧之前必须预先加热以降低粘度，便于流动和雾化，燃烧过程是雾化—蒸发—适当配风与油气混合—燃烧并继续配风。燃油燃烧的两个关键问题是雾化与配风。

1. 良好的雾化质量

(1)压力不低于0.7MPa，常用2～3MPa；

(2)粘度不高于5～6°E，最佳为2～3°E；

(3)喷孔直径要小；

(4)油流旋转程度要强。

2. 供风适量和适当

(1)空气过剩系数：燃油在炉膛内燃烧时与空气混合不可能完全均匀，为了使燃油完全燃烧就要向炉膛内多送些空气。平均的实际空气量与理论所需空气量之比称为空气过剩系数。

空气过剩系数是锅炉设计与运行中的重要技术经济指标之一，它的大小与燃料种类、锅炉结构、燃烧方法及锅炉负荷大小有关。过剩空气系数过小，燃料在锅炉中燃烧不完全，烟囱冒黑烟，锅炉效率降低；空气过剩系数过大，炉膛温度降低，影响燃烧，烟气量增多，排烟热损失和引风机电耗都增加。因而应在保证燃烧的前提下，尽量减小过剩空气系数。

通常控制炉膛出口的过剩空气系数在 1.10～1.50 之间。

(2)一次风：风量为 10%～30%，风速为 10～40m/s，防止燃油裂解产生炭黑，保持火焰稳定。

(3)二次风：风量为 70%～90%，风速为 35～60m/s，充分混合完全燃烧，建立回流区稳定火焰。

3. 雾化与配风充分和合适

(1)油气混合充分：气流扩张角小于燃油雾化角；油流和气流反向旋转。

(2)着火前沿合适：油气混合形成的可燃气被点燃后形成的燃烧带称为着火前沿。它一方面要向燃烧器方向扩展；另一方面又随气流向炉膛内流动，当两者速度相等时，着火前沿便稳定在喷油器前方的一定位置。着火前沿如离燃烧器太近，则可能使喷火口和燃烧器过热烧坏；太远又会因气流速度衰减，与油气混合的强烈程度减弱，以致火焰拖长，燃烧不良。

(3)炉膛容积热负荷合适：太高会使油在炉膛停留时间太短而来不及完全燃烧；太低时不能保证炉膛温度而不利于燃烧。

值得注意的是，燃油的蒸发、油蒸气与空气的扩散混合及油气燃烧，几乎是同时进行的。由于油蒸气与氧之间的扩散速度远远低于燃烧的化学反应速度，因而扩散速度决定了燃烧过程的快慢，即燃油的燃烧属于扩散燃烧。如果配风不及时且不充分，燃油的大分子碳氢化合物就会在高温缺氧条件下热裂解，生成炭黑微粒，使锅炉冒黑烟。

燃油的雾化与配风都通过油燃烧器完成。使油雾化的装置叫油喷嘴。因雾化动力的不同，油喷嘴分为机械雾化喷嘴及介质雾化喷嘴两大类。前者依靠喷嘴内的油压使油高速喷出雾化，或通过转杯旋转使油旋转雾化；后者通过带压蒸汽或空气引射带动燃油雾化。配风装置称为配风器，有直流式和旋流式两大类。

【任务实施】

一、燃烧设备与系统

1. 供油系统

锅炉供油系统包括从锅炉日用油柜至锅炉燃烧器的管系及管系中的各种设备。其作用如下：

(1)沉淀：油柜。

(2)切换：换油旋塞。

(3)过滤：粗滤器（防止机械杂质损坏油泵）和细滤器（防止油中析出固体物堵塞雾化片）。

(4)加压：齿轮泵。

(5)加热：加热器。

(6)控制：速闭阀和电磁供油阀。

比较典型的锅炉供油系统如图 6-18 所示。

燃油由燃油泵从日用柜吸出后送至燃油加热器,加热温度由温度调节器控制加热蒸汽流量予以调节(用柴油时可不加热)。燃油预热后再送往喷油器喷入炉膛点火燃烧。部分油液经调节阀流回日用柜。若加热后的燃油温度不符合要求,主电磁阀断电,燃油返回油泵进口(或日用油柜)或循环加热。在紧急情况下可用速闭阀迅速切断供油,该阀也可用钢丝绳在甲板走廊远距离切断燃油。另外,当燃油系统由于某种原因造成油压过高时,燃油即能顶开安全阀溢流至油柜。

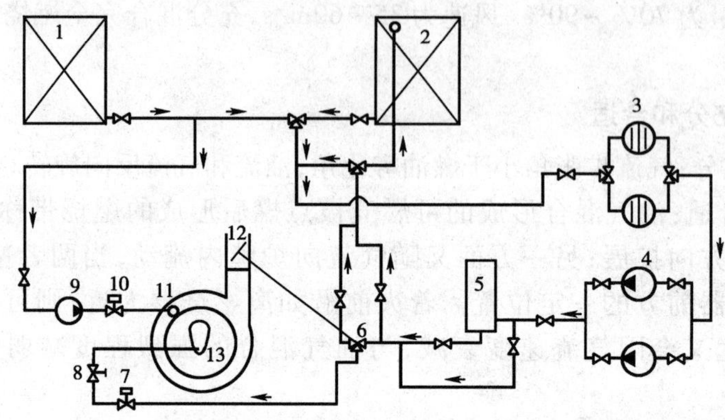

图 6-18 供油系统

1-柴油日用柜;2-重油日用柜;3-滤器,4-燃油泵;5-加热器;6-燃油调节阀;7-主电磁阀;8-速闭阀;9-点火油泵;10-辅电磁阀 11-点火喷油器;12-调节挡板;13-主喷油器

为满足冷炉点火需要,应转换三通阀,使锅炉燃油泵与柴油柜接通。在长时间停炉之前也需改烧柴油,以防停炉后重油在燃油系统管道内凝结,造成下次启动困难。

喷油器的喷油量可通过调节阀的开度调节。该阀由比例调节器根据蒸汽压力自动控制。当蒸汽压力超过额定工作压力时,自动使调节阀开大,回油量增大,喷油量减小;同时联动操作使风道挡板关小,以保证过剩空气系数合适。

点火喷油器的喷油量与最低蒸汽用量相适应。当蒸汽用量少,汽压达到上限时,辅电磁阀开启,点火喷油器开始喷油,由炉内火焰点燃,然后主电磁阀断电,这样炉内可维持始终不断火。当用汽量增加,汽压降到下限时,主电磁阀通电,主喷油器就靠点火喷油器的火焰点燃,然后辅电磁阀关闭,点火喷油器停止工作。只有在完全停炉后重新点火时,才由电火花使点火喷油器点火,这时使用柴油。

2. 喷油器

喷油器有两个作用:一是控制喷入炉内燃油的数量;二是将燃油雾化,保证在炉膛内的燃烧质量。喷油系统的主要设备是喷油器(俗称油枪或油头)。因雾化动力的不同,油喷嘴分为机械雾化喷嘴及介质雾化喷嘴两大类。前者依靠喷嘴内的油压使油高速喷出雾化,或通过转杯旋转使油旋转雾化;后者通过带压蒸汽或空气引射带动燃油雾化。

机械雾化喷嘴常用的有以下几类。

1)压力式喷油器

压力式喷油器的结构如图 6-19 所示。

喷油器的后端有一个接管 5 与输油管相连,其中装有滤网 6,管接头用螺纹连接于空心的喷油器筒体 4 上。后者前端以螺纹连接喷嘴体 3;雾化片 2 被喷嘴帽 1 用螺纹拧紧在喷嘴体上。喷油器头部的喷嘴(包括喷嘴体、雾化片和喷嘴帽)对喷油量的大小和雾化质量的好坏起着决定性的作用。其结构如图 6-20 所示。

另外，一台锅炉常配备有不同规格的雾化片，喷孔直径从 0.5～1.2mm 分为几档，可根据所采用的燃油品种和锅炉蒸发量选用。雾化片的基本特性用标在其上的型号来表示。例如 25～60 号雾化片表示其喷油量为 25kg/h，雾化角为 60°。

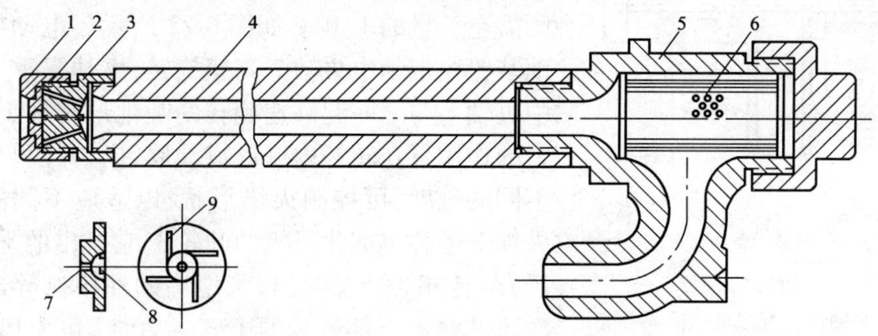

图 6-19　压力式喷油器

1-喷嘴帽；2-雾化片；3-喷嘴体；4-筒体；5-接管；6-滤网；7-喷孔；8-旋涡室；9-切向槽

使用燃油泵把燃油升压后送入喷油器，见图 6-19，使油经喷嘴体上 6～8 个通孔到达前端面的环形浅槽，然后进入雾化片的切向槽 9 和旋涡室 8，形成强烈的旋转运动，再经细小的喷孔 7 雾化后喷出。旋转越强烈，则雾化角越大。

压力式喷油器的喷油量依油压调整，喷油量与油压的平方根和喷孔的截面积成正比，其调节幅度很少超过 2。

压力式喷油器喷油量的调节有两种方法：改变喷油压力；变换使用喷孔直径不同的喷嘴（或喷油器）。

2）回油式喷油器

回油式喷油器是在压力式喷油器的基础进行改进的。其结构如图 6-21 所示。

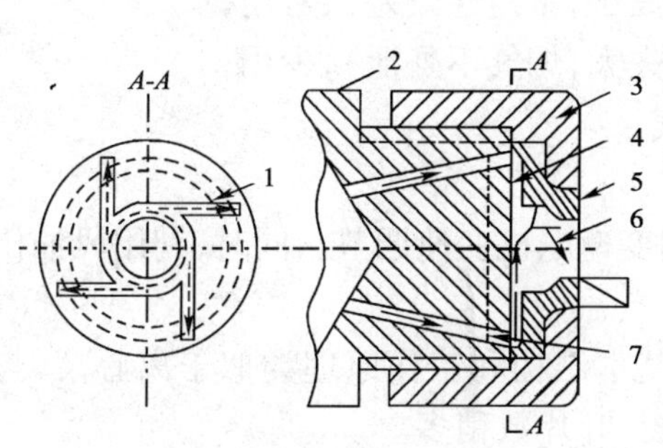

图 6-20　喷嘴

1、4-切向槽；2-喷嘴体；3-喷嘴帽；5-雾化片；6-在油旋转时产生的空气旋涡；7-环形浅槽

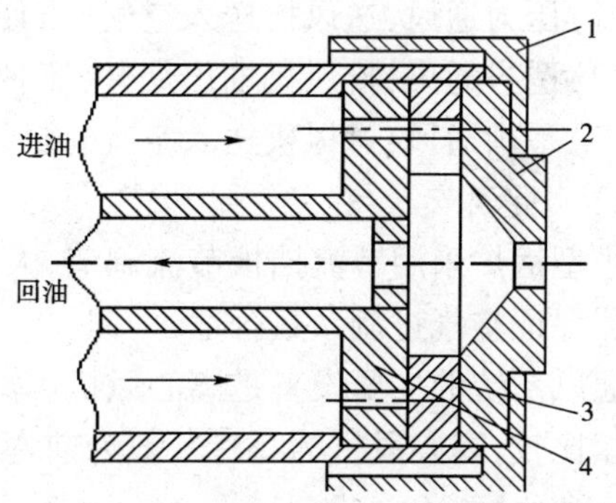

图 6-21　回油式喷油器

1-喷嘴帽；2-雾化片；3-旋流片；4-分油嘴

回油式喷油器主要是由雾化片 2 和旋流片 3、分油嘴 4 和喷嘴座、外周进油管和中间回油管所组成的。工作时，燃油进入喷油器之后，除喷入炉膛之外，部分燃油经回油管路，再循环使用。喷射压力同定时，喷油量由回油压力来控制，回油压力高则喷油量大。其调节比可以达到 3～5。

以上两种用的都是压力喷射原理，喷孔直径和喷油量都不宜过大，一般用于蒸发量不超过 6.5t/h 的小容量锅炉。

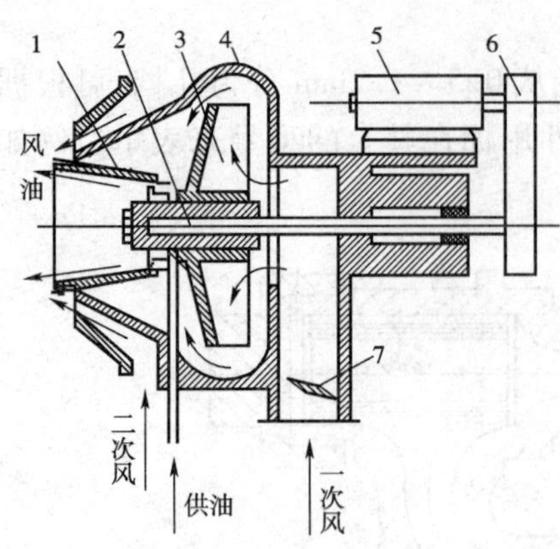

图 6-22　旋杯式喷油器
1-转杯；2-中央轴；3-雾化风机叶轮；4-外壳；5-电动机；6-传动装置；7-一次风

3）旋杯式喷油器

旋杯式喷油器使用高速旋转的圆筒或圆锥形旋转体，将燃油依靠离心力向外呈放射状飞出，在旋转体的周围供给一次风，使飞出的燃油雾化，一次风约占燃烧所需空气量的1/10。如图6-22所示。电动机5通过传动装置6带动中央轴2高速旋转，燃油靠重力流入装在中央轴上与之一起高速旋转的圆锥形转杯1中，在离心力的作用下在转杯内壁形成油膜，向炉膛甩出。转杯有不同的锥度，可控制火焰形状，以适应不同的炉膛。中央轴上还装有雾化风机的叶轮3，它排出的雾化风（一次风）从转杯的外缘吹出，将甩出的油膜撕碎成油雾。一次风量约占全部风量的15%～20%，可由风门7调节。保证燃烧所需氧气的二次风由另外的风机供给。

转杯式喷油器的优点是：

（1）雾化质量好，油雾粒径为30～60μm；

（2）油不通过喷孔之类狭窄流道，对杂质不敏感，可适用劣质燃油和污油；

（3）所需油压低，通常不大于0.2MPa；

（4）改变进油量即可改变喷油量，不会影响雾化角，而且减少进油量则转杯内油膜变薄，雾化更好，调节比可高达5～10。缺点是结构比较复杂，价格较高。这种喷油器喷油量可选范围大，可用于中、小容量锅炉和废油焚烧炉。

3. 通风系统

1）通风方式

（1）压力通风：送风机送入空气（方便，排烟热损失小，密封性较差），常用；

（2）诱导通风：排风机抽出烟气（不便，排烟热损失大，烟气不外泄），少用；

（3）平衡通风：送风机送入空气，排风机抽出烟气。

2）风量调节

小型锅炉采用节流挡板节流调节；大型锅炉采用变速电机变速调节。同时，利用风油比例调节器保证空气过剩系数合适。

通风系统的主要设备是离心风机。离心风机的基本结构和工作原理类似于离心泵，与离心泵相比较，离心风机的叶片一般为前弯叶片，叶片短，叶片数稍多。

4. 配风器

为了保证燃烧质量，空气经过配风系统进入炉膛，被挡风罩或挡风板分为两部分。一部分紧贴着喷油器吹出，称为一次风（根部风）。它的作用是保证油雾一离开喷油器就有一定量的空气与之混合，以减少因缺氧热分解产生炭黑的可能性，并使喷油器得到冷却；另一部分风从喷油器外围进入炉膛，称为二次风。其作用主要是供给燃烧所需的大部分空气。

空气可经配风器的斜向叶片形成与油雾反向旋转的气流，以利于油的蒸发和与空气的混合。旋转气流在离心力作用下向外扩张，形成一定的扩张角。气流旋转越强烈，扩张角越大。这样气流中心便形成低压，吸引炉膛内高温烟气回流，形成回流区。有的小型燃烧器采用圆环形挡风板分隔一、二次风，气流并不旋转，只靠挡风板后形成的低压区造成回流。回流的高温烟气加速了油雾的升温、蒸发、分解和与空气混合，进而着火燃烧。

配风器的作用是分配一次风和二次风，创造条件使助燃空气与油雾充分混合，达到完全燃烧的目的，同时使连续提供的空气不会将喷油器前端的火焰吹熄。

配风器的类型：根据二次风旋转与否分为旋流式和直流式。直流式配风器结构简单，阻力小，在既定风压下二次风的轴向风速更高。

1）旋流式

图6-23所示为叶片固定型旋流式配风器的结构示意图。这种配风器的特点是二次风经固定的斜向叶片1旋转供入，少量的一次风则是经挡风罩3上的风孔供入。用拉杆7移动挡风罩的轴向位置则可调节一次风的风量。

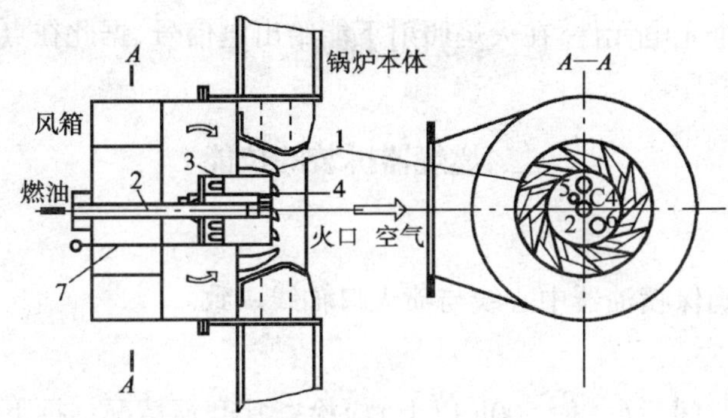

图6-23 旋流式配风器

1-斜向叶片；2-喷油器管架；3-挡风罩；4-电点火器；5-火焰感受器；6-看火口（人工点火孔）；7-拉杆

旋流式配风器也可设计成叶片可调式，其二次风经可调叶片切向旋转供入，调节叶片角度改变通流面积即可改变二次风量。而一次风却是经固定叶片轴向旋转供入。

2）直流式

直流式配风器是指二次风不旋转直接送入燃烧室的配风器。图6-24所示为小型直流式配风器。

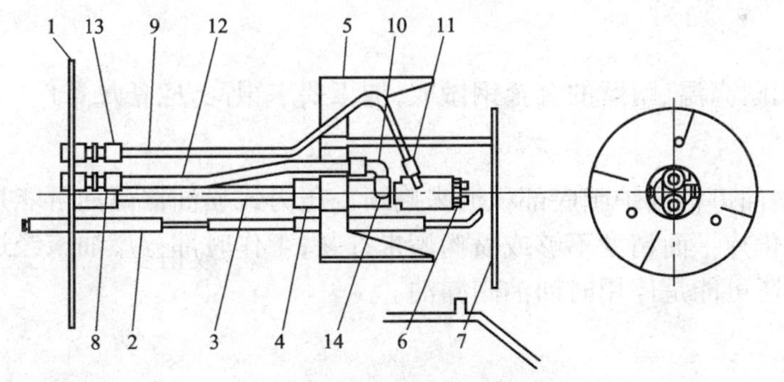

图6-24 直流式配风器

1-燃烧器端板；2-点火电极；3-漏油管；4-喷油器；5-整流格栅；6-喷油嘴；7-挡风板；8、13-直通接头；9-高压供油管；10、11-L形接头；12-循环油管；14-弯头

由通风机送入风道的空气，少部分从挡风板7中央的圆孔吹出，形成一次风；其余大部分从挡风板外缘与调风器罩筒之间的缝隙吹出，形成二次风。挡风板后的低压区形成回流，使着火前沿位置合适。挡风板上开有小孔和径向的缝隙，允许少量空气漏入。大、中型锅炉的布风器一次风旋转、二次风不转，以提高轴向风速。

配风器的设计必须尽量减少风压损失。

5. 点火系统

点火系统包括点火器、变压器、火焰感受器等，目的是点燃油气。

点火器多为电火花发生器。它是由两根耐热铬镁金属丝电极组成的，两极端部离开一定距离（3.5～4mm），当通入5 000～10 000V的高压电时，间隙处便产生电火花。电压越高或铬镁丝直径越细，则两极间的距离可越大。在电点火器通电之后，喷油器开始喷油，电火花即能将油点燃。电点火器所用高压电由点火变压器供给。电点火器顶端发火部分伸至喷油器前方稍偏一些（约2～4mm），并注意防止油雾喷到点火电极上，同时也应防止电火花跳到喷油器和挡风罩上。

火焰感受器是一个光电元件，在火焰照射下能给出电信号，据此在点火失败或工作中熄火时能报警并启动停炉程序。

二、燃烧器拆装的技能

1. 校同心

燃烧器的安装应确保喷油器中心线与喷火口轴线一致。

2. 修磨损

雾化片使用一段时间后（一般500h以上）应检查其磨损情况。拆下喷油器在试验台上检查其喷油量、油雾的雾化角和圆锥变形否。喷油量超过额定值约10%时，应将雾化片更换或研磨减薄，减少切向槽的深度，使喷油量减少。各槽磨损不均匀会使喷出的油雾圆锥形状歪斜。雾化片磨损严重时应予更换。

3. 留间隙

装备多个燃烧器的锅炉，若暂时停用个别燃烧器，为使其配风器导向叶片不致被炉内火焰烤坏变形，风门关闭时应留有一定的间隙(0.5～2 mm)，以便漏入少量空气起冷却作用。如果所有的燃烧器都停用，应关闭全部风门，以防冷空气进入炉内使炽热的炉墙、水管等骤冷而松动。

4. 齐备件

雾化片大多用耐高温、耐磨的合金钢做成，加工要求很高，应备足备件。

5. 防漏油

防止喷油器漏油可根据炉膛底部积油来判断。压力式喷油器漏油可能是因为喷油阀关闭不严，也可能是雾化片平面精度不够或喷嘴帽未拧紧，工作时部分燃油未经过雾化片而直接流出；回油式喷油器还可能是停用时回油阀漏油。

6. 除结焦

防止喷孔结焦可从燃烧火焰不对称或其中有黑色条纹来发现，这时应将喷油器取下，拆出雾化片浸在轻柴油内，待结焦泡软后用硬木片或竹片刮去。不能用刮刀、锯条、钢丝刷等工具清除雾化片上的结焦。

三、主要故障排除的技能

1. 运行中突然熄火（汽压未到上限）

运行中突然熄火的原因可能是：

(1)供油中断；

(2)燃油系统进水；

(3)滤器堵塞；

(4)自动保护起作用(如危险水位,低油压、低风压或火焰感受器失灵等)。

2. 点不着火

点不着火除上述原因外,还可能是:

(1)风量过大；

(2)油温太低；

(3)电点火器发生故障。

3. 回火及爆炸

锅炉在点火或热炉熄火后再点火时,由于炉膛内积存有可燃气体,一旦被点燃,突然急剧燃烧,使火焰从燃烧器或检查孔向外喷出,称为回火;若严重时使烟气挡板飞出或把锅炉外壳炸开,称为爆炸。无论回火或爆炸都可能危及人身安全及引起火灾。如果发生回火及爆炸时,必须立即熄火停炉,详细检查发生的原因;在未将发生原因排除之前,切不要再点火使用。

回火及爆炸的主要原因是:

(1)点火前预扫风和熄火后扫风不充分；

(2)未燃烧时,喷油器继续不断喷油；

(3)烟道设计或构造不良,烟灰或外物堵塞；

(4)突然熄火,企图以热炉膛点火；

(5)点火时喷油量急速增大；

(6)风门过分关小；

(7)助燃空气量供应不足。

4. 锅炉喘振(炉吼)

炉膛或烟道中发生连续的振动,发出类似机枪或飞机起飞时的轰叫声,称为炉吼。这主要是因为燃烧不稳定,导致炉膛内压力波动。

锅炉喘振的主要原因有:

(1)供油压力波动,或燃油雾化不良,大油滴滞燃；

(2)风量不足或风压波动。

【知识链接与技能拓展】

蒸汽式喷油器

蒸汽式也叫气流式,这种喷油器工作原理相当于喷射器。工作时蒸汽从气孔中高速喷出,与从油孔中流出的燃油高速撞击,将油粉碎成细小的油滴,达到良好雾化的目的。

这种喷油器优点很多:结构简单;雾化质量好,平均油滴雾化粒径为50μm;改变进油量即可改变喷油量,不影响雾化质量和雾化角,低负荷也能适应低氧燃烧,分段供风(可配置二次风、三次风)调节比可高达10~20;所需油压较高,一般为0.7~2.1MPa。冷炉点火时可用压缩空气代替蒸汽。其工作气压为0.6~1.0MPa,耗气量仅为燃油量的2%左右。缺点是噪声较大。

蒸汽式喷油器喷油量大，主要用于大、中容量锅炉，通常同时配用压力式点火喷油器。因雾化质量好，且不受油量调节影响，低负荷也可采用较低的过剩空气系数，特别适合要求由烟气提供低氧惰性气体的油船。它对气体和液体燃料都可适用，很适合天然气船和液化气船。

蒸汽式喷油器可分为内部混合式（蒸汽与燃油在喷油器内部的混合室中混合）和外部混合式（蒸汽与燃油在喷油嘴的喷嘴处才开始混合）两种。图6-25所示为外部混合式喷油器。

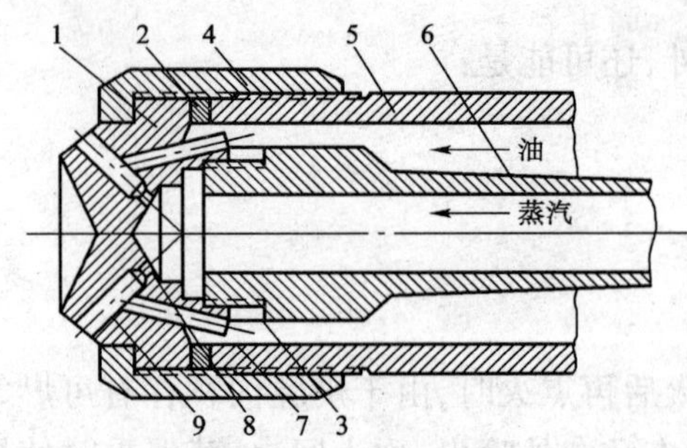

图6-25　蒸汽式喷油器

1-喷嘴头部；2、3-垫圈；4-螺母；5-外管；6-内管；7-油孔；8-蒸汽孔；9-混合孔

思考与练习

1. 怎样保证良好的燃烧质量？
2. 一次风和二次风分配不当对燃烧有什么影响？
3. 试述旋流式和直流式配风器特点和应用。
4. 锅炉点不着火的原因有哪些？
5. 船用辅助锅炉突然熄火的原因有哪些？

任务4　辅助锅炉汽水系统与附件的操作

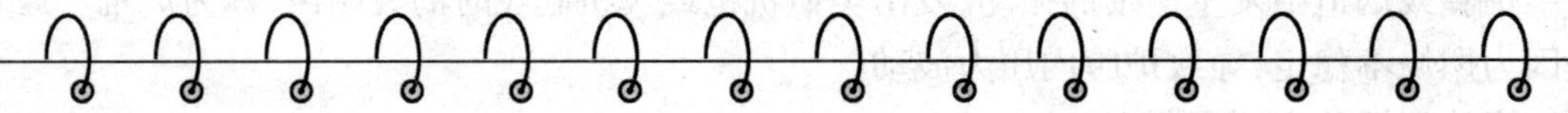

教学目标

◎能力目标：(1)具备正确操作汽水系统的能力；(2)具备辅助锅炉排污操作的技能。

◎知识目标：(1)具有炉水化验的一般知识；(2)掌握汽水系统的基本知识。

◎情感目标：(1)严谨细实的工作态度；(2)良好的职业道德意识；(3)创新的意识和创新精神；(4)优良的学风和团队协作精神。

【任务引入】

锅炉和废气锅炉其在工作过程中，所产生的蒸汽如何输送？凝水又是如何回收？锅炉汽水系统是如何工作的？在操作锅炉汽水系统时又要注意哪些问题呢？

【任务分析】

锅炉和废气锅炉所产生的蒸汽是通过管道输送至各处，绝大部分蒸汽工作之后凝结成水，由凝水系统流回热水井，再由给水泵经给水系统送回锅炉；当然，为更好地掌握锅炉的应用技能,需要熟悉锅炉汽水系统的相关知识。

【相关知识】

锅炉水质化验

1. 盐度的测定

以测定氯离子浓度代替。

(1)取测完碱度的溶液25mL于三角瓶中,加10%铬酸钾指示剂2~3滴,溶液呈黄色。

(2)用0.0855N硝酸银标准液滴定至砖红色为止。

(3)记录硝酸银标准液消耗的毫升数x,含盐量即为$200x$mg/L(NaCl)。

2. 碱度的测定

(1)量取50mL炉水置于三角瓶中。

(2)加入1~4滴1%酚酞指示剂,溶液呈红色。

(3)用0.05N硝酸标准液滴入溶液,至溶液恰好变成无色为止。

(4)记录所消耗的0.05N硝酸标准液的毫升数x,酚酞碱度即为x毫克当量/L。

(5)在滴定过酚酞碱度的水样中,再加入2滴1%甲基橙指示剂,溶液呈橙黄色。继续用0.05N硝酸标准液滴定溶液转变为橙红色为止。

(6)记录再次所消耗的0.05N硝酸标准液的毫升数y,甲基橙碱度即为y毫克当量/L。

(7)总碱度:酚酞碱度x+甲基橙碱度y。

3. 硬度的测定

推荐用EDTA(特利隆)滴定法。

(1)量取50mL水样,加入与测酚酞碱度时所用同量的硝酸(0.05N),使水呈中性(但不加入酚酞)。

(2)再加2.5mL氨缓冲液使水呈碱性(相当于pH=10)。

(3)加0.5%铬黑蓝指示剂3~4滴,水呈葡萄酒红色。

(4)在不断摇动下,用0.05N EDTA标准溶液滴定,至溶液由葡萄酒红色转变为蓝色为止。

(5)记录FDTA标准液消耗的毫升数x,硬度即为x毫克当量/L。

4. 磷酸根含量的测定

(1)取10mL炉水水样于有刻度的比色管中(若水混浊应过滤)。

(2)加6mL黄色试剂(钼酸),摇匀,放置2min。

(3)缓慢加白色试剂(氯化亚锡)4mL,摇匀。

(4)与标准色阶比较颜色(蓝色)深浅,判断其磷酸根含量。若比色管中溶液无色,则说明水中无磷酸根存在。

【任务实施】

一、锅炉的蒸汽、给水、凝水和排污系统

图6-26所示为某柴油机船的蒸汽、凝水、给水和排污系统。现说明该锅炉汽水系统的组成和工作情况。

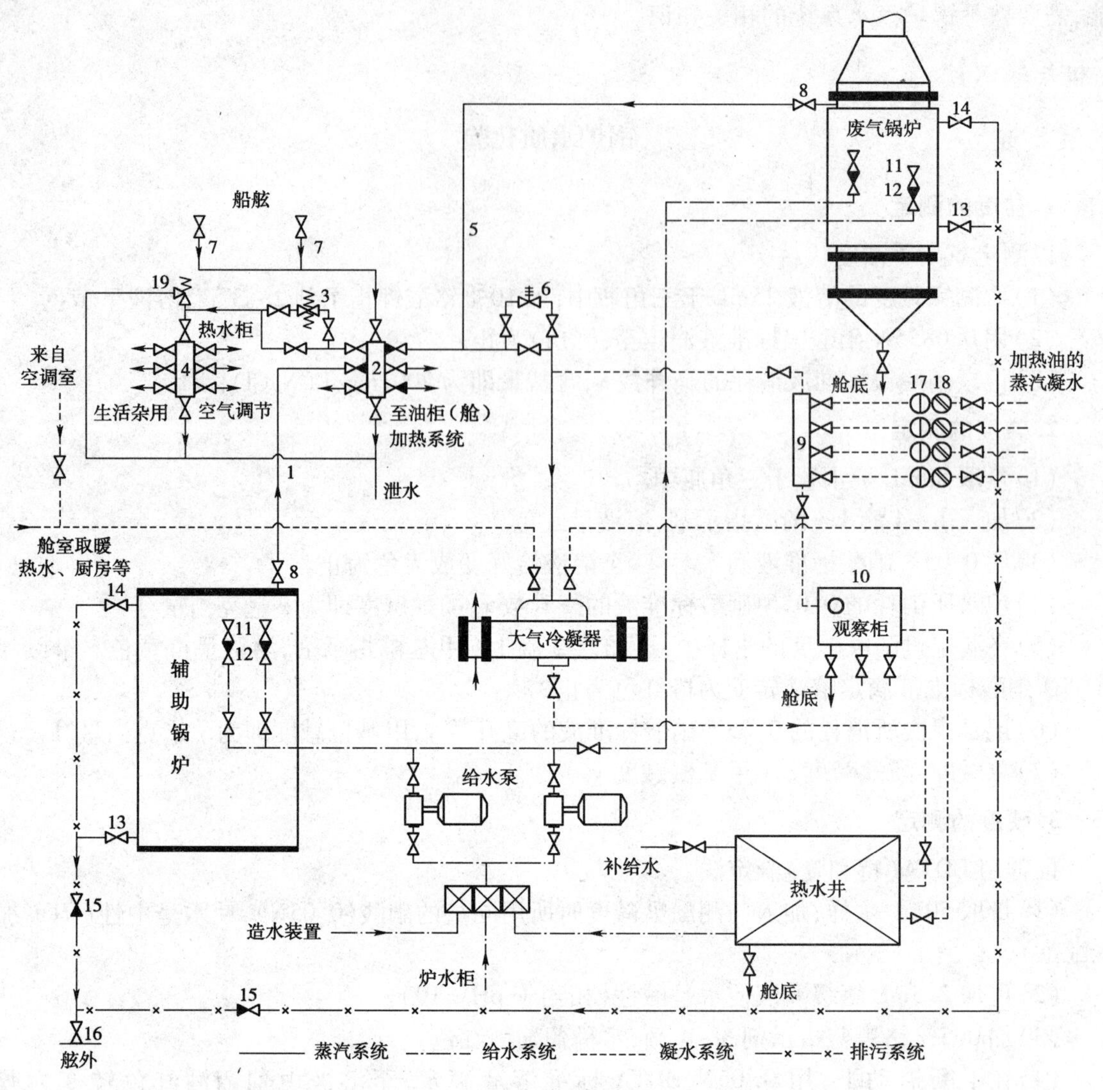

图6-26　辅锅炉与废气锅炉的汽水系统图

1-燃油锅炉蒸汽管;2-蒸汽总分配联箱;3-减压阀;4-低压蒸汽分配联箱;5-废气锅炉蒸汽管;6-蒸汽压力调节阀;7-接岸供汽窗;8-停汽阀;9-凝水回流联箱;10-凝水观察柜;11-给水截止阀;12-给水截止止回阀;13-底部排污阀;14-表面排污阀;15-止回阀;16-舷旁排污阀;17-阻汽器;18-滤器;19-安全阀

1.蒸汽系统

蒸汽系统的任务是将锅炉产生的蒸汽按不同压力的需要,送至各用汽设备。燃油辅锅炉和废气锅炉所产生的蒸汽,通过各自顶部的停汽阀 8 沿蒸汽管 1 和 5 汇集于蒸汽总分配联箱 2。在停汽阀到总蒸汽分配联箱之间设有一个单向阀。经此总联箱,一部分蒸汽送至油舱加热蒸汽分配联箱,然后分送至各油舱、油柜供加热之用。另一部分蒸汽则经减压阀 3 减压后,送至低压蒸汽分配联箱 4,然后送至空调装置等供加热及供其他生活杂用。

在废气锅炉与总蒸汽分配联箱之间的蒸汽管 5 上,设有蒸汽压力调节阀 6,在废气锅炉供大于求时,会经其向冷凝器泄放多余蒸汽。在蒸汽分配联箱上尚接有接岸供汽管 7 开大,与位于上甲板左、右舷的标准接头相通,以备修船时若锅炉停炉,可由岸上或其他船舶供汽。蒸汽分配联箱底部装有泄水管,用以在刚开始供汽暖管时放出凝结水,以免通汽时在管道中产生水击。

2. 凝水系统

凝水系统的任务是回收各处的蒸汽凝水,并防止混入水中的油污进入锅炉。供各处加热油、水和空气的蒸汽,在加热管中放出热量后凝结成水,并经各加热设备回水管的阻汽器(图6-27)流回。但因为阻汽器总会有一部分蒸汽漏过,并且当凝水流出阻汽器时,因压力降低,也可能产生二次蒸汽,所以换水在进入热水井前先经大气式冷凝器冷却,使其中的蒸汽凝结,然后才流回热水井。

在加热油的蒸汽的凝水中,万一因加热管或接头不严而有油漏入,可能会把油带进锅炉中。炉水中有油对锅炉是很危险的,因为导热性很差的油会粘附在锅炉受热面上或渗入水垢中,妨碍炉水对受热面的有效冷却,致使受热面管子变形或爆裂。火管锅炉的炉胆变形和烧塌,多半是因内壁粘附油污所造成的。为了尽量减少油污进入锅炉的可能性,应使加热油舱(柜)的蒸汽凝水首先进入观察柜10。通过观察柜的玻璃窗若发现观察柜中水面有油,则需将回水放入舱底,待查明原因予以消除之后,重新清洗观察柜,才允许新的干净凝水进入热水井。

3. 给水系统

给水系统的任务是向锅炉供给足够数量和品质符合要求的给水。为了可靠起见,每台锅炉都要有两条给水管,其中一条作为备用。每条给水管紧靠锅炉处装有一个截止阀11和一个截止止回阀12。截止阀必须装在锅炉与截止止回阀之间,以便在修理给水管路和设备时将锅炉隔断。其安装方向应注意能在必要时将其关闭更换网杆填料,而炉水不致溢出。不允许用此间对给水量进行节流调节,以免阀盘遭水流冲蚀而关闭不严。装设截止止回阀的目的是为了防止给水泵不工作时,炉水沿给水管流出炉外;当同时向两台锅炉并联供水时,它还可以用来调节两台锅炉间的给水量分配。

给水的温度较低,若进入锅炉后聚集在某一角落或直接与受热面接触,会使该处产生较大热应力,所以锅筒内皆设有内给水管。内给水管是一根在下半圆处开有很多小孔的水平管,位于锅炉工作水面之下。通过内给水管补水可以达到均匀分布的目的。

锅炉给水泵从热水井吸水,通过给水管路向燃油辅锅炉或废气锅炉供水。给水泵通常设有两台以上,以供备用。柴油机干货船辅锅炉的蒸发量较小,大多采用电动旋涡泵作为给水泵,而且都采用间断供水的方式。蒸发量大的锅炉可选多级离心泵为给水泵,可节流调节,连续供水。不论采用哪种供水方式,每小时供入锅炉内的给水量和从各处流回的凝水量也常是不平衡的,所以凝水管路和给水管之间要有热水井作为缓冲的存水容器。热水井有过滤水中固体杂质和油污、加入补充水和投放炉水处理药剂等用途。

热水井的结构见图6-28。如图中箭头所示,水经过过滤匣1(内装丝瓜筋)、过滤篮2(内装丝瓜筋或焦炭)和裹以毛巾布的许多过滤筒3等三道过滤吸附设备。在各分隔空间,水均是从底部流入,使油污容易漂在水面上不被带到后面去。焦炭、丝瓜筋和毛巾布对油污的粘附能力有限,当粘附至一定量时即失去过滤吸附作用,需定期清洗和更换。

在蒸汽仅供加热而不驱动蒸汽辅机的船上,由于不存在凝水经常带进油可能,有的热水井已取消了过滤吸附材料,但仍分隔为多部分,以供观察监视漏油事故。

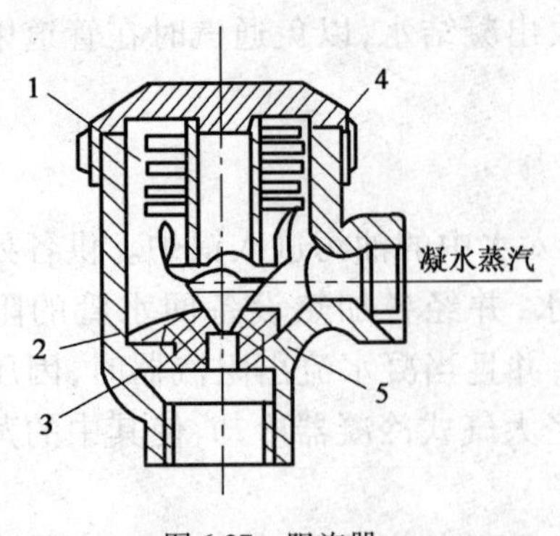

图 6-27 阻汽器

1-波纹管;2-阀;3-阀座;4-调节压盖螺母;5-阀体

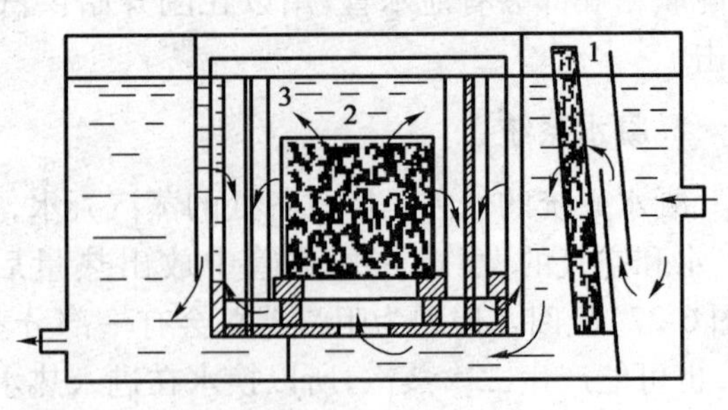

图 6-28 热水井示意图

1-过滤匣;2-过滤篮;3-过滤筒

4. 排污系统

锅炉工作一段时间之后底部可能聚集泥渣,投放除垢药物后也会产生沉淀物,因此在锅炉底部需装设底部排污阀 13(图 6-26),以便定期进行下排污将它们排除。同时,若发现炉水碱度、含盐量过高,或者漂浮在水面上的油污、泡沫和悬浮物太多,则可通过锅筒上部的表面排污阀 14 进行上排污。

在高于锅筒最低水位 25mm 至低于正常水位 25mm 的范围内,设有上排污漏斗,表面排污时,水经其沿内部接管和表面排污阀泄出。在进行表面排污时,先将炉水加至接近最高水位再开始排污,当水位降至浮渣盘高度时即停止排污。如认为一次排出的水量不够,可再重复上述操作。排污时应密切注意水位的变化。表面排污可在需要时(含盐量高、碱度太大、汽水共腾、炉水进油或大修后初次使用等)随时进行,但一般应在投药前进行,以免药物在起作用前损失。排污的水量和次数视炉水化验结果而定。当含盐量太高靠表面排污难以降到符合要求时,必须停炉换水。

底部排污可定期在投放除垢药物后过一段时间进行。通常要求在熄火后半小时或锅炉负荷较低,锅筒压力降至 0.4 ~ 0.5MPa 时进行,因为此时炉水比较平静,有更多的泥渣沉积在底部。水管锅炉为防止从底部放走大量炉水破坏正常的水循环,所以不允许在锅炉正常工作时进行底部排污。底部排污应在水位较高时开始,并严密注意水位变化,谨防失水。每次排污时间不能过长,一般来说,阀全开时间不超过 30s,每次排污量可按 1/3 ~ 1/2 水位表高度考虑。废气锅炉也要进行排污(除强制循环水管锅炉外)。

排污阀的通径应为 20 ~ 40mm。如需调节排污流量,应在管道上另装一调节阀。在开阀时,应先全开排污阀,后开调节阀;关闭时,先关调节阀,再关排污阀,以防排污阀遭水流冲蚀损害其密封性。排污管汇集于排污总管,经舷旁通海阀通至舷外。在排污总管上设有止回阀 15,以免锅炉中无压力时,海水倒灌入锅炉中。排污时,应先打开舷旁通海阀 16,以防开启排污阀时管内发生水击。

二、辅助锅炉排污操作

1. 步骤

开始步骤:先开通海阀,接着全开排污阀,最后慢开调节阀。

结束步骤:先关通海阀,接着关闭调节阀,最后关闭排污阀。

2. 上排污

(1)投药之前,运行中随时进行;

(2)加水至最高位;

(3)小开阀门。

3. 下排污

(1)熄火后半小时或锅炉负荷较低,锅筒压力降至0.4~0.5MPa时进行;

(2)大开阀门;

(3)每次排污阀开启时间不超过30s,排污量为水位计的1/3~1/2高。

【知识链接与技能拓展】

一、水质控制

1. 目的

(1)使炉水保持合格的盐度、碱度、硬度;

(2)防止锅炉汽水共腾、金属腐蚀、产生水垢;

(3)保证锅炉工作的安全可靠性和使用经济性。

2. 取样

(1)投药4h后;

(2)取样阀放水2~3min;

(3)用蒸馏水洗净的加盖器皿从锅炉取样阀经过冷却器冷却取水样;

(4)取样后应将容器加盖冷却至30~40℃。

3. 测定要求

蒸发量大、工作压力高的锅炉应每天化验一次炉水,检查以便控制上述各项指标在要求范围内;蒸发量小、工作压力低的辅锅炉可2~3天化验一次。

4. 处理

(1)炉外水处理

①电渗析器:利用电场作用,离子渗透过选择性的离子交换膜,淡化或浓缩离子含量;

②阳离子交换器:利用离子反应、中和反应以及交换剂的吸附作用消除有害离子;

③磁性水改器:对炉水磁化(磁力线改变钙、镁盐晶体结构),防止结垢,脱除旧垢。

(2)炉内水处理

①上排污,降低盐度(蒸发水面的盐度最大);

②加药剂 $Na_3PO_4 \cdot 12H_2O$ 或 Na_2CO_3,产生合适的碱度(pH=10~12);

③加药剂 $Na_3PO_4 \cdot 12H_2O$ 或 $Na_2HPO_4 \cdot 12H_2O$,降低硬度;

④下排污,除垢;

⑤补水。

锅炉用水的水质指标一般以2000年交通部颁布的《船用锅炉水质技术条件》(JT/T 424—2000)中规定的水质为标准。其中低压锅炉盐度放宽至700~1 000mg/L(NaCl),但大多数公司在超过400mg/L(NaCl)即要求排污。

5. 炉水处理剂

(1)磷酸三钠:能将形成硬度的钙、镁盐沉淀为松软泥渣,是目前最佳软化水的药剂;

(2)磷酸氢二钠:在碱度达标硬度不达标时使用,或碱度太大时代替部分磷酸三钠;

(3)碳酸钠:能除去部分硬度;

(4)氢氧化钠:防止腐蚀;

(5)亚硫酸钠:能吸收水中溶解氧,防止锅炉腐蚀;

(6)丹宁:减少锅内水面泡沫,防止汽水共腾,也是一种防垢剂;

(7)联氨(N_2H_4):有极强的还原性。但太多会对铜有腐蚀作用;

(8)液体阿摩尼亚(NH_3):防止给水与凝水系统中的腐蚀;

(9)拷胶:30% ~35% 的磷酸三钠(或磷酸氢二钠) +65% ~70% 的丹宁。

二、预防水击事故的技能

水在管道中流动时,因速度突然变化导致压力突然变化,形成压力波并在管道中传播的现象,叫水击。发生水击时,管道承受的压力骤然升高,发生猛烈振动并发出巨大声响,常常造成管道、法兰、阀门等的损坏。

锅炉中易于产生水击的部位有:给水管道、省煤器、过热器、锅筒等。

给水管道的水击常常是由于管道阀门关闭或开启过快造成的。比如阀门突然关闭,高速流动的水突然受阻,其动压在瞬时间转变为静压,造成对阀门、管道的强烈冲击。

省煤器管道的水击分两种情况:一种是省煤器内部分水变成了蒸汽,蒸汽与温度较低的(未饱和)水相遇时,水将蒸汽冷凝,原蒸汽区压力降低,使水速突然发生变化并造成水击;另一种则和给水管道的水击相同,是由阀门的突然启闭所造成的。

过热器管道的水击常发生在满水或汽水共腾事故中,在暖管时也可能出现。造成水击的原因是蒸汽管道中出现了水,水使部分蒸汽降温甚至冷凝,形成压力降低区,蒸汽携水向压力降低区流动,使水速突然变化而产生水击。

锅筒的水击也有两种情况:一是上锅筒内水位低于给水管出口而给水温度又较低时,大量低温进水造成蒸汽凝结,使压力降低而导致水击;二是下锅筒内采用蒸汽加热时,进汽速度太快,蒸汽迅速冷凝形成低压区,造成水击。

为了预防水击事故,给水管道和省煤器管道的阀门启闭不应过于频繁,启闭速度要缓慢;对可分式省煤器的出口水温要严格控制,使之低于同压力下的饱和温度40℃;防止满水和汽水共腾事故,暖管之前应彻底疏水;上锅筒进水速度应缓慢,下锅筒进汽速度也应缓慢。

发生水击时,除立即采取措施使之消除外,还应认真检查管道、阀门、法兰、支撑等,如无异常情况,才能使锅炉继续运行。

思考与练习

1. 炉水化验和处理的目的是什么?

2. 为什么水管锅炉不允许在锅炉正常工作时进行底部排污?

3. 试述热水井的作用。

4. 什么是锅炉的水击现象? 有何危害?

任务5　辅助锅炉安装调试与故障排除

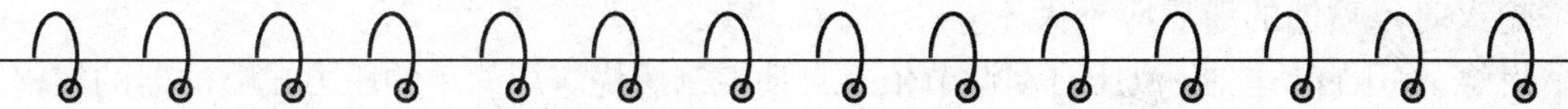

教学目标

◎ **能力目标**:(1)具备进行辅助锅炉安装与调试的能力;(2)具有辅助锅炉日常操作管理能力;(3)具备辅助锅炉故障分析与排除的基本能力。

◎ **知识目标**:(1)熟悉辅助锅炉自动控制基本知识;(2)了解辅助锅炉停用保养常识;(3)了解辅助锅炉清洗与检验知识。

◎ **情感目标**:(1)严谨细实的工作态度;(2)良好的职业道德意识;(3)创新的意识和创新精神;(4)优良的学风和团队协作精神。

【任务引入】

在修造船过程中,辅助锅炉安装与调试是其重要的工作内容,而如何进行操作管理,怎样进行故障分析与排除也是十分重要的,那么,该如何做好这些工作呢?

【任务分析】

为更好地掌握辅助锅炉安装调试、操作管理和故障排除能力,除了掌握前述的知识的技能外,还需要熟悉辅助锅炉自动控制、保养、清洗和检验等方面的知识。

【相关知识】

一、辅助锅炉自动控制

辅助锅炉自动控制装置能在安全可靠的情况下,保持锅炉蒸汽的压力、温度及水位稳定不变。如果锅炉负荷改变,自动控制装置立即发出经过处理的信号,借压缩空气、油压、电力或连动机构,迅速有效地改变锅炉燃油供应量、助燃空气量、给水量,维持原设定的参数。自动控制装置必须迅速、有效、可靠,而且在发生任何不正常现象时,都可以发出警报及自动改正或熄火,避免人为的延迟或错误。

1. 点火、燃烧、汽压的自动控制

(1)原理:以蒸汽压力为信号,双位(点火、熄火)控制与比例(风油比例供给)调节相结合。

(2)过程:程序控制热态点火和燃烧。

辅助锅炉的程序控制是指在既定的操作指令下,按照预定的操作程序能自动地完成某一操作过程。主要是程序启动和停止,通常采用电气程序控制。

点火自动控制:应满足以下条件:接通电源,开关处于“自动”位;初用或故障后按“复位”开关;水位正常;汽压低于停止值。

①预扫风:风机和油泵同时启动,燃油循环而不喷,风门全开预扫风,时间应足以保证炉膛4次换气。

②点火:点火变压器通电点火,然后燃油电磁阀动作喷油开始,点火期间风门关小,点着后

开大风门。

③检查火焰:电点火 5 ~ 10s 后点火变压器失电停止点火。火焰监测器测到火焰则正常燃烧;测不到火焰则报警并开始自动停炉程序。规范规定若点火失败喷油持续时间不大于 15s;故障熄火时停喷油的滞后应不大于 6s。

燃烧、汽压自动控制:汽压自动调节依靠自动控制燃烧。用简单的压力式喷油器的辅锅炉多采用双位或多位控制;用回油式、旋杯式或蒸汽式喷油器的辅锅炉的燃烧控制多采用比例控制。此外,当汽压低于较低的调定值时会报警;而高于某调定值时先是蒸汽管路的压力调节阀开启向冷凝器溢流;更高则报警;再高则自动熄火停炉;若以上措施未奏效安全阀会达到开启压力。

2. 熄火的自动控制

(1)原理:以蒸汽压力(正常)、火焰(非正常)为信号,切断燃油供应;

(2)过程:程序控制热态熄火。

①风机和油泵继续运行,燃油电磁阀动作停止喷油,风门关小后扫风;

②后扫风完后油泵和风机断电;

③程序马达转至 0 位失电。

3. 水位的自动控制

(1)原理:以机械位置/导电性为信号,双位控制给水泵的运转;

(2)过程:辅锅炉大多采用双位控制(水位下限时给水泵启动补水;水位上限时给水泵停止补水),油轮辅锅炉有采用比例控制的。控制可用:浮子式水位开关、电极式水位调节、压力式水位继电器。若给水泵故障水位降至最低工作水位以下备用泵会自动启动;降至更低水位则会报警;若再降至更低的危险水位,则在报警同时熄火停炉。水位至最高工作水位以上会报警,也有的在更高水位能自动熄火停炉。

二、辅助锅炉停用保养

停用封存锅炉保养的目的是不使锅炉内的空气(氧)与水同时存在,以防氧化腐蚀。

1. 干燥保养

干燥保养分为普通密闭保养和干燥剂密闭保养两种。普通密闭保养可维持 2 ~ 3 个月。方法是将锅炉内部清洁并吹干,将人孔盖和联箱的手孔盖密封前,放置燃烧中的木炭,并立即封闭人孔盖和手孔盖,燃烧中的木炭消耗锅炉内的氧气,并保持干燥,所有与外界连接的阀门、管路等必须密封,切勿使空气漏入。使用干燥剂密闭保养可以维持半年以上。若用无水氯化钙,用量约为 $1kg/m^3$;或用硅胶,用量为 $4kg/m^3$。干燥剂应盛在开口容器内,不得与锅炉钢板直接接触,因为有的干燥剂吸湿后对钢板有腐蚀作用。

2. 满水保养

满水保养的目的是避免空气存在而产生氧化腐蚀。

满水保养时应打开锅炉上的空气阀,向锅炉(包括经济器、过热器)泵送加碱性药物的蒸馏水或冷凝水。为了使药剂混合均匀和排除水中的氧,水加满前点燃一个燃烧器,将炉水加热至沸腾,使水中溶解的氧气量减少,同时利用产生的蒸汽将锅炉中的空气从空气阀驱出。待空气驱尽,空气阀中连续冒出蒸汽时熄火,然后用给水泵将水加满,再关闭空气阀,在锅炉中建立 0.3 ~ 0.5MPa 的水压。炉水冷却后,压力可降至 0.18 ~ 0.35MPa,能保证空气不漏入锅炉内。

碱性药剂可用氢氧化钠和碳酸钠，保持碱度为300ppm（NaOH），相当于$7.5N\times10^3$；也可用磷酸钠，使炉水的磷酸根含量保持在100～200mg/L。磷酸钠最好在水垢已经清除的条件下使用，否则它会与水垢反应使炉水充满悬浮的泥渣，并且使磷酸根含量下降。

如果满水保养已超过一个月仍需延长，可放掉部分水再加热驱氧，然后重新补水。补水前可化验炉水碱度或磷酸根含量，决定补水时是否要加药。

满水保养在冬季或寒冷地区可能发生冻裂的危险，所以此时应当放弃而改用干燥保养。使用满水保养时，需要特别注意防止各接头及阀门等处漏水。附有过热器的锅炉，过热器中也应当同时作满水保养。

【任务实施】

一、辅助锅炉安装要点

（1）炉体的基座平面要平直，且保持水平状态。安装炉体与基座应确保接触良好，连接牢固，且炉体不发生歪斜现象。

（2）锅炉上安装的阀件，无论是给水、排污、蒸汽和放泄阀等，都必须是阀件的进口侧在锅炉侧，而出口侧指向炉外，以保证所有阀关闭时炉内水汽基本与外界隔绝。

（3）凡是与锅炉体连接的阀件、管子连接法兰及其他附件，其连接表面必须平直、整洁，以保证各连接件都有可靠的密封性。连接面间的垫片，一律采用耐高温石棉纸板制作。垫片及螺纹表面应涂有石墨剂的润滑油，以方便拆装。

（4）与锅炉本体相连的螺丝，不可一次拧紧，待锅炉升温后再依次上紧。

（5）在安装本体上的附件时，应确保接口清洁，防止任何杂物进入炉内。安装结束时应通过人孔、平孔清理和检查，防止阻塞通道。

（6）燃油和给水系统的附件、阀件及管路安装时必须清洁，防止工作时阻塞。

二、辅助锅炉调试要点

（1）锅炉水密性试验。使用的锅炉在每次大修后，或在检验时发现有必要，以及经过长期停用，都要进行水压试验。试验压力为1.25倍设计压力（必要时）和1.5倍设计压力（大修后）。水压试验时安全阀要用专用夹具锁紧，并取下所有不能承受超压的零件和仪表。试验前先打开空气阀，用手摇泵向锅筒内充水，检查确认排污阀和泄放阀无泄漏。待空气阀溢水后将其关闭，再分数次加压至试验压力，保压5min，如果压力不下降则为合格。

（2）锅炉给水系统试验。其试验内容包括：①水泵运转试验，以确认转向正确、运转正常；②给水系统畅通试验，以确保水泵吸水、排水及进入炉内均畅通无阻；③给水泵的安全阀开启压力调整；④锅炉自动给水的最高、最低工作水位调整；⑤锅炉最低危险水位报警的调整。

（3）锅炉燃烧系统试验。主要内容有：①燃油泵及风机的运转试验，以确认转向正确且运转；②运转燃油系统畅通试验，把溢流阀（安全阀）调到规定压力，同时检查管路各连接件和附件的漏泄情况，并排除；③把喷油嘴放在油盘内，手工操作燃油系统，检查雾化质量和电磁阀的动作；④手工操作电点火开关，检查电火花跳动的正确性和连续性；⑤用手电筒照射光敏电阻的效应及其电控动作的正确性。

（4）配合和协助作电气控制系统的模拟动作调试，确保动作时间和程序正确。

（5）安全阀试验。首先必须检查锅炉蒸汽压力表指示的正确性。待锅炉正常升压后作安全阀起跳试验:①起跳压力应在规定范围内;②关闭压力应在允许范围内;③锅炉在无供汽、炉内最大燃烧强度下,火管锅炉在15min内,水管锅炉在7min内汽压升高量额定工作汽压的10%。如锅炉上装有两只安全阀,调试中可分别进行,力求同时启闭。

(6)汽压比例调节装置试验。主要有比例操作器动作是否正确,根据火焰及烟色来调整风油比例连接杆的相对位置,以确保燃烧良好。

(7)各警报讯号装置效用试验。在锅炉上作水位过低、突然熄火、点火失效等动作时,警铃、红灯警报应正常发出。

(8)锅炉自动运行试验。经调整试验,确保锅炉汽压低压时自动点火、高压时自动熄火。

三、辅助锅炉操作要点

1.点火前的准备

锅炉冷炉点火前应做好以下工作:

(1)点火前,应仔细检查锅炉本体各部分受热面及炉膛内的砖墙等是否完好无损,各有关设备和自动控制系统工作是否正常,炉舱中的防火设备是否齐全并处于备用状态。确认上述一切正常之后才能上水。

(2)上水之前,要检查水舱中水的质量,使炉水符合规定标准。上水的水温与汽包壁面温度之差不宜超过60℃,最大不超过90℃。在热炉点火时不要向炉中加入大量冷水,以免产生过大的温差应力和引起管子松动漏泄。

(3)在上水时,最好先、后使用两套给水系统,以确认它们的工作均正常。烟管锅炉,应上水至水位计的高水位,以使在升汽后通过底部排污,分数次将位于锅炉底部温度较低的炉水放掉,促使整个锅炉的温度均匀。水管锅炉,上水至水位计的低水位,因产生蒸汽后,炉水产生气泡而膨胀,使锅筒内水位上涨。对装有经济器的锅炉,上水时经济器应充满水并保持畅通,以免点火后它处于干烧或由于水受热膨胀而遭到破坏。

(4)上水时,应查看水位计是否完好无损,表面是否清晰透明。在船舶无倾斜的状态下,两只水位计的水位高度应一致。上水结束后要观察半小时,只有水位不变,才能确认各承压部件没有发生泄漏。

(5)点火前,应检查日用油柜油量和温度是否已加热至符合要求,并开泄放阀泄放残水。同时确认燃油系统中的各种设备均处于适用状态。点火前还应先关闭停汽阀后再打开1/4转,防止受热后咬住。

2.点火升汽

(1)在开始点火前,先预扫风5min以上,将炉内积存的油气彻底吹净。如果点火失败,再次点火前仍要进行预扫风至少3min。当多次点火失败时,应查明原因排除故障后再点火。万一发生爆炸回火,应立即关闭燃油速闭阀并停油泵,以防酿成火灾。

(2)点火成功后应检查燃烧情况。开始时有可能因炉温低而稍冒黑烟,但随着炉温升高,燃烧即可正常。

(3)汽压开始产生后,应关闭汽包上的空气阀。待汽压逐渐上升,锅炉由冷态进入热态后,汽压未达到0.5MPa以前,对停炉时曾拆卸过的人孔和手孔门螺栓及其他紧固螺栓均应再次旋紧。

(4)在点火升汽过程中,随时注意水位的变化,以防因底部排污阀或给水阀泄漏而失水。

在升汽过程中应冲洗水位计数次,使水位计逐渐加热,也可防止水位计堵塞。

(5)点火开始阶段,水循环不好,燃烧强度不能过大。加热到炉水经沸腾,水循环加强,锅炉各部分的温度分布也渐趋于均匀,方可提高燃烧强度。从点火到满压烟管锅炉大约为2h,水管锅炉约需15min左右。其中点火到产生汽压的时间约占整个点火升汽时间的2/3。如不控制燃烧,从冷炉至产生汽压的时间一般烟管锅炉仅需0.5h,有的水管锅炉仅需6min。自动控制锅炉在冷炉点火升汽阶段应改由手动起停,待锅炉投入正常运行时,再改为自动操作。

(6)当锅炉达到工作汽压后,应进行表面排污,以排除锅筒水面上的杂质和油污。

(7)对蒸汽管路进行暖管工作:将蒸汽阀稍开,同时开启蒸汽系统中各泄水阀进行疏水。暖管时间一般不应少于15~20min,否则管壁和管路上法兰及螺栓会产生较大的热应力,且管路内凝水可能未能排净,开大停汽阀正式供汽时在高速蒸汽冲击下会出现"水击",可能损坏阀门。

(8)两台锅炉同时投入工作,应先使两者汽压相同以后再并汽。如果升汽的锅炉与另一台已在工作的锅炉并汽,锅炉中的汽压应比主蒸汽管中汽压高出0.05MPa左右再并汽。

3. 运行中的管理

锅炉正常运行中,管理上应注意以下几方面:

(1)水位

高负荷的锅炉只要给水停止1~2min就会发生严重后果。锅炉工作时若发现水位计水位长久静止不动,则表明通水接管堵塞或上、下两个接管同时堵塞;若发现水位一直在上升,有可能是通汽接管堵塞,这时应冲洗水位计。

(2)汽压

锅炉汽压如果超过安全阀的开启压力,但安全阀尚未开启,则必须用人力强行开启。如安全阀虽自动开启,但汽压长久降不下来,则应立即停炉。

(3)燃烧状况

锅炉燃烧好坏主要是通过观察炉膛中火焰颜色、火炬形状和烟囱排烟颜色来帮助判断。燃烧良好的标志是:火焰呈橙黄色;炉膛内略显透明,依稀可见炉膛的后壁;烟囱排烟呈浅灰色。如果炉内火焰发白,炉膛内极透明,烟色太淡几乎看不见,则表明空气量太多。如发现火焰呈暗红色,火焰伸长跳动并带有火星,炉内模糊不清,烟色加深直至浓黑,则表明空气量太少或燃油雾化不良,与空气混合不好。为获得完全燃烧,应保持燃油系统中的油压、油温和风压稳定在规定的数值。经常注意滤器前后的油压差,一般超过0.05MPa时要及时换洗滤器。若发现喷油器雾化不良,火焰歪斜、变长,应检查喷嘴是否磨损或局部堵塞。

(4)防止凝水油污

发现凝水观察柜或热水井中有油时,应将其中的水泄放舱底,立即检查油加热管是否漏泄,并停止已被油污染的凝水返回热水井。若油进入锅炉水空间,会使水垢热阻更大,有烧坏受热面的危险。

(5)坚持水处理制度

应定时化验炉水,根据需要投药和排污。

(6)防止突然熄火

要定期清洗燃油日用柜,防止油柜的蒸汽加热管漏泄,并经常排放日用柜底部的水分和杂质。在大风浪天气,沉淀在油柜底部的水分和杂质翻腾上来,可能使滤器堵塞或燃油系统进水,会造成熄火。

4. 停炉

如锅炉需要停用，停火前应改用柴油，以免重油留存在管路内。停火后有压缩空气吹扫系统的应将喷油嘴吹扫干净。停火时应加水至水位计最高水位，以免因锅炉内水冷却收缩而看不到水位。停火后半小时，待水中悬浮杂质和泥渣沉淀后，进行下排污。排污后化验炉水，视需要加入水处理药剂。

当锅炉需要作内部检查或检修时，应让锅炉自然冷却，绝不要为加快冷却而放汽降压、提早放空炉水或向炉膛送冷风。待锅炉中已无汽压时，打开空气阀，以免锅筒内产生真空。一般只有当炉水温度降至50℃左右时才允许打开底部排污阀放空炉水。水管锅炉在急需时可在汽压降至0.5MPa以下后放空。

四、常见故障排除

1. 缺水事故

当锅炉水位低于水位表最低安全水位刻度线时，即形成了锅炉缺水事故。

锅炉缺水时，水位表内往往看不到水位，表内发白发亮；低水位警报器动作并发出警报；过热蒸汽温度升高；给水流量不正常地小于蒸汽流量。

锅炉缺水是锅炉运行中最常见的事故之一，常常造成严重后果。严重缺水会使锅炉蒸发受热面管子过热变形甚至烧塌，胀口渗漏，胀管脱落，受热面钢材过热或过烧，降低或丧失承载能力，管子爆破，炉墙损坏。万一处理不当，甚至导致锅炉爆炸事故。

常见的缺水原因是：①运行人员疏忽大意，对水位监视不严；或者运行人员擅离职守，放弃了对水位及其他仪表的监视；②水位表故障造成假水位而运行人员未及时发现；③水位报警器或给水自动调节器失灵而又未及时发现；④给水设备或给水管路故障，无法给水或水量不足；⑤运行人员排污后忘记关排污阀，或者排污阀泄漏；⑥水冷壁、对流管束或省煤器管子爆破漏水。

发现锅炉缺水时，应首先判断是轻微缺水还是严重缺水，然后酌情予以处理。

通常判断缺水程度的方法是“叫水”，如果此时水位表中有水位出现，则为轻微缺水。如果通过“叫水”水位表内仍无水位出现，说明水位已降到水连管以下甚至更严重，属于严重缺水。

轻微缺水时，可以立即向锅炉上水，使水位恢复正常。如果上水后水位仍不能恢复正常，即应立即停炉检查。严重缺水时，必须紧急停炉。在未判定缺水程度或者已判定属于严重缺水的情况下，严禁给锅炉上水，以免造成锅炉爆炸事故。

需要特别指出，“叫水”操作只适用于相对容水量较大的小型锅炉，不适用于相对容水量很小的电站锅炉或其他锅炉。对相对容水量小的电站锅炉或其他锅炉，对最高火界在水连管以上的锅壳锅炉，一旦发现缺水即应紧急停炉。

2. 满水事故

锅炉水位高于水位表最高安全水位刻度线的现象，称为锅炉满水。

锅炉满水时，水位表内也往往看不到水位，但表内发暗，这是满水与缺水的重要区别。满水发生后，高水位报警器动作并发出警报，过热蒸汽温度降低，给水流量不正常地大于蒸汽流量。严重满水时，锅水可进入蒸汽管道和过热器，造成水击及过热器结垢。因而满水的主要危害是降低蒸汽品质，损害以致破坏过热器。

常见的满水原因是：①运行人员疏忽大意，对水位监视不严，或者运行人员擅离职守，放弃了对水位及其他仪表的监视；②水位表故障造成假水位而运行人员未及时发现；③水位报警器及给水自动调节器失灵而又未能及时发现等。

发现锅炉满水后，应冲洗水位表，检查水位表有无故障；一旦确认满水，应立即关闭给水阀，停止向锅炉上水，启用省煤器再循环管路，减弱燃烧，开启排污阀及过热器、蒸汽管道上的疏水阀；待水位恢复正常后，关闭排污阀及各疏水阀；查清事故原因并予以消除，恢复正常运行。如果满水时出现水击，则在恢复正常水位后，还需检查蒸汽管道、附件、支架等，确定无异常情况，才可恢复正常运行。

3. 受热面管子破裂

因结垢严重、水循环不良等导致管壁过热或腐蚀严重都可能引起受热面管子破裂。这时可从听声音或从烟囱冒白烟来发觉。如破口甚小，仅少许渗水，则可允许锅炉继续运行，但应严加监视，不然应立即停炉，炉冷后，可将其中水放光，进入炉内堵管。堵水管的钢塞有一定锥度，塞在破管两端，再用于锤敲紧。对烟管锅炉，用堵棒将破管堵死，如图 6-29 所示。堵管时，在堵棒的盖板和管板之间垫上石棉垫，收紧螺钉后即可。

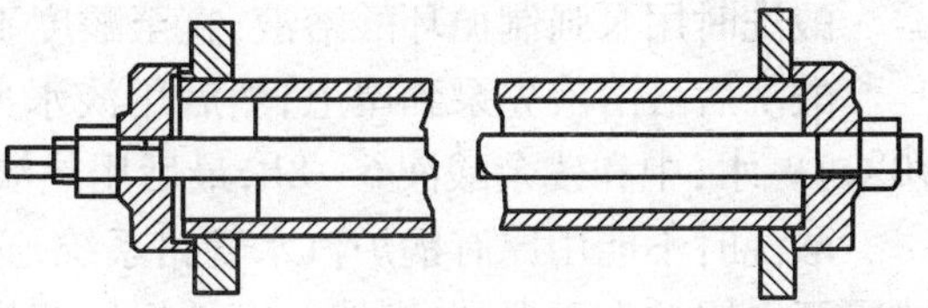

图 6-29 堵棒

4. 炉水异常减少

在正常的给水条件下，产生异常低的水位，原因是水位计通水阀和通汽阀开关有误；吹灰器、安全阀及锅炉受热面管子漏泄；给水泵、阀及自动给水装置发生故障。

【知识链接与技能拓展】

一、辅助锅炉清洗

锅炉运行一段时间后必须停炉清洗，其目的一是清除水垢、泥渣和烟灰；二是检查锅炉内部各处有无腐蚀、裂纹和变形。这种内部检查每年至少应进行两次。

1. 水垢的清洗

水垢清洗的方法有机械清洗法、碱洗法和酸洗法。

(1)机械清洗法

如炉内水垢较薄，可用刮刀、钢丝刷、管刷和电动(气动)铣刀等清垢。

清洗应在锅炉刚冷时进行，如冷却过久，水垢会变硬，遇硬垢时，切勿用工具硬敲，以免损伤金属的平滑表面，降低使用寿命。机械清洗法劳动强度大，目前很少采用。

(2)碱洗法

当水垢坚硬不易刮除时，可碱煮后机械清洗。对于较厚水垢，可用碳酸钠(8 ~ 12kg/t 炉水)和苛性钠(0.4 ~ 0.6kg/t 炉水)混合投入炉内。炉内水位保持在最高水位，加热升压至 0.3MPa，然后慢慢降至零，又升至 0.3MPa；再降至零。如此每隔 1 ~ 2h 交替升降一次，以松动附着的水垢。每当压力降至 0.1MPa 时进行一次表面排污，并补水至原位。碱洗完毕，进行最后一次表面排污，然后停火并使锅炉自行冷却。当压力降至 0.05 ~ 0.1MPa 时，开启底部排污阀，放去碱水以及松脱的水垢。如水垢不多，则可用磷酸钠碱洗(1 ~ 2kg/t 炉水)，但在排污后补充给水时，需补入磷酸钠(0.75～1kg/t 炉水)。

碱洗时间约需1～1.5天，以炉水中碱度不再下降为准。此外，碱液对铜有腐蚀，所以洗前应拆除相应的铜阀。

(3)酸洗法

酸洗除垢最彻底，但对金属具有极强的腐蚀性，只在不得已时才用，如盘香管锅炉，因内部地位小，又必须清洗时。自从美国研究出腐蚀的抑制剂之后，才被广泛采用为清洁锅炉的最佳方法。

酸洗是用热盐酸(或柠檬酸)水溶液来溶解水垢。酸的浓度视水垢厚度和性质而定。如水垢成分主要为碳酸盐，则盐酸浓度为2%，温度为20～40℃；水垢成分主要为硫酸盐和硅盐时，浓度可大些，但不应超过10%。

酸洗时用泵强制循环酸溶液，直至酸度不变，表示酸洗已近结束，该过程约8～10h。

酸洗后酸溶液先泵到岸上，然后用淡水冲洗锅炉，再用浓度超过酸液浓度3%的热(80～90℃)碱水，中和残余酸液6～8h，最后用热淡水清洗一遍。

酸洗时不能用原有锅炉汽水管路系统，必须另设一套酸洗循环系统，炉上铜质附件应拆除或隔开。锅炉有不严处、裂缝和腐蚀损坏部位则不允许进行酸洗，以免造成不良后果。

2. 烟灰的清洗

锅炉运行一段时间后，存受热面的水侧和烟侧会分别结有水垢和粘附灰渣，这些物质对锅炉的经济性和安全性均有不利的影响，因此必须定期(每年至少应进行两次)检查锅炉结垢和积灰的情况，决定是否需要清洗。

烟灰的清除可用吹灰器法、机械法和水洗法进行。

吹灰器所使用的工质是锅炉自身产生的蒸汽或船上的压缩空气。使用蒸汽吹灰器时，在开始吹灰前必须将吹灰系统中的蒸汽凝水排出。吹灰器的使用顺序为：自炉膛内下方开始，依顺序向上向外吹灰。但吹灰器很难彻底清除积灰和灰渣。所以仍须定期停炉，用机械方法和水洗方法清除。

机械法除灰包括用小锤、凿子、刮刀等工具来清除，也可以用压缩空气喷枪将吹灰器吹扫不到的地区的浮灰吹掉。对于非常坚硬的灰渣，不宜用清扫工具过分地敲击。

水洗法除灰应在炉膛的耐火砖上罩以帆布，防止水洗时砖墙过分潮湿。同时在炉膛底部设泄水阀，及时将污水泄放。

二、辅助锅炉检验

锅炉检验的内容包括锅炉本体、主要部件、附件和指示表(水位计、安全阀、压力表)等。

检验的目的不仅是找出可能存在的腐蚀、裂纹、变形和漏泄等，确定是否要修理和修理的范围，而且还要研究其产生的原因和以后如何妥善地维护管理。

根据规定，工作压力大于0.35MPa的锅炉，受热面积大于4.5m^{2}的锅炉，必须检验。内部检验5年内不少于2次，最大间隔期不超过3年，外部检验1年1次。检验由验船师进行。

锅炉内部的检查：进入锅炉检查之前，如有其他并联的锅炉在使用，应隔断它们间的蒸汽管路和给水管路，用铁丝等将所关的截止阀绑住，并挂上告示牌，以防造成事故。锅筒内有人工作时，锅筒外应有人照应。进入锅筒之前，一定要对内部进行充分的通风以保证有足够的空气。锅筒内只允许使用电压不超过24V的工作灯。带入的工具和物件出锅筒时要逐一清点。

1. 水垢

当炉水处理良好时,金属表面仅附有一层薄而稀松的水垢,用钢丝刷就可刷掉。如果水垢厚度超过 2mm,呈结晶状态,并牢牢地附在金属表面上,则说明炉水硬度太高,过剩磷酸根不足。如果水垢厚而不紧密,且略带半透明的大晶粒,放在淡水中 2 ~ 3h 后极易破碎,则说明盐度过大。如果水垢是光滑薄瓷片状的坚硬水垢,则说明炉水中含有硅盐,这种水垢的导热性很低,是最危险的。如果锅筒水位附近壁上粘附有油污,则应查明原因予以解决。如果在锅筒水位线以上壁面粘附有泥渣,说明炉水在沸腾时有很多泡沫,应加强表面排污,降低炉水盐度。

若底部堆积泥渣很多,可能是上排污不足或下排污管布置不合理。

2. 腐蚀

检查锅炉内部的腐蚀和裂纹,在水垢未清除之前就要进行。因为有细微的裂纹存在,水垢的颜色在该处呈深红色或深褐色的条纹,而其余地方则为均匀的淡黄色。如果是局部腐蚀,那么腐蚀部位上面的水垢由于含有氧化铁成分,会局部变为深色。如果腐蚀是处于活化阶段,水垢呈褐色,轻轻一敲即掉下来,在水垢的下层有黑色氧化铁。如果水垢牢固地贴附在麻点上,颜色也淡,则是一个老麻点。

测量局部腐蚀麻点深度的方法常用的有两种:

(1)压铅法:将软铅合金压入麻点内,用手锤敲平,然后取出测量其厚度;

(2)金属浇铸法:将低熔点的金属(如焊锡)熔化后注入麻点中,凝固后取出,并测量其厚度。大面积的均匀腐蚀用测厚仪测定受热面现存的壁厚。

锅筒、联箱等厚度减薄超过原厚度 10% 以上时,应重新验算强度,必要时降压使用。如因腐蚀减薄量不超过原厚度 30%(弯边处不超过 20%)可堆焊修补,但总面积不允许超过 2 500cm^2。个别腐蚀凹坑最大直径不超过 3 倍厚度,相邻凹距离不少于 120mm。

3. 裂纹

裂纹有表面裂纹和穿透裂纹,多易出现在应力集中、冷热变化较剧烈的区域以及管端扩管处。因不易发现,检查要特别仔细。除了可从水垢的颜色间接地显示裂纹的位置以外,还可以用下列两种方法判断是否有裂纹:

(1)煤油白粉法:先用 14% 的硫酸溶液浸蚀裂纹处,然后用煤油浸湿,待 25min 后擦干,再涂上白粉,如有裂纹,则煤油会透过白粉显示出裂纹的轮廓;

(2)超声波探伤法:可用超声波探伤仪来发现平行于锅筒表面的内在裂纹。

原则上锅炉不允许有裂纹存在。如发现仅是少数几处有裂纹且未穿透筒壁,征得验船师同意后可用补焊方法修理。若多处出现裂纹而且其深度又大,或裂纹发生在管板管孔间,则应考虑予以更新。发现有裂纹的管子应更换。

4. 变形

水管锅炉的水冷壁和靠近炉膛的前几排沸水管等地方大多热负荷较强,容易过热产生鼓包和变形,可以在炉膛中观察到。管子变形的允许值为管子下垂量不超过管径的两倍,管距变化不超过 25% ~35%。还应注意管端扩接处有无漏泄,这可从烟气侧有无盐渍来判断,如有漏,可重新扩管,如扩管无效或管子其他部位漏泄,则需换管。暂时不能换管,可临时堵管使用。

5. 检查的重点

检验工作的顺序应从锅筒的蒸汽空间开始,首先检查安装附件的孔口边缘和人孔边缘的内侧,因为这些地方最容易出现裂纹,然后检查人孔盖及其横梁上的孔有无变形,如果有则是螺母过紧所致。蒸汽空间筒壁的腐蚀比较少见,但水位波动的地方值得注意,因为这个区域较易腐蚀,检查时应特别注意腐蚀的深度和范围的大小,如发现深度较大,应加以测量。经过补焊的地方,最易出现强烈的腐蚀和裂纹,必须用手锤敲击检查。应注意检查锅筒封头弯角处以及给水管与锅筒连接处是否有裂纹。对于管端,可用电灯照射和放大镜观察来确定有无腐蚀和裂纹。

思考与练习

1. 辅助锅炉安装要点有哪些?
2. 简述辅助锅炉调试的内容和要点。
3. 辅助锅炉起动、运行和停炉应注意哪些问题?
4. 怎样分析缺水事故?

模块七　船舶防污染装置

任务1　认识船用油水分离器

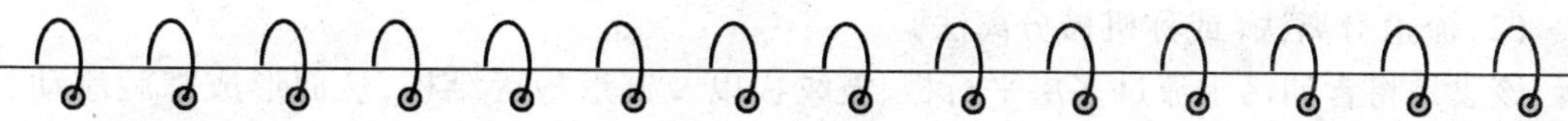

教学目标

◎ **能力目标**:(1)掌握油水分离器的工作原理和结构;(2)能分析影响油水分离器性能的因素。

◎ **知识目标**:(1)熟悉油水分离的基本方法;(2)掌握防止船舶造成污染相关国际公约中关于排放标准的规定;(3)熟悉船舶防污染的技术措施。

◎ **情感目标**:(1)严谨细实的工作态度;(2)良好的职业道德意识;(3)创新的意识和创新精神;(4)优良的学风和团队协作精神。

【任务引入】

船舶在营运过程中,直接或间接地把污油、污水、垃圾等有害物质引入水域,对水域环境的污染主要分油类和非油类污染二类。

船舶油类污染是指船舶在营运过程中使石油及其产品对水域环境造成的污染。主要包括船舶的机舱底污水,油船压载污水,洗舱污水以及一些海难事故及装卸事故中的溢油等。

此外,随着运输液化气体和液体化学制品的专用船舶的发展,船舶的洗舱水、压载水及船舶失事,均会造成有毒液体物质对水域的污染。

为了保护水域及生物资源,船舶上必须设置防污装置,主要有油水分离器、生活污水处理装置和焚烧炉等。

【任务分析】

尽管船舶机舱中污水量不是很多,但机舱底部容水空间非常有限,在营运过程中要排出含有一定量燃料油和滑油的舱底污水;当然压载污水,洗舱污水也必须进行处理后排放。因此必须设置油水分离器及油分浓度监控装置,以确保排出污水符合要求。那么,油水分离器结构如何?它是如何工作的呢?

【相关知识】

一、油水分离的基本方法

船舶油污水的分离方法很多,主要有物理分离、化学分离和生化分离等。其中物理分离是利用油水密度差或聚合、吸附等物理方法将油水分离,是船上使用的主要方法;化学分离是向含油污水投入絮凝剂，使油凝聚成胶体而沉淀；或使水电解产生气泡，以粘附油液上浮，以此实现油水分离；生化分离是利用好气微生物对油分解氧化来控制油分浓度。目前船上主要采用的方法如下：

1. 重力分离法

此法是在重力场的作用下，利用油、水重度差使油上浮而与水分离。这种方法简单、方便，主要用于处理粒径在 50～60μm 以上的较大油粒，对于更细小的，呈乳化状态的油粒则难以分离，其具体的分离方法有如下两种：

(1)静置分离法

将油污水置于舱柜中一段时间，利用油、水重度差使油滴上浮分离。静置时间越长，分离效果越好。这种方法需较大的场所，且难以连续进行。

(2)流道分离法(或称机械分离法)

该法是将含油污水流过多层平行板、波纹板以及锥形板等结构，从而形成螺旋流动、曲折流动，增加碰撞和聚合的机会，形成较大的油滴上浮分离。

2. 多孔介质分离法

多孔介质分离法是让油污水通过多孔介质把分散的油粒从连续的水流中分离出来的一种方法。其过程分油粒迁移和附着两个方面。迁移是指分散的油粒脱离液流而接触多孔介质表面，迁移过程包括直接拦截、扩散迁移、重力迁移、惯性迁移；附着则是指油粒较稳定地粘附在多孔介质的表面，其过程有物理吸附和化学吸附两种。

(1)过滤分离法

过滤分离是让污油通过多孔介质时，油粒中心与多孔介质表面的距离小于或等于其自身半径时，油粒被截流筛分。此法因油粒主要拦截在多孔介质的前部，故多孔介质容易堵塞，必须经常用反冲洗的方法对其进行清洗。多孔介质大多采用非亲油性材料，如粒状介质(石英砂等)、滤布和特制的陶瓷塑料制品。

(2)聚合分离法

聚合分离是指油粒在拦截、扩散等多种机理作用下迁移到多孔介质表面，并在其上铺展、聚合，当油粒聚合到一定大小时在水动力、浮力及毛细管力的作用下被推动向前，最终剥离并以大油粒的形式脱离多孔介质表面，上浮与水分离。聚合材料主要有涤纶、尼龙等纤维材料，多孔弹性材料以及聚苯乙烯等固体颗粒材料。因使用中等亲油性材料，故此法的反冲洗效果较差。

(3)吸附分离法

吸附分离是利用大表面积的多孔性的固体吸附材料直接吸附含油污水中的小油粒而达到分离的目的。常用的吸附材料有亲油性纤维、硅藻土、焦炭和活性炭等。由于大油粒会堵塞吸附介质表面的微孔，减小活性表面，故常将其作为附加装置使用。

二、影响油水分离器性能的因素

影响油水分离器性能的因素很多，在管理中应尤为注意，否则其排水装置难以达到标准。

1. 泵的影响

我们知道，油水分离效果在很大程度上取决于油滴粒径。很明显，当含油污水通过泵时，泵的容积效率越低、转速越高、搅动越激烈，则油粒越易破碎乳化，分离效果越差。通常选用往复式柱塞泵和螺杆泵作为理想的含油污水输送泵，且使用时工作压力和转速尽量低些。

2. 工作压力

油水分离器的工作压力对分离性能有显著的影响，工作压力越高，供水泵的排出压力就越高，含油污水通过泵时对污油的乳化作用就越大，因而分离效果越差。故在分离器中应尽可能采用较低工作压力。有的油水分离器装在污水泵的吸入管路上，使其工作压力保持真空，以提高分离效果。但这样会使管路系统较复杂。

3. 油种类的影响

不同种类的油受到泵的扰动后，其乳化程度不同，形成的油滴直径也相差很大。油的密度越小越易分离，但密度小的油滴则易乳化，因此密度小的油滴更难分离。实验表明润滑油比较容易分离，而原油和密度小的重油难分离。

4. 温度的影响

含油污水温度适当升高，则油的粘度降低，油水的密度差变大而易于分离，但随着温度的上升，含油污水通过泵时则容易发生乳化，使分离效果变差。在常温附近时，温度的变化对分离器性能的影响是随油的种类、分离器的类型以及泵的型式而变的，与其他因素相比温度影响是较小的。因此，一般都是在环境温度较低或油粘度较大时才使用加热设备，以促进油水的分离。

5. 流量的影响

流量越大，含油污水在分离器中停留的时间越短，分离效果越差，排放水的含油量增加越明显，当流量超过油水分离器的额定处理量时，分离效果会明显下降，油分浓度可能会达不到标准，故为保证分离效果，应注意控制流量。

6. 油分浓度的影响

油分浓度越高，油粒在分离器中的碰撞机会越多，越易于分离；但油分浓度高的污水经泵时易于乳化，又不利于分离。后者之影响为甚，故油分浓度增加，分离器分离效果变差。

7. 管道的影响

一般来讲，管道尺寸、弯度与附件等对分离器性能影响较复杂，如在层流状态下流动时，管道越长越好；紊流时，将造成乳化，应尽量缩短管路。而附件越多，对液体扰动越大，不利于分离。

8. 旁通的影响

在船舶上，为了使装置和系统简化，往往把舱底水泵作为油水分离器的供液泵，但泵的容量就大大超过了油水分离器的容量，为保证分离效果，需将超过部分旁通至舱底，而由于旁通部分的油污水受到泵的扰动，油粒破碎，乳化程度加深，而使分离性能降低。

【任务实施】

一、油水分离器的结构和工作原理

1. 特勃罗（TURBULO）油水分离器

特勃罗油水分离器又称多层斜板式油水分离器，多用于处理机舱舱底的油污水。其原理是利用多层平行斜板进行流道分离的重力式油水分离器。其结构如图 7-1 所示。

该分离器壳体内有上下两个室,上部为粗分离室 16,下部为细分离室 9,在细分离室内设有多层锥形斜板 10。当含油污水由分离器的入口沿切线方向进入粗分离室时,在扩张的管道中减速并在粗分离室 16 内作螺旋流动而进行粗分离。由于螺旋运动产生的离心力作用,不仅能增加油粒互相碰撞的机会,而且还可以使比较轻的油粒向粗分离室 16 的中部汇集起来,颗粒较大的油粒上浮到顶部集油室 19。液流经过多孔阻滞板 20 时,环流运动停止,较小的油粒便聚集成大油粒而沿多孔阻滞板 20 上升至集油室 19。在粗分离室 16 内处理过的含油污水通过集油罩 6 中部流入细分离室 9,经斜板外周与分离器壳体之间的环行空间,通过多层斜板 10 的捕集作用,使细小油粒进一步被分离出来(密度较小的油粒聚集在流路转弯处的内侧)。此后含油污水以极慢的速度($Re<2$)流经多层斜板 10 间的狭窄通道时,细小油粒互相碰撞,使油粒聚集而变大,当其受到的浮力大于本身重力和粘滞阻力而上浮时,油粒沿着斜板 10 的下表面向外流动,最后脱离斜板 10 外边缘而直接上浮至集油罩 6 的下面,再经油上升管 17 进入油水分离器上部的集油室 19。被分离出来的油经排油管 1 排至污油柜。

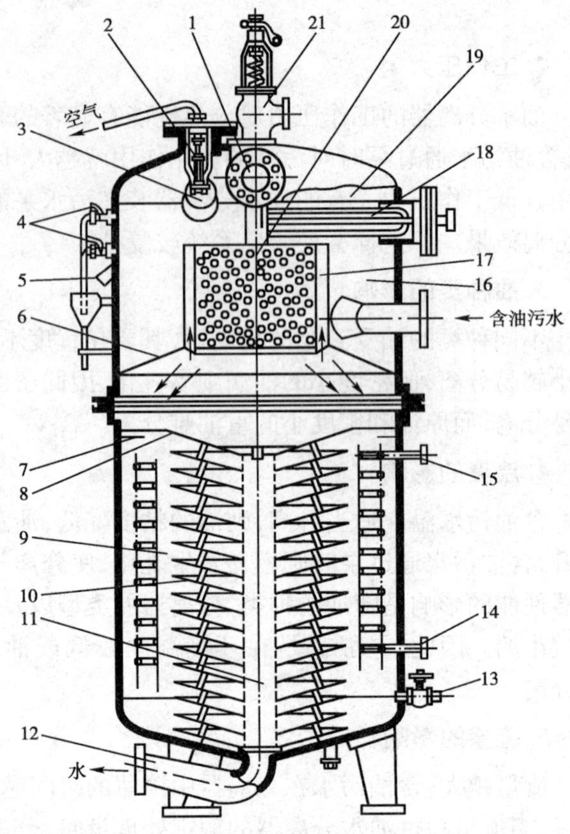

图 7-1　特勃罗油水分离器

1-排油管;2-空气泄放阀;3-控制浮球;4-实验旋塞;5-自动排油电极插口;6-集油罩;7-支撑板;8-拉撑;9-细分离室;10-斜板;11-集水管;12-排水阀;13-排泄管;14-加热蒸汽出口法兰;15-加热蒸汽进口法兰;16-粗分离室;17-油上升管;18-上蒸汽加热器;19-集油室;20-多孔阻滞板;21-安全阀

处理过的水通过细分离室中央的集水管 11(集水管在每两层斜板之间周向开有 6 个小孔,以保证斜板之间的水能均匀流入管内),经油水分离器底部的排出管 12 排出。最上部的斜板通过拉撑板 8 和壳体上的支撑板 7 用螺钉固定之。斜板均套在中央集水管 11 上,各斜板(倾斜角为 15°)间均有支撑片相互隔开,以构成容积相同的水室。另外,在分离器顶部还装有控制浮球 3 的空气泄放阀 2,可放掉由舱底水泵带来的并聚集在油水分离器顶部的空气,以免油面过分下降。在油水分离器的上部和下部设有蒸汽加热器(有的下部不装),当气温较低或分离粘度较大的含油污水时,可进行加热,使油粒易于分离上浮和排走。

特勃罗油水分离器能够处理的油粒直径大于 10μm。对于一般重油的微小油粒来说,处理后的污水含油量为 10 ~ 20ppm,能保证船舶在横倾 15°时仍能正常工作。

2. CYF-B 型油水分离器

CYF 型系列国产的船用油水分离器,用来处理船舶机舱舱底水。其产品系列多,可满足各种吨位船舶的要求。如图 7-2 所示的 CYF-B 型油水分离器是典型的 CYF 型系列产品。其工作原理为:当舱底含油污水经过多个扩散喷嘴7进同入分离器,粗大油粒即分离上浮进入左集油室10,含有细小油粒的污水向下进入峰谷对置的波纹板组4构成的粗分离装置;细小油粒不断碰撞和聚合和上浮,在波纹板组4的出口处形成粗大油粒而与水分离,并上浮至右集油室15。污水则经过滤器19和外接管路进入一、二两极聚合元件17,16(亦称粗粒化元件),使尚留在污水中的细微油粒在其中聚合成大油粒与水分离,然后上浮至集油室。处理后的水由排出口5排出。为实现自动排油,在左、右集油室各装有电极式油位检测器,以其控制相应的排油电磁阀12。粗粒化元件室的集油室因集油量不多,可定期进行手动排油。

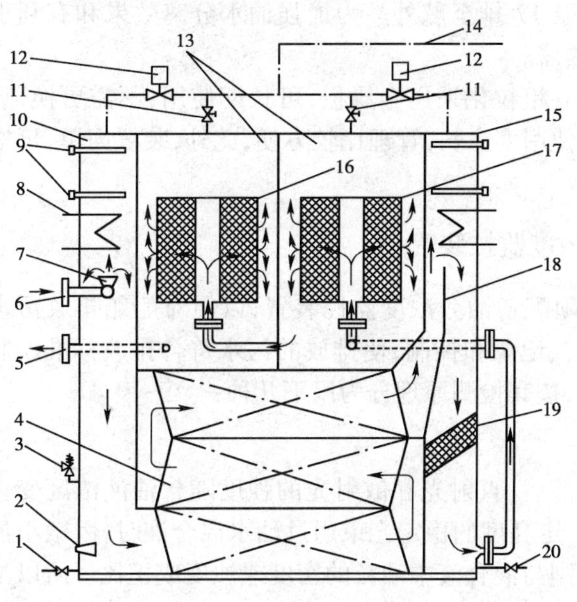

图7-2　CYF-B型油水分离器

1-泄放阀;2-蒸汽冲洗喷嘴;3-安全阀;4-多层波纹板组;5-清水排出口;6-油污水口;7-扩散喷嘴;8-加热器;9-油位检测器;10-左集油室;11-手动排油阀;12-自动排油电通道;13-中间集油室;14-污油排放管;15-右油室;16、17-聚合元件;18-隔板 19-过滤器;20-泄放阀

为保证高粘度污油能在低温时排放,故在集油室中装有蒸汽加热管。CYF-B型油水分离器的特点是:

(1)采用重力分离、机械分离和粗粒化分离的结构,不容易被泥沙、杂质堵塞,故分离性能优良,运行稳定,处理后污水含油量小于10ppm。

(2)粗粒化元件是定型产品,定期更换方便。

(3)操作简单、使用可靠、维护方便。

(4)油水分离器壳体内部采用防腐涂料,经久耐用。

(5)采用往复泵,能减少泵对含油污水的干扰和乳化。

3. 塞里普(SEREP)SFC型油水分离器

塞里普SFC型油水分离器处理能力较大,其容量可达250t/h以上,故可用于处理油船压舱水和洗舱水。其结构如图7-3所示,该分离器主要由重力分离、聚合分离以及吸附分离等三部分组成。

螺杆泵1将舱底或污油柜中的含油污水泵入处于大气压力下的分离筒内、外之间的空间12,进行第一级重力分离;分离出来的大颗粒的油滴上浮至溢油口9,从排油口10排出。其余含油污水流入内筒下部的立式粗粒化板组2,细小油粒在此完成第二级粗粒化过程后,经流道11也从溢油口9经排油口10排出;然后污水进入空间3,再沿中心管8上升

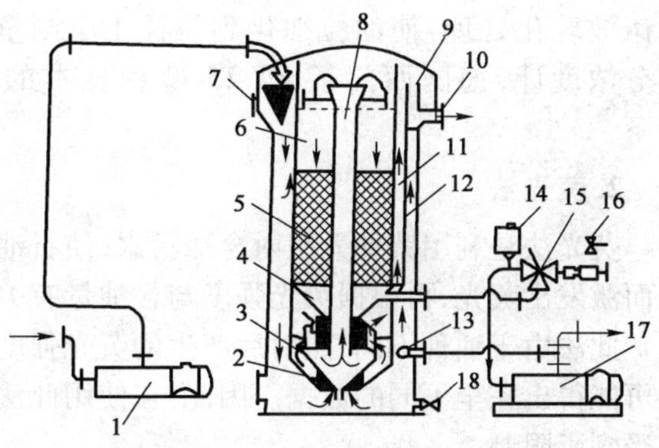

图7-3　塞里普SFC型油水分离器

1-供水泵;2-粗粒化板;3-中心管的下部空间;4-集水管;5-吸附层;6-内筒的上部空间;7-反冲洗出水口;8-中心管;9-溢油口;10-排油口;11-污油上升;12-环行空间;13-筒内回水管;14-低压电磁阀;15-三通换向阀;16-压缩空气控制阀;17-排出泵;18-集泄放阀

而溢入空间6,通过吸附层5完成最后一级油分吸附分离。净化后的清水(油水浓度低于15ppm)进入空间4,再经三通阀15以及排出泵17排至舷外。为加强油水分离效果和有利于泄放污油,在分离器上部还装设蒸汽或电加热器。

SFC型油水分离器属单筒型,占地面积小;粗粒化采用金属板,可长期使用,不需更换,吸附层可反冲洗,只需定期补充特制沙粒材料,使用寿命长,管理比较方便,此外,装置简单,价格也较低廉。

二、油分浓度监控装置

根据MARPOL公约规定,油水分离器必须配备油分浓度监控装置,以便对船舶排放污水的含油浓度、排放总量及瞬时排放率进行测定、记录和控制,使排放的污水符合排放标准。监控装置的主要组成部分是油分浓度监控装置,按其检测原理分为以下几种:

1. 光学浊度法

光学浊度法是利用光束通过油污水乳浊液后,直射光和散射光的强度随含油液浓度变化的原理来测定油分浓度。如图7-4所示,当一定亮度的稳定光束通过油水混合液时,因微小油粒的存在,光线发生散射,而散射光的强度 I_θ 则与混合液中油粒的密度或浊度成正比。所以浊度大,说明水中含油量高,反之亦然,参见图7-5。

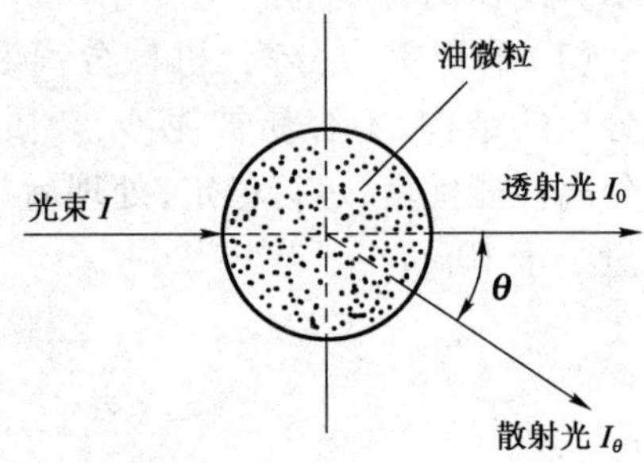

图7-4 光束在油水混合液中的散射

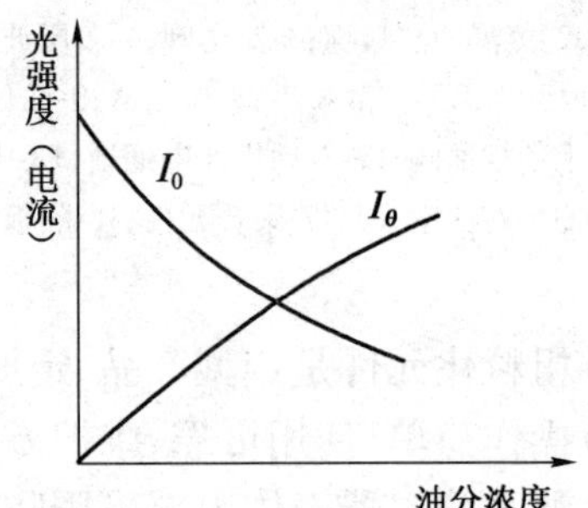

图7-5 光输出强度随油分浓度的变化

采用此法测量油分浓度与油品种关系不大,但油污水取样后必须用均质器对其进行超声波乳化处理,使油粒细化到粒径小于测量光的波长。现产品有我国的YNK-1型超声油分浓度计,德国西门子ET-25型和日本的OSM-1型油分浓度计,精度均达到15ppm以下。

2. 荧光法

荧光法是利用紫外光照射含油污水,使石油中具有环状共轭体分子(如芳香烃)吸收紫外光而激发出荧光,再根据荧光强度与含油量有关这一原理来测定油分浓度。

此法由于油种不同,照射后产生的荧光强度差异也很大,所以在同一浓度下对不同的油种就可能得出完全不同的数据。因此,在使用此法时,就须对不同的油种进行放大和校正,其应用受到了限制。

此外还有称重法、紫外吸收法等。这些方法由于操作麻烦,在船上应用不多,在此不作讨论。

图7-6所示为荷兰ITI型油分浓度监控器。该装置采用光学浊度法检测油分浓度,一般并联在油水分离器的出口管路上。有两个取样点。可分别设在油水分离器第一级和末级出口,使用时,首先开启阀3,4,14,然后由监控器面板上的选择开关选定测点,取样水经取样阀1(或

2)经转换阀5,由取样泵6排至均质器8,在其中以喷嘴喷出,引起簧片以固有频率(超声波)振动,使水中油液乳化,之后此样水经检测室10,流量开关11,控制阀12,调节阀13,最后由出口阀14排出。

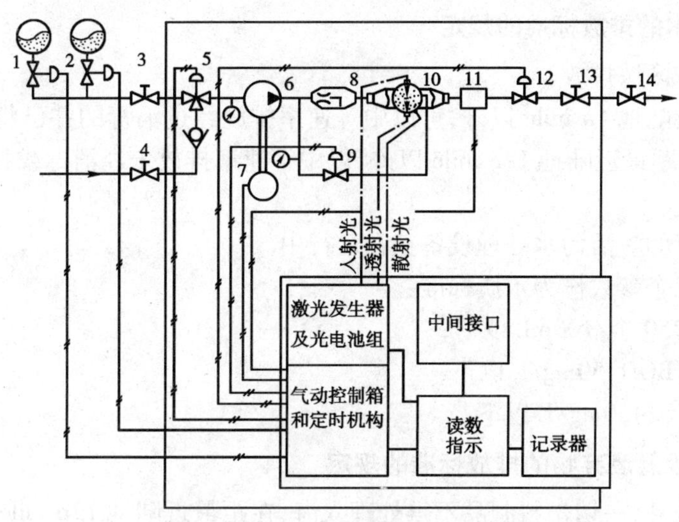

图7-6 I.T.T油分浓度监控器

1、2-取样阀;3-样水进口阀;4-冲洗水进口阀;5-冲洗水/样水转换阀;6-取样阀;7-电动机;8-均质器;9-窗口冲洗阀;10-检测室;11-流量开关;12-排水控制阀;13-调节阀;14-出口阀

其中手动调节阀13,可使流量至最佳效果,同时也能使系统内保持适当压力,防止水中产生气泡。激光发生器产生波长为0.85mm的激光作检测光源,用光导纤维导入检测室,通过样水的直射光和反射光分别用两根光导纤维送至两个光电池组,将光的强度信号转换成电流信号,自动换算成油分浓度值在指示器中显示,同时送入记录器中连续记录。此装置可实现每次启动和停止时,自动进行冲洗、校零等。工作期间,若流量中断,流量开关会动作报警,并延迟3min后停取样泵,当然,油分浓度超过调定的报警值会预报警或报警。

此装置量程为0~100ppm,15ppm时精度+5ppm,报警值可在0~100ppm范围调定,反应时间小于10s,样水流量为500~600L/h,适用水温10~65℃。

【知识链接与技能拓展】

一、国 际 公 约

控制和防止船舶对水域污染主要依靠法规和技术。国际海事组织(IMO)制订《1973年防止船舶造成污染国际公约及其1978年议定书》。该公约附有六个技术附则,其中有如下三个关于排放标准的规定:

1. 关于400总吨以上非油船和150总吨以上油船污水的排放标准的规定

(1)不得特殊区域排放。

(2)油船必须距最近陆地50n mile以外海域,非油船必须距最近陆地12n mile以外海域,方可排放。

(3)船舶在航行途中排放废液的含油量应小于100ppm。

(4)船舶的排油监控装置、油水分离设备、滤器装置或其他装置正在运行之中。

(5)如果在距最近陆地12n mile以内排放机舱污水(不含货油泵舱)其含油量应小于15ppm。

(6)排油速率不超过60L/n mile。

2. 关于生活污水的排放标准的规定

(1)不得在特殊区域排放。

(2)船舶距最近陆地4n mile以外,可以中等速率排放经过消毒的并已将其中固体物质粉碎了的生活污水,或距最近陆地12n mile以外,以中等速率排放未经消毒或其中固体物质未予粉碎的生活污水。

(3)船舶所设置的生活污水处理设备正在运行中。

(4)推荐以下三个参数作为水质标准:

①大肠杆菌数250个/100mL以下;

②生化需氧量(BOD)50mg/L以下;

③固体悬浮物(SS)50mg/L以下。

3. 关于船舶垃圾及废弃物的排放标准的规定

(1)在特殊区域外,一切塑料制品不得处理入海,在距最近陆地12n mile以内不得将会漂浮的垫舱物、衬料和包装材料处理入海,不得将未经粉碎的食品、垃圾和其他废弃物(如玻璃、金属、陶瓷等)处理入海;但经粉碎后,则可在距最近陆地3n mile以外处理入海。

(2)在特殊区域内,除食品废弃物可在距最近陆地12n mile以外处理入海,一切塑料制品和其他垃圾均禁止处理入海。

二、船舶防污染技术措施

1. 油船的"装于上部"(Load on Top)及改进的"装于上部"法

所谓"装于上部"法是指在油舱卸油后,直接将压载水压入未经清洗的油舱中。在航行时将油船下部含油量较低(约50ppm)的压载水排入海中,把其余含油量较高的压载水与清洗某些油舱的洗舱水排入指定的污油舱,再经分离排水,船舶抵港后,货油直接装于污油的上部,此法即"装于上部"法。

在排水时采用了排油监控设备和油水界面探测器,多级沉淀柜并配以油水分离器,以确保油量瞬时排放率不超过30L/n mile,采用这些措施后的装于上部法称为改进的"装于上部"法。其主要缺陷是不适应短途航行、恶劣天气航行及成品油运输。

2. 在油船上使用专用压载水舱(Segregated Ballast Tank)

MARPOL 73/78公约规定凡载重量在2万吨及其以上的新油船及载重量为3万吨及其以上的新成品油船,均应设置专用压载水舱,使其与货油舱、燃油舱及其系统分开。要求其容量应使该船可以不依靠货油舱装载压载水而安全地进行压载航行,要求其结构采用双层底及双边舱,合理地布置在船舶的易损部位,以便在船舶因意外事故(如搁浅、碰撞等)而后发生溢油的危险,而且还减少了含油污水,缩短了船舶在港时间,避免了因油水交替作用对油舱的腐蚀,提高了营运的经济性。

3. 原油洗舱(Crude Oil Washing)

原油洗舱是指油船在卸油的同时,用一部分原油经洗舱机高压喷射货油舱壁、管路、筋骨上,把附在舱面及构件上的原油和沉积在舱底的原油残渣清洗掉,并将其由货油泵送上岸。其特点是卸油效果好,油船货油运载量增加,因原油洗舱的原油能溶解货舱中的残渣,并随货油一起卸出,故增加载货容积,减少货损;残油量少,则洗舱水少,污油水的分离量也相应减少,这样减轻了对海洋的污染;与海水洗舱相比能减少货油的含水量,有利于原油的提炼等等。采用此法洗舱必须配备惰性气体防爆系统。

4. 清洁压载舱(Clean Ballast Tank)

油船在营运过程中根据其船型、货舱结构、航行区域等,将部分货油舱改为专门用于装载压载水,作为清洁压载舱。这样降低货油装载容积,同时操作程序也变得复杂。作为 CBT 的舱容至少满足专用压载水舱最小舱容的要求。

5. 设置防污设备

防油类污染设备包括:油水分离器和油分浓度监控装置,排监控系统及油/水分界面探测器等。防止非油类污染设备包括:生活污水处理装置和焚烧炉等。

思考与练习

1. 油水分离的基本方法有哪些?简述其工作原理。
2. 简述 CYF-B 型油水分离器的结构和工作原理。
3. 影响油水分离器性能的因素有哪些?
4. 防止船舶造成污染相关国际公约中关于排放标准的规定有哪些主要内容?

任务2 认识船舶生活污水处理装置

教学目标

◎ **能力目标**:掌握船舶生活污水处理装置的工作原理和结构。

◎ **知识目标**:掌握船舶生活污水的处理方法及其特点。

◎ **情感目标**:(1)严谨细实的工作态度;(2)良好的职业道德意识;(3)创新的意识和创新精神;(4)优良的学风和团队协作精神。

【任务引入】

非油类污染主要部分之一是指船舶生活污水的污染。生活污水指源于厨房、浴室、盥洗室、厕所、医务室等处的排水。根据 MARPOL 73/78 公约,船舶生活污水必须经过污水处理装置处理,并达到排放标准后方能排出舷外。

那么,如何船舶生活污水处理装置的结构如何?它们是怎样工作的呢?

【任务分析】

为更好地船舶生活污水处理装置的结构和原理,有必要先熟悉船舶生活污水的处理方法及其特点。

【相关知识】

船舶生活污水的处理方法

1. 收集储存处理

收集储存处理方法是在船上设置生活污水储存装置。当船舶行驶在禁止污水排放的水域，将生活污水全部暂时收存，当船舶行驶至允许排放海域或港后，再将污水排放舷外或送岸。

此类系统主要由储存柜、污水泵和阀件等组成，其优点是设备简单，造价和运行费用都低，缺点是储存舱、柜的容积很大，特别是需在限制海区内长期航行或停泊的船舶，更是如此。此外，为了防止系统在工作中散发臭味，还需使用药剂杀菌和除嗅，增加了药品费和岸上处理费等，因此，此法使用受限，故此不做详细介绍。

2. 生物化学处理

生物化学处理是利用微生物来消化分解污水中的有机物，以此使污水净化。船上大多使用的是活性污泥法，其处理的工作流程如图 7-7 所示。粪便、冲洗水等污水进入爆气室，在不断通入空气的情况下，由活性污泥在此将有机物分解成 CO_2 和 H_2O。离开爆气室的混合液进入沉淀室，在沉淀室中污泥沉淀分离，而澄清的水进入投有消毒药剂的杀菌室，经杀菌后的净水由泵排至舷外。从沉淀室沉淀分离出来的污泥一部分回爆气室，多余部分定期排出舷外。此类装置优点是结构简单，净化效果好，药剂用量少，成本低，且处理水质能达到排放标准。缺点是需连续向爆气室中吹入空气，否则微生物会死亡，同时对污水负荷的变化适应性较差，装置的体积也较大等。

3. 物理化学处理

物理化学处理使用的化学药剂通常有两种：一种是生石灰 $Ca(OH)_2$；另一种是次氯酸化合物，如次氯酸钠（NaClO）或次氯酸钙（$Ca(ClO)_2$）。

物化处理系统的工作流程图如图 7-8 所示，污水首先进行固液分离，其分离出来的液体在处理柜中由化学药剂在污水中产生的絮凝胶团吸附污水中的有机悬浮物体，同时将其中的大肠杆菌杀死，再经沉淀柜沉淀，净水由泵排出至舷外；另外，固液分离出来的固体污泥存入污泥柜中，然后送焚烧炉或在允许区域排放舷外。

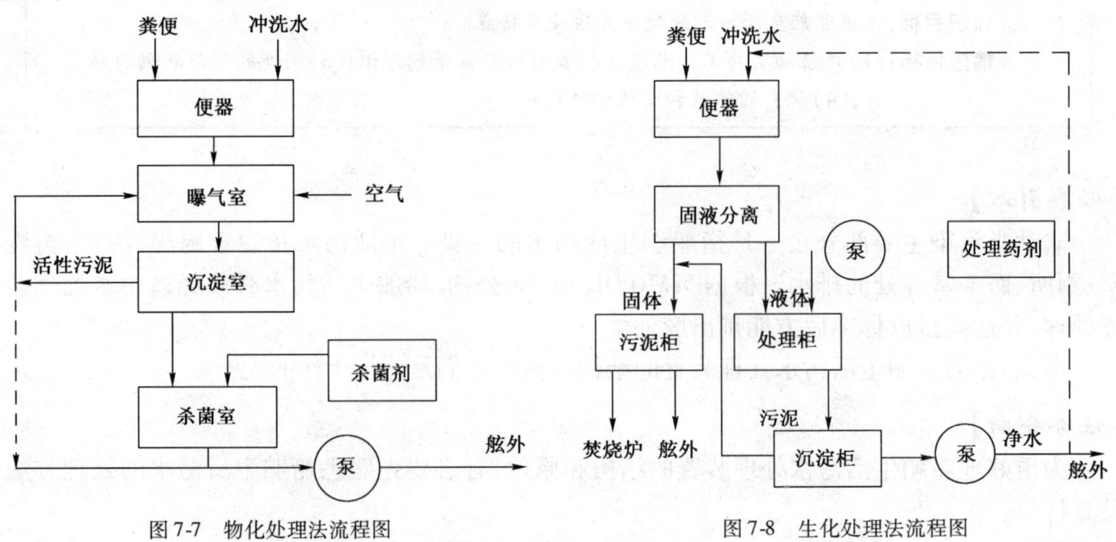

图 7-7　物化处理法流程图　　图 7-8　生化处理法流程图

此类系统优点是结构简单,尺寸小,可随时启、停,对污水负荷变化的适应性好;缺点是药品用量大,成本高。

【任务实施】

ST 型船用生化处理型污水处理装置

图 7-9 为引进英国沃西公司技术生产的 ST 型船用生化处理型污水处理装置。其排放标准符合 IMO 及各国的生活污水排放标准。该装置规格齐全,可满足 5 ~ 600 人使用。

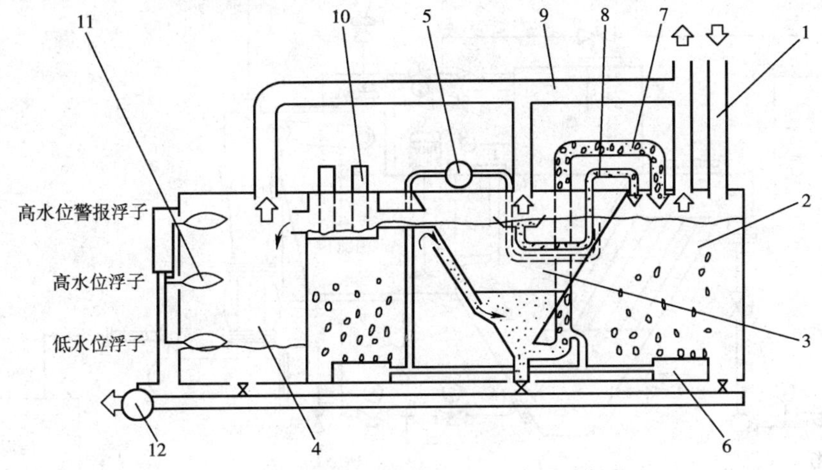

图 7-9 ST 型船用生化处理型污水处理装置

1-污水进口;2-曝气室;3-沉淀室;4-消毒室;5-鼓风机;6-空气扩散器;7-活性污泥回升管;8-浮渣回升管;9-逸气管;10-氯溶解器;11-浮子开关;12-排出泵

该装置主要由曝气室 2、沉淀室 3、消毒室 4 三部分和其他附属装置组成。其工作原理为:生活污水首先进入曝气室 2 后,细菌所需氧气由鼓风机 5 经空气扩散器 6 供给,同时产生强烈的搅动,使污水与活性污泥充分混合,以增强喜氧微生物的新陈代谢活力;经过约 24h 的曝气后,污水中的有机物即被微生物转化为 CO_2、H_2O、NH_3 等无害无机物质,同时产生新的细菌和微生物。之后,活性污泥与水经过滤器进入沉淀室 3,而 CO_2 等气体则由逸气管 9 排出。

在沉淀室 9 中,活性污泥沉淀于池的漏斗形底部,其中一部分经活性污泥回升管 7 返回曝气室 2 中,以补偿活性污泥的流失,多余部分则定期排出。

沉淀室 3 上部设有撇渣器,并借压缩空气将浮渣撇至爆气室。沉淀室室底污泥有一部分由压缩空气提升,通过污泥回升管返回爆气室与生活污水混合。污水在沉淀室中停留 4 ~ 5h。

沉淀室上部澄清的水由溢流管经氯溶解器 10 进入消毒室 4,消毒室的作用是让处理水在其中停留约 0.5 ~ 1.0h,以便有效地杀死细菌。最后,处理水由浮子开关 11 控制的排水泵 12 排至舷外。

【知识链接与技能拓展】

WSH 型船用生活污水处理装置

此装置是丹麦阿特拉斯公司生产的物理化学型污水处理装置。该装置完全实现自动操作,可用于无人机舱,污水的净化质量符合 MARPOL 73/78 公约。

图 7-10 为该装置的流程图。来自厕所、厨房等处的生活污水,经机械分离器 4 进行固液分离,分离出来的固体进入污泥箱 9,然后由压缩空气吹入专用污泥储存柜,这些污泥可送至

陆地接受设备,亦可在非限制海区直接排往舷外,或送焚烧炉燃烧。分离出来的液体与药剂泵12泵入的絮凝剂 $Ca(OH)_2$ 混合,生成微小的胶体颗粒,吸收污水中的有机悬浮物质后不断长大形成絮状物而沉入絮凝箱2底,微小的颗粒在随污水一起从絮凝箱2的下部进入沉淀箱3,然后沿斜板上升,并逐渐沉淀在斜板上,最后滑落至沉淀箱的底部,这些污泥由污泥泵10送至污泥箱9;上部澄清的液体由排出泵11排至舷外或供循环使用。

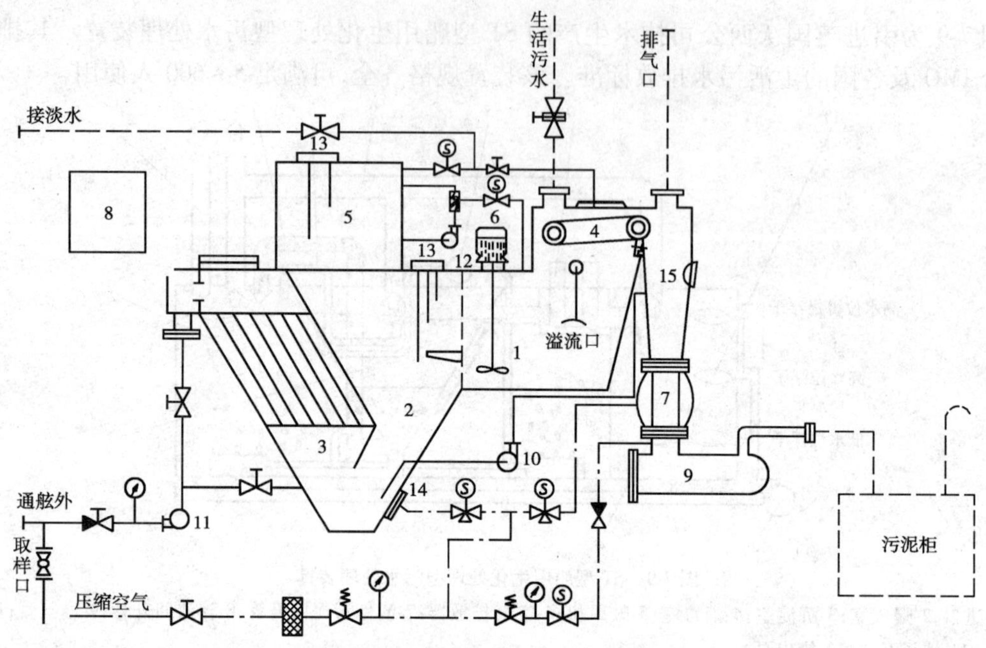

图7-10 WSH型船用生活污水处理装置

1-混合箱;2-絮凝箱;3沉淀箱;4机械分离器;5-絮凝剂沉淀柜;6-搅拌器;7-夹紧阀;8-控制箱;9-污泥箱;10-污泥泵;11-排出泵;12-药剂泵;13-液位电极;14-振动器;15-输送箱

利用絮凝剂 $Ca(OH)_2$ 的絮凝和杀菌作用,使污水中的悬浮固体量(SS),生化需氧量(BOD)及大肠杆菌群数降低。这样处理后的污水清亮,无色,无臭,完全符合排放标准。

思考与练习

1. 简述船舶生活污水的处理方法及其特点。
2. 简述船舶生活污水处理装置的工作原理和结构。

任务3 认识船用焚烧炉

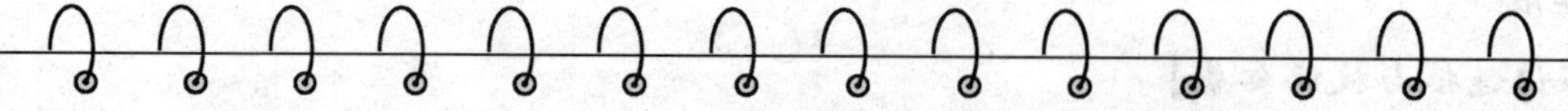

教学目标

◎ **能力目标**:掌握船用焚烧炉的结构和工作原理。

◎ **知识目标**:掌握船用焚烧炉的功用、类型与要求。

◎ **情感目标**:(1)严谨细实的工作态度;(2)良好的职业道德意识;(3)创新的意识和创新精神;(4)优良的学风和团队协作精神。

【任务引入】

固态废物是指船舶在营运过程中产生的各种固态垃圾,主要包括生产垃圾、生活垃圾和各种废油污泥。由于固态废物种类多,成分复杂,有些极难被海水吸收消解,因此必须对其进行处理。船用焚烧炉就是这样的处理设备,那么,其结构如何,它们是怎样工作的呢?

【任务分析】

为更好地掌握船用焚烧炉的结构特点和工作原理,先熟悉一下船用焚烧炉的功用及要求等知识。

【相关知识】

船用焚烧炉是用来焚烧船上的污油、渣油、生活污水处理装置排放的污泥以及机舱废棉纱,食品残渣和其他可燃固体垃圾等。其中污油是通过污油燃烧器燃烧;固体垃圾是经投料口送人炉内燃烧;生活污泥可送入污油柜中与污油混合,经粉碎泵后,通过污泥燃烧器喷入炉内燃烧。

船用焚烧炉主要满足如下要求:

(1)运行时要有适当炉内温度,以便能有效地使油污渣、污泥及固体废弃物等燃烧完全,免除对空气造成二次污染。

(2)耗能低,所消耗的辅助燃料应尽可能少一些。

(3)具备有足够的容量,能在白天烧掉一天所积聚的各种废弃物。

(4)烟气在炉内停留的时间尽可能长一些。

(5)不能有气体外泄,因此必须在负压下工作。

(6)焚烧炉结构要紧凑,重量要轻,装置要安全,操作、管理要方便。

【任务实施】

一、污油燃烧器

船用焚烧炉的构造很简单,它是一个以钢板做外壳,内衬隔热耐火砖围成的空腔,构成燃烧室。燃烧室内装有燃烧器,并设有投入固体废弃物的投料门。燃烧器是焚烧炉的核心部件,其工作好坏直接决定焚烧炉的性能。目前焚烧炉使用的污油燃烧器主要有:

1. 气体压力雾化式燃烧器

气体压力雾化式燃烧器是利用喷射具有一定压力的空气或蒸汽来使污油雾化而燃烧。其喷嘴多用套管式,结构如图7-11所示。废油从内管喷出,具有一定压力的空气(或蒸汽)从外管前端若干个小孔喷出,形成的高速气流使污油雾化,雾化的油气与燃烧风机来的二次空气充分混合,然后在燃烧室燃烧。这种燃烧器使废油雾化易于燃烧,但喷嘴易磨损,且容易被颗粒较大的污渣堵塞。

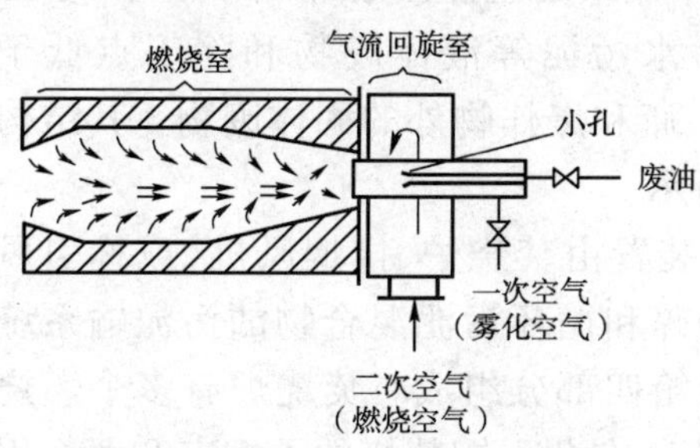

图7-11 气体压力雾化式燃烧器

2. 转杯式燃烧器

转杯式燃烧器类似于锅炉所用的燃烧器,主要由旋转油杯和雾化风机组成。污油供入高速旋转的油杯后靠离心力在油杯内形成油膜,甩出后被风机供入的高速气流粉碎形成油雾而燃烧。这种燃烧器结构复杂、价高、运行时有噪声,但受油泥的影响较小,较为适用。

3. 重力滴下旋转式燃烧器

该类燃烧器将污油中的污油靠重力滴入焚烧炉内一高速旋转的漏斗形中央圆筒的内壁，靠离心力使油滴甩出而雾化燃烧。这种燃烧器结构简单，制作和管理方便，但当含水量大且滴量又多时，燃烧条件较差，容易熄火。

二、哈姆沃西焚烧炉的结构

这种焚烧炉可用于焚烧废油、固体垃圾（废物）、塑料、污水处理装置排出的污水污泥。其结构如图7-12所示。炉体为直立的圆筒体，炉内敷设一层绝热材料和一层耐火材料，设有转臂式火耙，火耙的驱动机构、送风机和灰盘均设于下部空间。点火辅助燃烧器、油水污泥燃烧器、固体废物加料门（为双层门结构）和送风口都装在炉体壁上。燃烧器和送风口均成切向布置以形成旋流燃烧；废物加料门是双重的，目的是避免炉内高温对操作人员及舱室安全所造成的辐射威胁，同时可在焚烧过程中连续投放固体废物。炉顶两侧接近排烟口处装设滤网挡板组成的飞灰分离器，炉顶排烟管上装有烟和空气混合室，借外面连接的抽风机吸烟气时也带进空气来冷却炉壁。炉门是气动的，并用压力空气密封，以防灰渣外冒。

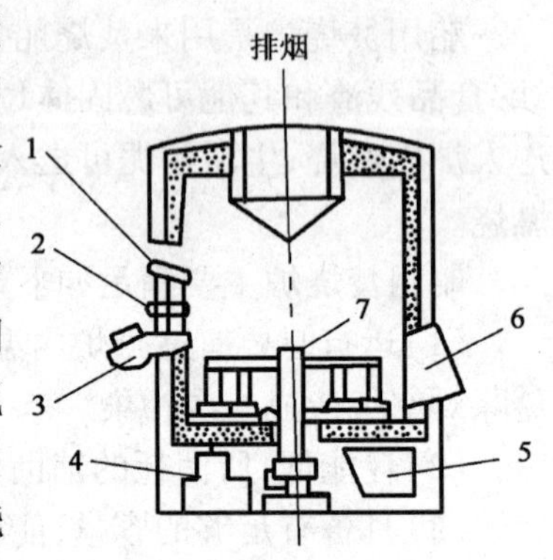

图7-12　哈姆沃西焚烧炉

1-火焰监视器；2-废油燃烧器；3-辅助燃烧器；4-鼓风机；5-灰斗；6-固体；7-旋转臂

燃烧器有两个：一个是辅助燃烧器，它采用高、低位燃烧器，自配油泵和风机；另一个为液体废物燃烧器。燃烧室采用电火花点火、火花点火和火焰监控全部自动化。另外旋转臂的转速由两级齿轮减速来控制，助燃的空气从旋转臂下面喷出助燃，同时又可冷却旋转臂。

固体废物燃烧器采用鸭嘴形的扁管，固体颗粒度不大于6mm、含水率不大于50%的油污渣和水污泥的混合液可以正常燃烧。液体废物循环是自控的。当固体废物投放到炉膛内后，接着向炉内送风，辅助燃烧器工作，火耙转动，当炉内温度达到600℃以上时，再将油污渣、水污泥引入炉膛焚烧。为使油污渣、水污泥燃烧完全，在引入炉膛内前需要事先搅拌和加温。

此种焚烧炉优点是沿炉壁进风口多，可实现强制通风；燃烧快，转臂能保证固体废物完全燃烧；缺点是结构复杂，转臂拉的耙块容易损坏。

【知识链接与技能拓展】

阿特拉斯 ASW-400 型焚烧炉

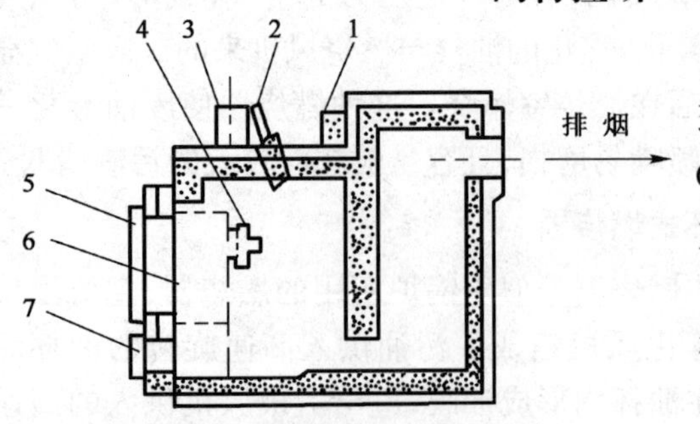

图7-13　阿特拉斯 ASW-400 型焚烧炉

1-搅拌器；2-废油燃烧器；3-鼓风机；4-辅助燃烧器；5-固体废物投放口；6-固体废物燃烧室；7-灰门

该焚烧炉用来处理船上废油及油污渣、污水处理装置的污水污泥等液体废物和除闪点低于60℃的废物、瓶和爆炸物外的固体废物。其结构如图7-13所示。

该焚烧装置由焚烧炉、排烟风机（或称引风机）、用于粉碎和循环污泥混合物的污泥输系统和自动控制箱四部分组成。焚烧炉有多个燃烧室，即固体废物在此干馏焚烧的干馏室和两个用耐火砖墙隔开的燃烧室。辅助燃烧器位于焚烧炉侧面，用来预热焚烧炉和点燃污泥燃烧器。当只烧固体废物时，仅需使用辅助燃烧器。

此焚烧炉的处理能力为 2 000kg 污泥和 500L 的固体废物，全负荷时的发热值为 1675×10^3 kJ/h（400×10^3 kcal/h），耗电量 18kW。焚烧炉的工作温度为 750 ~ 850℃，排烟温度为 300℃。

思考与练习

1. 船用焚烧炉有哪几种，各有什么作用？
2. 目前焚烧炉使用的污油燃烧器主要有哪几种？各有何特点？
3. 分析焚烧炉的结构，描述其工作原理。

模块八　离心式分油机

任务1　离心式分油机的拆装

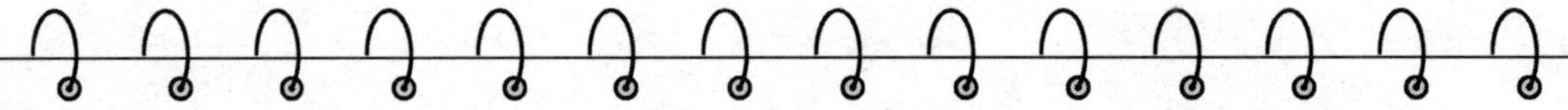

教学目标

◎ **能力目标**:具备拆装和保养离心式分油机的一般能力。

◎ **知识目标**:(1)熟悉离心式分油机的基本结构和工作原理;(2)熟悉提高离心式分油机分离效果的主要方法。

◎ **情感目标**:(1)严谨细实的工作态度;(2)良好的职业道德意识;(3)创新的意识和创新精神;(4)优良的学风和团队协作精神。

【任务引入】

船用离心式分油机是净化燃油和滑油中水分和杂质必不可少的关键的设备。现代船舶为了降低运营成本,广泛使用劣质燃油,因此,分油机成了舱内辅机中的使用、保养较为频繁的机械。那么,分油机的拆装就成为需要频繁进行的常规工作任务。

【任务分析】

分油机经过一段时间工作常常需要拆装、保养,发现各类不正常现象时也需要通过拆装检查。为更好地掌握分油机的拆装,需要熟悉分油机的相关知识。

【相关知识】

一、分油机的基本工作原理

船舶柴油机所用的燃油、滑油必须经过净化处理,去除其中的水分和杂质。净化质量的好坏对柴油机工作的可靠性和使用寿命影响极大。常见净化油的办法有过滤、沉淀和离心分离。过滤只能去除油中粗颗粒杂质;而沉淀使油、水和杂质分离较慢,且因船舶摇晃致使效果变差;离心分离能克服上述两者的缺点,故离心式分油机(又称分油机或油分离机)在船舶中得到广泛应用。

在混有水和杂质的油中,机械杂质的密度最大,油的密度最小,水的密度介于二者之间。离心式分油机的工作原理是:让需要净化的油进入分油机中作高速旋转,密度较大的杂质和水滴所受离心力也大,被甩外向外周,水被引出,杂质则定期清除(排渣);密度较小的油所受离心力也小,从靠近转轴的出口流出,从而得到净化。由于杂质、水分所受的离心惯性力比自身重力大几千倍，因此，离心式分油机具有净化时间短、流量大和效果好的优点。

分油机根据用途不同可分为分水机和分杂机。分水机主要作用是分离油中水分（较大颗粒杂质也能分离出来）；分杂机只能分离油中的固体杂质。

分油机的核心部件是分离筒，其结构简图 8-1 所示。分离筒本体 2 由立轴带动高速旋转（一般转速为 6 000 ~ 8 000r/min），分离筒内有若干不锈钢分离盘 3，盘厚约 0.4 ~ 1.5mm，盘的间距约 0.5 ~ 1.0mm，叠套在盘架 10 上。盘架与分离筒底盘 12、本体 2 间彼此用销固定，一起旋转。分离盘呈伞状，其中心角 2α 在 60° ~ 100°间。分水机的分离盘靠外边缘附近开有若干分配孔 11。

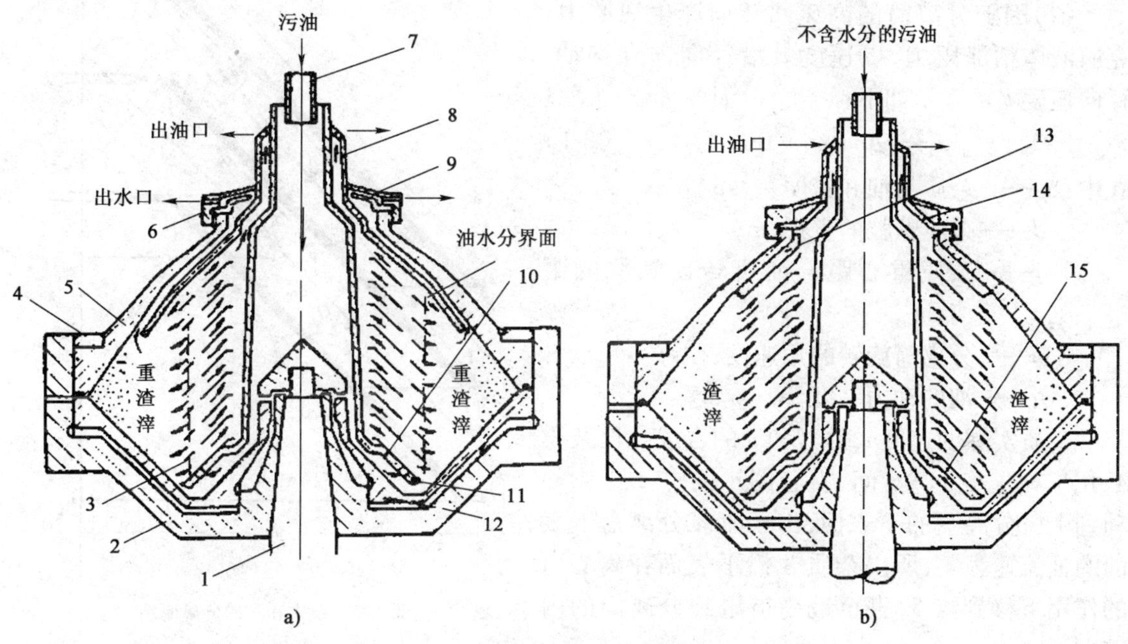

图 8-1　分离筒简图

1-转动立轴；2-分离筒本体；3-分离盘；4-锁紧环；5-分离筒盖；6-小锁紧环；7-进油管；8-分水颈盖；9-重力环；10-盘架；11-分配孔；12-分离筒底盘；13-厚颈盖；14-分杂颈盖，15-盘架（无孔）

分水机在分油前应将一部分热水（来自热水压力柜）经进油口注入分离筒（图 8-1a），使之在筒内外周形成水封区，然后使待净化的油经分油机自带进油泵供至进油管 7，进入分离筒后流向下部，再经盘架 10 的分配孔进入分离盘间，被分离盘分成若干层的油随分离筒一起高速旋转。由于在外周已形成一圈水封，故能防止油从出水口跑掉。当从油中分出水时，它就将挤兑原来的水封水，使之经颈盖 8 和分离筒盖 5，重力环 9 间的环形间隙，从出水口排出。油中的机械杂质将穿过水封区被甩聚在分离筒内壁上；净油则连续地经过盘架和颈盖间的环形通道流至出油口，由分油机自带排油泵排走。分杂机只用来分离机械杂质，它没有出水口，使用时也不必引入水封水。

分水机和分杂机主要结构相同，差别只是：①分水机盘架有一圈分配孔，分杂机盘架无孔；②分水机有重力环和出油口、出水口，分杂机只有出油口，不需要重力环。因此，二者只需更改个别元件即可互换。例如以图 8-1b）中的无孔盘架 15 代替图 8-1a）中的有孔盘架 10，以图 8-1b）中的厚颈盖 13 和分杂机颈盖 14 代替图 8-1a）中的分水机颈盖 8 和重力环 9，就可以将分水机改装为分杂机。

二、影响分离效果的因素

图 8-2 所示为分杂机工作简图，来分析杂质（及水滴）在分油机中分离的过程。待净化的油从分离盘外边缘进入分离盘间，设油中有某一杂质颗粒 A（或水滴），该杂质 A 在分离筒中参与两种运动：

（1）随油一起在分离盘间以 v_1 速度向出口流动。在两分离盘间的燃油流动速度分布是沿 $x—x$ 线流速最大，而紧靠上、下分离盘壁处流速为零。

（2）因随分离筒的高速回转而产生离心力，克服液体粘滞阻力，以速度 v_r 沿径向向外移动。径向速度 v_r 可表示如下：

$$v_r = \Delta\rho d^2 \omega^2 r / 18\mu \tag{8-1}$$

式中：$\Delta\rho$——杂质与油和密度差，kg/m^3；

d——杂质颗粒的直径，m；

r——杂质重心距分油机转动轴线的距离，m；

ω——分离筒旋转的角速度，1/s；

μ——油的动力粘度，N · s/m。

杂质实际的速度 v_a 是 v_1 和 v_r 的合成。设杂质 A 由点 1 进入分离盘间，沿着图示的点 2、3、4 移动到上一分离盘的下表面，由于紧靠分离盘下表面的油流速为零，所以杂质 A 沿下表面在离心力的作用下移到点 5，直至最终被甩到分离筒的内壁上。

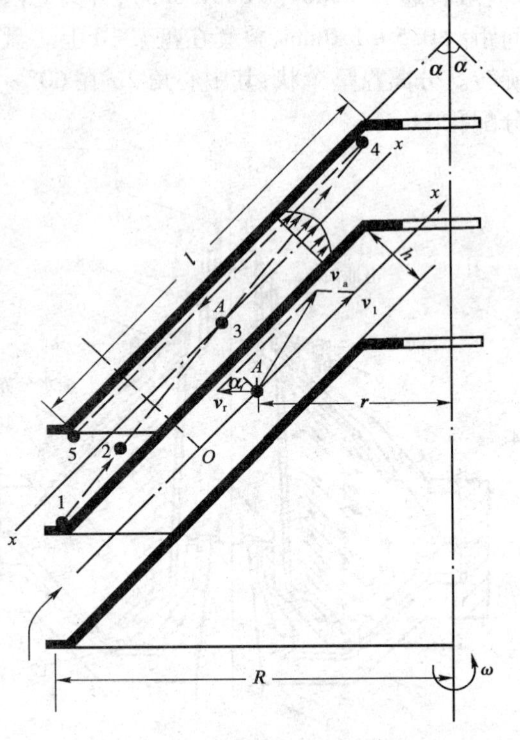

图 8-2 杂质和水的分离原理

由上述可知，杂质必须到达上面分离盘的下表面，才能在离心力作用下，克服盘面上向下移动的阻力（摩擦力、液体阻力等），最终被甩至分离筒壁面上。一些极细小的杂质颗粒，可能直到被油携带走完 l 距离后，仍然不能到达分离盘下表面，因而随油从出口流走，无法分离出来。显然，要想使杂质颗粒能到达分离盘下表面，就希望分离盘的间距 h 要小，速度 v_r 在 h 方向的分速度 $v_r\cos\alpha$ 要大，而且流过分离盘之间的时间 l/v_r 要长。

对既定分油机来说，转速（ω）和尺寸都已确定，要想使更多更小的杂质分离出来，主要取决于以下几方面：

（1）通过分油机的油流量不宜过大。因为流量小，杂质流过分离盘间的时间就长。

（2）在允许范围内适当提高油的温度。因为油温提高后，油的粘度和密度都减小，v_r 可增大。

（3）分油机应保持较高转速。因此，要防止电动机转速降低。

【任务实施】

分油机的结构

分油机的类型很多，但基本结构大同小异。图 8-3 所示为迪拉瓦 MPX309 型自动排渣分油机的主要结构。分油机体下部安装着分离筒的传动机构，水平轴 26 由电动机经摩擦离合器

6 驱动，经过大、小螺旋齿轮 28、25 增速，带动分离筒转轴 24 高速旋转。

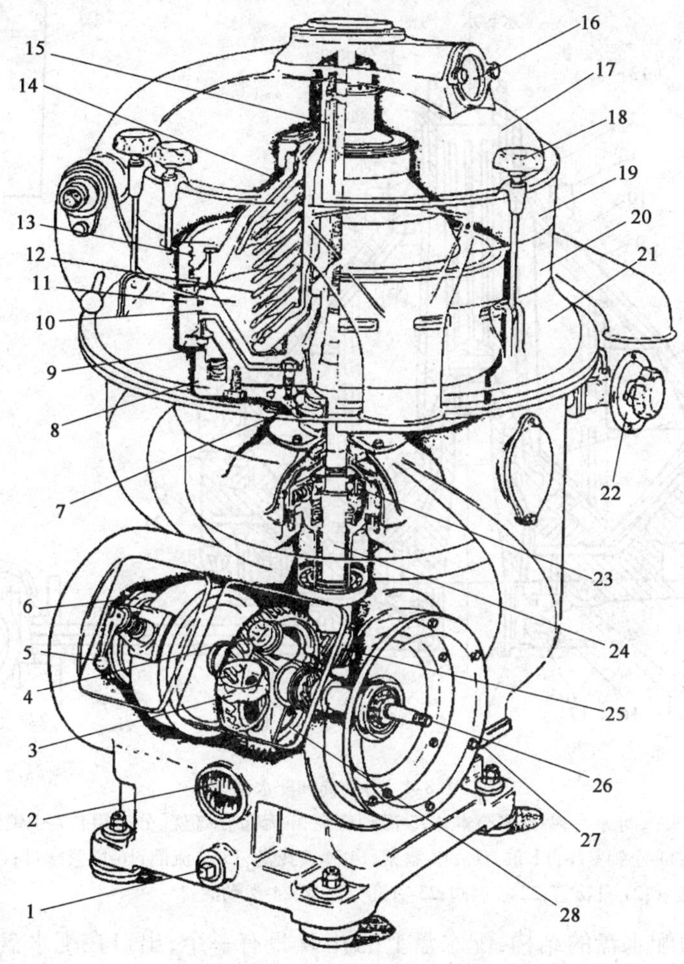

图 8-3　迪拉瓦 MPX309 型自动排渣分油机

1-放油旋塞;2-观察镜;3-加油孔;4-计速器;5-刹车装置;6-摩擦离合器;7-配水盘;8-弹簧托盘;9-滑动圈;10-活动底盘;11-分离筒本体;12-分离盘;13-锁紧环;14-分离筒盖;15-盘架;16-溢油观察镜;17-上盖;18-压紧螺钉;19-上集油盖;20-下集油盖;21-分油机体;22-控制阀;23-上轴承;24-分离筒转轴;25-小螺旋齿轮;26-水平轴;27-污渣出口;28-大螺旋齿轮

图 8-4 所示为分离筒和自动排渣系统的结构。图中右半部按分水机画，左半部按分杂机画。这种分油机将分水机改装为分杂机时只需改动两个零件，即将底部带孔的分离盘 23 换为无孔分离盘 6，又在颈盖 9 中部原有的槽内装一橡皮挡圈 10 封住水的通道。在分离筒本体 4 的壁上沿圆周均匀分布着排渣孔 L。分离筒的活动底盘 5 可以上下移动。活动底盘的上方是被净化的油（包括水封水）。若在底盘 5 和本体 4 形成的空间内通以控制底盘启闭的工作水，在分离筒高速转动的情况下，由于工作水的作用半径大于被处理油的作用半径，加上水的密度大于油，因此底盘下方的压力大于底盘上方的压力，从而使活动底盘 5 紧压在分离筒盖 8 上，使分离筒保持密封，进行分油作业。若设法把活动底盘 5 下部空间的工作水放掉，则在上部液体的作用下，活动底盘下移，排渣孔被打开，污渣和水就在离心惯性力的作用下，自动从排渣孔 L 中甩出。

为了控制分离筒的开启和封闭，设有滑动圈 24、配水盘 17、内外接管 20 和 21 以及控制阀 22 等组成的配水系统。工作水由一专设的高置水箱供给，水箱水位应高于控制阀 1.5 ~ 3.0m。

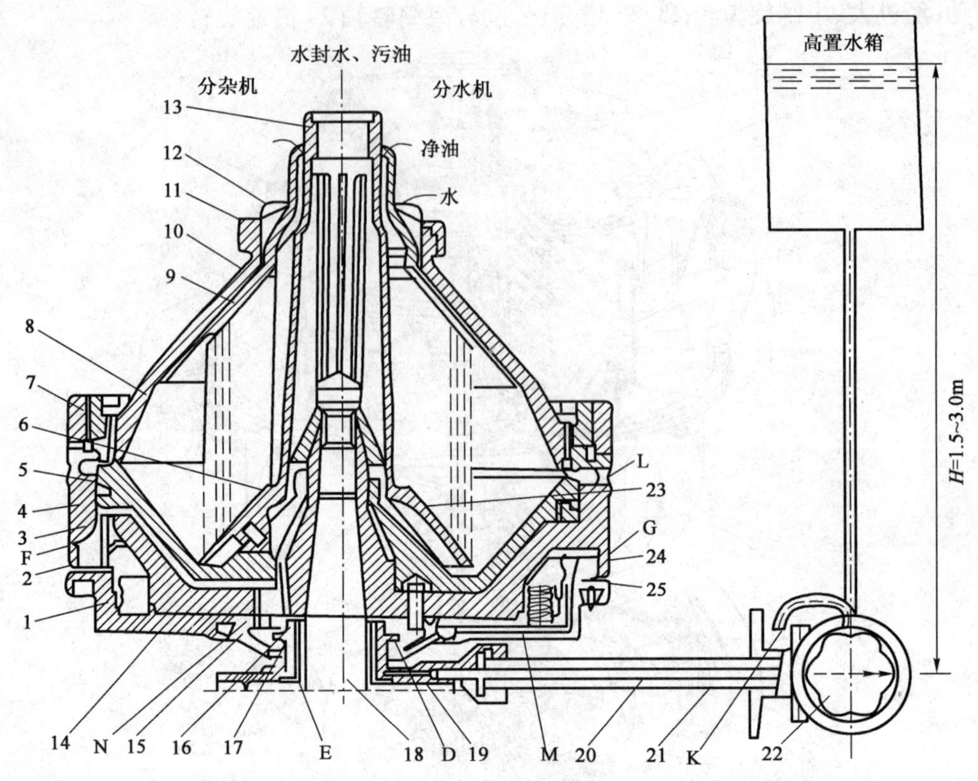

图 8-4　分离筒和配水系统

1-复位弹簧；2-塑料堵头；3-导水套；4-分离筒本体；5-活动底盘；6-无孔分离盘（分杂用）；7-主锁紧环；8-分离筒盖；9-颈盖；10-挡圈（分杂用）；11-小锁紧环；12-重力环；13-盘架；14-弹簧托盘；15-分流圈；16-固紧螺母；17-配水盘；18-分离筒转轴；19-导水座；20-内接管；21-外接管；22-控制阀；23-有孔分离盘；24-滑动圈；25-导水销

图 8-5 所示为配水盘的结构，配水盘上的孔 D 只有一个，出口在配水盘 3 上部的圆周表面上，距离转轴中心最远。配水盘上的斜孔 E 有八个，出口在配水盘上端面上，距转轴中心最近。通滑动圈上方的孔 M 只有一个，位于与分离筒本体 1 一起回转的分流圈 4 上。孔 M 进口距转轴中心的距离介于孔 D 出口与孔 E 的出口之间。此外，从控制阀接到导水座 5 的水管是由较细的内接管 6 套在较粗的外接管 7 中组成。内管中的工作水只通过孔 D，外管中的工作水由空间 A 通到空间 B，继而与 E 相通。

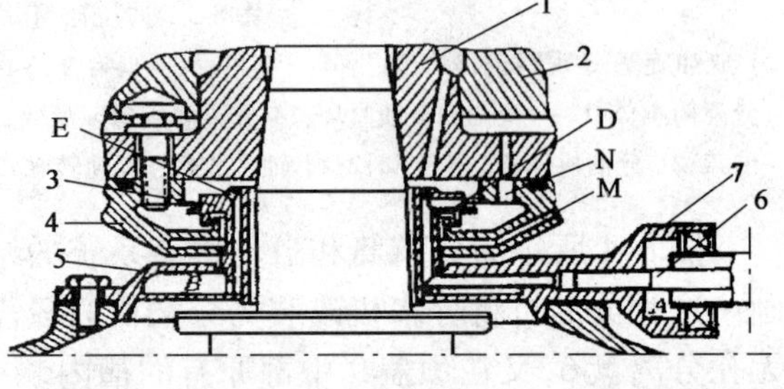

图 8-5　配水盘

1-分离筒本体；2-活动底盘；3-配水盘；4-分流圈；5-导水座；6-内接管；7-外接管；D-补偿用孔；E-排渣和密封用孔；M-通滑动卷上方的孔，供排渣用；N-通活动底盘下方的孔

【知识链接与技能拓展】

分水机重力环的选择

图 8-6 所示为分水机的工作简图。分水机的盘架在距离外边缘 1/3 径向长度处有分配孔，正好与分离盘上的分配孔相对，大颗粒杂质和水滴的运动轨迹如同前面分析那样被甩向外边，净油流至转轴中心排出分离筒。在高速旋转的分离筒中，油和水必定分层，形成一油水分

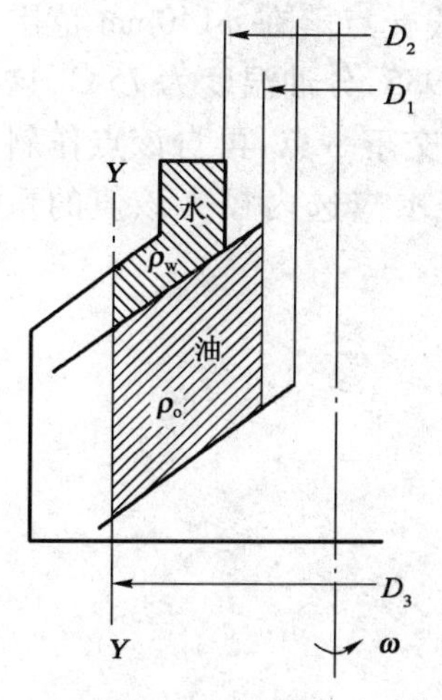

图 8-6　分水机的油水分界面

界面 Y—Y,一般认为油水分界面在靠近分离盘的外边缘处是适宜的,因为这样分离过程的流动距离 l 可以较长。油水分界面实际上是以转轴中心线为轴线,以分离盘外边缘至轴线的距离为半径的圆柱面。实际分油过程由于工作条件的变化,会引起油水分界面 Y—Y 向轴心或向外移动。若油水分界面 Y—Y 向转轴中心移动太多,则 l 减小,小的水滴可能分离不出来而随油排出,降低了分离效果;如果油水分界面 Y—Y 向外移动离开分离盘的圆周边缘,会造成水中有油,严重时会自出水口大量跑油。

由图 8-6 可以看出,Y—Y 即油水分界面,D_1 到 D_3 的环形空间被油占据,油随分离筒旋转产生的离心力必然对 Y—Y 面产生一个静压力 p_0;D_2 到 D_3 的环形空间被水占据,水产生的离心力必然对Y—Y面也产生一个静压力 p_w,若静压力 $p_0 = p_w$,则油水分界面稳定不动。油、水静压力大小主要取决于油、水的密度 ρ_o、ρ_w 并和尺寸 D_1、D_2、D_3 有关。根据理论计算:

$$\rho_o({D_3}^2 - {D_1}^2) = \rho_w({D_3}^2 - {D_2}^2)$$

即

$$D_2 = [{D_3}^2 - \rho_o({D_3}^2 - {D_1}^2)/\rho_w]^{1/2} \tag{8-2}$$

式中:D_1——出油口直径,一般固定不变;

D_2——出水口直径即重力环内径,可以选择;

D_3——油水分界面直径;

ρ_w、ρ_o——对应分离温度的水、油的密度。

分油机配备了一套重力环可供选择。由公式可以看出,重力环内径(即出水口直径 D_2)可以根据油的密度 ρ_o 来选择。油的密度 ρ_o 大,则重力环内径 D_2 小。这是因为的密度增大后在Y—Y分界面处静压力 p_0 增大,只有减小出水口直径 D_2,使水的环形空间加厚,$D_3 - D_2$ 增大,才能在 Y—Y 面上产生更大的静压力 p_w 与之抗衡,否则 Y—Y 面会外移而可能超出分离盘外缘,发生跑油现象。保证较好分水效果的措施除了选用较低的分油流量、在允许范围内适当提高油的温度、保持分油机较高的转速外,还应根据油的密度选择合适的重力环。

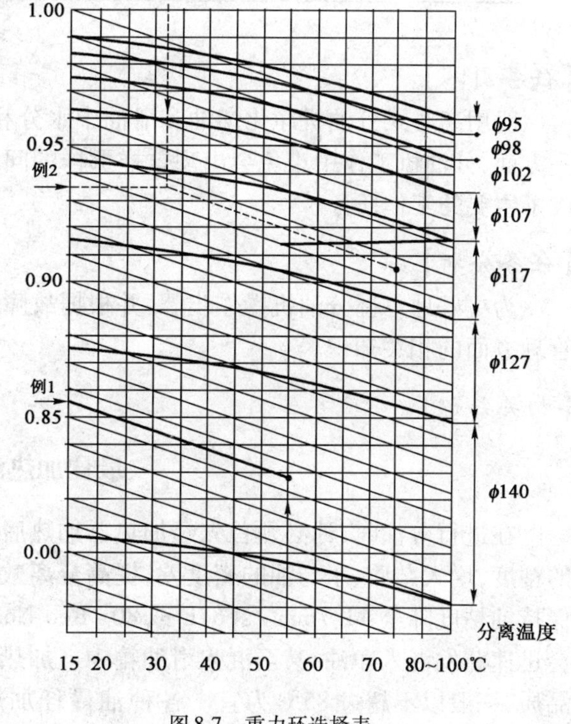

图 8-7　重力环选择表

在分油机说明书中附有根据油的密度和分离温度选择重力环的图表。图 8-7 为 MPX309 型分油机重力环选择图表。其纵坐标为密度,横坐标为油料分离温度,两条黑斜线之间表示某一内径重力环的适用范围。例如:若油料 15℃ 时的相对密度为 0.855,分油温度为 55℃,则在纵坐标为 0.855

处作图中斜线族的平行斜线，在横坐标温度为55℃处作垂直线，两线交点落在 ϕ140mm 范围内，这就是应选的重力环内径。又如油料在32℃时的相对密度为0.935，分油温度为75℃，这时先在纵坐标0.935处作水平线与横坐标温度32℃处之垂直线相交于一点，再自该点作斜线，与横坐标温度75℃处的垂直线相交点在 ϕ116mm 范围内，则表示应选内径为该值的重力环。

思考与练习

1. 分水机和分杂机有何异同？
2. 提高分油机分离效果可以从哪些方面考虑？
3. 分油机的拆装应注意什么问题？
4. 如何合理选择分水机的重力环？

任务2 离心式分油机的操作与故障排除

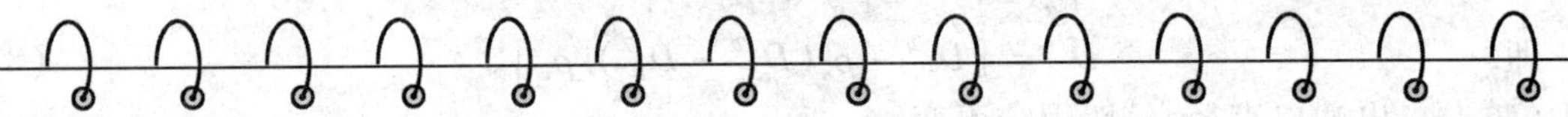

教学目标

◎ **能力目标**：(1)具备离心式分油机的基本操作能力；(2)具备一般故障的分析排除能力。

◎ **知识目标**：熟悉自动排渣离心式分油机控制工作过程。

◎ **情感目标**：(1)严谨细实的工作态度；(2)良好的职业道德意识；(3)创新的意识和创新精神；(4)优良的学风和团队协作精神。

【任务引入】

船用离心式分油机净化燃油和滑油中水分和杂质的效果如何，关键在于分油机的操作；另一方面，分油机工作中难免会出现这样那样的问题。因此，如何正确操作和分析分油机故障就成了主要的工作任务。

【任务分析】

为更好地掌握分油机操作步骤，并根据故障现象进行正确的分析与排除，需要熟悉分油机管理方面的相关知识。

【相关知识】

一、最佳加热温度的确定

在进行分油时，油必须首先经加热器加热后再进入分油机。加热油的目的是为了降低油的粘度，增大杂质、水与油的密度差，提高分离效果。加热温度必须适当，不能太低或太高，应保持油粘度降至44.7mm^2/s(6°E 或 80s Red No.1)以下。温度超过90℃时，分离出的水分就会迅速蒸发混入净油，甚至混入滑油箱中。加热的最佳温度取决于油的闪点、水的沸点和滑油品质，一般以不超过85℃为宜。各种油最佳加热温度：柴油40℃；重柴油40～60℃；润滑油(无添加剂)65～75℃；燃料油75～95℃。对于含水分多的重油，第一级分水时加热温度不允许超过 85℃,第二级分杂时可达 90 ~95℃。

分油机分燃油时,燃油相对密度最好小于 0.98。若燃油相对密度接近于 1,为了便于分离水分,在分油前应使用疏水添加剂去掉油中的乳化泡沫。由于某种原因燃油中水分较多,特别是当燃油中混入海水时,乳化泡沫非常多,呈黄褐色粘稠状,分油机根本无法分离。出现这种情况时最好使用疏水添加剂。

二、最佳分油量的确定

在满足主机耗油量的基础上,选取的分油流量越小,则分离效果越好。分油流量可参考分油机说明书所提供的选择最佳分油流量的图表来确定。分燃油时一般多采用分油机额定分油流量的 50% 左右,分滑油时则多取 1/3 左右。分油流量大小可由流量计读出。

三、选择最佳的工作方式

分油机在船上应用时,工作方式有三种:

单机工作:用一台分水机处理全部流量。

并联工作:两台分水机并联工作,各处理总流量的 50%。

串联工作:两台分油机串联,前一台为分水机,后一台为分杂机,每台都要流过处理的全部流量。这种方式效果最好,即使分水机油水界面太靠内,分离效果差些,因后级还有分杂机,仍能保持较好的分杂效果。

四、热 水 清 洗

当燃油中的含水量不大于 4% 时,为了去除燃油中的水溶性灰分(一般多是钠的化合物,如氯化钠、环烷酸钠等),在分离燃油的同时,打开引水阀,把热水注入分离筒清洗燃油,清洗后的污水和燃油中的水分一起被分离出来。注水量不可太多,约为分油量的 1%,热水的温度要比燃油的分离温度高 5 ~6℃。在分离滑油时,也可以加热水清洗,水量约为分离量的 2%,以便去掉滑油中的酸,延长滑油使用期限。但对含添加剂的滑油一般不用水洗,因为可能洗去添加剂。

五、起动和运转

分油机是高速回转机械,起动前的准备工作极为重要。

分油机拆检、清洗或停车之后再起动,起动前必须经检查确认刹车固定杆脱开;电机转轴不被卡紧;齿轮箱的油位、油质符合要求;油泵油杯润滑油脂足够;一切正常方可按下起动按钮。当起动电流达正常值时,按分油程序逐步操作:分离筒通入工作水封住排渣口;分离筒上部引水建立水封,当出水口出水,说明水封完成,关闭引水阀;先开分油机出油阀,缓开进油阀(避免破坏水封造成跑油),直到达到需要的分油量,然后使进油阀开度固定。进油阀开启不能过快,否则会破坏水封,造成出水口大量跑油。分油流量确定后,适当调整加热温度,使之达到规定值。

当使用分杂机时,在密封好分离筒后,进油阀应迅速开至要求流量,因为不存在水封被破坏问题。

分油期间应经常注意出水口和排渣口是否跑油、滑油油位、进油流量、加热温度、日用油柜和沉淀油柜油位、高位水箱水位等。当发现分油机有不正常声响、振动、齿轮箱发热和齿轮泵发热时应立即停车检查,判明原因并予以消除。

六、排　渣

进行排渣作业时，先关闭进油阀，缓开引水阀将分离筒中剩油赶走。若出水口出水说明油基本上赶净，立即关引水阀，把控制阀转至“1”位，稍停 3 ~ 5s，当听到冲击声，说明污渣已排出。为提高排渣效果，可再开引水阀将热水引进分离筒，冲洗 5 ~ 15s。如果油粘度高且杂质较多，可重新密封分离筒，注入热水冲洗分离筒，然后重复排渣过程。

工作中排渣间隔时间取决于油的杂质含量，一般最长不得超过 4 小时。若由于某种原因，分油机连续运转没有排渣，超过规定排渣时间间隔太长，切勿进行自动排渣。因为污渣可能已结成硬块，如强行排渣硬块不均匀碎裂，会引起分油机剧烈震动，甚至破坏有关部件。在这种情况下应采用人工清洗。

七、停止分油机

当完成分油作业时，不能直接按停机按钮，必须按步骤停止分油机。

首先切断进油，如果分离的是重油或粘度高的重柴油，为防止停机后燃油在管路中凝固，可在切断进油前改用轻柴油冲洗管路，或把有关管系吸净。然后开引水阀、回收分离筒中净油，再进行排渣工作。排渣结束把控制阀停在空位“2”，切断工作水以防止高置水箱的水经配水盘流失。最后，切断电动机电源停止分油机转动。

【任务实施】

一、分油机的操作

以 MPX309 型自动排渣分油机为例。控制阀的表盘上标有 1、2、3、4 四个位置，分别代表“开启”、“空位”、“密封”、“补偿”四种工作状态。参照图 8-3 和图 8-4 说明如下：

分油机停止不用时，控制阀应处于“2”(空位)位置。此时排渣口已经打开，活动底盘在最低位置，控制阀切断了通内、外接管的工作水，滑动圈上方的水已通过孔 G 放空，滑动圈在弹簧作用下上移，并用它上面的塑料堵头 2 将装在分离筒本体上的三个导水套的通道 F 堵死。

当要进行分油作业时，起动分油机，待达到额定转速后，将控制阀按逆时针方向转到位置“3”(密封)。此时工作水经控制阀内小孔进入外接管，而内接管与控制阀上的指示管 K 接通。中等流量的水由外接管经导水座和配水盘上的八个孔 E 进入分流圈中，在离心惯性力的作用下经本体上的孔 N 进入活动底盘的下部空间，使活动底盘上移，并封闭排渣孔。随着工作水的不断进入，水环的内缘逐渐向转轴中心靠拢，在充满活动底盘的下部空间后，分流圈中的水环内缘先到达配水盘圆周上的孔 D，并通过内接管从指示管 K 流出。这表示分离筒已密封好，此时应迅速将控制阀转到位置“4”(补偿)，并开始分油作业。密封位 3 只是一个过渡位置，如指示管 K 出水后继续在该位停留过久，分流圈内水环内缘会继续内移，以至进入 M 孔，压下滑动圈，可能使活动底盘重新落下而开启排渣孔 L，位置“4”(补偿)是进行分油作业的位置。这时工作水经控制阀中小孔通入内接管和配水盘上的孔 D。当水箱中工作水位高度恰当时，分流圈内水环的内缘正好停留在 D 孔出口附近，工作水的静压与水环离心力所产生的压力相平衡，因此水不能经孔 D 压入底盘下方。当底盘下方的水因蒸发和泄漏而减少时，工作水经孔 D 和 N 自动补给，以保持分离筒的有效密封。

当要排渣时，先关闭分油机的进油阀，向分离筒内充入水封水将油排光，再将控制阀转到位置“1”(开启),此时工作水经控制阀中大孔与外接管和配水盘上的E孔相通。较大流量的工作水经E进入,使分流圈中水环的内缘很快内移,水经M孔道进到滑动圈上部空间。分离筒本体上虽有小孔G,但因孔径甚小泄漏较慢,故工作水将充满滑动圈上部,克服弹簧力而将滑动圈压下,打开F通道,放掉活动底盘下部的工作水,底盘下移,开启排渣孔L。

排渣完毕后,将控制阀转到位置“2”(空位),这时控制阀切断了全部工作水通道,残存在滑动圈上部的工作水经小孔G逐渐排出,约需5~6s排空,滑动圈在下部弹簧作用下上移,重新封住通道F。如要继续分油,再经“密封”位3,转至“补偿”位4。

国产DZY型自动排渣分油机工作原理与此类似,结构有所不同。其分离筒底盘不能上下移动。而是靠从下方套在底盘外的筒形差动活塞上下移动来启闭排渣口,配水结构也有差别。

二、分油机故障排除(表8-1)

分油机故障诊断与排除 表8-1

故障现象	产生原因	排除方法
运转不正常,有强烈振动	(1)分离筒装配不正确 (2)分离筒内键槽没有落在直立的圆柱销上 (3)缓冲橡皮圈损坏 (4)螺旋齿轮过分磨损或齿损坏 (5)分离筒内污物分布不均匀 (6)直立轴上部或下部轴承损坏 (7)检修时破坏了原有平衡	(1)拆检分离筒,并正确定位和装配使其落座 (2)拆下分离筒,重新正确安装 (3)更换 (4)检查清洗螺旋齿轮,损坏应更换 (5)清洗分离筒 (6)拆检并更换 (7)重作动平衡试验并修复
溢油管出现溢油	(1)进油量太大 (2)分离筒内积聚污物太多 (3)重力环口径太小	(1)减少进油量 (2)清洗分离筒 (3)选择合适的重力环口径
分水装置工作时,分离出来的水中含有大量的油	(1)水封水不足 (2)重力环口径太大 (3)集油器中,上、下室之间垫片损坏 (4)启动时进油阀开启太快或进油量太大,冲破水封 (5)净油泵输油量不足或不输油	(1)停止进油,重新水封 (2)更换小口径重力环 (3)拆开集油器检查密封片或更换垫片 (4)重新水封,逐渐开启进油阀,减少进油量 (5)检查油泵,查明原因排除
机身碗形底部出水孔出油或出水	(1)分离筒大密封橡胶损坏或涨大失去密封性 (2)分离筒橡皮密封环压不紧 (3)污油满溢 (4)直立轴高度不对	(1)更换 (2)拆下分离筒,重新正确安装 (3)关小进油阀或清除分离筒内污物 (4)调整直立轴高度
油泵吸不上油或输油量不足	(1)吸油管上有漏气现象 (2)过滤器阻塞或压盖未压紧 (3)油泵安全阀调节杆漏气 (4)油的粘度太大 (5)摩擦联轴器打滑导致转速不够 (6)油泵齿轮磨损,内部间隙过大或齿轮传动销断裂	(1)检查吸油管 (2)清洗过滤器或旋紧压盖螺母 (3)旋紧安全阀调节杆上螺母 (4)提高预热温度 (5)清洗联轴器摩擦面油污或更换摩擦片 (6)检查油泵
控制阀已转到“密封”位,分离筒不能闭合,有泄漏	(1)高置水箱水位太低 (2)控制阀有泄漏 (3)盘架环和活塞环安装不正确或损坏 (4)主密封环密封面有损坏 (5)分离筒和配水盘的相对位置不正确	(1)加水 (2)修理 (3)正确安装(盘架环倒角应朝下)或更换 (4)更换 (5)正确调整立轴高度

续上表

故障现象	产 生 原 因	排 除 方 法
控制阀已转到“开启”位,分离筒不不见开启	同上条之1、2、3、5	同上条之1、2、3、5
分离效果不良	(1)分离筒内渣太多 (2)油温太低 (3)重力环口径太小 (4)分离量太小	(1)增加排渣次数或清洗分离筒 (2)提高分离温度 (3)更换重力环 (4)减少分离量

【知识链接与技能拓展】

DZY-30 型分油机及控制系统工作过程

1. 基本结构分析

DZY-30 型分油机可以在不停机的情况下,通过操作人工控制阀或由时序控制系统实现自动排渣。其基本结构如图 8-8 所示。分离筒本体结构如图 8-9 所示,其中左边为分水工况,右

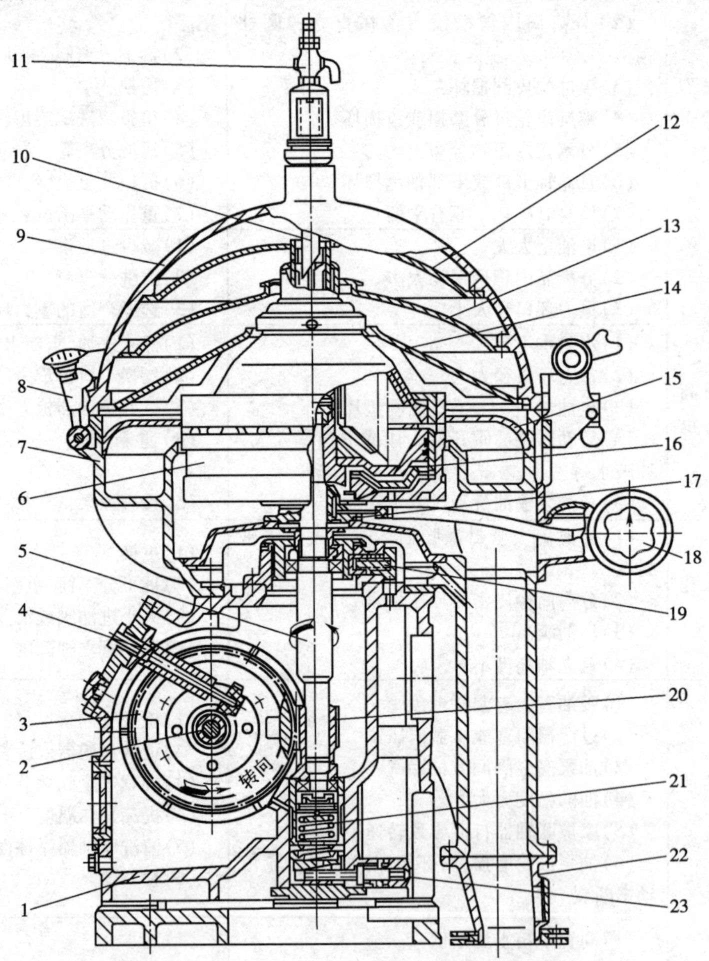

图 8-8 分油机基本结构

1-底座;2-水平轴;3-大螺旋齿轮;4-转速计数器;5-直立轴;6-分离筒;7-本体;8-手轮压块;9-集油器;10-进油导管;11-进油旋塞;12-上隔板;13-中隔板;14-下隔板;15-排污挡板;16-活塞;17-配水盘与分流挡板;18-控制阀;19-缓冲弹簧;20-小螺旋齿轮;21-直立轴轴承弹簧;22-排污接管;23-调节

边为分杂工况。分油机分离出的杂质绝大部分聚集在分离筒的内周壁上，极少量会粘附在分离盘下表面。自动排渣就是在分离筒依然高速旋转时能将这些杂质清除出分离筒。

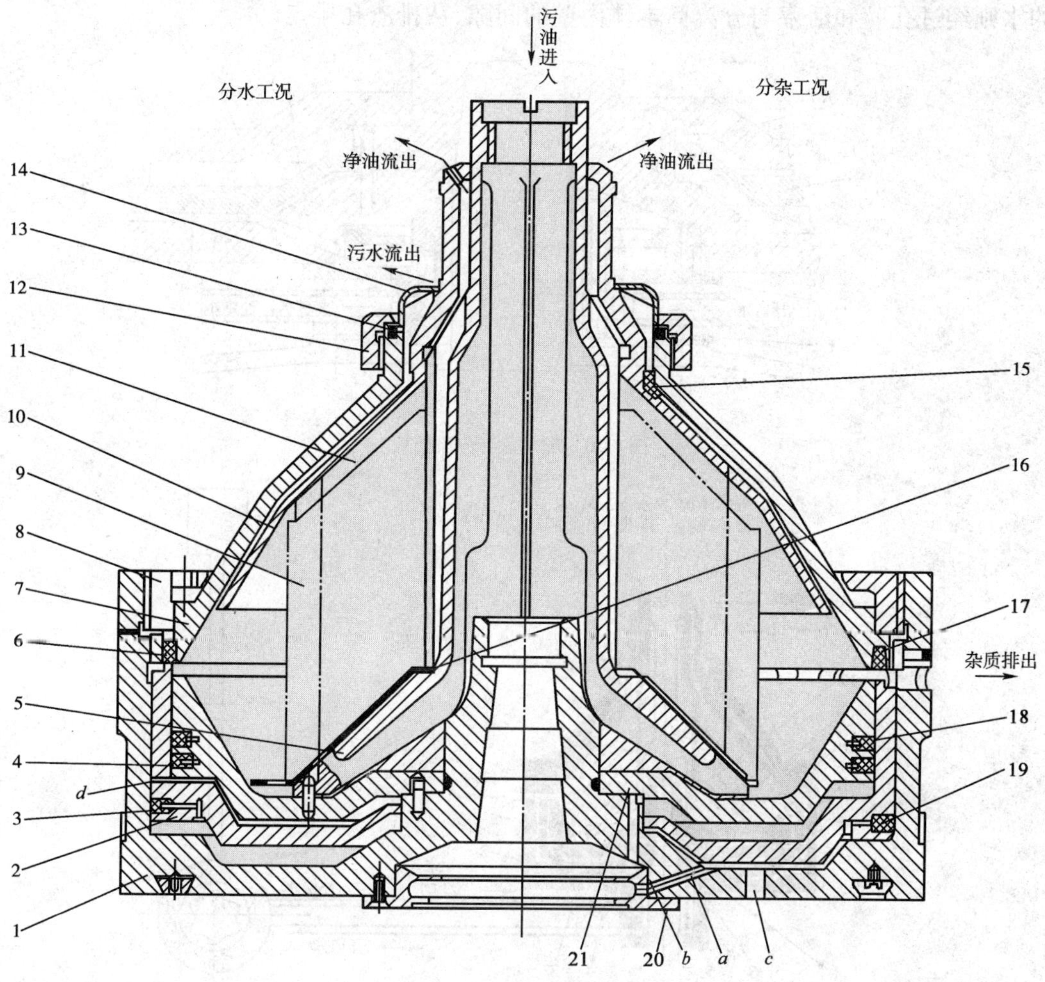

图 8-9　分离筒本体结构

1-分离筒本体；2-活塞；3、4-橡皮环；5-盘架；6-主密封环；7-分离筒盖；8-主锁环；9-分离盘；10-颈盖；11-无边分离盘；12-重力锁环；13-顶密封环；14-重力环；15-橡皮环；16-有孔底分离盘；17-定位块；18、19-橡皮环衬簧；20-分流挡板；21-分离筒底

DZY-30 型分油机分离筒本体四周设有能控制其启闭的排渣口，启闭排渣口由分离筒本体 1 和分离筒底 22 之间的活塞 2 上、下移动来完成。活塞和分离筒底的外圆表面分别装有密封橡皮环 3 和 4。为增强密封性能，橡皮环内侧分别设有衬簧 19 和 20，并有小孔向橡皮环底部引入由离心力产生的高压水，将橡皮环推向密封面。由图可见，分离筒底与活塞、活塞与分离筒本体之间分别形成了上、下两个环形空间，活塞上、下移动就是依靠活塞下部或上部环形空间引入工作水而产生的离心力的推动。工作水的引入由固定在机身上的配水盘和随分离筒一起旋转的分流挡板及分离筒本体上的通道完成，配水盘与分流挡板结构如图 8-10 所示。工作水来自高位水箱，通过人工控制阀或时序控制系统控制的电磁阀与配水盘连接，如图 8-11 所示。

2. 自动排渣工作过程（以人工控制阀为例）

(1)密封

密封是指活塞上移并封闭排渣口的过程。将控制阀转到“密封”位时，工作水同控制阀送至配水盘密封水接口，经孔 e、分流挡板内腔、分离筒本体底部孔 a 进入活塞下部环形空间，直至孔 c 以外的空间充满工作水；活塞在下部离心水压的作用下向上移动，关闭排渣口。活塞上部的水则经过孔 d 和活塞与分离筒本体内壁的间隙，从排渣孔排走。

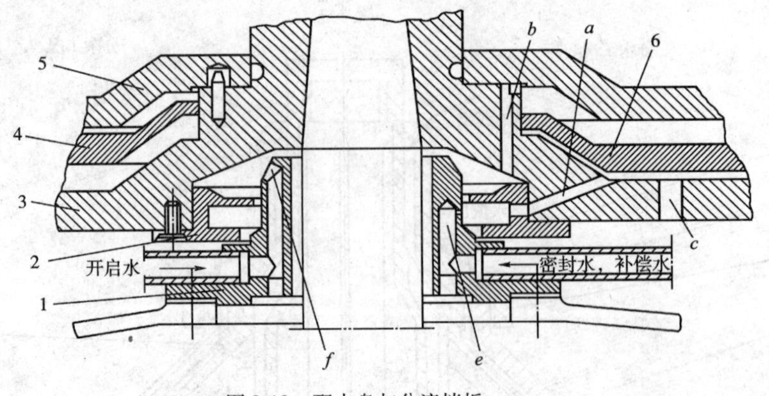

图 8-10　配水盘与分流挡板

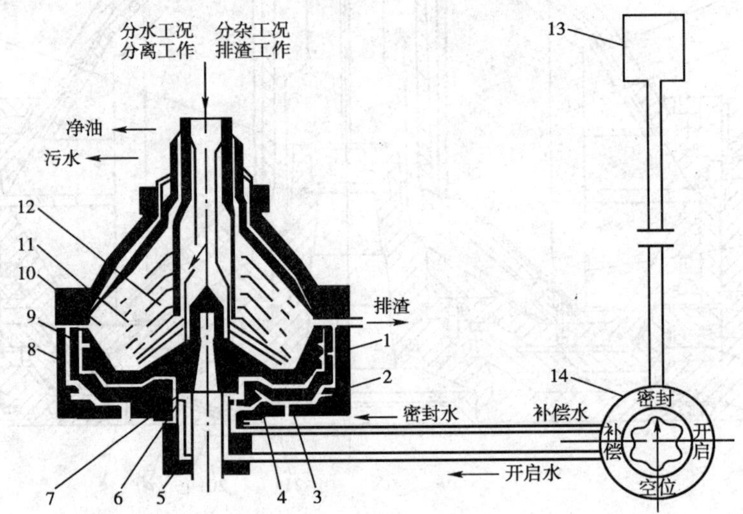

图 8-11　自动排渣控制系统

1-盘架环；2-活塞环；3-泄水孔；4-进水孔；5-配水盘；6-分流挡板；7-进水孔；8-泄水孔；9-活塞；10-污渣区；11-水封区；12-分离区；13-高置水箱；14-控制阀

(2)补偿

密封完成后，控制阀转到"补偿"位置，它是分油机工作位置。此时，控制阀的阀口由密封位置的大口转到小口。通过控制阀进入活塞下部的水量明显减少，以补偿活塞下部工作水因泄漏等原因造成的不足，防止分油机分油过程中活塞因工作水量减少，离心水压作用面积减小而下落，打开排渣口。

(3)空位

控制阀转到"空位"位置时，由控制阀控制的所有通路都被截断，互不相通。该位置是分油机停止工作的位置。

(4)开启

开启是活塞下移，打开排渣口的过程。当控制阀转到"开启"位置时，工作水由控制阀送到配水盘开启水接口，此时，密封(补偿)水路被截断。送到配水盘开启水接口的工作水经孔进入分流挡板上部，在离心力作用下迅速通过孔 b 进入活塞上部空间。因孔 d 直径很小，节流作用较强，工作水会迅速充满活塞上部空间。由于活塞上部环形空间面积远远大于下部环形空间的面积，在上、下离心压差作用下活塞下移，打开排渣口排渣，完成自动排渣过程。活塞下部工作水经孔 c 从排污道排出。

自动排渣结束后，可将控制阀转到“空位”位置停机，或再次转到“密封”、“补偿”等位置，进行重复排渣或恢复分油机的分油工作。

思考与练习

1. 最佳加热温度如何确定？
2. 分水装置工作时，分离出来的水中含有大量的油，试分析原因。
3. 简述自动排渣型分油机启动、运行、排渣、停机的工作过程。

附录　常用液压图形符号

常用液压图形符号(摘自 GB/T 7861—1993)

(1)液压泵、液压马达和液压缸

名称		符号	说明	名称		符号	说明
液压泵	液压泵		一般符号	双作用缸	不可调单向缓冲缸		详细符号
	单向定量液压泵		单向旋转、单向流动、定排量				简化符号
	双向定量液压泵		双向旋转,双向流动,定排量		可调单向缓冲缸		详细符号
	单向变量液压泵		单向旋转,单向流动,变排量				简化符号
	双向变量液压泵		双向旋转,双向流动,变排量		不可调双向缓冲缸		详细符号
液压马达	液压马达		一般符号				简化符号
	单向定量液压马达		单向流动,单向旋转		可调双向缓冲缸		详细符号
	双向定量液压马达		双向流动,双向旋转,定排量				简化符号
	单向变量液压马达		单向流动,单向旋转,变排量		伸缩缸		
	双向变量液压马达		双向流动,双向旋转,变排量	压力转	气—液转换器		单程作用

(1)液压泵、液压马达和液压缸

名称		符号	说明	名称		符号	说明
液压马达	摆动马达		双向摆动,定角度	换器			连续作用
液压泵马达	定量液压泵-马达		单向流动,单向旋转,定排量	换器	增压器	X	单程作用
液压泵马达	变量液压泵-马达		双向流动,双向旋转,变排量,外部泄油	换器	增压器	X Y	连续作用
液压泵马达	液压整体式传动装置		单向旋转,变排量泵,定排量马达	蓄能器	蓄能器		一般符号
单作用缸	单活塞杆缸		详细符号	蓄能器	气体隔离式		
单作用缸	单活塞杆缸		简化符号	蓄能器	重锤式		
单作用缸	单活塞杆缸(带弹簧复位)		详细符号	蓄能器	弹簧式		
单作用缸	单活塞杆缸(带弹簧复位)		简化符号	蓄能器	辅助气瓶		
单作用缸	柱塞缸			蓄能器	气罐		
单作用缸	伸缩缸			能量源缸	液压源		一般符号
双作用缸	单活塞杆缸		详细符号	能量源缸	气压源		一般符号

续上表

(1)液压泵、液压马达和液压缸

名称		符号	说明	名称		符号	说明
双作用缸	双活塞杆缸	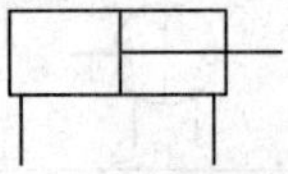	简化符号	能量源缸	电动机	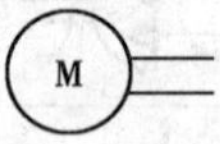	
双作用缸	双活塞杆缸	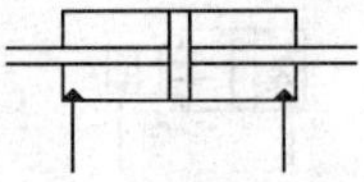	详细符号	能量源缸	原动机	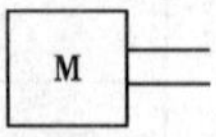	电动机除外
双作用缸	双活塞杆缸	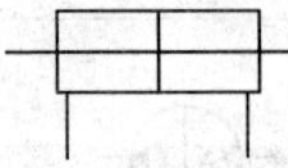	简化符号				

(2)机械控制装置和控制方法

名称		符号	说明	名称		符号	说明
机械控制件	直线运动的杆	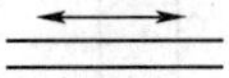	箭头可省略	先导压力控制方法	液压先导加压控制	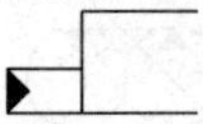	内部压力控制
机械控制件	旋转运动的轴	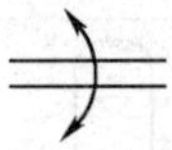	箭头可省略	先导压力控制方法	液压先导加压控制	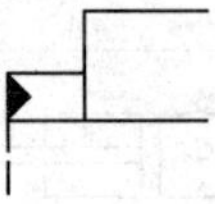	外部压力控制
机械控制件	定位装置	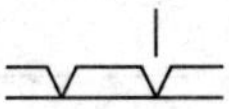		先导压力控制方法	液压二级先导加压控制	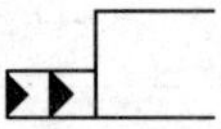	内部压力控制，内部泄油
机械控制件	锁定装置	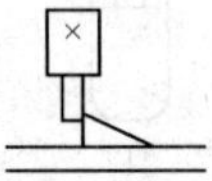	×为开锁的控制方法	先导压力控制方法	气—液先导加压控制	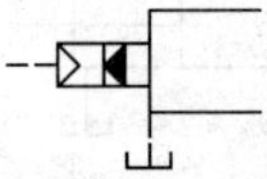	气压外部控制，液压内部控制，外部泄油
机械控制件	弹跳机构	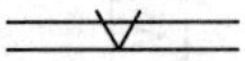		先导压力控制方法	电—液先导加压控制	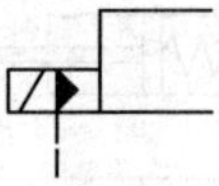	液压外部控制，内部泄油
机械控制方法	顶杆式	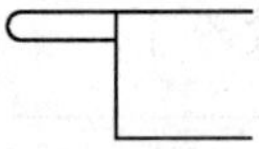		先导压力控制方法	液压先导卸压控制	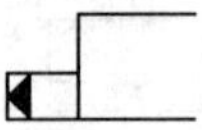	内部压力控制，内部泄油
机械控制方法	可变行程控制式	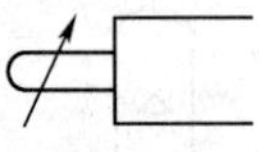		先导压力控制方法	液压先导卸压控制	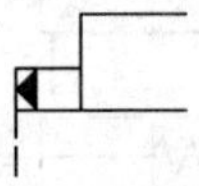	外部压力控制（带遥控泄放口）
机械控制方法	弹簧控制式	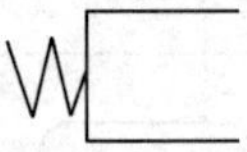		先导压力控制方法	电—液先导控制	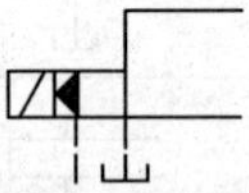	电磁铁控制、外部压力控制，外部泄油
机械控制方法	滚轮式	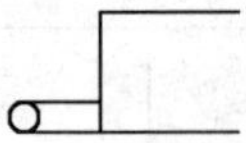	两个方向操作	先导压力控制方法	先导型压力控制阀	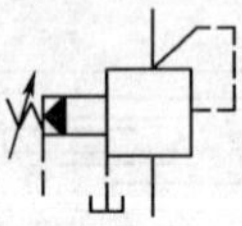	带压力调节弹簧，外部泄油，带遥控泄放口
机械控制方法	单向滚轮式	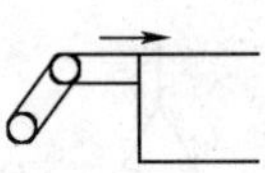	仅在一个方向上操作，箭头可省略	先导压力控制方法	先导型比例电磁式压力控制阀	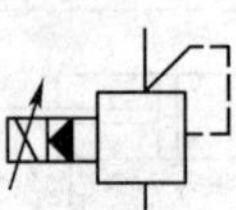	先导级由比例电磁铁控制，内部泄油

续上表

(2)机械控制装置和控制方法

名称		符号	说明
人力控制方法	人力控制		一般符号
	按钮式		
	拉钮式		
	按—拉式		
	手柄式		
	单向踏板式		
	双向踏板式		
直接压力控制方法	加压或卸压控制		
	差动控制	2 1	
	内部压力控制	45°	控制通路在元件内部
	外部压力控制		控制通路在元件外部

名称		符号	说明
电气控制方法	单作用电磁铁		电气引线可省略，斜线也可向右下方
	双作用电磁铁		
	单作用可调电磁操作（比例电磁铁，力马达等）		
	双作用可调电磁操作（力矩马达等）		
	旋转运动电气控制装置	M	
反馈控制方法	反馈控制		一般符号
	电反馈		由电位器、差动变压器等检测位置
	内部机械反馈	W	如随动阀仿形控制回路等

续上表

(3)压力控制阀

名称		符号	说明	名称		符号	说明
溢流阀	溢流阀	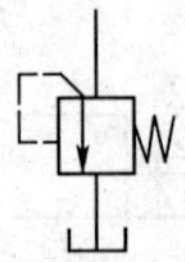	一般符号或直动型溢流阀	减压阀	先导型比例电磁式溢流减压阀	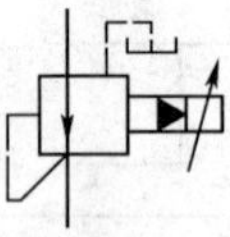	
	先导型溢流阀	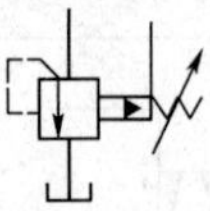			定比减压阀	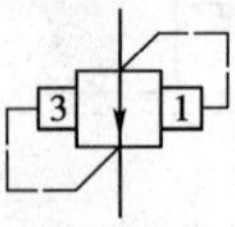	减压比 1/3
	先导型电磁溢流阀	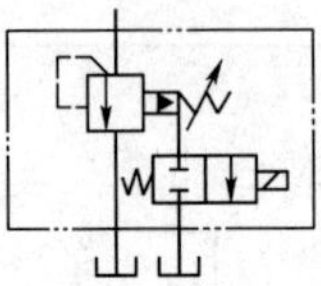	(常闭)		定差减压阀	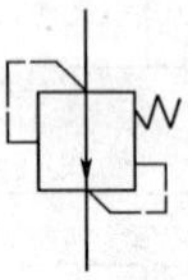	
	直动式比例溢流阀	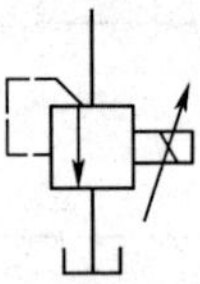		顺序阀	顺序阀	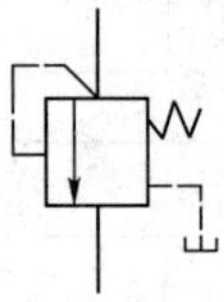	一般符号或直动型顺序阀
	先导比例溢流阀	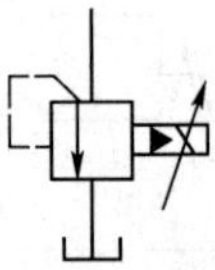			先导型顺序阀	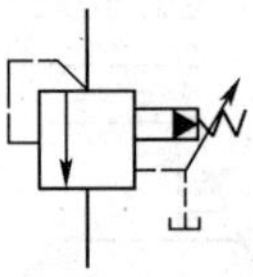	
	卸荷溢流阀	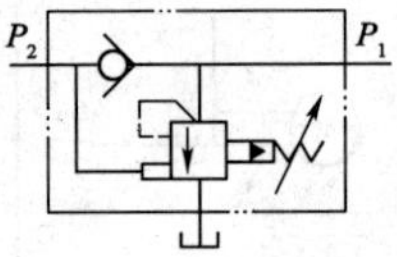	$P_2>P_1$ 时卸荷		单向顺序阀(平衡阀)	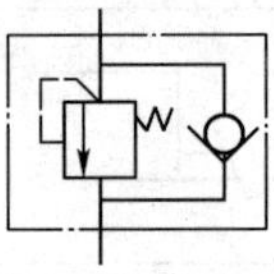	
	双向溢流阀	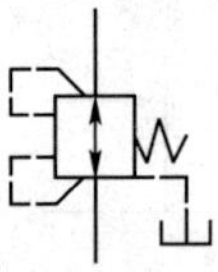	直动式,外部泄油	卸荷阀	卸荷阀	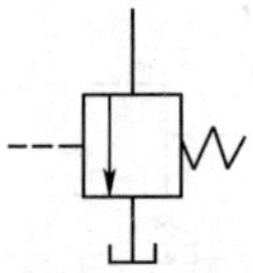	一般符号或直动型卸荷阀
减压阀	减压阀	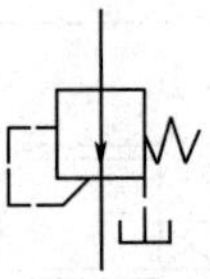	一般符号或直动型减压阀		先导型电磁卸荷阀	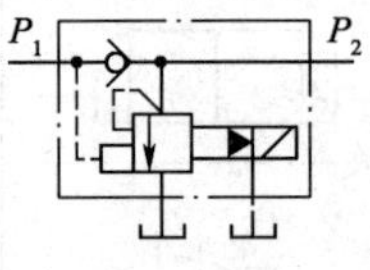	$P_1>P_2$
	先导型减压阀	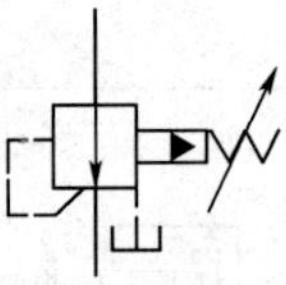		制动阀	双溢流制动阀	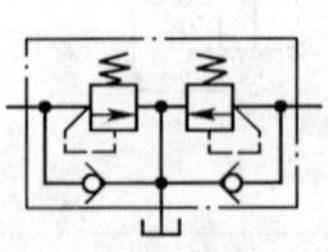	
	溢流减压阀	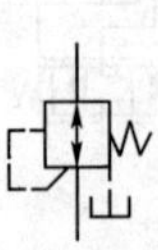			溢流油桥制动阀	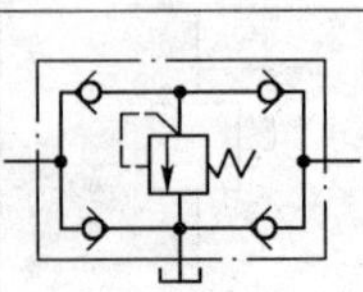	

(4)方向控制阀

名称		符号	说明
单向阀	单向阀		详细符号
			简化符号（弹簧可省略）
液压单向阀	液控单向阀		详细符号（控制压力关闭阀）
			简化符号
			详细符号（控制压力打开阀）
			简化符号（弹簧可省略）
	双液控单向阀		
梭阀	或门型		详细符号
			简化符号
换向阀	二位二通电磁阀		常断
			常通
	二位三通电磁阀		
	二位三通电磁球阀		
	二位四通电磁阀		

名称		符号	说明
换向阀	二位五通液动阀		
	二位四通机动阀		
	三位四通电磁阀		
	三位四通电液阀		简化符号（内控外泄）
	三位六通手动阀		
	三位五通电磁阀		
	三位四通电液阀		外控内泄（带手动应急控制装置）
	三位四通比例阀		节流型，中位正遮盖
	三位四通比例阀		中位负遮盖
	二位四通比例阀		
	四通伺服		
	四通电液伺服阀		二级
			带电反馈三级

(5) 流量控制阀

	名称	符号	说明
节流阀	可调节流阀	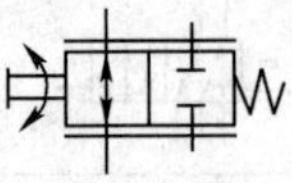	详细符号
		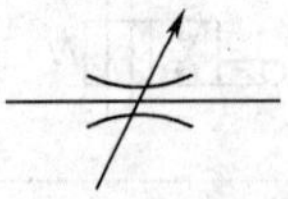	简化符号
	不可调节流阀	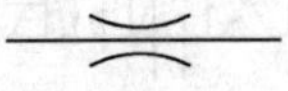	一般符号
	单向节流阀	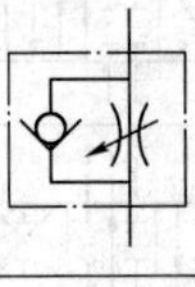	
	双单向节流阀	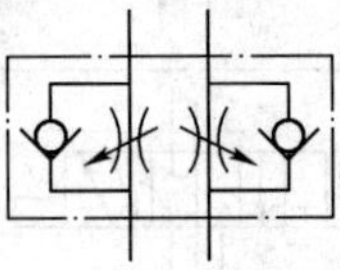	
	截止阀		
	滚轮控制节流阀（减速阀）	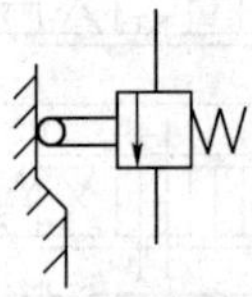	
调速阀	调速阀		详细符号

	名称	符号	说明
调速阀	调速阀		简化符号
	旁通型调速阀	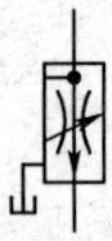	简化符号
	温度补偿型调速阀		简化符号
	单向调速阀	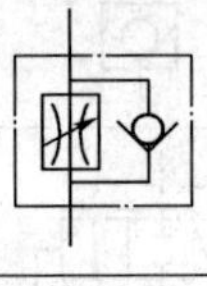	简化符号
同步阀	分流阀	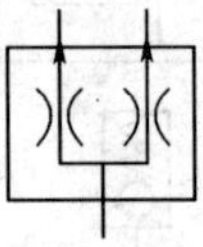	
	单向分流阀	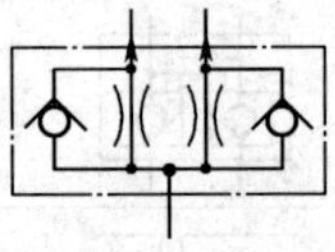	
	集流阀	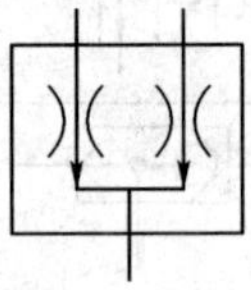	
	分流集流阀	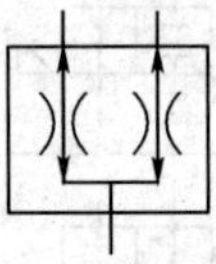	

(6) 油箱

	名称	符号	说明
通大气式	管端在液面上	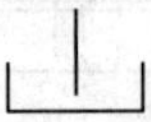	
	管端在液面下	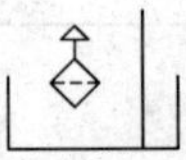	带空气过滤器

	名称	符号	说明
油箱	管端在油箱底部	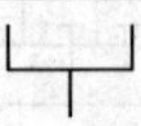	
	局部泄油或回油	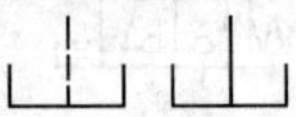	
	加压油箱或密闭油箱	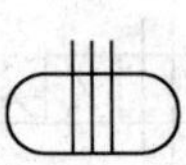	三条油路

(7)流体调节器

名称		符号	说明	名称		符号	说明
过滤器	过滤器		一般符号	空气过滤器			
	带污染指示器的过滤器			温度调节器			
	磁性过滤器			冷却器	冷却器		一般符号
	带旁通阀的过滤器				带冷却剂管路的冷却器		
	双筒过滤器	P_1 P_2	P_1:进油 P_2:回油	加热器			一般符号

(8)检测器、指示器

名称		符号	说明	名称		符号	说明
压力检测器	压力指示器			流量检测器	检流计(液流指示器)		
	压力表(计)				流量计		
	电接点压力表(压力显控器)				累计流量计		
	压差控制表			温度计			
	液位计			转速仪			
				转矩仪			

(9)其他辅助元器件

名称		符号	说明	名称		符号	说明
压力继电器（压力开关）			详细符号	压差开关			
			一般符号	传感器	传感器		一般符号
行程开关			详细符号		压力传感器		
			一般符号		温度传感器		
联轴器	联轴器		一般符号	放大器			
	弹性联轴器						

(10)管路、管路接口和接头

名称		符号	说明	名称		符号	说明
管路	管路		压力管路 回油管路	管路	交叉管路		两管路交叉不连接
	连接管路		两管路相交连接		连接软管		
	控制管路		可表示泄油管路		单向放气装置（测压接头）		
快换接头	不带单向阀的快换接头			旋转接头	单通路旋转接头		
	带单向阀的快换接头				三通路旋转接头		

参考文献

[1] 费千. 船舶辅机[M]. 大连:大连海事大学出版社,2008.
[2] 陈立军. 船舶辅机[M]. 大连:大连海事大学出版社,2007.
[3] 张存有. 船舶辅机[M]. 大连:大连海事大学出版社,2000.
[4] 胡启祥. 船舶辅机[M]. 哈尔滨:哈尔滨工程大学出版社,2007.
[5] 蒲上忠. 船舶辅机[M]. 北京:人民交通出版社,2003.
[6] 高翔. 船舶辅机[M]. 北京:国防工业出版社,2005.
[7] 轮机工程手册编委会. 轮机工程手册[M]. 北京:人民交通出版社,1993.
[8] 阎永阁. 船舶辅机[M]. 大连:大连海事大学出版社,1990.
[9] 张心宇. 船舶辅机[M]. 北京:人民交通出版社,2007.
[10] 郑仲金. 船舶辅机[M]. 北京:人民交通出版社,2009.
[11] 中国船级社. 钢质海船入级规范 2009[M]. 北京:人民交通出版社,2009.
[12] 王汉功,等. 修复工程学[M]. 北京:机械工业出版社,2002.